PRINCIPLES OF DISTRIBUTION

유 통 론

조삼현, 황선주, 전타식

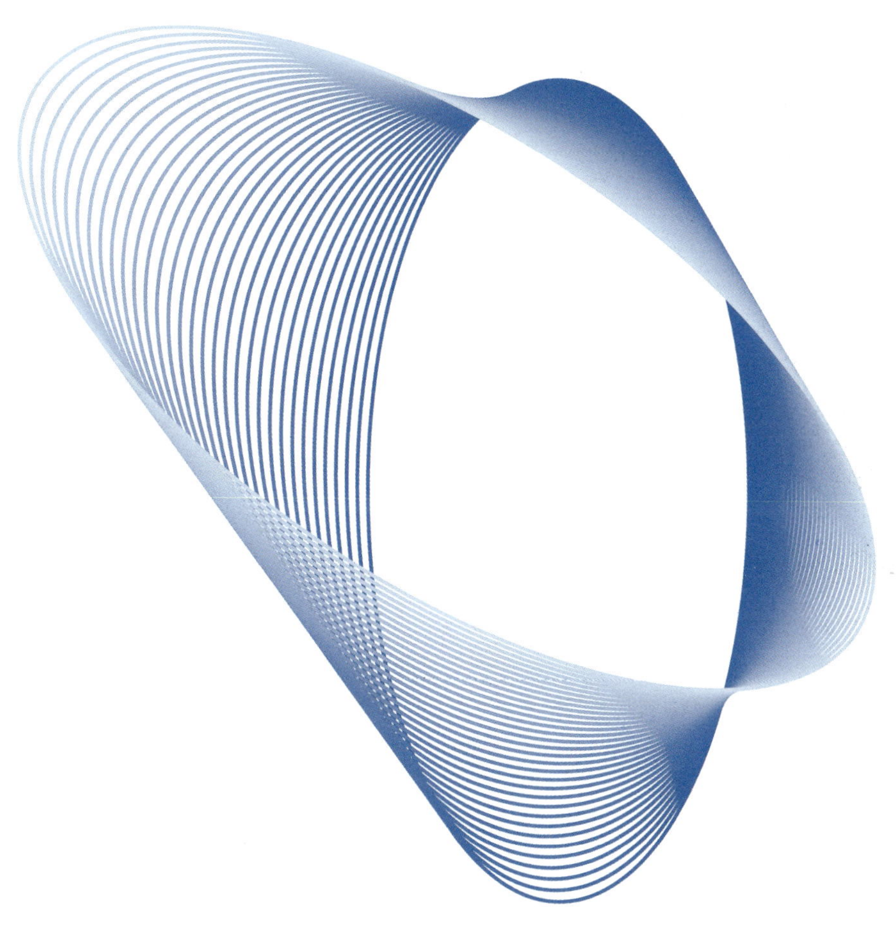

북넷

들어가는 말

지금 지구촌은 COVID-19라는 재앙을 맞아 쉼없이 싸우고 있다. 끊임없는 규제와 제한이 경제불황으로까지 이어지고 있고 4차 산업혁명의 확산은 비즈니스의 패러다임을 바꾸고 있는 것이 현실이다.

특히 유통분야를 보면 익숙했던 오프라인 채널에서 이제 비대면중심의 온라인과 모바일, 가상현실 등의 정보기술이 결합된 환경에서 쇼핑을 할 수 있게 하는 옴니채널 전략을 기업들이 앞다퉈 도입하고 있다. 또한 갈수록 제조업체 브랜드(NB)에 비해 유통업체 자체브랜드(PB)의 매출증대가 활발해지고 있으며 동시에 온라인쇼핑과 모바일쇼핑이 최근 급성장하고 있는 추세다.

이러한 급변하는 비즈니스 환경에서 유통시스템의 원활한 관리와 경로성과를 창출해내는 것은 쉬운 일이 아니다. 물론 유통관리의 목표는 유통시스템 내에서 경로구성원들의 활동을 조정하고 긍정적 가치를 창출해내는 데 있다. 또한 다양한 고객가치를 정확하게 찾아내고 그에 걸맞는 유통채널을 활용하여 고객이 원하는 성과를 만들어 내는 유통관리가 업계가 추구하는 비즈니스의 초점일 것이다.

따라서 이 책에서는 유통분야의 기본개념부터 현장에서 활용할 수 있는 응용된 여러 패러다임을 소개하는 데 그 중점을 두고자 하였다. 또한 각 장마다 다양한 기업의 생생한 사례들을 전달하고자 맨 앞부분과 중간중간 'Spotlight'를 통해서 현장의 유통경영 사례들을 공유하고 쉽게 이해하도록 제시하였다.

이 책은 총 5부 13장으로 구성되어 있다.

제1부는 유통환경에 대한 전반적인 이해부분으로 유통환경과 원리, 유통기관 등을 다루고 있다.

제2부는 유통경로 설계 및 전략을 다룬 부분으로 유통경로 설계의 계열화, 유통경로의 갈등관리, 유통정보시스템에 대해 소개하였다.

제3부는 소매혁신과 성장을 다룬 부분으로 소매업 발전이론, 무점포 소매업, 프랜차이즈에 대한 부분을 다루고 있다.

제4부는 소매관리 분야로 소매마케팅 전략, 상권분석과 점포입지, 소매믹스 전략에 대해 소개하였다.

제5부는 미래유통에 대한 부분으로 유통산업의 미래와 글로벌 소매업에 대해 다루고 있다.

아무쪼록 책의 완성도를 위해 노력을 기울였으나 여전히 부족한 점이 있을 것으로 생각된다. 일부 내용은 저자들의 부족함으로 선행연구와 실무내용에 대해 많이 참고하여 창의적이지 못한 부분이 있으나 부족한 부분은 다음 기회에 더 충실한 내용으로 수정, 보완하고자 한다. 아울러 본서에서 발견되는 오류나 문제점들 역시 저자의 짧은 지식과 불찰로 인한 것들로 저자의 책임임을 미리 밝히고 양해를 구한다. 또한 유통분야를 공부하는 많은 학생들에게 좋은 지침서가 되길 바라며 작은 밑거름이 되기를 바랄 뿐이다.

또한 출판을 위해 애써주신 도서출판 북넷의 류재식 사장님과 임직원 여러분들께 진심으로 감사를 드린다.

2023년 1월

저자 일동

차 례

part 1 유통환경의 이해

Chapter 01 유통환경과 원리

part5 미래유통

Chapter 12 유통산업의 미래

Chapter 13 글로벌 소매업

PART

01

유통환경의 이해

제1장 유통환경과 원리
제2장 유통기관

CHAPTER 01

유통환경과 원리

쿠팡의 독주, 대항마 '네이버 동맹'이 제동걸까

이커머스 시장 재편가속
흑자 반전 일군 쿠팡, 세력 키우는 네이버 동맹, 커지는 독과점 부작용

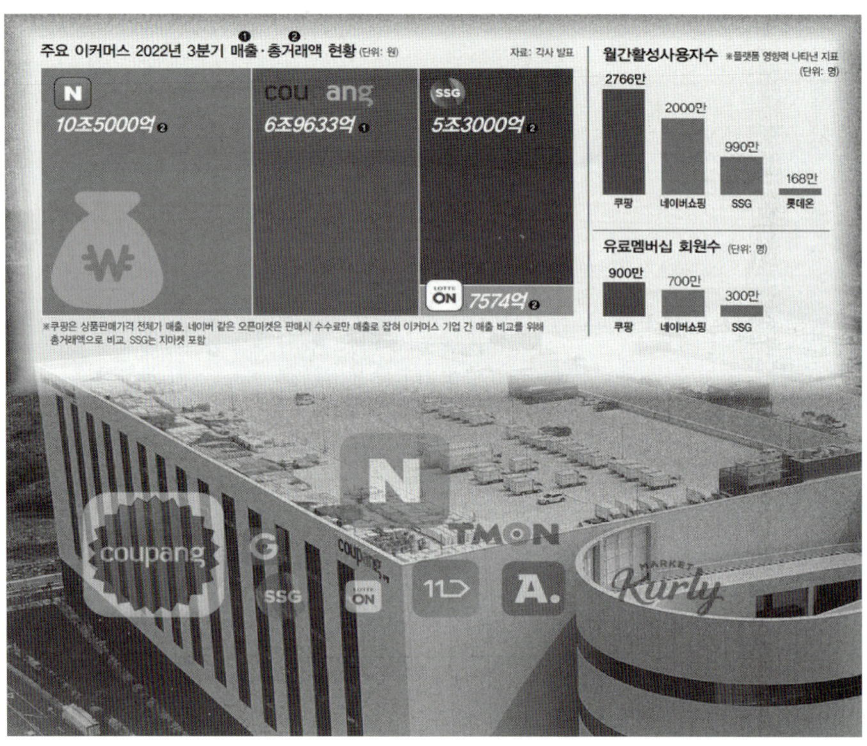

"이커머스 치킨게임에서 쿠팡이 승기를 잡았다"

쿠팡의 올해 3분기 흑자전환 소식이 전해진 뒤 이커머스 업계의 반응이다. 최저가 출혈경쟁을 주도하며 스스로 '적자의 덫'에 걸려 쓰러질 거란 우려와 달리 빠른 시간안에 매출성장과 흑자전환이라는 두 마리 토끼를 잡아낸 쿠팡의 실적발표는 업계를 깜짝 놀라게 했다.

쿠팡을 중심으로 이커머스 시장재편 속도도 빨라지고 있다. 쿠팡이 알고리즘 수요예측과 가격조정 기술을 바탕으로 시장수요를 빠르게 흡수하는 상황에서 네이버와 유통·물류 기업들의 '반쿠팡동맹'도 견고해지고 있다.

데이터로 본 쿠팡의 독주

쿠팡의 매출 성장세는 놀라웠다. 쿠팡의 올해 3분기 매출은 51억133만 달러(6조 9,633억 원·원-달러 환율 1,365원 기준)로 지난해 같은 기간에 견줘 27% 증가했다. 통계청이 집계한 같은 기간 국내 온라인쇼핑 거래액 증가율은 11.8%다.

가장 주목받은 부분은 창사 이래 첫 분기 흑자를 달성했다는 점이다. 익일배송 서비스인 로켓배송을 시작한 지 8년여 만에 분기기준 영업이익 7,742만 달러(1,057억 원)를 달성했다. 쿠팡은 불과 1년 전 같은 기간 동안 3억 1,511만 달러(4301억 원) 적자를 기록했다. 2023년 상반기가 지나서야 흑자를 낼 수 있다는 시장전망보다 빨랐다. 경쟁사들이 적자의 늪에서 헤어나오지 못한 상황에서 쿠팡은 2023년 연간 흑자 달성까지 자신하고 있다.

월간활성사용자수(MAU)에서도 쿠팡은 경쟁사들을 월등히 앞선다. 월간활성사용자수는 중복이용자를 제외한 한 달간 순수이용자 수로 플랫폼의 영향력을 가늠하는 지표다. 빅 데이터 분석 서비스인 모바일 인덱스가 조사한 지난 7월 기준 쿠팡 앱 사용자는 2,766만 명으로 에스에스지(SSG)닷컴(G마켓 포함) 990만, 11번가 942만명, 롯데온 168만 명보다 압도적으로 높다. 종합 포털인 네이버쇼핑이 약 2천만 명으로 쿠팡의 유일한 적수로 꼽힌다.

이에 비해 전통 유통강자들의 온라인부문 실적은 다소 아쉽다. 에스에스지닷컴과 지(G)마켓의 합산매출액은 7,700억 원에 그쳤고, 상품 총거래액(GMV) 5조 3천 억 원과 비교해도 쿠팡 매출에 뒤진다. 같은 기간 영업적자는 380억 원으로 흑자전환에도 실패했다. 롯데쇼핑의 이커

▲ 쿠팡 풀필먼트 센터 내부 모습. 쿠팡 제공

머스 사업부인 롯데온의 3분기 매출은 250억 원(영업손실 380억 원), 총거래액은 7,574억 원이었다. 롯데는 온라인 대응에 뒤처져 선두권과 격차가 더 벌어지고 있다. 쿠팡은 상품을 직매입한 뒤 판매해서 상품판매가격 전체가 매출로 잡히지만, 오픈마켓은 판매시 수수료만 매출로 잡혀 이커머스 기업 간 매출 비교를 위해서 총거래액도 함께 봐야 한다.

쿠팡 알고리즘은 알고 있다

쿠팡의 독주배경엔 치밀한 수요예측과 가격변동 관련 인공지능(AI) 기술이 숨어있다. 쿠팡을 유통기업이 아닌 빅테크기업으로 보는 것도 빅 데이터활용 기술때문이다.

쿠팡은 자사의 경쟁력으로 빅 데이터와 인공지능을 통해 정확한 수요예측이 가능하다는 점을 꼽는다. 축구장 500개 규모(390만㎡)의 전국 100여개 풀필먼트 물류센터에 보관할 물건수량과 배치 장소가 인공지능 기계학습의 수요예측치에 따라 정해지는 방식이다. 고객이 늘수록 수요예측은 더 정확해지고 상품재고 손실도 줄어든다.

한국인구 70%가 쿠팡물류센터 10㎞ 안에 거주할 정도로 물류망에 투자한 것도, 쿠팡의 핵심 경쟁력이다. 촘촘한 물류망은 전국 대부분 지역에 익일배송을 가능하게 한 기반이다. 비슷한 가격이면 빠른 배송이 보장된 쿠팡을 선택해 고객이 더 모일 수밖에 없는 구조다.

알고리즘 상품추천 기능은 추가소비를 끌어내는 정도까지 진화했다. 이용자가 이전에 검색하거나 구매한 상품을 반복해서 추천하거나 함께 구매하는 좋은 상품(칫솔－치약, 세제－섬유유연제 등)을 노출하는 방법으로 추가소비를 유도한다.

실시간으로 경쟁사보다 특정 상품가격을 낮게 조정(다이내믹 프라이싱)하거나, 구매할 확률이 높은 상품의 가격을 보다 높게 책정하는 가격 알고리즘도 활용된다. 쿠팡은 잘 팔리거나 수익성 높은 상품을 자사브랜드(PB) 상품으로 만들어 판매해 "심판이 선수로 뛴다"는 비판도 받아왔다. 이 모든 전략은, 빅 테이터를 활용해 상품 판매량과 마진을 높이기 위해 계산된 것이다.

이는 충성고객 수가 안정적으로 계속 있어서 가능했다. 올해 상반기 기준 쿠팡 유료멤버십(월 4,990원) 회원 수는 약 900만 명이다. 3분기 쿠팡 활성고객(제품을 한 번이라도 구매한 고객) 수는 1,799만 2천 명으로 전년같은 기간에 견줘 7% 늘면서 계속 증가세다. 반면, 네이버 유료멤버십 회원 수는 700만 명, 에스에스지닷컴은 300만 명 정도다.

▲ 장진용 네이버 책임리더가 '네이버 도착 보장' 시스템에 대해 발표하고 있다. 네이버 제공

쿠팡에 맞선 네이버

네이버 동맹은 쿠팡의 독주를 견제할 대항마로 거론된다. 네이버가 방대한 데이터를 바탕으로 판매자와 소비자를 연결하는 플랫폼 솔루션을 제공하고, 제조사와 유통·물류 기업들이 이를 통해 물건을 판매하는 '얼라이언스 유통모델'이다.

네이버의 동맹 전선은 대기업을 비롯해 스타트업에 이르기까지 긴밀하게 짜여져 있다. 네이버는 국내 1위 택배사인 씨제이(CJ)대한통운과 2020년 말 3천억원 규모의 자사주를 교환한 뒤 지난해엔 유통대기업 신세계그룹과 2,500억 원 상당의 자사주 교환 계약을 맺었다. 파스토, 두핸즈 등 물류 스타트업에 대한 투자도 병행했다. 네이버는 자본을 섞은 업체들을 통틀어 '네이버 풀필먼트 얼라이언스'(NFA)로 지칭하고, 이를 통해 쿠팡을 뛰어넘는 빠른배송 시스템을 구축한다는 계획이다.

네이버가 내세운 얼라이언스 모델은 글로벌 이커머스인 알리바바와 쇼피파이가 해외시장에서 성공을 경험한 모델이다. 대규모 물류센터와 인프라에 투자하지 않고도 물류 솔루션과 판매 플랫폼을 제공하는 방법으로 커머스수익을 올릴 수 있다는 장점이 있다. 네이버는 플랫폼 솔루션만으로 분기별 약 10조 원의 거래액을 달성하고 있다. 다양한 상품과 물류 서비스를 플랫폼 하나로 엮어낼 수 있다는 장점이 있지만, 유통·물류사 사정에 따라 서비스가 유동적일 수 있다는 단점도 있다.

아마존 모델로 대표되는 쿠팡의 리테일러 모델은 특정 기업이 물류시스템에 투자해 상품 판매부터 배송까지 전 과정을 관리하는 모델이다. 막대한 투자비용이 들어가지만 일정 수준 규모의 경제가 발생하면 큰 수익을 낼 수 있다. 직매입 판매라는 특성상 상품가격관리가 용이해 이해 중계수수료에 기반을 둔 얼라이언스 모델보다 큰 수익을 기대할 수 있다.

"네이버와 쿠팡을 제외하고 다른 이커머스는 역성장한다"는 김남선 네이버 최고재무책임자(CFO)가 올해 2분기 실적발표 때 내놓은 전망이 현실이 되고 있다. 전통적인 유통강자들이 온라인사업에서 적자를 키우고, 비용문제로 새벽배송 사업까지 철수하는 상황이 이어지고 있다.

독과점화한 이커머스 시장에 플랫폼 사업자의 시장지배력 갑질문제도 불거지고 있다. 공정거래위원회가 최근 발표한 쿠팡의 실질 수수료율은 29.9%로 대형마트 평균 수수료 18.6%보다 월등히 높다. 심지어 쿠팡은 시장 지배력을 남용해 입점업체에 판매장려금 명목의 광고비를 요구하고, 이에 응하지 않으면 납품거래를 중단하는 등의 보복도 일삼아 논란이 됐다. 윤석열 정부가 플랫폼 자율규제 기조를 강조한 상황에서 견제받지 않는 독과점 플랫폼 사업자의 권한 남용에 대한 부작용이 더 커질 수밖에 없다.

출처: 2022년 11월 28일 한겨레신문

제1절 유통의 개념

1. 유통의 개념과 필요성

유통(distribution)은 소비자 또는 수요자에게 생산물과 상품 등이 최종 도달하기까지 여러 단계에서 교환되고 분배되는 활동을 의미하는 것으로 정의되어 진다. 즉 특정 생산물과 제품이 서비스과정을 통해 소비자(사용자) 측으로 이동해 가는 것으로 생산과 소비를 연결하는 큰 영역으로 흔히 상품유통을 의미하며 생산물의 이동을 목적으로 하는 거래활동과 이동 그 자체로 최종 소비자에게 유통될 때까지의 흐름전반에 관련된 산업을 의미한다. 유통망의 활용은 개별거래에 비해 거래 수가 감소되어 물류비용, 상품구매비용 등이 감소하게 된다. 좁은 의미로서 유통산업은 일반 소비자들에게 다양한 종류의 물품을 파는 소매업과 이들 소매업자를 대상으로 도매상품을 판매하는 도매업을 포함하고 있다.

한편 과거 자급자족 사회에서는 자신이 필요한 물건의 생산과 소비를 직접 실행했기 때문에 생산자가 곧 소비자가 되므로 유통의 필요성을 느끼지 못했다. 그러나 산업혁명에 의해 대량생산이 가능해짐에 따라 생산과 소비가 분리되었고 제품을 생산자에게서 소비자에게까지 연결해주는 유통이 필요하게 되었다. 또 생산자와 소비자의 직접거래뿐만 아니라 생산자의 자사 제품을 중간상을 이용해 소비자에게 판매할 수 있는 거래도 생겨나기 시작했다. 중간상의 개입은 생산자와 소비자의 금전적, 심리적, 시간적, 육체적 비용 등이 감소되었지만 중간상 이용에 대한 일정한 대가가 발생한다.

따라서 유통이란 생산제품을 생산자가 소비자에게 이전시키는 단순한 활동에 그치지 않고, 생산자와 소비자의 직접거래나 또는 중간상을 이용한 유통으로 인해 발생되는 비용을 최소화시킴으로 효율적 유통이 이루어지도록 하는 것이다. 생산과 소비가 분리된 현대사회에서 효율적인 유통을 위해서는 중간상의 기능이 중요하다. 또한 유통은 상품의 가치뿐 아니라 폐기물을 포함한 무가치한 모든 생산물이 포함되고 경제적 차원에서 사회·문화·경제시스템의 일부로서 유통의 발전 및 변화에 따라 새로운 서비스산업으로의 역할증대로 산업 경쟁력과 경제의 발전을 뒷받침하고 있다.

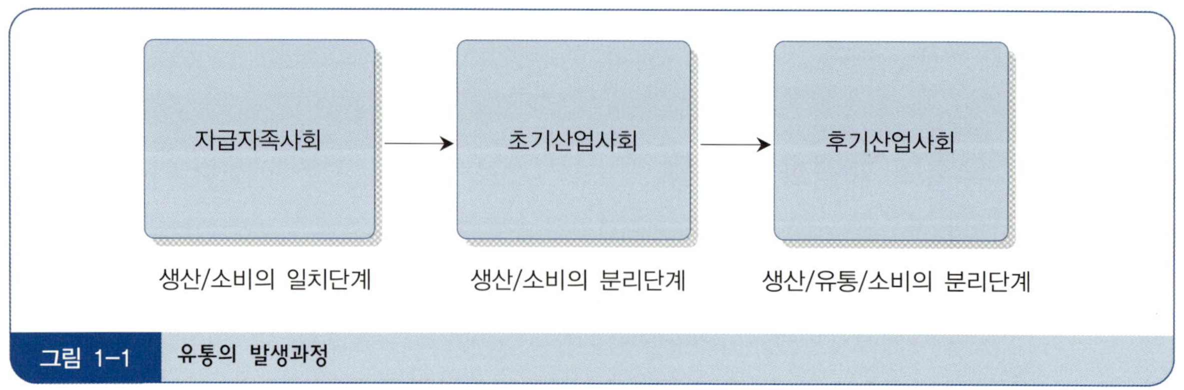

그림 1-1 유통의 발생과정

2. 유통채널의 발전

유통채널이란 사용 혹은 소비를 위하여 제품과 서비스를 이용 가능하게 만드는 과정에 있는 상호 의존적인 모든 조직이다. 이는 생산과 소비를 연결하여 제품과 서비스를 소비자에게 전달하는 경로이며, 여러 조직의 연결로 살아있는 생물과 같이 발전하고 변화에 적응하며 끊임없이 유기적 변화와 발전을 해왔다. 아울러 유통산업은 도매상, 소매상, 물적유통기구 등과 같이 유통기능을 수행하고 지원하는 유통기구들의 집합을 말하며, 유통경로는 제조업자, 도매상, 소매상, 소비자로 이어지는 수직적 연계를 설계하고 관리하는 과정이다.

산업적 측면의 유통채널은 제품과 서비스를 소비자와 연결하는 역할의 조직이고 소비자측면의 유통채널은 지식과 정보를 통해 쇼핑을 하는 공간이다. 유통채널의 발전은 기업으로부터 시작되었으나 결과적으로 소비자 선택에 의해 결정되는 것이다. 과거 재래시장은 유통시장의 최강자이며 유통채널의 전부였으나 백화점, 대형마트, 편의점, 홈쇼핑, 인터넷쇼핑몰, T-commerce, M-commerce 등의 신규채널 도입과 성장으로 채널이 점점 복잡하고 다양해지고 있다. 신규채널의 등장은 소비자가 상품뿐 아니라 유통채널의 선택까지 할 수 있게 되었고 소비자의 유통채널선택은 기업성장의 성패를 결정할 만큼 중요해졌다. 그럼으로 유통채널에 대한 소비자의 선택은 단순히 의사결정을 넘어 더 나은 재화를 소비자가 서비스 받을 수 있는지에 중대한 영향을 주기 때문에 기업경영성과에 주요한 요인으로 영향을 미치고 있다.

따라서 기업의 경쟁우위 핵심요소로 다채널전략이 등장하게 되었고, 기업은 생존 및 발전을 위해 다양한 채널을 확보하고 재화 특성에 맞는 채널을 선택하며 소비자에게 판매하여 차별화를 통해 경쟁력 상승을 도모하게 된다. 유통채널의 발전은 다양한 원인인 정부규제, 시장특성의 변화, 제품요인, 경쟁의 심화, 소비자가 추구하는 니즈변화, 라이프스타일 변화 등의 환경적 요인으로 복합적 작용에 의해 결정되기도 하며 기술혁신 및 유통시스템 변화 등의 산업적 요인에 따른 결과이기도 하다. 소비자의 유통채널선택은 더 좋은 상품선택 및 서비스제공에 큰 영향을 받는 중요한 의사결정이 되었고, 최근 소득의 양극화와 사회소비문화 변화 등으로 생존의 단순한 소비에서 가치추구 소비자의 등장 및 나홀로족의 증가 등 소비계층의 변화로 유통채널의 발전이 동반되고 있다.

3. 유통채널의 분류 및 특성

유통채널은 상이한 기준에 따라 다양하게 분류된다. 인터넷발전은 물리적 유통채널과 가상적 유통채널로 크게 구분되게 하였고, 일반적으로는 시장을 중심으로 생성된 오프라인(off-line) 유통채널과, PC보급과 인터넷발달로 새롭게 등장한 온라인(on-line) 유통채널로 구분하여 부른다. 기존의 매체개념인 물리적 공간에서 점포를 이용한 전통적 거래방식을 오프라인으로 볼 때, 그에 대립하는 온라인채널은 기업과 고객 사이에 인터넷 또는 기타 온라인 서비스로 정보와 상품을 유통하거나 또는 디지털형태의 온라인 네트워크를 통한 유통으로 간주할 수 있다.

일반적으로 기존의 중간상을 통한 유통경로를 가진 채널을 오프라인이라 말할 수 있으며, 홈쇼핑, 경매사이트 등의 무점포거래를 통칭하여 온라인채널이라 구분한다. 오프라인 채널에서는 입지, 상품관련 속성, 서비스가 중요한 기준속성이며, 온라인채널에서는 신뢰성, 정보이용성, 가격할인과 같은 온라인 특유의 환경속성이 더 중요하게 고려된다.

패러다임에 의한 분류로는 전통적 유통채널로 단일점포 소비방식인 단일채널(single channel)과 PC와 스마트폰 및 모바일 기기 등의 다양한 채널을 통해 구매하는 멀티채널(multi-channel)로 구분되어 진다. 소비자의 다양한 선택대안이 가능하게 된 멀티유통채널 시대는 소비자가 주어진 대안 중에서 최적의 대안선택이 아닌, 보다 합리적 의사결정을 위하여 단일유통채널보다 온라인을 통해 정보를 탐색하여 오프라인 구매를 하거나 오프라인을 통해 정보탐색을 한 후 온라인을 이용해 구매하는 방식 등 2개 이상 멀티유통채널을 병합 또는 이용하여 구매하는 현상이 보여지게 되었다. 소비자의 이러한 멀티유통 채널을 이용한 소비증가는 소비자의 소비 편리성에 대한 욕구 및 기대수준의 상승을 가져왔다. 뿐만 아니라 기업은 이러한 소비자의 욕구와 기대를 만족시킬 수 있는 멀티채널 전략으로 비용절감 및 차별화와 경쟁우위선점 등의 멀티유통채널의 시너지 효과를 인지하면서 획기적으로 발전되어진 채널통합과 조정된 기술을 활용하게 되었다.

온라인채널과 오프라인 채널은 다른 점이 있는 동시에 보완이 가능하여 각각을 다른 유통채널로 보는 것보다 융합을 통한 하나의 통합채널로 보고 상호작용하여 최상의 가치실현으로 소비자 이익을 극대화하는 것을 이상적 채널이용 행동으로 볼 수 있다. 그럼으로 소비자의 제품정보탐색 후 제품구매행동을 따로떼어 이해하기보다는 모두 포함된 하나의 전반적 시각에서 정보탐색과 제품구매의 행동을 멀티유통 채널을 혼합해 사용하는 소비자행동으로 이해하여야 한다. 즉, 소비자의 멀티유통채널을 통한 구매행동은 채널 간의 배타적 관점이 아닌, 각 채널의 장점이 결합된 채널 간의 융합(convergence)이 소비자 이익극대화의 가치를 추구할 수 있을 것으로 예측한다.

제2절 유통환경

1. 유통환경의 개념

개인이나 기업이 제조와 물류공간까지 제공하는 자유로운 시장경제가 생겨난 이후, 오프라인 유통환경은 모든 경제활동의 근간이 되는 소비환경을 의미하며 다양한 기능과 형태로 발전되어 왔다. 이러한 오프라인 유통환경은 AI, 빅 데이터, 스마트혁신, SNS 등으로 물류의 전성기를 맞고 있는 전자상거래 즉, 온라인 소비환경의 상대적 개념으로 제조와 생산에서 소비까지의 직접적인 상거래가 이루어지는 전통적이고 현대적인 의미를 포함하는 포괄적인 개념으로 볼 수 있다.

현대적 개념의 유통환경은 전통적인 소비공간의 기능에 서비스와 장소성을 제공하는 상업공간으로 볼 수 있으며 기존의 전통적인 의미와 기능에 물류와 신기술의 발달로 끊임없이 변화하는 온라인환경을 지원하고 연결하는 의미로 변화하고 있다. 온라인 소비환경의 발달로 오프라인 유통환경의 니즈는 단순한 물건판매와 소비의 장소제공을 넘어 경험을 소비하는 다양한 공간으로 확장되고 있다. 그러나 상품성과 이미지 등 시각적인 접근방식만으로는 현대적 소구심리와 온라인 환경에 익숙한 세대에게 차별화된 컨텐츠를 제공하기는 쉽지 않다.

2. 유통시장의 분야별 특성

유통업체계에 있어 소매업의 구분은 업태와 업종으로 나뉜다. 업태는 제품을 파는 방식과 판매방법에 따라 구분되며, 업종은 제품의 특성을 이용하여 무엇을 파는지에 기준을 둔다. 그동안 소매업은 업종별로 분류해 왔으나 지금은 소비자중심의 마케팅이 주류가 되면서 소비자요구를 충족시키는 것에 따라 성장발전해 가면서 유통업체들은 제조업체의 판매대리역할을 넘어서 소비자의 대리구매를 하는 역할을 적극적으로 수용하며 소비자의 구매편리성 등이 고려된 판매가 이루어져 업태의 개념을 바탕으로 한 소매상의 분류가 등장하게 되었다. 따라서 소매업태의 종류는 백화점, 아웃렛, 전문점, 카테고리 킬러, 창고형 할인점, 대형마트, 기업형 수퍼마켓(SSM), 동네수퍼, 나들가게, 기타 영세소상공인 등으로 구분되며 유통시장의 분야별 특성은 다음과 같다.

백화점은 한국표준산업분류에서 가정용 설비용품에서 신변잡화류 등의 다양한 상품들이 부문(department)별로 구성되어 전문화되어 있고 매장별로 배치된 전용 판매원이 판매와 계산을 담당하는 소매점포를 말한다. 주된 특징으로 고용비가 높은 편이지만, 입점한 업체들이 소비자에게 구매정보를 제공하며, 구매에 대한 도움을 줄 수 있는 영업사원을 고용하기 때문에 고가전략을 활용함과 동시에 독점적이고 값비싼 해외 브랜드를 제공하는 점이 백화점의 주요 경쟁우위의 원천이라고 할 수 있다. 백화점의 문제점은 도심지에 거액의 시설투자를 하고 높은 경상운영비가 소요됨으로써 상품의 가격이 높아진다는 점 그리고 지나치게 많은 판매비가 지출되는 유형의 적극적 판매촉진을 하게 되는 점이다.

아웃렛(outlet)은 최초 미국에서 생산자들이 재고품과 결함있는 제품을 대상으로 공장 안이나 가까운 위치에 매장을 열어 할인된 가격으로 직원과 인근주민들에게 판매하는 형태로 출발하였으나 지속적인 경제발전에 따라 소비형태의 고급화 및 다양화로 저가형 제품을 주력상품으로 판매하는 단순한 형태의 아웃렛쇼핑몰은 그 성장이 둔화되기 시작하였다. 이 시기에 아웃렛쇼핑몰도 소비성향에 맞추어 '프리미엄 아웃렛'이라는 새로운 유통업태로 수도권외곽에 위치하게 된다.

전문점은 취급하는 상품라인이 한정되어 있으나 해당 상품라인 안에서는 매우 다양한 모델 및 브랜드를 취급하며 전문점은 소비자에게 다양한 모델을 제공함으로써 선택의 폭을 넓혀 주고 제품구매에 대해 여러 가지 전문지식을 제공하는 등 수준 높은 서비스를 제공한다.

이와 비슷한 카테고리 킬러는 전문점과 같이 제한된 제품 카테고리만을 취급하면서 상대적으로 저렴한 가격에 대량판매를 통해 수익을 극대화하는 소매업태로 알려져 있다. 즉 기존의 전문점이 높은 수준의 서비스와 고가의 상품을 취급한다면, 카테고리 킬러는 조금 낮은 수준의 서비스를 제공하지만 저가의 상품을 제공한다는 점에서 경쟁력을 갖추고 있다.

창고형 할인점은 창고와 비슷한 매장의 형태로 상품의 묶음판매와 적은 직원배치 전략으로 가격을 낮추는 형태로 운영하는 할인점으로 코스트코가 국내 선두주자이다. 최근에 국내 대형마트 3사인 이마트, 홈플러스, 롯데마트가 모두 뛰어들어 과열현상으로 치닫고 있으면서 창고형 할인점 시장도 레드오션으로 변하고 있다는 의견이 높다. 창고형 할인점의 규모는 2012년 3조 원대 에서 2020년 기준 7조 274억 원대로 성장했고 이는 장기적인 경기침체와 소비자의 가성비 트렌드가 맞물린 결과로 풀이된다. 한국에 초창기 진출했던 창고형 할인점 중 특히 월마트는 저성장기조로 접어들자 합리적 소비지향 추세에 따라 실패한 대표적인 사례가 되고 있다. 대형마트 3사가 창고형을 선택한 이유는 평균 매출 신장률이 2015년부터 2018년 까지 -0.1%~-2.3%대의 마이너스 성장률을 머물렀기 때문이다. 이마트의 경우 대형마트 부문 매출액은 2018년 기준 11조 5,220억 원으로 전년 대비 1.4%가 감소했는데, 이는 같은 기간 때 영업이익의 경우 26.3%가 줄어 4,400억 원(전년도 5,970억 원)이었다. 롯데쇼핑 할인점 부문의 경우도 매출액이 같은 기간 7조 1,920억 원으로 5.8% 감소(전년 7조 6,350억 원)했으며, 영업부분의 손실액은 2018년 980억 원(전년도 2,290억 원)등으로 해마다 불어난 것으로 파악되고 있다. 홈플러스 역시 2017년도 영업이익의 경우 2,384억 원 올리는데 그쳐 전년 대비해서 22.8%나 감소한 것으로 나타났다. 2012년 기준으로 창고형 할인점의 경우 12곳에 불과했으나, 현재는 55개에 이르며, 특히 홈플러스의 경우 매장 중 16개 점포를 창고 형으로 바꿨다. 이후에 3개월 동안 매출은 40%, 객 단가 30%가 상승되었고, 총 매장 140개를 소유하고 있는데 이중 80개를 창고형의 매장을 늘린다는 계획을 세우고 있다.

매장면적이 3천㎡ 이상의 대표 점포집단인 대형마트(이마트, 홈플러스, 롯데마트)는 식품과 생활용품 등을 중심으로 소비자에게 직접판매하는 점포집단으로 그 특징은 운영비 감축을 위해 점원의 도움없이 저렴한 가격, 대량매입으로 최저가판매 등의 전략을 추구하고 다양한 품목의 취급과 원스톱쇼핑으로 소비자의 쇼핑편리함 및 다양한 생활편의 서비스를 제공하여 쇼핑의 즐거움을 제공하고 상품의 빠른 회전과 저비용운영으로 타 업태보다 이익률은 낮지만 상품 회전율이 높은 특징과 셀프서비스 제품판매와 매장인원의 최소화 등으로 비용절감을 추구하고 있다. 그러나 최근 매출은 2014년부터 계속 줄어들고 2018년(−2.3%)부터 일부 폐점한 곳들도 있다. 반면 오프라인 유통업체인 백화점은 1.3%, 편의점 8.5%, 기업형 수퍼마켓은 2.0%로 모두 늘었다.

기업형 수퍼마켓(super supermarket, SSM)은 대기업들의 골목상권 진입관련 논란이 뜨거운데 그 중심에는 영세 수퍼마켓 운영자들의 생존권과 관련성이 크다. SSM은 대기업에서 운영하는 기업형 수퍼마켓으로 연 면적 990~3300㎡ 규모로 대형마트에 비해 출점이 용이하고 가공품을 주로 판매하는 편의점과 달리 채소, 생선 등 농축산물을 판매한다. 이는 한때 대형마트의 과잉도입으로 어려워지자 그 해결방안으로 대형마

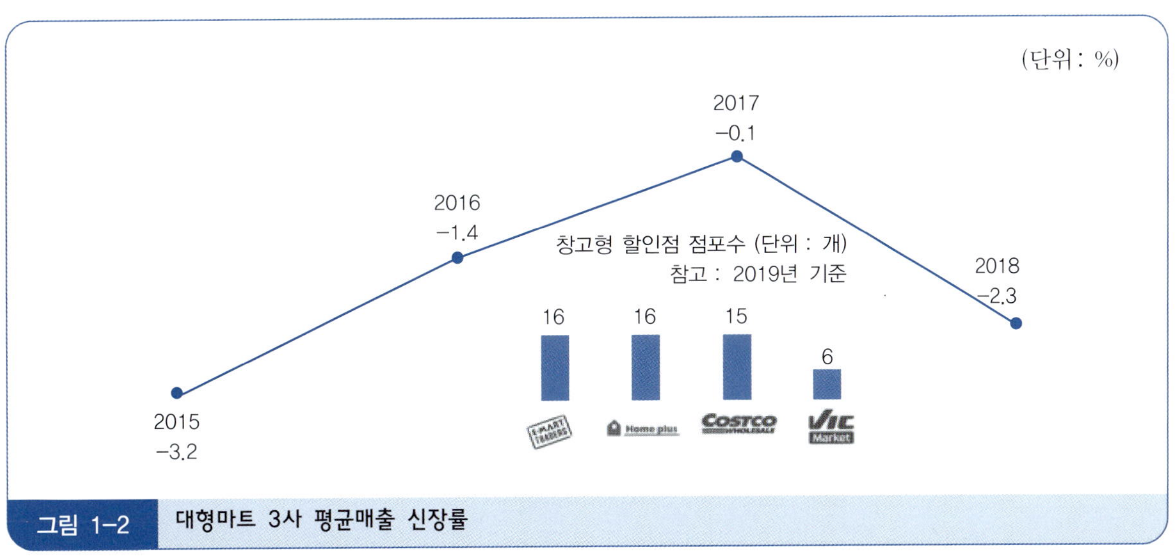

그림 1–2 대형마트 3사 평균매출 신장률

출처 : 산업통상자원부

트가 진입할 수 없는 상권에 진출하여 새로운 업태를 구성하게 되었고 전국에 홈플러스 익스프레스 158개, 롯데수퍼 145개, GS수퍼마켓 118개 순으로 가장 많다.

운영형태는 체인형 수퍼마켓으로서 주로 근린생활권에 위치하며 대부분 표준산업분류상의 수퍼마켓에 포함되어 있으며 매장면적은 대형할인 마트보다 작지만 소형편의점이나 전통적인 잡화점보다는 큰 규모로 운영된다. 또한 업종적 관점에서 SSM은 음식료품 외 다른 품목들을 취급하기 때문에 음식료품 전문소매업(빵집, 정육점 등)과 구분되는 종합소매업(grocery-oriented GMS)이지만 음식료품의 매출비중이 높다는 점에서는 백화점, 아웃렛 등과 달리 음식료품 중심의 종합소매업으로 분류할 수 있다.

점포크기, 운영주체, 서비스, 유통구조 등에서 일반수퍼와 다르다고 정의하였으며 SSM의 운영주체는 대기업의 직영 또는 가맹점형으로 일반수퍼가 개별적으로 상품을 구입하는 반면 SSM은 대기업 물류를 통하여 상품을 저가로 구입, 서비스 측면에서는 무료배달 서비스 및 대규모의 홍보이벤트가 가능하다.

SSM은 대기업이 직영으로 운영하는 점포라는 점을 이용하여 대규모 홍보이벤트를 하거나 무료배달 서비스를 하는 것이 가능하고 이러한 특징을 가진 SSM의 대표적인 예로는 GS수퍼마켓, 홈플러스 익스프레스, 이마트 에브리데이 등이 있다. SSM은 아파트 또는 주상복합이나 역세권, 단독주택 밀집지역을 공략하는 주거밀착형을 시도하면서 개점하는 추세이다.

동네 수퍼마켓은 식료품, 세탁용품, 가정용품 등을 중점적으로 취급하는 소매점으로 점포의 규모가 편의점에 비해 크고 마진이 낮으며 셀프서비스를 특징으로 하는 소매점이다. 적당한 가격에 보통의 제품구색을 제공하고 있다. 1970년대 초 정부의 경제발전을 이룩하며 유통근대화의 필요성 시책에 따라 대도시중심으로 독립적 운영형태와 대기업이 주도한 연쇄점형태가 등장하며 빠르게 성장하였고, 농촌지역에서 생활필수품 판매상점을 전국적인 연쇄점조직으로 등장시킨 최초의 시도였다. 하지만 초기에 등장한 수퍼마켓의 본질에 대한 이해부족과 관리기술의 미숙으로 인하여 경영난에 봉착하여 실패율이 높았고 1980년대에 들어와서야 비로소 정상화되면서 꾸준한 증가추세를 보였다. 이는 생활수준의 향상과 아파트 등 새로운 주거환경의 등장이 재래식시장보다 근대화된 수퍼마켓의 도입이 유리했고 특히 1980년대에 들어와 가공식품 및 기호식품의 보급은 수퍼마켓의 필요를 촉진하게 되었다. 그 뒤로 식료품 소매상을 중심으로 대량 현금구입 및 대량 및 저가판매를 원칙으로 하는 수퍼마켓이 급성장하였다. 그러나 영세한 규모, 수송력, 저장력의 부족, 고객의 서비스에 대한 인식부족, 관리능력이 미숙

등으로 대량판매, 대량구입 등의 어려움에 봉착하여 유통비용의 절감과 유통경로 단축문제 때문에 결국 박리다매의 원칙이 제대로 이루어지지 못하고 또한 도심지의 높은 부동산가격은 이윤운영을 더 어렵게 만들며 동네 수퍼마켓의 발전에 어려움을 주었다.

국내 소매판매액은 2018년 기준으로 468조 원을 기록하여 전년의 대비 6.3%(440조 원) 증가한 수준으로 그 증가율만 보면 최근 몇 년 사이 최고치로 볼 수는 있지만 연중 내내 제기된 소비부진 우려와 달리 소매판매액 자체는 선방했다고 평가할 수는 있다. 그러나 소매판매액 증가분(28조 원)중에서 가장 큰 폭으로 증가한 유통채널은 무점포소매, 승용차 및 연료소매점 그리고 면세점 등은 무려 전체 증가분의 77.9%를 차지한다. 그러나 이들 유통채널들이 국내의 내수소비와는 실제적으론 연관성이 부족하고 상당히 거리가 있다는 점이며 소매판매액의 경우를 볼 때도 전년 대비 증가율의 2.3%에 불과하다는 점이다. 유통업의 공급사슬 경쟁력에 대한 함수는 다음과 같이 정의하고 있다.

f=(정보공유에 기반을 둔 의사결정, 협력업체의 역량강화, 거래상의 신뢰관계)

Spotlight 더 빠르고 더 싼 택배 우리가 치르는 비용은?

이것은 기적이다. 수상한 기적

소파에 앉아 손가락만 몇 번 까딱하면 근사한 요리, 아이들 옷, 베스트셀러 소설, 꽃 심은 화분, 최신 스마트폰까지 주문할 수 있다. 거의 빛의 속도로 배송된다. 심지어 무료로! 배달경제가 국민 이동제한령이 떨어진 뒤로 우리 삶에 깊숙이 침투했다. 암울한 면은 보이지 않게 가려버린다. 클릭 몇 번으로 주문한 물품을 문앞에서 찾을 수 있는 것은 택배상자를 택배기사가 반도 차지 않은 화물차에 실어 우리 집까지 전속력으로 달린 덕택이다. 그 상자는 (디지털 거대기업이) 비행기를 띄우고 화물차에 태워 도착지 근처 물류창고로 가져다놓은 것이고.

따뜻한 식사를 집에서 시켜 먹을 수 있는 것도 싼값에 위험천만한 배달 경주를 하는 배달노동자가 있기 때문이다. 환경오염은? 배달노동자 처지는? 생각해보지 않았다. 앞으로는 변해야 한다. 가끔은 소파에서 몸을 일으켜 직접 장을 보러 나서는 것도 나쁘지 않다. 최근 온라인시장과 배달업이 폭발적으로 성장하면서 프랑스 사회와 경제에 끼친 영향이 적지 않다. 물류혁신 이면에 숨겨진 비용을 살펴보자.

마티외 쥐블랭 Matthieu Jublin <알테르나티브 에코노미크> 기자

▲ 2021년 2월 프랑스 니스에서 음식배달업체 저스트잇 배달노동자가 자전거를 타고 주문받은 음식을 배달하고 있다. REUTERS

산타는 없다고 누가 그랬는가! 흰 수염에 빨간망토를 걸치지 않았을 뿐, 썰매 대신 화물차에 선물을 실어 나르는 2021년형 산타가 있다. 배달노동자다. 루돌프없는 산타는 쉬지 않고 도심 구석구석을 누빈다. 스쿠터, 오토바이, 자전거를 타고 점심이든 저녁이든 배달앱으로 주문한 모든 물건을 갖다주는 배달노동자도 있다.

현대식 산타를 비롯해 물류망에서 일하는 노동자 모두에게 새 임무가 주어졌다. '배송 시간과 비용을 줄여야 한다.' 그러나 '속도주의 배달경제'가 공짜의 탈을 쓰고 드러내지 않는 것이 있다. 열악한 노동환경, 플랫폼의 착취 구조, 환경발자국이다. 무료배송, 퀵배송의 진짜 사회경제적 비용을 알아보자.

세계 소매업의 20%

2020년 들어 배달서비스가 급성장했다. 그와 맞물려 디지털 상거래도 폭증했다. 유엔무역개발회의(UNCTAD)에 따르면 디지털 상거래가 전체 소매거래에서 차지하는 비중은 2019년 16%에서 2020년 20%로 늘었다. 중국, 한국, 영국에선 이미 상품의 25%가 디지털공간에서 사고팔린다.

프랑스에서도 그 비중이 2019년 9.8%에서 2020년 13.1%로 늘었다. 코로나19 감염병 유행으로 다른 모든 상거래가 위축됐는데, 디지털 판매액은 1년 만에 8.5% 올랐다. 배달서비스는 이제 표준이 됐다. 아마존을 선두로 한 디지털유통업계 거인의 덩치는 계속 커진다. 아마존이 프랑스 시장에서 차지하는 비중은 이제 25% 가까이 된다.

디지털 시장의 성장은 눈에 띄는 변화를 가져왔다. 미국 사회학자 제이크 윌슨이 '물류 혁명'이라고 부른 세계화의 영향이 커졌다. 프랑스 사회학자 라즈미그 쾨셰양은 책 <인위적 필요: 소비주의에서 벗어나는 방법>에서 물류혁명을 "1980년대 초 시작된 상품의 운송, 유통, 저장, 포장, 냉장의 중요성 확대"라고 정의한다. '프랑스 스트라테지'(프랑스 총리 자문기구)는 2021년 3월 발표한 보고서 '전자상거래의 지속가능한 발전'에서 "전자상거래와 물류산업은 함께 성장한다. 우편업과 창고업의 매출추이가 이를 방증한다"고 분석했다.

▲ 프랑스 북부 두에시 부근의 아마존 물류센터에서 배달차량이 출발을 기다리고 있다. 아마존이 프랑스 유통시장에서 차지하는 비중은 25%에 이른다. REUTERS

물류센터와 토지개발

프랑스 우체국의 택배서비스 콜리시모(Colissimo)가 2020년 처리한 택배는 4억7천만 개다. 2019년에 견줘 30% 증가했다. 우체국은 2021년 3월 파리 남동부 센에마른 지역의 몽트로쉬르르자르에 2만4천m² 규모의 새 택배분류센터를 열었다. 벌써 다섯 번째 센터다. 그곳과 멀지 않은 투르낭앙브리에는 2019년 가구유통업체 콩포라마(Conforama)가 세운 프랑스에서 가장 큰 물류센터가 있다. 면적이 17만 7,500m²로 축구장 25개를 합친것과 맞먹는다.

물류센터 증가추세는 더 빨라지고 있다. 프랑스 스트라테지 보고서는 "물류센터가 차지하는 대지 면적은 2015년 130만m²에서 2019년 240만m²로 늘었다"고 밝혔다. 하지만 물류센터 규모만으론 디지털 상거래 시장이 얼마나 큰지 가늠하기 어렵다. "물류센터에 온라인 판매용 상품과 오프라인 판매용 상품이 뒤섞여 있을 수 있어서"다. 전문가들은 프랑스에 있는 물류센터의 전체 면적 7500만m²에서 디지털 유통업체가 쓰는 면적은 700~1천만m² 정도가 될 것으로 추정한다.

디지털 유통업체의 물류센터가 토지에 끼치는 영향이 얼마나 될까. "디지털 판매용 새 물류센터를 지으려고 해마다 농지나 자연림 등 적어도 토지의 1%를 개발한다. 그에 따라 개발지역이 받는 충격이 크다. 특히 대규모 물류센터가 들어설 때 파급력은 더하다."(프랑스 스트라테지 보고서)

환경운동가들은 프랑스 정부가 물류센터 건설규제에 소극적이라고 비판한다. 2021년 7월 제정된 '기후법'은 상업시설을 지을 때 자연 상태 토지를 1만m² 이상 개발하지 못하도록 규정했다. 문제는 상업시설건설 계획의 80%가 그에 못 미친다는 점이다. 게다가 물류센터는 개발규모가 작다는 이유로 애초 규제대상에 포함되지 않았다.

다른 지역에 비해 택배상자가 많이 몰리는 도시도 변하고 있다. 귀스타브 에펠대학 도시모빌리티교통연구소의 레티샤 다블랑은 말했다. "주로 도시외곽에 물류센터를 짓는다. 그런데 배송기한이 점차 짧아지면서 도심에 새로운 부동산시장이 형성됐다. 택배보관 창고뿐 아니라 택배상자를 대형 화물차에서 소형 화물차로 옮겨 싣는 상하차장이 도심에 필요해졌다."

최근에는 매장에서 손님을 받지 않고 배달만 하는 상점과 식당을 일컫는 '다크 스토어'와 '다크 키친'도 생겨나고 있다. 플링크(Flink), 디자(Dija), 카주(Cajoo), 제티르(Getir), 고릴라(Gorillas) 같은 배달 전문 매장이 프랑스 광역도시를 중심으로 열댓 개씩 생겼다. 레티샤 다블랑의 조사에 따르면 다크 스토어가 파리 시내에만 200여 개 있다.

이런 전자상거래 발전으로 몇몇 도시에선 소상공인의 고민이 깊어졌다. 이미 대형 유통업체와의 경쟁에 치여 설 자리를 잃어가던 참이었다. 더욱이 쉼 없이 달리는 배달차량은 안 그래도 혼잡한 대도시에 환경적으로나 사회적으로 해로운 영향을 끼친다.

택배정글

이론상으로 배달은 자가용을 대체하는 효과가 있어 환경을 덜 오염시켜야 한다. 그런데 소비자가 집 앞 배송을 갈수록 더 선호하면서 "택배보관소가 사라지고 배송주문이 늘어난 것이 문제"라고 프랑스 스트라테지는 보고서에서 직업연맹 통계를 인용해 지적했다.

프랑스에서 월 배송 건수는 10년 동안 세 배 늘었다. "주문한 것을 소비자 집으로 바로 갖다주는 서비스 때문에 도심 교통량이 눈에 띄게 많아졌다. 소비자가 배달주문을 많이 한다고 해서 그만큼 자가용을 덜 타지 않는다. 배송기간이 (이틀에서 하루, 1시간으로) 짧아지면서 이산화탄소와 미세먼지(질산화합물) 배출량이 상당히 늘었다."(프랑스 스트라테지 보고서) 택배상자가 작고 많을수록, 배송 빈도와 배송지가 늘어날수록 배송시간관리도 복잡해진다. 포장용 상자도 수요가 폭발적으로 늘어 2021년 종이상자 품귀현상이 빚어질 뻔했다.

배달노동자도 크게 늘었다. 화물차로, 아니면 딜리버루(Deliveroo)·우버이츠 배달원처럼 자전거나 스쿠터를 타고 쫓기듯 도로를 달리는 배달노동자의 모습은 이제 흔해졌다. 플랫폼기업은 업계의 치열한 경쟁에서 이기기 위해 배달료를 깎고 배송 간격을 좁힌다.

레티샤 다블랑은 "개인사업자로 일하는 배달노동자 수가 눈에 띄게 늘었다"며 "(교통수단 기본법 등) 법률 개정으로 배달노동자 처우가 조금 나아졌지만, 배달노동자는 여전히 플랫폼에 종속돼 있다"고 말했다. "상황이 이렇다보니 배달노동자가 계정을 불법 이민자에게 빌려주는 사례가 늘고 있다." 어떤 배달원은 자전거를 버리고 스쿠터나 자동차로 갈아 탄다. 배달건수를 늘려 수입을 유지하려는 것이다. 이처럼 사회와 환경에 파괴적인 모델의 대안으로 더 협력적인 모델이 생겨나고 있다.

배송비 부담?

스위스 로잔 연방공과대학 연구원 출신으로 교통정책 자문위원인 소니아 라바디노는 지금의 배달시장을 이렇게 분석했다. "한쪽에선 배송비를 높게 책정한다. 택배상자를 집으로 빨리 받기까지 복잡한 공정을 거쳐야 하기 때문이다. 다른 쪽에선 소비자를 무료배송에 길들인다. 그 격차를 메우는 이는 결국 배달노동자다."

▲ 2020년 4월 프랑스 파리에서 배달노동자가 자전거로 물품상자를 운반하고 있다.
배송지 근처 몇㎞에서 나가는 배달 비용이 전체 물류망의 20~50%를 차지한다. REUTERS

여러 연구에 따르면 배송지 근처 몇㎞에서 나가는 비용이 전체 물류망의 20~50%를 차지한다. 다블랑은 “아마존을 시작으로 대부분의 유통업체는 이 비용을 상품가격에 포함한다. 아니면 DHL, 이제 배송업까지 진출한 아마존 같은 배송업체가 비용을 부담한다”고 설명했다.

무료배송은 배달노동자뿐 아니라 물류망에서 일하는 다른 수많은 노동자의 생계와도 직결돼 있다. 디지털 공간에서만 존재하는 몇몇 대형 유통업체는 소매판매에서 적자를 봐도 큰 타격이 없다. 아마존이 클라우드서비스를 운영하는 것처럼, 모회사가 다른 분야에서 낸 이익으로 적자를 메운다.

그러나 일부 경쟁업체는 사정이 다르다. 프랑스 스트라테지 보고서에 따르면 “마진율을 조정하기 위해 유통업체가 물류센터와 오프라인 매장을 자동화한다. 이로 인해 일자리도 잠재적으로 타격받는다.” 디지털 기술이 쓰이는 ‘택배공장’에서 노동환경은 여전히 열악하다.

“우리의 시간과 우리를 위해 일하는 사람의 시간에 얼마의 가치를 매길 것인가?” 소니아 라바디노는 “배달경제가 사회에 중요한 질문을 던진다”고 말한다. 이에 어떤 경제주체는 배달노동의 가치를 가시화해 제값을 매기겠다고 한다. 벨기에 리에주시에서 활동하는 자전거 배달노동 사회적기업 ‘레이옹9’(Rayon9)의 관리자인 세르주 미농생은 말했다. “배달노동이 지닌 경제적 비용과 사회적 비용의 균형을 맞춰야 한다. 레이옹9은 배달에 들어가는 노력과 소비자가 부담하는 비용 사이의 관계를 다시 만들고자 한다.” 레이옹9 소속 배달원은 모두 배달노동자다. 무료배송, 퀵배송에 익숙해진 소비자를 설득하는 일만 남았다.

출처 : 2022년 1월 1일, 이코노미인사이트, 마티외 쥐블랭

3. 유통산업의 구조변화

다양한 소비자의 소비성향 변화와 경쟁사의 선도적 전략등장이 나타나는 글로벌 비즈니스 상황에서 과연 유통산업의 전반적인 변화는 어떻게 나타나는지 파악해보자.

1) 유통산업의 기업화

과거에 비해 우리의 생활수준이 높아지고 빠르게 기술이 발전하면서 유통기업은 적은 비용으로 더 많은 상품을 효과적으로 생산하여 '규모의 경제'를 누리기 위해 다양한 시도들이 이루어진다. 이런 다양한 시도는 유통기업의 규모가 대형화에서 기업화로 연계된다. 현재 우리 생활에 가깝게 관련을 맺고 있는 대형할인점이나 편의점 등이 좋은 예라 할 수 있다.

유통기업이 기업화되면 가장 큰 장점은 효율성이다. 물류가 체계적으로 관리되어서 생산자로부터 구매자에게 빠르고 효율적인 운반이 가능해지고 전국적으로 재고관리가 원활하게 이루어지기 때문이다. 동네 수퍼마켓과 비슷한 매장의 크기를 가진 편의점이 수퍼마켓보다 매장상품의 다양화, 매장진열, 행사, 재고관리 등에서 보여주는 효율성은 개인이 운영하는 수퍼마켓과 다른 기업화의 이점에서 비롯되는 것이다. 소규모의 재래식유통은 대규모로 효율성이 높아진 기업형유통과는 경쟁이 불가능하다. 그렇기 때문에 유럽, 일본, 미국과 같은 선진국에서 대부분 유통의 중심이 재래식유통에서 기업형유통으로 변화된 것이다. 미국, 일본 등 유통선진국은 대부분 기업형유통으로 발전한 반면, 우리나라 유통산업의 대형화는 상당히 뒤처져 있다.

베인앤컴퍼니의 조사에 의하면 전체 소매시장에서 기업형유통의 비중은 미국 78%, 일본75%, 영국 73%, 한국 48%로 보고됐다. 이 조사내용과 비슷한 결과는 각 나라의 공식적으로 통계된 자료로 계산한 소매업체 중 개인사업체와 법인사업체의 비중을 통해서도 확인된다. 우리나라의 소매업체 중 법인사업체 비중은 2001년 51%에서 2005년 56%로 5%로 증가하였지만 현재 아직도 50%에 머물러 있다. 반대로 미국은 2002년 90%에서 2007년 87%로 3% 감소하였으나 우리나라와 비교해보면 미국은 여전히 매우 높은 법인사업체의 비중을 유지하고 있다. 대형할인점과 홈쇼핑, 편의점 등을 중심으로 우리나라는 급속도로 빠르게 기업화가 이루어지고 있으나 선진국과의 격차는 아직도 차이가 나며 그 격차는 유통산업의 효율성을 방해하는 요인이 된다.

2) 유통산업 구조변화 요인

시대의 발전에 따라서 유통산업이 가져온 구조변화의 요인은 네 가지 측면으로 나눠지는데 환경적 측면, 제도적 측면, 인구통계적 측면, 소비자욕구 및 행태적 측면으로 분류된다.

환경적 측면은 국민들의 생활수준향상으로 인하여 냉장고보급확대, 자동차보급률 증가, 소비자당 구매횟수 및 제품구매량 증가, 인터넷보급확대, 정보통신기술의 발전, 교육수준향상 등과 관련된다. 생활환경이 변화되면서 자동차보급률이 증가되었으며 그만큼 자동차는 대중화되었고 그로 인해 쇼핑의 편리성과 접근성을 높이고 주차하기 쉽고, 소비자의 이용이 가능한 상권범위가 확장되면서 동네 수퍼마켓보다 집에서 떨어져 있는 대형마트로 가서 이용하는 효과를 낳았다. 냉장고의 보급이 확대되면서 다양한 종류의 냉장고, 김치냉장고, 주류냉장고, 냉동고 등 신선식품의 저장기간을 늘릴 수 있는 제품이 출시되었고 대형마트나 홈쇼핑, 인터넷쇼핑을 통해 저렴한 대량구매를 촉진시켰다. 국민생활수준이 높아지면서 함께 교육수준도 향상되어 소비자가 자신이 구매할 다양한 제품에 대해 정보를 얻고 관심을 기울이게 되었다. 또한 인터넷 보급확대와 SNS, 미디어에 의한 제품광고의 확산으로 인해 소비자가 원하는 제품에 대한 정보획득에 기여하였고 상품에 대한 정보가 증가하고 다양함에 따라 소비자는 좀 더 합리적인 소비를 추구할 수 있게 되었고 그 결과 경쟁력을 갖춘 비교적으로 값이 저렴한 인터넷쇼핑이나 대형 소매업체 등이 발전하고 제품구매량과 구매횟수도 함께 증가하였다. 정보통신기술의 발전으로 스마트폰, 태블릿pc, 스마트워치, 노트북 등 다양한 제품으로 인터넷사용이 확대되었고 소비자의 제품정보에 대한 접근을 용이해졌으며 TV홈쇼핑 및 인터넷쇼핑이라는 새로운 유통업태가 성장할 수 있는 계기가 되었다. 또한, 백화점, 편의점, 대형마트 등 기업형 유통을 중심으로 EDI(electronic data interchange; 전자데이터교환), POS(point of sales; 판매시점관리), 데이터마이닝(data mining) 등 유통정보화시스템 발달로 사용이 확산되면서 마케팅 효율성이 증가하였고, 고객유인을 위한 기업형 유통도 더욱 효율적으로 이루어질 수 있게 되었다.

유통정보화시스템은 세 가지 시스템이 대표적이다.

첫째, POS 시스템은 광의의 시스템과 협의의 시스템으로 구분된다. 협의의 POS 시스템은 판매시점에서 어떤 상품이 언제 얼마나 판매되었는지 판매정보를 파악·관리하는 시스템을 뜻한다. 판매정보뿐만 아니라 발주, 재고, 배송, 매입 등 소매점포 안에서 발생하는 모든 정보를 관리하는 광의의 POS 시스템을 의미하며 대표적으로 편의점에서 이용 중이다.

둘째, 전자데이터 교환은 기업 간에 주문을 하거나 대금청구 또는 결재 등의 다양한 업무를 처리할 때 컴퓨터로 처리할 수 있도록 구조화되어 있다. 표준화된 양식으로 전자문서교환을 통해 서로 간 처리할 데이터를 교환하는 시스템을 의미한다.

셋째, 데이터마이닝은 대용량의 데이터로부터 데이터베이스나 정보창고로부터 고객의 연관성, 구매패턴, 성향 등 유용한 정보들을 가져오는 역할을 한다. 데이터마이닝은 거래같이 데이터가 많이 발생하며 고객이탈 정도가 많이 발생하는 은행, 통신, 유통 등의 분야에서 이용되고 있다.

제도적 측면은 1996년 유통시장이 전면개방됨으로써 글로벌 유통기업이 국내에 들어오면서 국내유통기업과 세계적인 유통기업경쟁이 촉진되었다. 이로 인해 유통기업을 대형화하려는 경쟁이 촉진되었으며 POS 시스템 및 재고관리기법 등 발전된 경영기법의 국내도입이 활기차게 일어났다. 또한 새로운 유통업태의 도입이 확대되면서 국내유통산업의 구조가 근본적으로 변화하였다.

인구통계적 측면은 유통산업 구조변화의 대표적인 요인으로 여성의 사회진출확대, 독신자층 증가와 맞벌이 부부의 증가 등이 지적될 수 있다. 여성의 사회진출이 확대되면서 결혼 후 자연스럽게 맞벌이 부부의 증가로 개인의 시간을 효율적으로 활용할 필요성이 증대하였다. 또한 독신자층의 증가로 인해 경제적 여유와 라이프스타일을 중시하는 독신자층 덕분에 인터넷쇼핑의 성장을 촉진하였으며 필요할 때 소량의 상품을 집 근처에서 편리하게 물품을 구입 할 수 있는 편의점의 성장도 역시 독신자층의 증가에 크게 기인하였다.

소비자 욕구 및 행태적 측면에서 보면 소비자의 생활수준이 올라감에 따라 소비자의 구매패턴이 삶의 질을 중요시하고 우선시하는 방향으로 변화하였다. 소비자 욕구에도 점차 다양성과 개성이 나타나고 이는 소비자의 기대수준을 높여 현대적이고 쾌적한 쇼핑환경을 제공하게 하고 소매업태가 성장할 수 있는 기반이 되었다. 이와 함께 외환위기를 거치게 되면서 낮은 가격이면서 질 좋은 제품을 추구하는 합리적인 가치중심 소비행태가 확산되었고 이 변화는 시장점유율을 높이는 요인으로 작용하여 가격이 저렴한 인터넷쇼핑과 대형마트의 시장점유율을 상승시키는 원인이 되었다. 이와 더불어 소비자가 고가의 제품을 구매하는 경향이 나타나면서 동시에 고급 소비시장이 만들어졌고 이러한 경향으로 인해 소비시장의 양극화현상이 발생하게 되었다.

3) 유통산업 구조변화 추세

우리나라 유통산업은 유통시장이 개방된 이후에 상당한 구조변화를 경험하면서 여러 특징을 보이고 있으나 이와 같은 변화양상은 우리나라만의 현상은 아니며 유럽, 미국, 일본 등의 선진국에서 생기기 시작했다. 유통산업구조변화의 특징 현상은 내적 연관성을 가지며 구조변화의 기본적 현상이라 할 수 있는 특징은 기업화와 대형화다. 이로부터 유통산업은 생산성 향상, 집중화, 규모별로 생산성 격차가 확대되며, 업태별로 양극화와 중소유통의 침체같은 현상이 나타난다고 할 수 있다. 국내의 유통시장은 시장개방 이후에 소매업의 경쟁이 높아져 유통시장 환경이 변화하기 시작했다. 대형마트를 중심으로 국내의 유통기업은 국내에 들어온 외국 유통기업을 포함하여 경쟁기업으로부터 우위를 가지기 위한 전략을 선택했다. 이에 따라 시장을 먼저 선점하여 공급업체에 대한 교섭력을 올리기 위해 경쟁이 심화되었다. 이러한 현상은 소매업에서 백화점, 편의점, 대형마트 등의 유통기업의 중요도가 커지는 현상을 가져왔고 대형화 유통기업은 인수합병과 전략적인 제휴를 통하여 대형화를 목표로 시장에서의 지배하는 힘이 강화되었다.

국내의 롯데마트, 이마트, 홈플러스 3개의 대형마트와 백화점의 3사 롯데백화점, 신세계백화점, 현대백화점이 심화되었고 편의점인 CU, GS25, 세븐일레븐도 더 집중도가 깊어졌다. 이러한 현상은 국내유통기업의 생산성 향상과 효율성이 높아지는 효과로 나타났다.

이렇듯 국내유통산업은 제조업이나 서비스업에 비해 생산성이 낮다. 또한 유통선진국인 미국, 일본 등에 비해 낮은 수준이지만 이런 구조변화가 생산성에 긍정적인 효과를 나타나게 했다. 국내 유통산업의 생산성이 향상됨에 따라 규모의 확대, 선진유통기법 도입, IT기술의 적용되는 원인이 되었지만 선진유통기법이나 IT기술이 대형 기업유통의 중심으로 도입되었고 유통산업의 생산성 향상은 결국 기업화와 대형화에 원인이 되었다고 볼 수 있다. 유통산업의 전체적인 구조변화는 생산성에 긍정적인 역할을 하였지만 소매업체의 규모별 생산성은 격차를 더욱 확대시키는 결과를 낳았다.

대형화된 유통기업은 시장지배력이 높아짐에 따라 소매업태별로 양극화가 계속되었다. 편의점, 대형마트, 홈쇼핑과 같이 기업형유통이 지배적인 업태는 매출액과 점포수가 크게 증가했지만 중소유통업은 급격한 시장변화에 대해 대비를 하지 못해 경쟁력이 떨어지면서 유통산업 전체의 비중이 감소하였다.

제3절 유통산업의 현안

1. 유통산업의 성장

1) 국내 현황

최저임금의 인상과 대형마트의 의무휴업일 지정, 대형 유통업체들의 경쟁가속화 및 소상공인과 골목상권 보호 관련 이해 당사자들 간의 갈등 정책에 대한 보고서에 따르면, 대형마트와 SSM 등 새로운 유형의 유통업이 확산되면서 골목상권을 보호하기 위해서는 기업형 유통업 출점을 규제하고 영업에 대한 규제를 도입 및 강화해야 된다는 의견이 있어 왔으며 외국계 유통업체들의 국내시장 점유율이 대형할인점을 중심으로 다시 증가하는 추세로 외국계업체 매출비중이 글로벌경영 및 상품소싱 등의 강점을 무기로 국내업체를 압박하는 추세이다.

앞으로 경제활동인구의 감소추세가 뚜렷해지고 경제성장률은 계속 둔화되는 등의 국내외 경제의 저성장 기조 심화(‘2000년대의 4.5%에서 ’2010년대 3.6% 그리고 앞으로 ‘2020년대 2.7%대 미만)에 따른 알뜰 가치소비 확산과 함께 해외 유명브랜드 선호도 높아지는 등 소비행태의 양극화가 진행되면서 대형마트에서의 PB 상품 매출증가와 온라인쇼핑몰의 매출성장 등이 국내의 가장 큰 현안이 될 것으로 보고 있다. 또한 향후 정보화 인지기술의 발달에 따른 스마트폰 모바일쇼핑과 소셜커머스를 이용한 공동구매가 확산되면서 젊은층을 중심으로 한 쇼루밍족(오프라인에서 비교 검토 후 온라인에서 구매), 개인맞춤형 상품을 추천·배달하는 서비스가 등장하고 있다.

2) 국제 현황

유통산업 분야의 국제적인 문제는 미국과 중국 간 무역분쟁에 이어 한국과 일본 간의 갈등 등의 대외 리스크영향이 큰 상황으로 한류연계 용이성, 국내 생산기반 등을 고려하여 정부는 2019년 6월에 관계부처 합동으로 5대 소비재 범주화를 하였고 대표 품목으로 농수산식품, 화장품, 의류 및 신발, 위생용품, 유아용품, 문구, 가구, 안경, 주방 및 스포츠 레저용품, 의약품, 주얼리, 완구 등을 선정하였다(산업자원통상부, 2019).

한편 아세안 신흥경제국가(중국, 베트남, 인도 등)들을 중심으로 유통시장이 급속히 성장함에 따라 국내업체들의 경우 2000년대 중국을 시작으로 해외진출이 활발히 추진되어 대형마트 138개, 백화점 7개, TV홈쇼핑 11개국 등에 진출하였으나 현지의 제도·문화에 대한 이해부족과 특히 중국과는 사드문제로 직격탄을 맞는 등 고진중에 있다. 글로벌 10대 기업에 비해 국내 유통기업들의 매출규모는 0.025%~0.17% 수준에 불과하며 특히 롯데마트는 중국에서 500~1,000억 원 수준의 적자와 사드로 인한 직격탄을 맞았다. 그러나 향후 정부는 지역브랜드와 관광·문화가 수출지원과 함께 맞춤식의 패키지유형의 제조 소비재 수출모델을 확산하는 등의 노력을 기울이고 있으며 앞으로 한류와 연계한 브랜드 프리미엄화가 시급하다.

2. 전통유통업의 경쟁력

1) 전통시장과 골목수퍼

1996년 유통시장개방 이후, 2000년대 초반부터 전통시장과 골목수퍼의 경쟁력 제고를 위해 중소기업부에서는 수많은 전통시장 현대화시설 지원사업과 공동물류센터건립 등을 통해 약 2조 원이 지원되어 왔었으나, 소프트웨어(마케팅이나 서비스) 개선쪽보다는 시설개선(아케이드와 주차장 등) 위주의 지원을 함으로 소비자들의 유인을 위한 근본적 경쟁력 제고가 이루어지지는 못했다. 실제 전통시장에서는 점포나 종사자 수의 감소보다 매출액 감소가 급격히 일어나 영세성이 심화되고 경영여건이 갈수록 악화되는 추세가 계속되고 있는 현실이며 전통시장의 생계형 유통사업의 특성인 시장진입 장벽이 낮고 쉬운 반면에 다른 업종으로의 전환이 어렵기 때문에 운영이 어려워도 어쩔수없이 사업을 영위하는 실정이다.

2) 소비유형의 변화에 대한 대응능력 부족

최근 웰니스(wellness) 트랜드의 확산에 따른 건강 기능성 식품 및 화장품에 대한 관심증가와 건축 및 가전제품 등의 일반 생활용제품에 대한 환경유해물질과 유해요소에 대한 이슈에 대한 전통시장의 대응력부족 등으로 안심, 안전, 편리를 추구하는 소비자가 지속적으로 감소하고 있는 상황에 있다.

3) 상인과 소비자의 고령화

그동안 전통시장은 정치경제적 및 사회문화적인 변천과정과 특성화 시장육성정책으로 현재의 현대화된 시설의 모습과 매출성장도 2006부터 12년간 전통시장 매출액은 29% 감소하였으나 2014년도부터 증가추세로 전환되어 오고 있다. 그러나 여전히 전통시장은 소매업 중에서 차지하는 비중이 급격히 줄어들고 종사자의 경우 현상유지 내지는 고령화되어 경영여건이 갈수록 악화될 수밖에 없는 구조인 것이 현실이다. 또한 우리나라의 유통업 사업체 수는 선진국에 비해 과다하게 많으며 특히 5인 미만의 영세사업체의 비중이 현저히 높은 구조이다. 따라서 유통사업자의 역량을 충분하게 갖춘 후 유통창업이 이루어지도록 유도하고 자생의지와 생존 가능성이 있는 곳을 위주로 선택·집중지원 할 필요성이 제기되고 있다.

3. 유통산업의 갈등관리 및 상생협력

1) 구조적 갈등

대형 유통시장의 지속성장과 전통적인 유통사업자들의 어려움의 악순환이 반복되고 있음에 따라 유통업 전체내부에서는 크고 작은 유통업체 간의 수평적인 갈등이 발생되고 유통업과 제조업체 간의 수직적인 갈등 역시 계속되어 오고 있는 실정이다.

선진국의 경우 소비행태 및 고령화 등 소비자 트랜드변화에 따라 새로운 유형의 업태가 계속 성장변화하는 것과는 달리 국내에서는 갈등문제로 신산업등장 단계부터 골목상권 논란에 봉착되는 문제를 안고 있다.

2) 유통산업 갈등해소 전략

전통시장과 골목상권 등을 보호 및 보존하기 위한 방안으로 대형유통에 대한 출점 및 영업규제가 다양하게 도입되고 점차 강화되고는 있지만 강제적인 규제만으로는 유통업계에가 안고 있는 갈등문제를 근본적으로 해결하기는 어려울 것이다. 따라서 유통산업에 대한 미래지향적이고 지속가능한 상생발전을 위한 대안이 절실히 요구되고 이를 위해서는 민간주도의 자율적 갈등해결 노력과 지속적 동반성장 모델이 정착되도록 하는 생태계의 조성이 필요하다. 즉 저성장, 디지털, 인구구조의 변화 등 유통산업의 Big shift의 거대한 흐름이 더욱 구조화되어 가고 있는 현실을 비추어 특히 전통적 유통기업에 밀어닥칠 많은 영향들을 미리 예측하여 미래의 새로운 모형으로 발 빠르게 변모해 나가는 길만이 살길이다. 또한 상생・협력 생태계조성과 전통적 유통업의 경쟁력 제고 그리고 대형유통의 글로벌 경쟁력확보가 국가적으로도 절실히 필요하다 하겠다.

3) 국내 유통업체의 상생협력 방안

유통업분야에서 상생협력은 대형유통업체와 협력업체 간의 효율적인 거래개발 및 상품공급망을 구축하는 것으로 일반적으로 정의된다. 즉 유통업의 참여자들이 정보를 공유하는 개방형의 체제를 구축하고 협력업체의 역량개발에 대한 협조와 지원을 함으로써 신뢰를 구축하여 상호 간의 경쟁력을 유지하고 발전시켜 나가는 것이다. 따라서 유통업의 공급사슬 경쟁력 함수(f)는 정보공유를 기반으로 한 의사결정과 협력업체들의 역량강화 그리고 거래상의 신뢰관계이며, 유통업체의 경쟁력은 상품 및 거래사슬관리, 고객관리, 점포관리에 있다. 또한 효율적인 의사결정과 기술, 인력, 자금 및 판로를 기반으로 한 협력업체의 역량향상은 더욱 도움이 될 것이며, 특히 거래상의 신뢰 관계는 곧 공정거래이기 때문에 제도 및 관행이 선행적으로 잘 구축되어야 한다.

더불어 상생을 위한 추진여건에 대해 대형유통업체는 1순위로 역량을 꼽았고 상생협력 필요성에 대한 인식제고를 2순위, 상생협력 성과공유는 3순위로 접근하는 반면, 협력업체의 경우는 상생협력을 가장 중요하게 생각하고 그 다음 단계로 대형유통업체의 공정거래, 정부의 지속인 관심과 지원, 마지막으로는 협력업체의 역량배양 순서로 선호한다는 경향이 나타났다.

PRINCIPLES OF DISTRIBUTION

CHAPTER 02

유통기관

스타벅스도 NFT 출시… 글로벌 거인들 잇단 웹3 진출

구글, 블록체인 검증인 참여
스타벅스는 NFT 연말출시

▲ 셔터스톡

구글과 트위터 등 글로벌 아이티(IT) 기업들의 웹3.0 진출이 확대되고 있다. 기존 서비스 대체불가능토큰(NFT)를 도입하는 등 블록체인 프로젝트와 적극적인 협업에 나서는 추세다. 구글 클라우드는 지난 5일(현지시각) 블록체인 플랫폼 솔라나의 검증인(밸리데이터)으로 참여한다고 발표했다.

검증인이 되면 블록생성과정에 참여할 뿐만 아니라 생태계 관련 의사결정에도 영향력을 행사하게 된다. 올해 상반기 웹3 전담팀을 꾸린 구글 클라우드는 블록체인 관련 사업을 연이어 발표하고 있다. 지난달 27일에는 웹3 개발자를 위한 '구글 클라우드 블록체인 노드 엔진'을 출시했다. 이더리움부터 시작해 솔라나 등으로 지원하는 블록체인 수를 늘린다는 구상이다. 내년부터는 가상자산(암호화폐) 거래소 코인베이스와 제휴해 클라우드 서비스에서 가상자산 결제도 도입한다. 비트코인과 이더리움, 도지코인 등 10가지 가상자산에 지원된다.

웹2 시대의 대표적인 사회관계망서비스(SNS)로 꼽히는 트위터는 엔에프티를 가장 적극적으로 도입하는 기업 중 하나다. 가상자산에 관심이 많은 일론 머스크 테슬라 최고경영자가 트위터를 인수하면서 변화의 속도는 더욱 빨라질 것으로 전망된다. 이번 인수과정에는 세계 최대

가상자산 거래소인 바이낸스도 5억 달러(약 7000억원)를 투자했다. 업계에서는 가상자산 결제와 분산신원인증(DID) 등이 접목돼 트위터가 '웹3 기반 소셜미디어'로 진화할 수 있다는 전망이 나온다.

트위터는 올해 초부터 '트위터 블루'라는 구독 서비스를 통해 엔에프티를 프로필 사진으로 등록할 수 있도록 하는 기능을 추가했다. 지난달 21일에는 '트윗타일' 기능을 선보였다. 엔에프티에 대한 세부 정보와 함께 직접 구매할 수 있는 버튼도 함께 표시해주는 방식이다. 사용자가 트윗을 통해 엔에프티를 직접 구매하고 판매할 수 있도록 할 것으로 예상된다.

인스타그램도 가상자산 지갑과 연동해 엔에프티 작품을 게시할 수 있는 기능을 운영하고 있다. 지난 5월 미국에서 첫 선을 보인 뒤 8월부터 한국을 포함한 100여개 국가에서 도입했다. 엔에프티를 업로드하면 자동으로 해당 작가가 태그되고, 작품에 대한 설명을 볼 수 있다. 현재 메타마스크와 트러스트월렛, 코인베이스 등 6종의 가상자산 지갑이 지원된다.

인스타그램은 엔에프티를 발행하고 판매하는 기능도 일부 도입했다. 미국 내에서 폴리곤 블록체인 기반으로 시범운영한 뒤 서비스 지역과 지원대상 블록체인을 늘려간다는 구상이다.

미국 인터넷 커뮤니티 레딧은 엔에프티 서비스의 고속성장으로 최근 업계의 이목을 끌고 있다. 지난 7월 출시 이후 약 3개월만에 지갑생성 수가 약 300만개에 달했다. 세계 최대 엔에프티 시장인 오픈씨의 누적 활성 계정 수(약 230만개)를 넘어섰다. 탄탄한 생태계를 갖춘 기존 인터넷 기업이 웹3를 도입할 경우 얼마나 경쟁력이 있는지를 보여준 사례로 꼽힌다. 코빗 리서치센터는 "레딧에서 제공하는 볼트지갑은 가상자산이 낯선 일반 이용자들도 편리하게 접근할 수 있게 만들어졌다"며 "사용자들이 평소처럼 서비스를 이용하면서도 엔에프티 등 다양한 웹3 경험으로 확장할 수 있다"고 분석했다.

아이티 업계가 아닌 글로벌 유통기업들도 웹3 진출을 가속화하고 있다. 스타벅스는 엔에프티 멤버십 프로그램 '스타벅스 오디세이'를 올해 말 출시한다. 스타벅스 오디세이에서 상호작용 게임 등을 비롯한 '여정'에 참여한 고객은 엔에프티로 된 스탬프를 받는 방식이다. 스타벅스 오디세이 내 매장에서 한정판 스탬프 엔에프티도 살 수 있다. 진입장벽을 낮추기 위해 가상자산이나 개인지갑 등은 필요하지 않도록 설계했다. 모든 회원이 신용카드로 직접 엔에프티를 구매할 수 있다. 블록체인 상에 스탬프 소유권이 기록되고 회원들끼리 거래가 가능하도록 할 계획이다. 브래디 브루어 스타벅스 수석 부사장은 "웹3 기술을 활용하면 회원들이 새로운 경험과 소유권에 접근할 수 있게 된다"며 "오디세이를 통해 스타벅스만의 디지털, 물리적 경험적 혜택을 제공하겠다"고 말했다.

출처 : 2022년 11월 9일, 한겨레신문

제1절 유통경로

1. 유통경로(distribution channel)

유통경로는 마케팅 관점에서 접근할 수 있는 개념으로서 여러 유통기관들이 거래를 통해 상호 관련성을 갖고 형성된 전체조직으로 크게 유통경로 구성원과 경로운영으로 구성된다.

유통의 정의가 재화나 서비스가 생산자에게서 소비자에게로 넘겨질 때까지의 전체 흐름 자체를 의미하는 것 이라고 한다면 유통경로를 정의할 때는 경로구성원에 따라 보는 시각이 각각 달라진다. 그러나 일반적인 유통경로에 대한 정의를 보면 Bowersox and Cooper는 유통경로를 상품과 서비스의 구매 및 판매과정에 참여하는 기업들 간의 관계시스템이라고 했다. 또 Rosenbloom은 제조업자의 마케팅 관리적 관점에서 유통경로를 '유통목표를 달성하도록 관리하는 외적인 계약조직'으로 정의하고 있다.

이런 정의를 종합하면 결국 유통경로는 생산물이 최초의 생산자로부터 최종 소비자에게 이동 되어가는 과정에 참여하는 개인 및 조직의 집합체를 의미하며 생산자, 도·소매상, 최종 소비자가 모두 포함된다. 한편 이러한 정의는 몇 가지 특성을 지니고 있다.

첫째, 유통경로는 상호 의존적인 조직들의 집합체이다. 유통경로는 제조업체, 도·소매상 등과 같은 많은 조직이 참여하고 있으며 이들은 상호 의존관계에 있다.

둘째, 경로구성원이 수행하는 활동은 연속적인 과정으로 이해되어야 한다.

유통은 주문에서 대금지불 그리고 거래종결 후 지속적인 A/S제공까지 일련의 활동이 시간적 차이를 두고 연속적으로 발생한다.

셋째, 유통경로는 제품이나 서비스를 고객이 사용 또는 소비하기 위해 필요한 것이다. 다시 말해 유통경로 내 과정은 최종 사용자를 만족시키는 것을 목적으로 한다. 결국 유통경로는 구매자의 수요를 충족시키기 위해 판매자가 보유한 제품과 용역을 공급하는 과정에서 필요한 하나의 연결고리로 이해될 수 있다.

결론적으로 유통경로는 개별기업이 자기의 상품을 시장에 공급하기 위해 사용하는 경로라는 점에서 모든 기업이 이용할 수 있는 각각의 판매경로의 종합체라 할 수 있으며 사회적으로 상품을 유통시키는 유통기관과 구별된다.

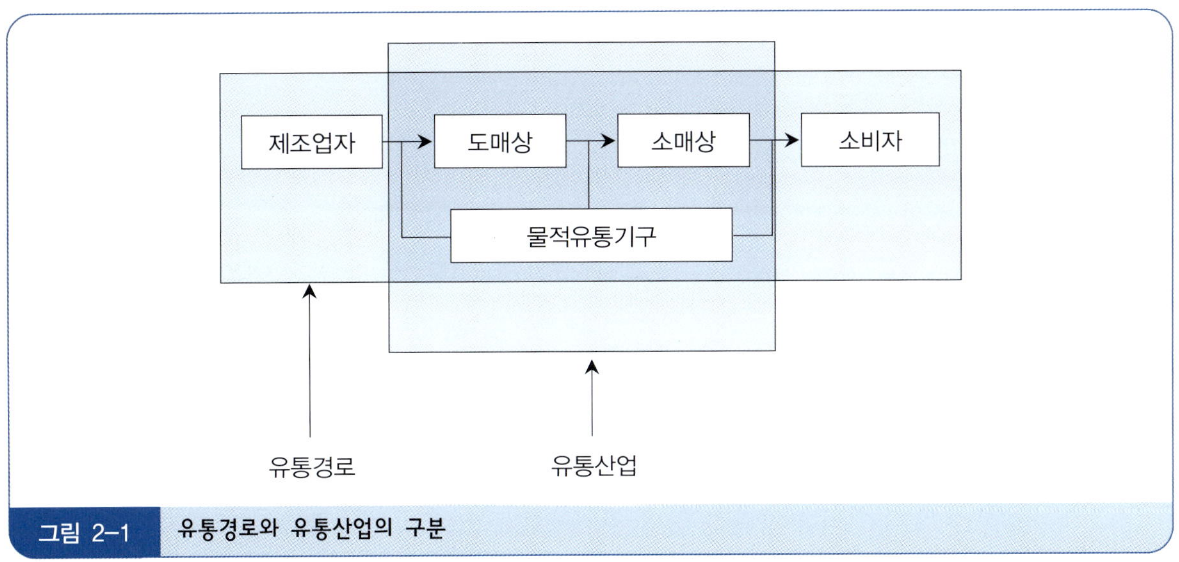

그림 2-1 유통경로와 유통산업의 구분

2. 유통경로의 구조

유통경로의 구조를 구분하는 대표적인 분류형태는 경로길이(channel level), 경로범위(channel scope), 경로 수(channel number), 경로기능(중간상의 유형) 및 지배구조(channel governance)의 차원에서 접근할 수 있다.

경로길이(수준)와 관련해서는 유통경로 상에서 다양한 형태의 중간상의 참여여부에 따라 직접 유통경로(direct marketing channel)와 간접 유통경로(indirect marketing channel), 유통단계별로 자사 제품을 취급하는 중간상의 수(범위)에 따라 전속적 경로(exclusive distribution), 집중적 경로(intensive distribution), 선택적 경로(selective distribution), 이용하는 유통경로의 수에 따라 단일 유통경로(single channel), 복수 유통경로(dual channel), 다수 유통경로(multiple channel)로 구분할 수 있다. 그밖에 중간상이 수행하는 유통기능의 범위나 유형에 따라 완전기능 중간상(full function middlemen), 한정기능 중간상(limited function middlemen)으로 구분할 수 있다.

지배구조 차원에 의한 분류는 경로기능이 독립적인 경로기관들에 의해 독자적으로 이루어지느냐 혹은 유통계열화를 통해 하나의 경로시스템에 의해 이루어지는가에 따라 전통적 유통경로(conventional distribution channel)와 수직적 마케팅시스템(VMS : vertical marketing system)으로 구분하고 있다.

1) 경로길이(channel level)

(1) 직접 유통경로(direct marketing channel)

유통과정에서 중간상이 배제된 경우로 경제환경이 과거 생산자위주의 시장에서 소비자위주의 시장으로 변하면서 생산자는 소비자에게 관심을 두고 직접유통에 나서게 된 것이 직접유통을 촉진시키게 된 배경이다. 직접유통의 장·단점을 살펴보면 다음과 같다.

첫째, 생산량이 크고 시장이 집중되어 있을 경우 생산자와 소비자의 직접적인 거래로 중간상 마진을 없앰으로써 소비자가격을 하락시킬 수 있다.

둘째, 이 경우 생산자와 소비자 간의 유통소요시간을 줄일 수 있어 상품의 효용을 높일 수 있다.그러나 생산만 하면 소비자가 스스로 찾아서 구매하던 과거와는 달리 다양한 소비자 욕구충족을 위한 다품종 소량생산으로 변한 소비자중심의 현대사회에서는 지리적으로 분산되어 있는 수많은 소비자에게 자사 제품을 알리고 배달까지 하기에는 오히려 상당한 인력과 시간 및 비용이 발생하게 된다.

셋째, 유통단계가 짧아짐으로서 경로기관에 대한 지원(support)과 통제(control)를 높일 수 있어 생산자의 직접 마케팅정도가 높아지게 된다.

[그림 2-2]에서 유형1의 경우와 같이 중간상의 개입없이 제조업자가 직접 소비자에게 판매하는 형태로서 대표적인 예로는 생수 또는 주스류의 방문판매, 인터넷 홈페이지를 이용한 직접판매 등이 있다.

(2) 간접 유통경로(indirect marketing channel)

전문화된 유통기관에 의해 유통이 이루어지는 대리상 또는 중간상이 개입된 구조이다. 오늘날과 같이 생산과 소비자가 분리되어 있는 사회에서는 간접유통의 효율성이 커서 유통이 효율적으로 이루어지기 위해서는 중간상의 기능이 중요해진다. 간접유통의 장·단점을 살펴보면 다음과 같다.

첫째, 다품종 소량생산이며 시장이 분산되어 있는 경우 제조업자와 소비자 사이에 필연적으로 거래 수가 늘어나게 되는데 중간상의 개입은 총 거래수를 최소화시켜 제조업자와 소비자 간에 거래를 효율적으로 이루어지게 하고 그 결과 거래비용을 절감시켜 준다.

둘째, 유통경로가 길어질수록 각 중간상들의 기능이 전문화되어 효율성이 증대된다.

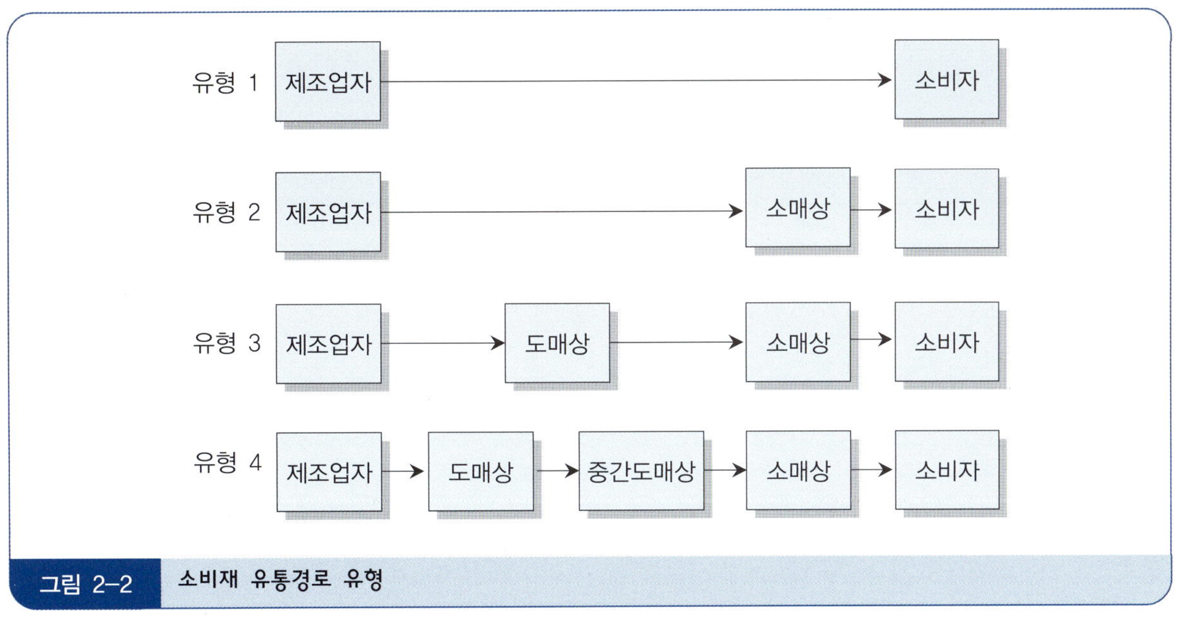

그림 2-2 소비재 유통경로 유형

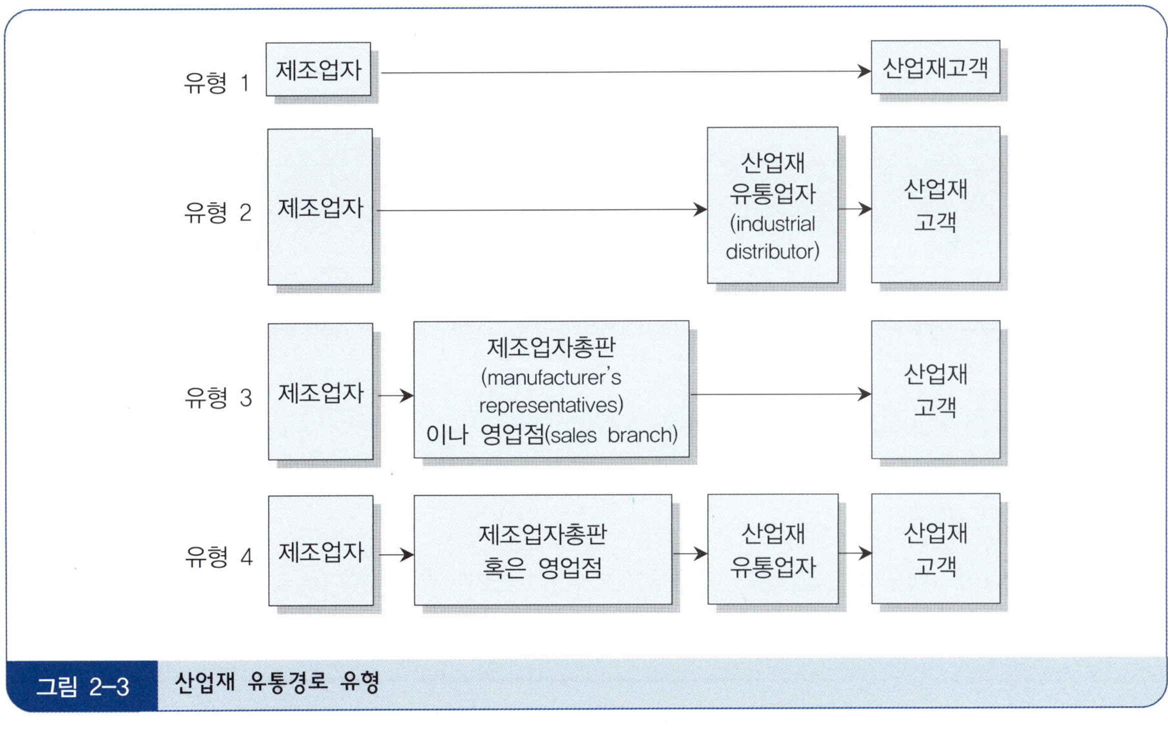

그림 2-3 산업재 유통경로 유형

셋째, 중간상이 제조업자와 소비자 사이의 유통과정에 개입하여 제조업자의 위험을 분산시키는 역할을 한다. 그러나 제조업자와 소비자 사이에 많은 중간상들이 개입되고 유통경로가 길어질수록 경로기관에 대한 지원(support)과 통제(control)는 약해질 수 있다. [그림 2-2]에서 유형2~유형4의 경우가 이에 해당하는데 유형2의 경우, 제조업자와 소비자 사이에 소매상이 개입되는 형태로서 대표적인 예로는 음료제조업체들이 소형식품 잡화점이나 수퍼마켓과는 달리 막강한 자금력과 규모를 지닌 할인점이나 백화점 등 대형업태들과는 직거래를 통하여 제품을 공급·판매하는 경우이다.

유형3의 경우, 도매상과 소매상이 중간상으로 개입하는 형태로 가장 전형적인 간접유통경로라 할 수 있다. 다양한 소매상이 소량으로 상품을 구매할 경우 제조업자가 이들과 각각 직접거래하는 것은 너무 비효율적인 것이 된다. 따라서 제조업체는 이 역할을 대신할 도매상을 이용하게 되는데 특히 중소규모의 제조업자들에 의해 많이 이용되고 있다. 대표적인 예로서 음료업체가 대리점, 소형식품 잡화점, 소비자에 이르는 유통경로로 일반식품이나 생필품의 유통경로와 유사하다.

유형4의 경우, 도매상(대리점)과 소매상 사이에 또 다른 중간상으로 중간도매상이 개입되는 형태이다. 이 경우 제조업자나 대형도매상(대리점)이 제품을 직접유통시키기 어려운 소규모 소매상에게 상품을 공급하는 역할을 하게 된다.

(3) 온라인 유통경로(online marketing channel)

인터넷의 도입은 유통구조에서 중요한 변화를 야기하고 있다. 유통의 중요한 기능이 생산활동과 소비활동이라는 간격(discrepancy)사이에서 가교역할을 하며 생산자와 소비자 사이에 시간적·공간적 간격을 축소하여 시간효용 및 장소효용을 창출하기 위해 경로 상에서 수행되는 제반 기능을 의미하는 것이라면 인터넷의 급속한 발전과 확산은 기업과 소비자 사이에 시간적·공간적 제약을 뛰어넘게 하여 기업으로 하여금 시장을 확대할 수 있는 보다 많은 기회를 제공하고 있다.

이와 같이 유통의 관점에서 보면 인터넷은 생산자와 소비자의 직접적인 연결이 가능하게 함으로써 흔히 인터넷채널이라 하면 전통적인 의미의 중간상들을 배제하고 생산자와 소비자를 연결하는 직접 마케팅채널로 이해되고 있다. 그러나 이러한 직접 마케팅채널도 인터넷을 활용함에 있어서 그들이 갖는 성격에 따라서 직접마케팅과 간접마케팅으로 분류될 수 있다.

직접마케팅 측면을 살펴보면 제조업체와 소비자 사이에 많은 중간단계를 거치게 되는 기존의 유통구조와는 달리 인터넷의 발달은 생산자와 소비자의 직거래를 가능하게 함으로써 소비자는 보다 낮은 가격에 상품을 구매할 수 있으며 제조업체는 다양한 고객정보의 수집이 가능하게 되어 경쟁력을 향상시킬 수 있게 되었다. 이러한 직접마케팅의 예는 자사의 홈페이지를 통해 홍보 및 판매를 하는 경우이며 인터넷 예약판매를 하는 화장품이나 항공사 등의 마케팅의 사례를 볼 수 있다.

반면에 인터넷채널에서도 제조업체와 소비자 사이에서 일정한 역할을 수행하고 있는 중간상이 존재한다. 인터넷상에서 이와 같은 중간상을 거쳐 제품을 유통시킨다면 제조업체 입장에서는 간접마케팅이 되는데 대표적인 예로는 인터넷쇼핑몰을 들 수 있다.

한편 최근에는 제조업체와 소비자 사이에 직접적인 거래의 역할을 하는 기존의 중간상과는 달리 단지 생산자와 소비자 사이에서 거래를 연결시켜 주거나 제품가격이나 성능을 비교해 주는 등 소비자의 탐색과정만을 도와주는 역할을 하는 인터넷브로커(e-broker)와 같은 새로운 중간상이 활동하고 있고 이는 인터넷의 발달과 함께 유통구조상에서 전통적 개념의 중간상 배제와 새로운 중간상의 등장을 통한 변화가 일어나고 있는 것이다.

2) 경로의 범위(channel scope)

(1) 전속형 유통경로(exclusive distribution)

정해진 지역에서 특정 경로구성원(중간상)에게만 독점판매권이 부여된 형태로 통제력을 강화하고 제품 이미지를 차별화하며 적합한 경로구성원을 끌어 들이기 위해 주로 사용되는 유형이다. 그러나 한편으로 고객에 대한 노출이 일정부문 제한될 수밖에 없다는 점과 특정 지역에서 배타적 독점권을 부여함으로써 적극적인 시장개척의 필요성을 감소시키는 단점도 있다. 대표적인 예로는 제조업체의 전문대리점을 들 수 있다.

(2) 집중적 유통경로(intensive distribution)

소매상의 형태에 관계없이 누구에게나 자사 제품의 취급을 개방하는 유형으로 시장 노출을 극대화하고 구매 편의성을 높이기 위해 주로 이용된다. 수퍼마켓에서 판매되는 대부분의 소비제품의 유통형태이다.

(3) 선택적 유통경로(selective distribution)

시장범위를 제한하기 위해서 중간상을 선택적으로 개입시키는 형태로서 지명도가 낮거나 규모가 작은 기업이 적은 비용으로 일정한 통제력을 유지하면서 유통망을 확보하기 위해 주로 사용된다.

3) 유통경로의 수(channel number)

자사 대리점 또는 총판 등 하나의 유통경로만을 이용하여 유통시키는 단일유통경로(single channel), 대리점+직영총판, 대리점+전문점 등 두 가지 유형의 유통경로를 이용하여 유통시키는 복수유통경로(dual channel), 대리점 또는 활용 가능한 다양한 형태의 소매점 등 활용 가능한 다수의 유통경로를 활용하여 유통시키는 다수유통경로(multiple channel)가 있다. 규모있는 소비재 제조업체의 경우 대부분 다수유통경로를 이용하고 있다.

3. 유통경로조직의 계열화

1) 전통적 유통경로(conventional marketing channel)

독립된 각 경로구성원들이 거래과정에 자연스럽게 참여하여 형성된 유통경로시스템으로 독립적인 유통기관들이 독자적으로 경로기능을 수행하는 유통경로의 전형적인 형태이다. 전통적 유통경로는 각 경로구성원이 법적인 결속력이 없어 각각 독자적인 이익 극대화를 추구하며 자신의 이익에 따라 그때그때 변화하여 유통경로에 참여나 철수가 비교적 자유스러운 형태이다. 따라서 경로구성원 간에 이해관계가 상충되었을 때 이를 조정하기가 어려울 뿐만 아니라 각각의 경로구성원이 수행해야 할 경로활동과 거래조건은 공통된 목표달성을 위한 계획에 의한 것이 아닌 주로 관습이나 협상 등에 의해서 이루어진다. 전통적 유통경로는 비록 효과성과 효율성이 낮지만 시장변화에 대한 적응력과 유연성이 높아 비 표준화된 상품에는 효과가 있다.

2) 수직적 유통경로시스템(vertical marketing system)

전체의 이익과 효율증대를 추구하기 위해서 생산자와 중간상이 결합된 하나의 유통시스템을 형성하여 유통과정을 체계적으로 통합하고 전문적으로 관리하기 위해 설계된 경로시스템이다. 이 시스템은 경로구성원에 대한 통제력을 강화하여 유통기능을 경제적으로 달성할 수 있다. 그러므로 수직적 유통경로시스템은 경로전체의 목적을 달성하기 위해서 구성원들의 협조를 끌어내기가 용이하다. 수직적 유통경로시스템은 지배구조의 강도나 수직적 통합의 정도에 따라 구분하고 유형별 특징은 다음과 같다.

(1) 기업형 수직적 마케팅시스템(corporate VMS)

수직적 통합을 통하여 유통경로를 소유권으로 지배, 관리함으로써 유통경로상의 기능들을 하나의 기업이 직접 수행하는 경로유형이다. 제조회사가 도·소매상을 소유하거나 대형 소매상이 도매상이나 제조기능을 소유하는 경우를 의미 하는데 우리나라 자동차 유통구조나 일반 제조업체가 직영영업망을 구축하는 경우 그리고 대형 유통업체가 도매상을 거치지 않고 제조사와 직접 거래하며 자사 브랜드(private brand)를 직접 기획, 생산, 판매하는 경우가 여기에 해당한다.

(2) 계약형 수직적 마케팅시스템(contractual VMS)

경로구성원들이 독립성을 유지하면서 법적인 계약에 의해서 관리구조를 형성하고 마케팅활동을 통일함으로써 경제적 이익을 추구하려는 조직형태이다. 계약형 경로의 대표적인 유형은 크게 세 가지로 나뉜다.

첫째, 도매상 후원 자발적 연쇄점(wholesaler-sponsored voluntary chain)으로 대규모 도매상 아래 독립적인 소매상들이 계약에 의해 수직적으로 통합된 경로이다. 대표적인 예로는 물류회사가 일부 백화점이나 소형 수퍼마켓과 계약을 맺고 대량구매, 물류 등의 기능을 수행하고 있는 것이 여기에 해당하며 독립편의점들이 물류대행 도매상과 계약을 맺는 경우가 해당된다.

둘째, 소매상 협동조합(retailer cooperatives)은 독립된 중소 소매상들이 도매기능을 가진 대규모 조직체를 결성하여 구매, 판촉, 상품개발, 정보시스템 등을 공동으로 이용하는 경로 조직이다. 소매상 협동조합의 가장 큰 결성동기는 소규모업체들이 규모의 경제를 달성하여 경쟁력을 높이고자 하는데 있다. 우리나라에서는 전국 수퍼마켓 협동조합의 통합조직인 한국 수퍼마켓 협동조합연합회(KOSA_Korea Supermarket's Alliance)나 전국 중소상인 연쇄점협회 등이 그 예다.

셋째, 프랜차이즈시스템(franchise system)은 프랜차이즈 본부(franchisor)가 프랜차이즈 패키지(상표, 상호, 운영 노하우 등)를 개발하여 계약에 의해 가맹점(franchisee)에게 영업할 수 있는 권한을 허가해 주고 그 대가로 가입비, 로열티(royalty)등을 받아 운영하는 조직이다. 이 시스템은 많은 자본투자없이도 인지도와 경영 노하우 등을 이용해 단기간에 높은 매출을 올릴 수 있다는 점 때문에 최근 예비 창업자들에게 인기가 높을 뿐 아니라 가장 급속한 성장을 보이고 있는 유형이다. 미국의 경우 오늘날 프랜차이즈 시스템이 소매매출의 절반 이상을 차지하고 있는 것으로 추정되며 우리나라 역시 대규모 구조조정 및 직장인의 조기퇴직 등으로 프랜차이즈를 통한 창업은 갈수록 늘고 있는 실정이다.

(3) 관리형 수직적 마케팅시스템(administrative VMS)

경로구성원 중에서 특정 경로선도 기업(channel leader)에 의하여 소유권이나 계약관계가 아닌 비공식적인 합의나 협의에 의하여 유통경로를 통합관리하는 시스템이다. 경로상의 각 구성원들은 법적으로 각자 독립되어 있으며 독자적인 목표를 추구하고 있다는 점에서 전통적 유통경로와 유사하나 경로구성원들의 경로활동이 하나의 마케팅 프로그램을 통하여 조정되고 협력한다는 점에서 전통적 유통경로와 다르다.

제2절 유통기관과 경로구성원

산업이 고도로 전문화한 오늘날에는 상품이 생산되어 소비되기까지 지역적 불일치 및 시간적 불일치가 심하기 때문에 유통기관의 기능이 더욱 중요해지고 있다. 유통기관이란 재화 및 서비스가 최종 사용자인 소비자에 이르기까지 전 과정의 유통경로를 구성하고 있는 경로구성원으로써 제조업자, 도매상, 소매상, 소비자가 포함된다. 유통기관은 상품의 이동활동에 참가하는 유통기구의 구성원으로 이를 유형화하여 기업수준에서 단순화시켜 보면 출발지인 생산자, 최종 종착지인 소비자, 중간업자인 도매상, 소매상, 수송업자, 창고업자 등이다.

Spotlight 시청률 떨어지는데 수수료 눈덩이 … '라이브 커머스'로 몰리는 홈쇼핑

CJ온스타일 '브티나는 생활' 롯데 '랜선뷰티' 등
TV 벗어나 '라이브 커머스'로 활로 찾는 홈쇼핑
송출수수료 급증 작년엔 방송매출액 60% 육박
"공멸 위기…산정기준 조정 위해 정부 나서라"

▲ 씨제이온스타일의 대표 라이브 커머스 방송 '브티나는 생활'의 한 장면. 씨제이온스티일 제공

"안녕하세요~'브티나는 생활'의 브티나는 남자, 오늘은 브라이언 어린이입니다~ 오늘은 한샘의 샘키즈로 찾아왔는데요. 가격 정말 좋습니다. 아이들 침대, 가구, 수납장까지, 이 정도 가격이면 저도 빨리 애를 낳을까 싶네요."

미혼남 브라이언이 키즈가구를 판매한다. 중간중간 막춤을 선보이며 시선을 끌고, "아! ○○님, 제가 점점 더 어려진다고요? 감사합니다"라며 실시간 댓글을 올린 고객과 소통도 한다.

이달 1일부터 다음달 1일까지 매주 목요일 오후 8시 씨제이(CJ)온스타일 모바일 라이브 커머스 프로그램 '브티나는 생활'에서 펼쳐지는 장면이다. 가수 브라이언의 이름을 내건 이 라이브 방송(라방)에서는 살림과 전혀 관계없어 보이는 브라이언이 전문 쇼호스트와 함께 출연해 선풍기, 유산균, 의류, 닌텐도 게임기, 책상, 냉동만두 등 생활에 필요한 다양한 상품을 소개한다. 지난 3월 시작한 이 라방은 일주일 만에 시청 수 45만회, 판매액 25억 원을 달성해 화제를 모았다.

▲ 지에스샵 라이브 커머스 '샤피라이프' 방송 장면. 지에스샵 제공

성장 둔화기에 들어선 홈쇼핑들이 '라이브 방송' 등 모바일로 활로를 찾으며 본격적인 생존경쟁에 돌입했다. 홈쇼핑 시청률이 하락하는 가운데, 눈덩이처럼 불어난 송출수수료의 압박에서 벗어날 돌파구 마련에 나선 모양새다. 이들은 모바일 등 신사업에 나서면서 한편으로는 송출수수료에 대한 정부의 중재를 요구하고 있다.

씨제이온스타일 뿐만이 아니다. 지에스(GS)샵도 라이브커머스 제작 대행 서비스 '문래라이브' 사업에 나섰다. 필립스와 피앤지(P&G) 등 브랜드 고객사를 확보하고 콘텐츠 기획·연출·영상아트·진행·채팅지원 등 라이브커머스와 관련한 모든 영역에서 사업을 대행한다. 롯데홈쇼핑 역시 지난달 연예·드라마 전문 제작사 초록뱀미디어와 손잡고 뷰티 예능 '랜선뷰티' 프로그램을 론칭했다. 이어 지난달 엔에프티(NFT·대체불가능토큰) 마켓플레이스 '엔에프티 숍'을 오픈한 데 이어 이달부터는 가상 모델 루시를 내세운 '루시 세상과 만나다' 엔에프티를 선보였다. 현대홈쇼핑은 제주도 현지까지 가서 라이브커머스 '싱싱라이브'를 통해 오설록 녹차케이크, 감귤, 초당옥수수 등 특산물을 판매하는 등 힘을 쏟고 있다.

씨제이온스타일 관계자는 "지난 5월 라이브커머스 주문 금액과 방문 고객 수는 지난해 같은 기간에 견줘 두 배 이상 증가했고, 론칭 1년 만에 주문금액 1천억원, 누적시청 수 가 2천만을 넘겼다"며 "티브이 쪽은 40대 이상이 주요 시청층이라서 2030 젊은 고객을 잡기 위해 라이브방송이 필수가 됐다"고 설명했다.

현대홈쇼핑 싱싱라이브

제주도에 직접 가서 특산물을 판매하는 방송을 하기도 한다. 현대홈쇼핑 제공

이렇게 홈쇼핑 업계가 라이브 커머스 방송에 나서는 배경에는 해마다 늘어나는 송출수수료 문제가 자리한다. 송출수수료는 티브이홈쇼핑업체가 유료방송사업자(아이피티브이 · 위성방송 · 케이블티브이)에 지불하는 비용이다. 홈쇼핑업계는 시청률이 높은 지상파와 인접한 '황금채널'을 확보하기 위해 사활을 걸 수밖에 없다. 때문에 티브이 홈쇼핑 성장세는 정체기에 들어섰음에도, 송출수수료는 매년 오르고 있다.

방송통신위원회가 지난 14일 발표한 '2021년도 방송사업자 재산상황 공표'를 보면, 홈쇼핑 매출 대비 송출 수수료 지급비율은 2012년에는 28.8%에 불과했지만, 2015년 35.2%, 2018년 46.8%, 2020년 53.1%에 이르렀고, 지난해엔 58.9%에 달한 것으로 나타났다. 홈쇼핑이 번 돈의 60%를 방송사업자가 가져간다는 뜻이다. 전체 홈쇼핑 12개사(홈쇼핑 7개사+티커머스 5개사)가 지난해에만 2조 2,508억 원의 송출 수수료를 지급했는데, 이는 전년(2020년)보다 11.2%(2274억 원) 증가한 규모다.

〈홈쇼핑방송사업매출 대비 송출수수료 지급 현황〉

(단위: 원/%)

년도	2012	2015	2018	2020	2021
송출수수료	8,672억	1조 1,445억	1조 6,337억	2조 234억	2조 2,508억
매출	3조 153억	3조 2,504억	3조 4,938억	3조 8,108억	3조 8,193억
비율	28.8	35.2	46.8	53.1	58.9

자료: 방송통신위원회.

티브이홈쇼핑협회 황기섭 실장은 "티커머스를 뺀 티브이홈쇼핑 7개사의 지난해 방송사업 매출은 2020년에 견줘 771억 원(2.5%) 감소했음에도 송출 수수료는 두 자리수(11.2%)가 증가했다"며 "채널번호를 놓고 매년 경매를 하듯 송출수수료를 올리고 있는데, 정부는 사업자끼리의 문제라고 손을 놓고 있다"고 호소했다.

그렇다고 티브이를 포기할 수는 없다 보니 업계시름은 깊어가고 있다. 홈쇼핑업계가 '라이브 커머스 방송'에 앞다퉈 나서고는 있지만, 아직 티브이 매출이 절대적이기 때문이다. 롯데홈쇼핑 관계자는 "티브이 홈쇼핑은 주로 40대 이상 여성층을 공략하는데, 이들은 높은 구매력을 가지고 재구매율도 높아 안정적인 시장을 형성하고 있다"며 "홈쇼핑매출 상위품목 10위권이 모두 패션과 뷰티 아이템인 것만 봐도 알 수 있다"고 설명했다. 씨제이온스타일 관계자 역시 "간편한 결제·배송·반품, 능숙한 쇼호스트의 상품안내, 다양한 그래픽과 증강현실을 이용한 몰입감 등 티브이의 강점은 아직 많다"며 "라이브 커머스 방송은 아직까지 매출이 크지 않아 잠재고객 유인책 정도에 그치고 있다. 특히 네이버 등 대형 플랫폼라방과 경쟁하기도 쉽지 않다"고 말했다.

홈쇼핑업계는 정부의 중재를 요구하고 있다. 황기섭 실장은 "임대료를 책정할 때에도 유동인구와 상가

매출액을 동시에 고려하는데, 왜 송출수수료는 유료방송 가입자 수만 기준으로 하고 홈쇼핑 매출액은 고려하지 않느냐"며 "업계에선 블랙아웃(방송중단)을 해서라도 사태를 해결해야 한다는 의견까지 나온다"고 전했다. 그는 이어 "홈쇼핑편성의 70%가 중소기업제품인데, 우리가 공멸한다면 중소기업 또한 주요 판로를 잃을 수밖에 없다"며 "송출수수료의 공정한 산정과 분쟁조정을 위해 정부가 나서 달라"고 촉구했다.

전문가들 역시 과도한 송출수수료의 조정은 필요하다는 의견이다. 고려대 미디어학부 김정현 교수는 "사업자들 사이의 문제로만 치부할 경우, 과도한 송출수수료가 결국 상품값에 반영돼 소비자 권익에도 영향을 줄 수 있다"고 짚은 뒤 "상한제 등 정부의 직접적인 개입보다는 홈쇼핑 사업자 전체의 순증이익을 절반으로 나눈 값 정도로 송출수수료 총액을 정한 뒤, 이를 벤치마크로 삼아 이해 당사자들이 상호 협상을 하도록 유도하고 분쟁이 발생할 땐 조정을 하는 식으로 정부가 사후 개입을 하는 방안을 고민해 볼 수 있겠다"고 제안했다.

출처 : 2022년 6월 20일, 한겨레신문

한편 유통기관의 필요성과 특징을 살펴보면 유통경로 내에서 중간상은 생산과 소비 사이의 물량불일치, 지리적 불일치, 시간의 불일치, 상호간 정보의 불일치를 조정하고 해소하는 역할을 수행함으로써 수요와 공급을 만족시켜 줄 뿐만 아니라 전체적인 유통비용의 절감을 가져다준다. 따라서 정상적인 유통경로는 제품이 흘러가는 과정에서 중간상의 단순한 제품전달활동 뿐만 아니라 제품에 새로운 가치를 부여하는 경로활동에 의해 효율성을 증가시킬 수 있다.

유통경로 구성원을 분류하면 일반적으로 도매상과 소매상으로 나눌 수 있다. 도매상은 유통분야 중 가장 낙후된 분야로서 소매기능과 도매기능을 병행하는 등의 매우 다양한 형태를 갖기 때문에 도매상을 정확하게 규정하기는 쉽지 않다. 그 명칭에서도 도매상, 중개상, 중간상, 배급자, 브로커, 대리인 등으로 불리어지고 있다.

소매상은 유통경로 상에서 소비자와 가장 가까이 있는 경로구성원으로서 소비자와 직접접촉하므로 변화하는 소비자욕구에 맞추어 계속 변화되어 왔으며 다양한 형태의 소매점들이 나타나 경쟁이 치열해지고 있다. 소매상은 일반적으로 점포유무에 따라 점포소매상과 무점포 소매상으로 나눈다. 그렇다면 도매상과 소매상에 대해 알아보자.

1. 도매상

1) 도매상의 기능과 종류

도매상(wholesaler)이란 여러 가지 상품을 주로 소매상에게 판매하는 행위와 그 일을 맡은 개인이나 기업을 일컫는 말이다. 물론 도매상이 소비자에게 직접판매하는 비중은 상대적으로 매우 적다. 도매상은 유통채널로 보아 제조업체와 소매상 사이에서 상품을 대량으로 구매하여 소량으로 판매하는 유통행위를 한다. 이러한 도매상은 상거래과정에서 상품의 소유권을 일시적으로 이전받으며 이때 어느 정도 위험을 부담하게 된다. 그 위험에 대한 보상이 바로 도매상이 얻는 이윤의 크기를 결정해 주기도 한다. 도매상은 제조업자의 판매행위를 대행해 준다고도 말할 수 있다. 그러나 도매상의 기능은 [그림 2-4]에서 보는 바와 같이 매우 다양하다. 도매상이 제조업자를 위해 수행하는 기능과 소매상을 위해 수행하는 기능이 어떻게 다른지 살펴보자.

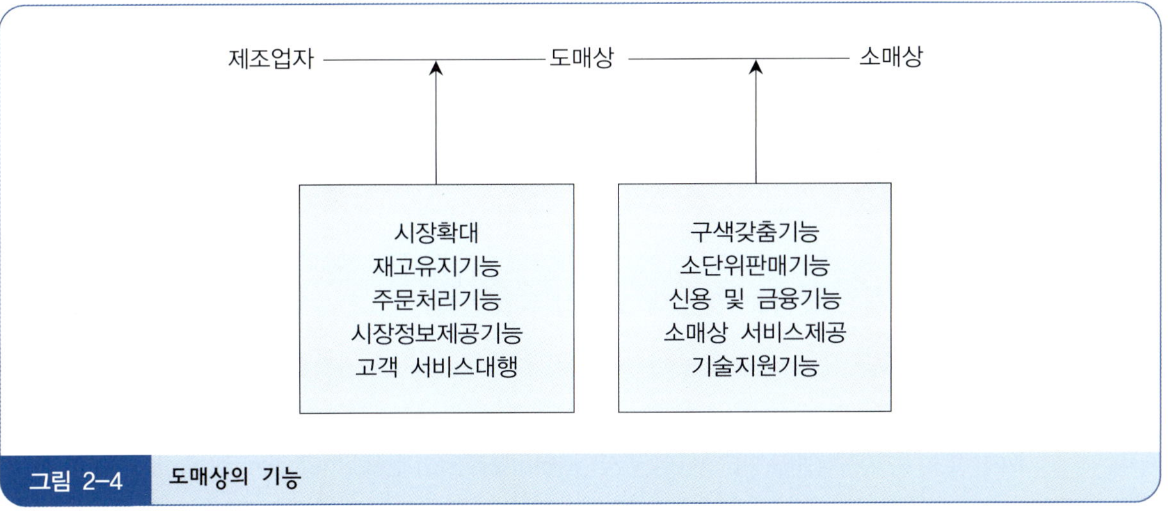

그림 2-4 도매상의 기능

(1) 제조업자를 위한 도매상의 기능

- 시장확대 기능: 제조업자는 합리적인 비용으로 필요한 시장의 커버리지를 유지하는 데 도매상에게 의존한다.
- 재고유지 기능: 도매상들은 제조업자의 재무부담과 막대한 재고보유에 따른 제

조업자의 위험을 감소시켜준다.

- 주문처리 기능: 다수의 제조업자들의 제품을 구비한 도매상들이 많은 소매상들의 소량주문을 보다 효율적으로 처리한다.
- 시장정보제공 기능: 제조업자들보다 고객들의 제품이나 서비스에 대한 욕구를 쉽게 파악하여 제조업자에게 정보를 제공한다.
- 고객서비스 대행 기능: 소매상들에 대한 제품의 교환, 반환, 설치, 보수, 기술적 조언 등의 제공을 통해 생산성을 향상시킨다.

(2) 소매상을 위한 도매상의 기능

- 구색갖춤 기능: 제품구색을 보유한 소수의 전문화된 도매상으로부터의 주문을 통해 거래를 단순화 할 수 있다.
- 소단위판매 기능: 제조업자로부터 대량주문을 한 도매상이 제품을 소량으로 분할하여 소매상들의 소량주문에 대응할 수 있다.
- 신용 및 금융기능: 외상판매를 통해 소매상들로 하여금 구매대금의 지불이전에 제품을 구매할 수 있는 기회를 제공한다. 또한 소매상이 필요로 하는 많은 품목 보관으로 소매상의 재고부담을 감소해 줄 수 있다.
- 소매상 서비스 기능: 배달, 수리, 보증 등 다양한 유형의 서비스제공을 통해 소매상들의 노력과 비용을 절감할 수 있다.
- 기술지원 기능: 숙련된 판매원을 통해 소매상에게 기술지원을 제공한다.

(3) 소비재 도매상과 산업재 도매상(유통업자)

소비재 도매상은 물류활동의 혁신에 적극적이었으나 체인조직을 형성하여 대단위 구매, 창고화, 배달 등의 실현을 통해 규모의 경제를 확보하였다. 소비재 도매상들은 여전히 주문수주자(order taker)로서의 기능만을 수행하고 있으며 도매상들이 더 이상 효율적인 판매 혹은 물류 서비스를 제공하지 못함에 따라 많은 도매상들이 대형소매상에 의해 손쉽게 대체되는 상황이다.

산업재 유통업자는 마케팅 지향적 성향보다는 기술지향적 성향이 강하며, 소비재시장에 비해 유통에서 도매상이 차지하는 비중이 상대적으로 높다. 대체로 산업재 유통업자는 소매상과 거래하는 도매상과 마찬가지로 그 규모가 영세하지만 유통업자수의 감소와 시장확대에 따라 점차 규모가 확대되는 추세다.

유통경로에서의 산업재 유통업자의 역할은 원가상승으로 유통업자에게 물류기능을 맡기려는 제조업자의 욕구가 커지면서 고객에 대한 부가가치 서비스가 더욱 증가하고 있다(산업재 유통업자가 조립 및 가공생산 능력까지도 확보하도록 요구됨). 또한 산업재 유통의 경우, 도매기능의 통합화는 제조업자가 직접 도매상의 역할을 수행하는 후방통합화를 이루고 있으며 제조업자의 후방 통합화를 방지하기 위해서 산업재 유통업자는 업무의 전문화가 더욱 절실하게 필요해지고 있다. 산업재 유통업자는 틈새시장 전략을 통한 경쟁우위 확보와 체인형성으로 그 역할을 강화하고 규모의 경제실현을 통해 그들의 역량강화가 필요해 보인다. 또한 산업재 유통업자들은 비혁신적이고 단순한 주문수주자 기능만을 수행한다는 생각 때문에 제조업자는 불만을 가지고 있다. 하지만 현실은 제조업자가 푸쉬(push)전략에 의존하고 있으며 중간상을 통한 판촉을 선호하기 때문에 도매상의 역할은 지속될 것으로 보인다.

(4) 대리상 · 중개상

대리상 또는 중개상은 일반 도매상과는 달리 상품에 대한 소유권이 없는 가운데 제조업자나 공급자를 대신해서 상품을 판매해 주는 도매상이다. 대리도매상은 일반도매상과는 달리 비록 상품의 소유권은 없으나 판매지원과 조사기능 등을 담당하면서 제조업체나 공급자로부터 일정한 수수료(commission)를 받는 독립적인 유통행위자 들이다. 대리상에는 제조업체 대리상(manufacturer's agent), 판매대리상(selling agent), 구매대리상(purchasing agent), 수수료 상인(commission merchant)으로 구분된다.

(5) 제조업자 지점 및 사무소

제조업자 도매상이라고도 부르는 이들은 독립된 도매상이 아니라 제조업자 직접 판매지점(sales branch)이나 사무소(sales office)를 개설하여 도매기능을 수행하는 것이다. 제조업자가 자금력이 있을 때, 고객서비스와 가격결정 등에 있어 완벽한 통제를 원할 때, 제품이 고도로 전문적일 때, 제품계열이 깊을 때 주로 이용된다. 판매지점과 사무소의 차이는 판매지점은 재고를 보유하며 판매사무소는 재고를 보유하지 않고 제품을 받아 공급하는 것이다.

2. 소매상

소매상의 유형은 점포유무, 소유형태, 운영상의 특징 등에 따라 여러 가지로 분류할 수 있으며 점포소매상에는 백화점, 전문점, 할인점, 편의점, 수퍼마켓, 기업형 수퍼마켓(SSM), 재래시장 등이 있다.

무점포 소매상(non-store retailer)은 통신판매, 카탈로그, 신문, 잡지 등과 같이 인쇄매체, TV등의 방송매체, 인터넷을 비롯한 멀티미디어 등의 매체도구를 이용하여 소비자에게 상품을 직접 판매하는 곳이다. 통신판매, 텔레마케팅, TV홈쇼핑, 자동판매기, 방문판매, 전자상거래 등이 최근 활성화되어 있으며 이는 정보통신기술의 발달로 하루가 다르게 새로운 형태가 생겨나고 있다. 또한 소매점역할을 담당하고 있는 외식업소 즉 식당, 유흥주점, 카페 등과 서비스업종, 숙박업소 등 최종소비자를 대상으로 판매하는 업체를 소매상으로 분류하고 있다.

1) 소매상의 기능

소매상은 개인적 혹은 비영리적 목적으로 구매하려는 최종 소비자에게 재화나 서비스를 판매하는 것과 관련된 활동을 수행하는 상인을 말한다. 또한 소매상은 유통채널로 보아 제조업체와 최종소비자 사이에서 상품을 구매하여 소량으로 판매, 서비스하는 유통행위를 실행한다. 소매상의 기능은 [그림 2-5]에서 보는 바와 같이 매우 다양하게

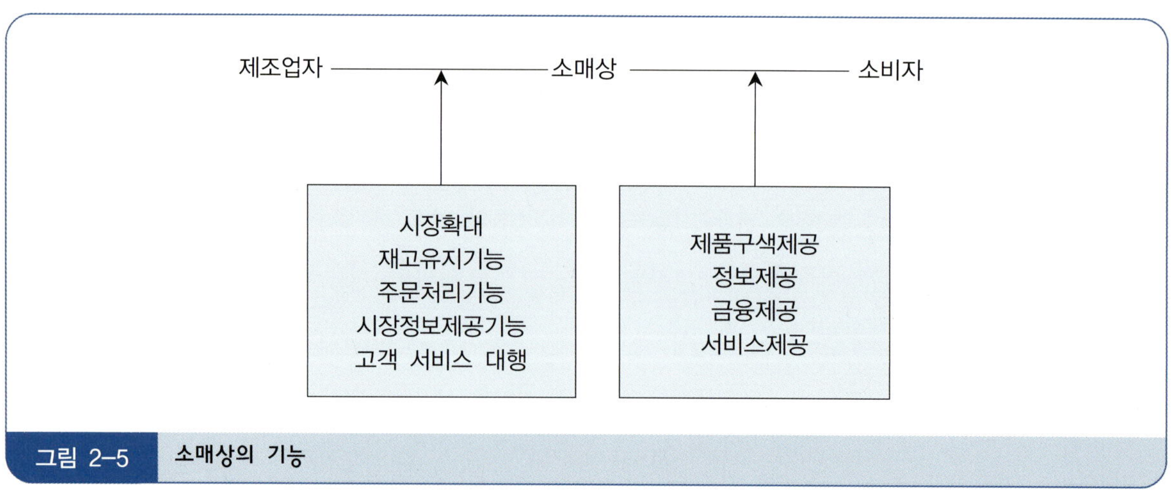

그림 2-5 소매상의 기능

나타난다. 소매상이 제조업자를 위해 수행하는 기능과 소비자를 위해 수행하는 기능을 각각 살펴보자.

(1) 제조업자를 위한 소매상의 기능

앞서 제조업자를 위한 도매상의 기능 다섯 가지와 소매상의 기능은 동일하며 소매상은 지역시장을 대표하는 역할과 동시에 제조업자를 대신한 시장확대 기능을 수행하고 소비자 방문과 주문을 대비한 재고유지 기능을 수행한다. 또한 최종소비자를 대신하여 제조업자에게 주문처리를 진행하여 필요물량을 확보하고 지역시장의 소비성향과 정보를 실시간 수집하여 제조업자에게 혹은 도매상에게 정보를 공유한다. 아울러 제조업자를 대신해 최종소비자를 위한 서비스기능 제공을 통해 현장에서의 사소한 어려움도 해결하는 고객접점의 컨설턴트라 할 수 있다. 이 과정을 통해 제조업자 및 도매상과의 신뢰구축을 할 수 있으며 추가수익도 만들어 낼 수 있다.

(2) 소비자를 위한 소매상의 기능

- 제품구색제공 기능: 소비자가 원하는 상품구색을 제공한다.
  (제품선택의 비용과 시간절감_전문점, 편의점)
- 정보제공 기능: 소비자에게 필요한 정보를 제공한다.
  (소매광고, 판매원 서비스, 점포 디스플레이 등을 통해 고객에게 제품관련 정보를 제공)
- 금융제공 기능: 자체의 신용정책으로 소비자의 금융 부담을 덜어주는 기능을 수행한다(신용판매 및 할부 판매).
- 서비스제공 기능: 소비자에게 다양한 부가서비스를 제공한다.
  (애프터서비스의 제공, 제품의 배달, 설치, 사용방법의 교육 등)

2) 업종과 업태구분

일반적으로 많은 사람들은 업종과 업태를 종종 혼돈하기도 한다. 업종은 소매상이 판매하는 상품군에 따른 전통적인 분류방법으로 생산자 및 제품 중심적 시각이다. 예를 들어, 의류점, 가전점, 식품점 등이 업종에 해당한다.

이에 반해 업태는 소매점의 영업전략에 따른 분류방법으로 소비자 및 전략 지향적

표 2-1 업종개념과 업태개념의 비교

	시각	주도자	분류기준	점포크기	주요유형	장점
업종개념	생산자	제조업체	제품유형	소규모	대리점	제조업체의 통제 용이
업태개념	소비자	소매업체	소매전략	대규모	할인점, 카테고리 킬러	효율 증대, 거래촉진

시각을 의미한다. 업태는 머천다이징 전략, 입지전략, 가격전략, 판매방식 등에 의해 결정되며 예를 들어, 백화점, 할인점, 카테고리킬러, 전자상거래 등은 업태에 따른 구분이다. [표 2-1]은 업종과 업태의 개념을 간략히 비교한 것으로 각각의 장점과 주도자, 주요유형 등을 제시하고 있다.

3) 소매상의 유형(점포 소매상)

소매상의 유형은 물리적 점포를 소유하고 있느냐에 따라 점포소매상과 무점포소매상으로 구분할 수 있다. 또한 소매점포믹스 전략에 의한 점포소매상을 분류하는 것이 일반적인 접근방법으로 소매점포믹스 전략은 입지, 구색, 서비스, 가격수준, 영업시간 등의 통합된 조합에 따라 수립될 수 있기 때문에 점포유형은 다양하게 나타난다. 먼저 점포 소매상에 대해 알아보자.

(1) 구멍가게

우리 주변에서 점차 사라지고 있는 소매업 유형으로 주택지역에 주로 위치하고 있다. 이 점포의 취급아이템은 식료품과 생활용품중심으로 다루고 있다. 특징으로는 영업시간이 길고, 비교적 멀리 있는 대규모 소매점포에 비해 고가격으로 제품을 판매한다는 점이다. 30평 미만의 소규모점포로 운영되며 생계유지형의 목적이 많고 주변고객들과의 오랜관계로 인한 외상판매 등도 종종 이루어진다. 그러나 최근 소비자들의 one- stop shopping 선호와 자동차문화의 생활화, 제품구색에 대한 강력한 요구, 가격민감도 증가 등에 따른 소규모 구멍가게의 경쟁력이 급속하게 감소되었고 편의점 및 기업형 수퍼마켓(SSM), 할인점 등이 그 역할을 대체하고 있는 추세다.

(2) 편의점(CVS)

최근 두드러진 성장을 보이는 소매점포 유형은 바로 편의점이다. 주로 인구밀집지역이나 주택가 중심으로 성장하고 있으며 점포의 특징은 24시간 영업이 가능하다는 점과 재고회전이 빠른 식료품, 편의품, 문방용품 등의 한정된 제품을 취급하는 경우가 많다.

소비자측면에서는 시간편리성, 공간편리성, 상품편의성(다품종 소량) 등의 장점을 갖춘 소매형태로 최근 혼자 거주하는 싱글족의 증가추세는 골목마다 편의점의 시장확대는 물론 도시락 등의 간편식 판매에도 영향을 주고 있다. 한편 편의점은 수퍼마켓보다는 다소 높은 가격을 유지하는데 그 이유는 장소효용과 시간상 접근편리성 때문이다. 이러한 급성장에도 불구하고 편의점업계의 수익성이 높지 않은 이유로는

- 자금사정을 고려하지 않은 무리한 입지까지 출점
- 24시간 운영으로 인건비, 관리비 상승, 도난, 분실 등 경영압박요인 작용
- 본부의 미흡한 운영지도로 가맹점 자료노출에 대한 점주들의 거부감 등이 있다.

(3) 수퍼마켓

수퍼마켓은 점포의 규모가 편의점과 구멍가게보다는 크고, 마진은 낮으며, 셀프서비스를 특징으로 하는 소매점유형이다. 소비자들이 대부분 자동차, 냉장고 등을 보유함으로 인해 1회 대량구매가 가능해지고 멀리 교외지역의 입지가 더 활발하게 이루어졌다. 우리나라의 경우 수퍼마켓의 출발은 1971년 새마을 수퍼체인본부에서 시작되었다. 최근 제조업체 상표(national brand)증가로 전국적 품질제공이 균등해지고 점포마다의

안정적 물량공급이 이루어지면서 수퍼마켓은 셀프서비스에 의한 쇼핑지원을 통해 저렴한 가격전략을 시행하고 있다. 그러나 다른 소매유형에 비해 우리나라의 수퍼마켓이 부진한 이유는

- 상품기획력 부족
- 다른 업태보다 가격경쟁력 떨어짐(PB능력 미흡)
- 비효율적 매장운영(과다상품로스),
- 다점포경우, 중앙집중구매시스템 부족(체인운영 노하우 미흡)으로 경영수익이 더 부진해지고 있는 현실이다.

(4) 연금매장

연금매장은 특정기업이나 단체근무자의 가족에게 소비생활에 도움을 줄 목적으로 설립되었고 부가세 면제로 인해 시중가격보다 20%가 저렴하게 운영되는 소매형태이다. 수퍼마켓과 할인점의 혼합형태로 운영되며 대표적인 예로는 공무원 연금매장, 사립교원 연금매장, 농협연금매장 등이 있다.

(5) 할인점(=대형마트)

할인점은 저가격의 대량판매를 추구하는 영업방식을 시행하며 제조업체 상표를 일반상점보다 저렴한 가격으로 판매하는 소매상이다. 할인점의 특징은

- 항상 저렴한 가격에 판매
- 유명상표를 판매
- 정상적인 상품을 싸게 판매한다.

저가격을 추구하는 할인점은 경쟁력 유지를 위해 비용상의 우위를 달성해야 한다. 이를 위해 대량구매실현, 셀프서비스를 통한 인력절감, 저렴한 입지선정으로 인한 비용절감, 투자의 최소화, 유통업체 상표(PB : private brand)도입을 통한 마진율 확대, POS 도입과 재고회전율을 통한 재고비용절감 유도로 최대한 원가절감 등을 달성해야 한다. 미국 최대 할인점은 Wal-Mart로 '항상 최저가를 지향하는 EDLP(everyday low price)전략'을 추구하고 있다.

미국 할인점의 두 가지 특징은 가격과 상품구성에 있다. 즉 저렴한 가격과 상품구색면에서 매우 다양하다는 것이다. 또한 식료품에 대한 비중이 낮은 것도 특징이다. 국내 할인점은 1993년 11월 신세계그룹이 출점한 창동 E-Mart가 시작이다. 점포시설과 고객서비스를 축소하고 식료품과 생활용품을 중심으로 통상 소매가격 대비 20-30%정도 할인된 가격으로 판매하는 가격정책을 시행하였다. 이러한 정책 때문에 주변상권의 다른 소매업태들도 가격인하를 시행하였고 가격파괴라는 이슈가 등장하기 시작했다. 이후 국내 대기업들의 체인화를 통한 할인점진출이 활발해지고 외국계 할인점도 국내진출로 이어졌다.

대형할인점의 시장점유율 확대는 유통시장의 공급구조를 저가위주로 전환시키고 소매시장의 가격결정권을 제조업체로부터 대형유통업체로 이전시키는 효과를 가져왔다. 또한 할인점이 직접 기획하고 규모가 작은 중소제조 업체들이 생산한 제품에 자체브랜드를 붙여서 판매하는 저가의 PB상품 비중을 늘려 유통업체의 가격결정권을 확대하고 있다. 대형할인점은 대량구매와 대량판매라는 규모의 경제에 기반을 둔 효율화를 통해 마진확보를 하고 있으며 이러한 변화들이 최저가 경쟁을 유발하였으며 소비자 입장에서는 가격비교를 통한 합리적 소비행태가 이루어지는 기회가 되었다.

(6) 회원제 창고형 도·소매점(MWC : membership warehouse club)

회원제 창고형 도·소매점이란 회원으로 가입한 고객을 대상으로 정상가격의 30~50% 할인된 수준의 가격으로 판매하는 유통형태다. 주로 판매가에서 마진을 남기기보다는 고객연회비를 통해 이익을 만들어 내는 영업전략이다. 매장의 특징은 실내인테리어를 거의 하지 않고 창고형태의 거대매장에 상품을 상자형태로 진열하는 운영방식이며 고객 스스로 직접 고르고 묶음판매를 통해 비용을 줄이고자 한다. 국내의 예로는 코스트코(Costco)가 대표적이다. 1994년 10월 신세계백화점과 미국 프라이스클럽의 제휴로 출점하였고 코스트코는 현금결제를 통해 대량구매하여 구입단가를 낮추고 제품구매선

다양화로 가격이 저렴한 국제조달까지 활용하여 성공을 거두기도 하였다.

(7) 하이퍼마켓

하이퍼마켓은 수퍼마켓, 할인판매점, 창고소매점의 원리를 결합한 유형의 소매점이다. 대규모매장에 일상용품, 의류, 가구, 기계류 등을 취급하기도 한다. 프랑스의 까르푸가 그 예이다. 미국의 쇼핑센터와 할인점개념을 결합해 프랑스구조에 적합한 소매형태로 변형시켜 프랑스 최대 소매업체로 성공하였다. 또한 북남미, 아시아 등 해외진출을 통해 적극적인 점포출점도 추진하였다. 까르푸에 의한 하이퍼마켓의 특징은 단층점포, 셀프서비스, 디스카운트 판매, 넓은 주차장, 식품과 비식품 등의 다양한 상품구성 등이다.

(8) 수퍼센터

유럽의 하이퍼마켓을 모형으로 한 미국의 수퍼센터는 1990년대 빠르게 미국시장에서 확산되었다. 그러나 수퍼마켓이나 할인점에 익숙한 쇼핑을 즐긴 미국인들에게 압도적인 규모(평균 면적 6,500평)를 내세운 수퍼센터는 오히려 위압감을 주게되면서 성공하지 못했다. 그로 인해 미국의 할인점들은 매장규모(5,000편 수준)를 줄이고 매장분위기를 아늑하게 만들기 시작했다.

(9) 재래시장

재래시장은 다양한 상품구색을 갖추고 비교적 저렴한 가격으로 판매하는 서민위주의 소매유통기능을 담당하는 형태다. 또한 대부분 생필품과 공산품을 판매하고 주택가 주변에 위치하고 있다. 문제점으로는 재무구조가 취약하고 자본력부족, 상인의식이 낮은 편으로 노점상 난립과 대형할인점 등의 신업태 등장으로 소비자이탈이 일어나 점포당 매출액이 계속 줄어들고 있는 상황이다. 최근 정부주도의 재래시장 재개발사업이 활발히 추진되고 있으나 업태수명주기의 쇠퇴기위치로 인해 다소 성장에 한계가 있는 것으로 예측된다.

(10) 양판점(GMS : general merchandising store)

양판점은 백화점과 할인점의 중간형태로 규모는 백화점, 운영은 할인점형태를 유지하는 형태다. 점포형태 및 상품구성은 백화점과 유사하고 대량매입과 다점포화, PB개발 등으로 가격면에서는 백화점보다 저렴하다. 그 특징으로는 상품구색과 서비스는 백화점과 가깝고 20%정도는 셀프서비스로 운영된다. 또한 거의 모든 유형의 제품을 취급하며 일괄구매가 가능하고 품목수가 백화점만큼 다양하다. 매장은 2천~5천평 수준이다.

현재 국내에서는 본격적인 양판점은 존재하지 않고 가전 및 전자제품에 특화된 하이마트, 전자랜드를 가전양판점으로 부르고 있다. 이처럼 국내에서 양판점이 실패한 이유로는 기존 백화점과 상품차별화가 제대로 이루어지지 못했고 다점포에 대한 장기투자 의지가 없었기 때문이다.

(11) 백화점

백화점은 각종 상품을 부문별로 구성하여 소비자가 일괄구매를 할 수 있도록 하는 대규모 소매점포유형이다. 백화점이 구매자에게 주는 혜택은 다양한 제품구색, 편리한 입지, 쾌적한 쇼핑 공간제공, 제품구매가 사회적 지위와 관련되어 심리적 만족감을 줄 수 있다는 점 등이다.

국내 유통산업의 대표적인 업태로 성장해 온 백화점은 2003년 대형할인점에 매출규모 1위 자리를 내주며 성장의 정체기에 접어들었다. 물론 향후 지속성장을 위해서는 급격한 유통경쟁에서 살아남기 위한 새로운 성장전략이 요구되어진다. 최근 국내 백화점들은 차별화 된 MD재구축, 명품패션부분 강화, 편집매장 확대 등의 변화를 시도하고 있다.

(12) 전문점

전문점은 한정된 제품만을 취급하며 해당 제품내에서는 다양한 품목을 취급한다.

예를 들어 카메라 전문점이라면 카메라의 다양한 기능별 제품을 구비하고 시대별 카메라, 국가별 카메라 등 관련 제품의 다양한 구색을 모두 갖추고 있다는 것이다. 주로 전문점은 가전, 의류, 오디오, 서적 등을 판매하는 점포들이 있다.

전문점의 경쟁우위는 제품의 전문적 구색과 전문화된 서비스제공에 있으며 최근 스포츠의류와 액세서리, 양말전문점들이 확산되고 있다.

(13) 팩토리 아웃렛

팩토리 아웃렛은 제조업체가 자사 제품 또는 재고품을 초염가로 판매하는 소매형태를 말한다. 아웃렛운영의 목적은 주로 재고의 원활한 처리를 통해 자금의 압박에서 벗어나는 것이다. 국내 아웃렛은 1980년 중반 에스에스패션의 이코노 숍이 출발이었으며 1994년 이랜드그룹이 설립한 2001아웃렛을 중심으로 의류업계의 가격파괴가 시작되었다.

(14) 카테고리 킬러

카테고리 킬러는 할인형 대규모 전문점을 말한다. 특히 미국시장에서 가장 각광받는 소매업태 유형이다. 이 업태의 특징은 특정 전문제품에 대해서 폭넓은 상품구색을 준비하고 매우 저렴한 가격으로 판매한다는 점이다. 물론 그러기 위해서는 대량구매를 통한 대량판매가 원칙적으로 이루어져야 하며 그 과정에서 점포는 낮은 비용으로 저렴한 상품가격을 제시할 수 있게 된다. 대표적인 카테고리 킬러는 완구(Toys 'R' Us), 가전(Best Buy), 사무가구(Office Depot) 등이 속한다.

4) 소매상의 유형(무점포 소매상)

무점포 소매상(nonstore retailing)은 최근에 도입된 소매업태이나 쇼핑시간의 여유가 없는 소비자에게는 시간효용을 제공해주고 소매업자 입장에서는 점포비용의 절감, 입지와 상관없는 고객접근이 가능하다는 점에서 지속적인 성장을 해 나가고 있다. 대표적인 무점포 소매상을 살펴보기로 하자.

(1) TV홈쇼핑

TV홈쇼핑의 개념은 TV라는 매체를 이용하여 판매를 목적으로 하는 정규 프로그램을 편성, 운영하여 시청자에게 제공하는 새로운 형태의 유통업이다. 따라서 TV홈쇼핑은 방송과 유통이 결합된 융합적 성격을 지니며 상품소개와 판매에 관한 선문편성을 행하는 방송채널사용 사업자로 승인받은 사업자가 케이블 TV등을 통해 상품구매를 위한 정보를 소비자인 시청자에게 전달하고, 소비자는 그 정보를 이용해 상품을 주문하고 구매하는 형태의 상품구매 방식으로 유통과 방송이 결합된 서비스를 제공받는다.

TV홈쇼핑 사업자는 시청자에게 판매하는 제품의 정보를 제공하는 정보중개자이고 쇼핑프로그램 자체로서의 흥미를 제공함으로써 방송매체의 역할을 할 뿐만 아니라 상품의 주문, 배송, 대금의 결제를 처리하는 역할도 수행한다. 따라서 TV홈쇼핑은 방송과 유통이 결합되어 방송을 통하여 상품에 대한 정보와 흥미를 제공하고 주문, 배송, 결제를 진행하는 복합적인 서비스라고 할 수 있다.

국내 TV홈쇼핑의 역사는 1995년부터 시작되었다. 1995년 케이블 TV보급 정책에 따라 국내 최초로 2개의 홈쇼핑채널이 신설되었다. 그 해 8월 개국한 GS홈쇼핑(당시 LG홈쇼핑), CJ 오쇼핑(당시 39쇼핑)이 첫 방송을 시작했고 2001년에 2차 허가를 받은 홈쇼핑은 현대홈쇼핑, 롯데홈쇼핑(당시 우리홈쇼핑), NS 홈쇼핑(농수산홈쇼핑)이다. 그리고 2012년 1월 중소기업중앙회가 중소기업 판로지원을 목적으로 홈앤쇼핑이 시작되었고 2015년 중소벤처기업 상품과 농수산물 판로확대를 목적으로 아임쇼핑(당시 공영홈쇼핑)이 개국했다.

TV홈쇼핑은 TV방송 쇼핑에서 시작하였으나 급변하는 유통환경의 변화에 맞추어 인터넷 쇼핑, T커머스 등으로 사업을 확장하고 있다. TV홈쇼핑은 유료방송매체를 통해 유료방송 가입자들에게 전송되며 유료방송 시장의 확장과 함께 성장하였으며 TV홈쇼핑 사업자 중 다수는 유료방송채널을 통한 사업 외에도 인터넷쇼핑, T-커머스 등을 활용하여 사업을 운영한다. 현재 TV홈쇼핑은 7개이며, 일명 '유사 홈쇼핑'이라고도 불리는 TV리모컨을 조작해 상품을 간단하게 구입할 수 있는 데이터 홈쇼핑인 T-커머스(T-Commerce)도 있다. 2012년 KTH가 K홈쇼핑으로 첫 서비스를 시작한 T-커머스 방송은 2015년에 와서야 나머지 사업자들이 채널을 개국하면서 본격적인 시장형성이 되기 시작했다. 데이터 홈쇼핑으로 불리는 T-커머스 방송은 생방송이 아니라는 점 외에는 소비자의 입장에서는 TV홈쇼핑과 큰 차이를 느끼지 못할 수도 있다. 현재 국내 T-커머스 업계는 TK알파쇼핑 · 신세계쇼핑 · Shopping&T · SKstoa(SK브로드밴드) · W쇼핑이 있고, 기존 홈 쇼핑운영사인 GS MYSHOP · CJ ONSTYLE · 현대홈쇼핑+SHOP · 롯데 ONE TV · NS Shop+ 등 총10개 업체가 경쟁중이다. 기존 홈쇼핑까지 합치면 시청자 입장에서 TV를 통해 시청가능한 홈쇼핑채널이 17개에 달하는 만큼 채널 간 차별화경쟁이 필요한 상황이다.

1995년 첫 선을 보인 TV홈쇼핑 시장은 성장기를 넘어서 성숙기에 돌입했다. 2021년 기준 한국 TV홈쇼핑 시장규모는 21조 9,771억 원으로 전년 대비 1.6% 성장했다. 이는 2011년 시장규모 10조 원에서 2019년 20조를 넘어서는 성장을 기록한 것이다. 그러나 2012년부터 5년 간의 TV홈쇼핑 전체 취급고(전체 취급고는 TV홈쇼핑 사에서 판매된 상품금액을 모두 더한 것으로 시장규모나 시장점유율을 파악할 수 있는 지표) 매출액을 살펴보면 지속적으로 성장하고 있으나 TV방송 쇼핑취급고(방송취급고는 TV홈쇼핑의 방송을 통해 판매된 상품가 총액을 말하며 인터넷, 모바일 등은 제외) 비중은 낮아지고 있으며 모바일은 높아지는 추세이다. 이는 TV홈쇼핑의 정체성에 혼란을 가져오는 상황을 야기하고 있다. 현재 TV홈쇼핑은 영업이익의 확대를 위하여 모바일비중을 증가시키는 전략을 취함과 동시에 엔터테인먼트의 특성을 활용하는 판매전략을 취하고 있다. 2018년 10월 23일 GS홈쇼핑에 따르면 2분기 온라인매출은 1천 155억 원으로 전년 동기 대비 24.5% 성장했다. 이 중 모바일판매는 온라인매출의 86%를 차지한다. 2017년 전체매출에서 온라인쇼핑 매출이 차지하는 비중은 49%로 절반수준이다. 그리고 2017년 현대홈쇼핑의 온라인 쇼핑매출은 전체 매출의 41%인데, 이 중 모바일 쇼핑비중은 58%다. 이처럼 온라인매출 중에서 특히 모바일 쇼핑비중은 날로 증가하고 있고 더불어 TV방송 쇼핑은 위상이 점점 축소되는 분위기이다.

따라서 TV방송쇼핑은 새로운 돌파구가 필요하고 정책면에서는 방송플랫폼 측면의 정의에서 벗어난 광의적인 정의와 규제가 필요한 상황에 직면하고 있다. 소비자들의 TV홈쇼핑에 관한 인식은 점점 개선되고 있는 것으로 나타났다.

한국소비자원은 TV홈쇼핑의 소비자 만족도를 서비스품질, 서비스상품, 서비스호감도로 나누어서 평가한 항목을 발표했다. 종합 만족도에서 5점 만점에 평균 3.71을 받으면서 TV홈쇼핑을 이용하는 소비자들의 전반적인 만족도는 높은 것으로 나타났다. TV홈쇼핑에 대한 만족도가 높다는 의미는 TV홈쇼핑이 소비자의 요구에 부응하기 위해 지속적인 발전을 통해 변화해왔음을 의미하는 것이다.

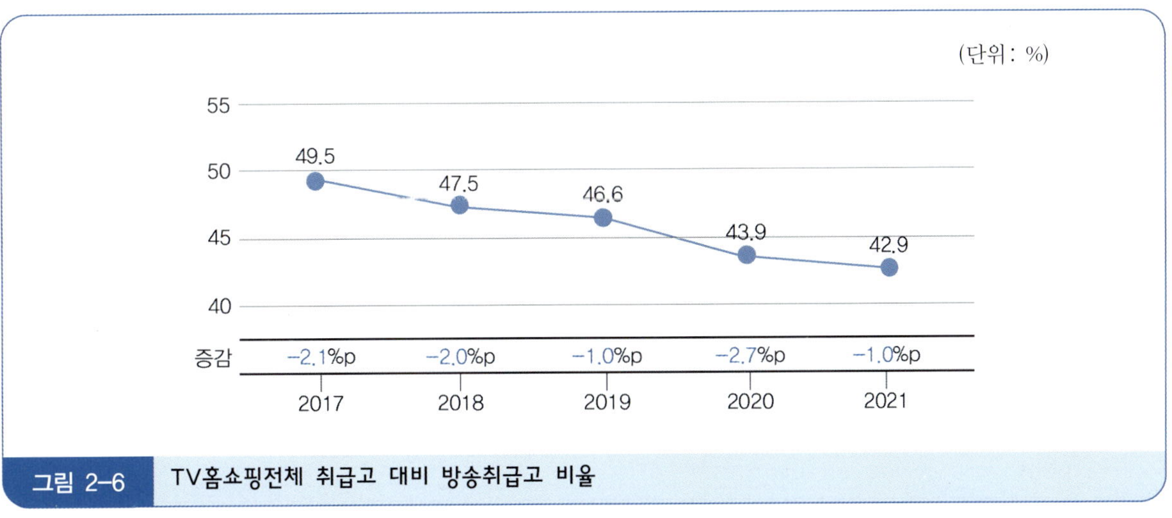

그림 2-6 TV홈쇼핑전체 취급고 대비 방송취급고 비율

출처 : 한국TV홈쇼핑협회.

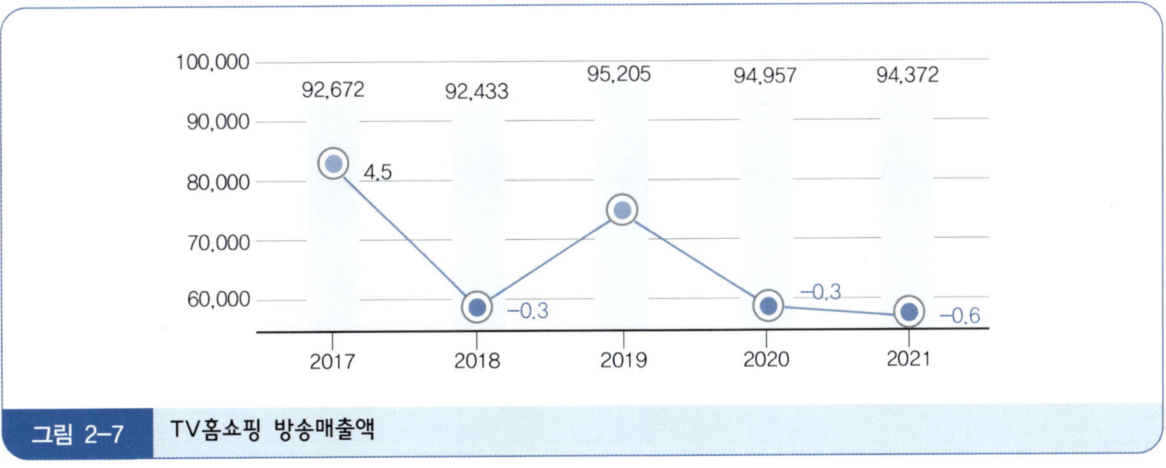

그림 2-7 TV홈쇼핑 방송매출액

출처 : 한국TV홈쇼핑협회.

(2) 인터넷 쇼핑몰

인터넷 쇼핑몰의 개념은 점포가 없이 운영하는 판매방식의 소매업형태로 최종 구매자를 대상으로 제품을 판매하기 위해 인터넷통신망에 개설해 놓은 가상의 점포를 말한다. 기업과 소비자 간에 이루어지는 전자상거래의 가장 대표적인 형태로 인터넷쇼핑몰 운영자가 상품의 형태와 다양한 정보를 소비자들로 하여금 모니터화면으로 볼 수 있도록 전시해 놓으면 소비자들은 쇼핑몰사이트를 방문하여 제품을 찾아 주문하고 물품대금을 지불하면 주문한 상품이 구매자에게 배송되는 소매업태다. 2021년 국내 연간 온라인쇼핑 거래액은 192조 8,946억 원으로 전년 대비 21.0% 증가했다. 상품군별 온라인쇼핑 거래액은 구성비를 보면 여행 및 음식서비스(13.3%), 음·식료품(12.9%), 가전·전자·통신기기(11.8%), 의복(8.8%), 생활용품(8.7%), 화장품(6.3%) 등 순이다([그림 2-8] 참조).

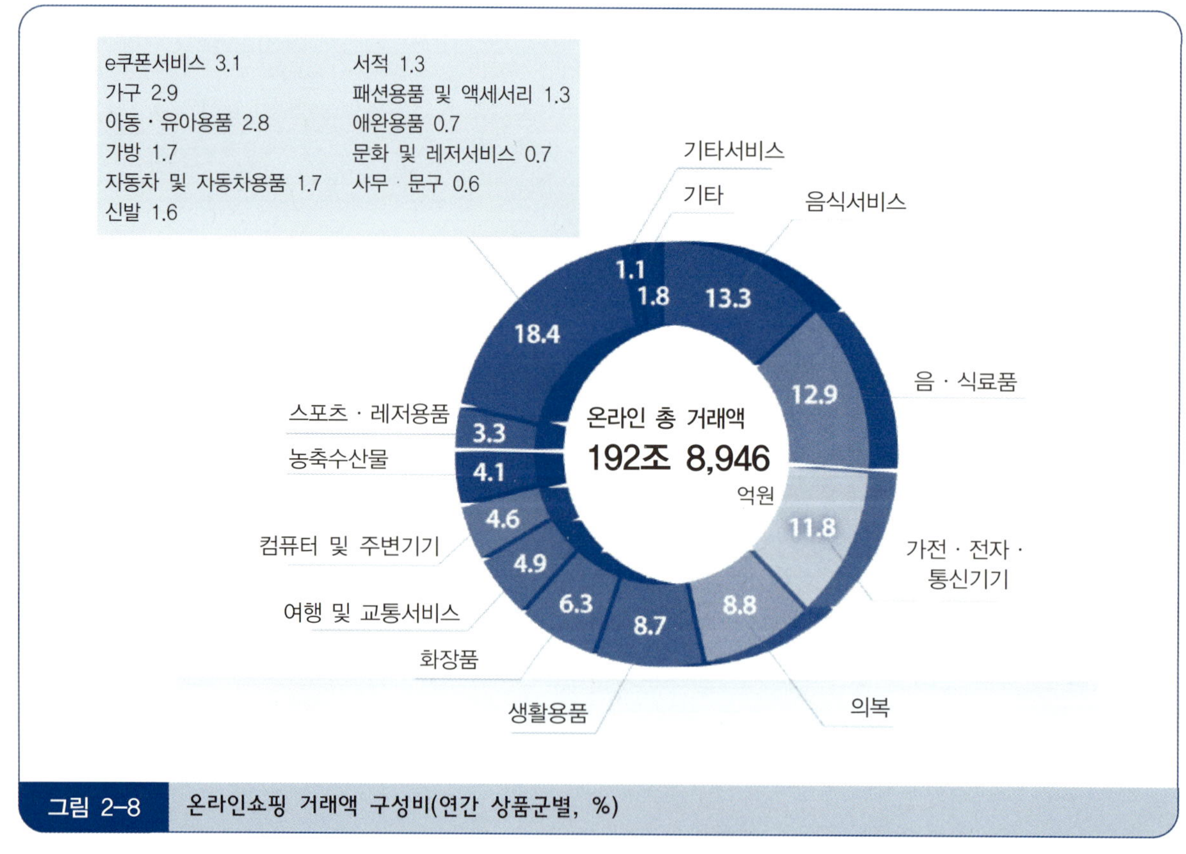

그림 2-8 온라인쇼핑 거래액 구성비(연간 상품군별, %)

출처 : 통계청.

인터넷쇼핑몰은 물리적 쇼핑몰개념에 대비되며 백화점형태의 종합쇼핑몰, 단일 제품을 판매하는 전문점, 자사의 제품을 직접 판매하는 전문점 또는 자사 홈페이지에서 직접 판매하는 방식, 경매 또는 공동구매를 통해 거래가 이루어지는 중개형 쇼핑몰까지 제품을 판매하는 그 유형은 다양하게 나타나고 있다. 이러한 개념들을 종합해 볼 때 인터넷쇼핑몰은 가상화된 온라인 사이트에서 다양한 거래방법을 통하여 온라인쇼핑몰 내에서 제공되는 제품의 설명 및 이미지를 확인하고 소비자가 상품을 선택, 주문 및 대금을 결제하면 배송까지 이루어지는 곳이라 할 수 있다. 이러한 인터넷쇼핑은 정보화 시대의 새로운 상업형태이며 기존 전통 쇼핑방식과는 큰 차이가 있다. 다음은 인터넷 쇼핑몰의 장단점에 대해 알아보자.

인터넷쇼핑몰의 장점으로는 첫째, 인터넷쇼핑몰에는 물리적 점포에 대한 제한이 전혀없고 국내·외 모든 상품을 같은 시간에 업로드 할 수 있다는 장점이 있다. 전통적인 오프라인 매장에서는 점포가 아무리 크다고 해도 진열할 수 있는 상품의 제한이 있는 반면에 인터넷쇼핑몰에서는 제품의 가상 플랫폼을 제공하여 제공하고자 하는 상품의 이미지와 정보만 있다면 수량과 크기에 관계없이 자유롭게 전시가 가능하고 동시에 전 세계의 다양한 제품을 하나의 쇼핑몰에 담을 수 있다.

둘째, 인터넷쇼핑몰운영은 시간제약이 없다. 인터넷 쇼핑몰은 폐업시간이 정해져있는 오프라인 매장과는 달리 24시간 운영이 가능하다. 소비자가 원하는 시간에 입점(로그인)하여, 원하는 상품을 골라 자유롭게 주문할 수 있다. 전통적인 방식의 오프라인 상점에서는 소비자들이 부득이하게 영업시간에 제약을 받을 수밖에 없는 것과는 대비된다.

셋째, 인터넷쇼핑몰을 통한 거래비용은 현저히 낮다. 온라인 쇼핑몰에서 상품을 구매하는 소비자들은 가격비교 사이트를 통하여 실시간 합리적인 가격을 파악하고 짧은 시간에 빠르게 쇼핑이 가능하다. 주문한 제품은 택배를 통해 수령하고 오프라인 매장을 이용하는 전통적인 구매에 비해 시간과 경비가 적게 들고 노동력이 상대적으로 줄어든다.

넷째, 오프라인 상점은 임대비용과 관리비용 등 유지 및 관리하는데 비용이 많이 발생한다. 그러나 온라인쇼핑몰은 제품을 관리하는 비용이나 부가비용이 거의 없고 유통과정이 짧아 판매가격이 낮은 편이다. 판매자는 온라인을 통한 거래로 유통과정에서 발생하는 일부 수수료를 줄일 수 있어서 오히려 구매자들에게 더 값싼 가격으로 제품을 제공할 수 있다.

다섯째, 인터넷쇼핑몰은 투자금 손실리스크가 낮다. 대부분의 인터넷쇼핑몰 판매자들은 재고를 쌓아두지 않고 대금결제 후에 파트너들과의 협의에 따라 제품을 즉시 배송하기도 한다. 따라서 별도의 재고를 두지 않으므로 투자비용이 그만큼 낮아질 수밖에 없다.

여섯째, 인터넷쇼핑몰은 원하는 제품을 찾기에 편리하다. 인터넷쇼핑몰은 카테고리별로 제품의 구분이 잘되어 있고 원하는 상품을 신속하게 구할 수 있도록 찾기 기능이 활성화되어 있다. 오프라인 매장에서는 원하는 제품을 찾기 위해 온라인 매장보다는 상대적으로 시간과 노력이 더 많이 필요하기 때문에 인터넷쇼핑은 바쁜 소비자들에게 큰 만족을 가져다주고 있다.

일곱째, 인터넷쇼핑몰은 판매서비스 제공범위가 넓다. 인터넷은 지역 및 국가의 제한이 없어 서비스의 제공범위가 넓기 때문에 전 세계의 다양한 제품을 짧은 시간에 구매하는 것이 가능하다.

인터넷쇼핑몰의 단점으로는 첫째, 신뢰문제가 발생할 수 있다. 직접 보거나 만질 수 없기 때문에 판매자와 구매자의 신뢰도는 매우 중요하다. 소비자가 상품을 구매하게 될 경우 가장 걱정하는 것은 판매자에 대한 신뢰문제다. 특히 제품의 정확한 정보, 품질보장, A/S등이 오프라인 점포와 동일한지, 구매 후 상품은 제 시간에 받을 수 있는지, 환불 및 반품은 가능한지를 비교 분석한다.

둘째, 개인정보와 보안문제가 존재한다. 인터넷이 우리의 생활에 접목된 순간부터 개인정보에 대한 보안문제는 피할 수 없는 문제로 다가오게 된다. 온라인쇼핑을 하는 소비자들은 개인정보유출, 대금결제시 보안문제, 정보유출 등에 대해 걱정할 수밖에 없다.

셋째, 노출되는 정보의 시간차에 대한 문제가 발생할 수 있다. 온라인 쇼핑정보의 갱신은 빠르지만 본 제품이 소비자가 원하는 시간에 제대로 전달되지 못하는 경우가 발생한다. 판매업체는 전통적인 기존의 방식으로 발송이 되어 이에 대한 차이로 볼 수 있다. 이에 대한 대응방법이 특별히 기업에게는 필요하다.

넷째, 배송문제로 인한 만족도 차이가 발생할 수 있다. 오프라인 매장에서 쇼핑을 하는 경우 제품을 선택한 후 즉시 가져갈 수 있으나 인터넷쇼핑몰을 이용하는 경우에는 배송이 완료될 때까지 대기하는 과정이 발생한다. 인터넷쇼핑몰의 발달은 배송업체의 증가에도 기여하고 있으나 최소한 1~2일 정도의 시간은 소요되기 마련이다. 인터넷

쇼핑몰에서 제품정보는 이미지와 텍스트로만 설명되어 실제 이미지를 보지 못한 상태에서 구매가 이뤄지고 이에 따른 실물상품에 대한 오차가 생길 수도 있다. 이런 경우 구매 이후 기대했던 제품과 직접 수령한 제품이 다르게 느껴지면 제품교환 또는 환불이 발생할 수 있으므로 판매자는 결제 후 가능하면 신속하고 친절한 배송을 준비해야 한다. 이는 신속하게 전달할 수 있는 경쟁력이 구매자의 만족도에 긍정적 영향을 줄 수 있기 때문이다.

(3) 방문판매

방문판매는 판매원과 소비자 간 일대일 면대면 방식을 통해 제품과 서비스를 판매하는 소매형태로 직접판매(direct selling)라고도 부른다. 이 방식은 소비자와 직접만나 원하는 상품을 실제로 보여주고 자세한 설명을 할 수 있기 때문에 소비자의 이해를 즉각적으로 도모할 수 있어 구매를 결정하는데 도움이 된다고 할 수 있다. 최근 보험, 화장품, 건강식품 분야에서 적극적인 방문판매방식을 활용하고 있다.

온라인시장의 급성장세에도 불구하고 방문판매가 여전히 매력적인 판매채널로 자리잡고 있으며 고용창출역할도 톡톡히 수행하고 있다. 이처럼 4차 산업혁명시대에도 아날로그 방식의 방문판매가 성장하는 이유는 무엇일까?

모바일, 인공지능(AI) 등을 이용한 온라인쇼핑이 쉽고 편할지는 몰라도 방문판매 특유의 '스킨십'을 대신할 수 없기 때문이다. 소비자에게 '대우받고 있다'는 느낌을 제공한다는 점도 방문판매의 인기요소 중 하나다. 정보가 넘쳐나는 시대에 결정장애에 시달리는 소비자에게 전문가가 직접 맞춤형 제품을 골라주는 대면영업이 효과적이라는 분석도 있다. 이처럼 방문판매는 제품을 직접 써본 사람이 '이 제품이 좋다'고 하면 해당 제품에 대한 구매의사가 높아지는 한국 소비자들의 특성에 잘 맞는 판매형태이기 때문이다.

한편 방문판매는 직원교육에 따라 그 성과가 달라질 수 있다. 그렇기 때문에 판매원을 내부고객 혹은 가족으로 인정하고 판매원에 대한 교육을 강화하는 것이 무엇보다 중요하다. 고객의 선호도에 맞춘 판매방식과 고객의 가치를 인정하고 고객이 만족할 수 있는 서비스를 제공해야만 방문판매가 지속적으로 경쟁력을 유지할 수 있기 때문이다. 최근 다양하게 변화하는 소비자를 사로잡기 위해 방문판매 업체들의 분주한 변화가 활발해지고 있다.

이를 테면 소비자 선호도를 탐색하기 위해 일종의 안테나 숍 성격이 강한 체험공간을 확보하거나 인터넷쇼핑몰 개발에도 관심을 보이고 있다. 또한 한정적 품목에서 벗어나 이제는 먹거리 분야까지 진출하여 가공농산물에서 친환경농산물에 이르는 다양한 변화와 시도를 거듭하고 있다.

최근의 변화로는 아날로그 감성에 디지털을 더하여 모바일과 SNS를 이용한 방문판매도 등장하고 있다. 그 예로 방문판매를 통해 가장 큰 수혜를 입은 화장품 업체들은 '방판 아줌마'의 상징이었던 커다란 화장품가방을 벗어 던졌다. 공정위에 따르면 아모레퍼시픽의 지난해 방문판매 매출은 1조 797억 원으로 전년(1조 238억 원) 대비 5.5% 증가했고 국내 화장품 2위 기업인 LG생활건강의 지난해 방문판매 매출은 6631억 원을 기록해 전년(5298억 원)대비 25% 늘어났다.

특히 아모레퍼시픽은 지난 2015년 선보인 모바일 애플리케이션 '뷰티Q'를 활용해 방문판매 분야의 디지털혁신에 나섰고 뷰티Q는 이용자들에게 미용정보와 특정 제품 사전예약 등의 혜택을 제공하였다. 또 '카운셀러 찾기 서비스'를 통해 신규 이용자가 쉽게 방문판매를 경험할 수 있도록 돕는다. 이미 지난 10월말 기준 뷰티Q의 누적다운로드 수는 100만회를 돌파했다.

PART

02

유통경로 설계 및 전략

CHAPTER 03

유통경로 설계와 계열화

백화점부터 네이버 · 무신사도 뛰어들었다…24조 원 중고시장 '활활'

신세계 · 롯데 · 현대百, 중고매장 운영 및 중고 플랫폼 투자
네이버는 중고거래에 3조 원 투자, 무신사 400억 원 확보
2008년 4조→지난해 24조 원까지 성장, 신뢰도 확보 중요

▲ 롯데백화점이 한정판 거래 플랫폼 'KREAM(크림)'의 오프라인 공간을 유통사 최초로 선보인다고 지난 27일 밝혔다. 사진은 서울 마포구에 위치한 한정판 패션용품 거래 플랫폼 '크림(KREAM)'의 쇼룸.

24조 원까지 성장한 중고시장에 백화점부터 포털 사이트까지 뛰어들고 있다. 전 세계적으로 ESG(환경 · 사회 · 지배구조)경영이 화두로 떠오르면서 젊은 층 사이에서 친환경가치가 중시되며 가치소비를 하는 중고거래가 점점 더 활발해지고 있단 분석이다. 최근 고물가 현상이 지속되며 '짠테크' 트렌드가 부상하는 것도 중고시장을 키우고 있는 요인 중 하나다.

백화점 '빅3' 모두 중고시장에… 지난해 시장규모 24조 원

▲ 현대백화점은 지난 16일 신촌점 유플렉스 4층 전체를 '세컨핸드' 제품을 판매하는 '세컨드 부티크'로 리뉴얼 오픈했다. 사진은 대표 브랜드 '마켓인유' 매장 모습

30일 업계에 따르면 국내 주요 백화점들이 중고매장을 들여오고, IT 플랫폼들도 중고시장에 대규모 투자를 유치하고 있다. 롯데백화점은 지난 29일 잠실 롯데월드몰 2층에 한정판 거래 플랫폼 'KREAM(크림)'의 오프라인 공간을 유통사 최초로 선보였다.

한국인터넷진흥원에 따르면 2008년에 4조원 규모였던 국내 중고거래시장은 지난해 24조원까지 성장했다. 업계에 따르면 구매하기 어려운 명품이나 한정판 상품 등을 개인 간 거래하는 C2C 시장의 규모는 지난해 5,000억 원을 기록한 것으로 추정되고, 올해는 1조원을 돌파할 것으로 전망되고 있다.

특히 기존에는 특정 브랜드의 한정판 스니커즈 위주로 거래됐던 C2C 시장이 이제는 명품 가방부터 의류, 액세서리, 전자제품까지 다양한 카테고리로 확대되고 있다. '크림'은 국내시장 내 점유율 1위를 자랑하는 우리나라 대표 한정판 거래플랫폼으로, 전체 고객의 80% 이상이 MZ세대일 정도로 젊은 고객층을 중심으로 큰 인기를 끌고 있다.

현대백화점은 한 층 전체를 중고품 전문관으로 꾸며 운영하고 있다. 현대백화점은 지난 16일 신촌점 유플렉스 4층 전체를 '세컨핸드' 제품을 판매하는 '세컨드 부티크'로 리뉴얼 오픈했다. 세컨드 부티크는 유플렉스 4층에 806㎡(244평) 규모로 구성됐다.

현대백화점 관계자는 "최근 2030세대를 중심으로 중고품수요가 높아져서 새로운 전문관을 선보이게 됐다"며 "세컨드 부티크 오픈 후 같은 층 매출이 지난해보다 약 두 배 정도 증가했고, 방문객은 하루에 1,000명 이상으로 이 중 90% 이상이 20·30대"라고 밝혔다.

롯데쇼핑은 지난해 3월 유진자산운용 등과 함께 국내 최대 규모의 중고거래 플랫폼 '중고나라'에 300억원을 투자하며 지분 93.9%를 인수했다. 롯데쇼핑은 롯데아울렛 광교점에 '프라이스홀릭'을 입점시켰고 롯데아울렛 광명점에 '리씽크'를 통해 일찍부터 중고거래 사업에 뛰어들었다.

롯데 프리미엄 아울렛 이천점에 국내 최대 중고 리퍼브 전문숍인 '올랜드' 매장을 열기도 했으며, 조만간 롯데온을 통한 중고 명품거래와 중고나라 비대면 직거래픽업 서비스도 오픈할 것으로 보인다.

▲ 지난해 2월 번개장터는 여의도 '더현대 서울'에 한정판 운동화 리셀 전문 매장 '브그즈트 랩'을 개장했다. [사진 번개장터]

신세계는 지난 1월 그룹 내 벤처 캐피털사를 통해 중고거래 플랫폼 '번개장터'에 820억원을 투자했다. 신세계의 이커머스 기업인 SSG닷컴은 '번개장터'를 입점시켜 리셀상품이나 중고명품을 판매하고 있다. 번개장터는 지난해 11월 신세계 '센터필드 역삼'에 명품 편집숍인 '브그즈트 컬렉션'을 오픈했고, 지난해 2월엔 '더현대서울'과 코엑스몰에 한정판 스니커즈 매장 '브그즈트 랩'을 선보였다.

네이버는 올해 3조 원 넘게 투자 … 솔드아웃은 400억 원 확보

IT 플랫폼도 최근 중고거래 사업영역을 강화하고 있다. 네이버는 C2C 플랫폼 포쉬마크를 2조 3,000억 원에 인수했다. 업계에 따르면 네이버는 포쉬마크 인수 외에도 4분기에 리셀 플랫

▲ 무신사가 선보인 리셀 플랫폼 '솔드아웃'은 지난해에 이어 올해에도 두나무의 투자를 받았다. 지난해 솔드아웃에 100억 원을 투자한 두나무는 올해 무신사와 함께 400억 원을 투자했다. [사진 솔드아웃 캡쳐]

폼 '크림'에도 500억 원 추가출자를 계획하고 있다. 올해에만 중고거래 플랫폼에 3조 4,000억 원을 투자한 것이다.

무신사가 선보인 리셀 플랫폼 '솔드아웃'은 지난해에 이어 올해에도 두나무의 투자를 받았다. 지난해 솔드아웃에 100억 원을 투자한 두나무는 올해 무신사와 함께 400억 원을 투자했다. 중고명품 거래 서비스를 명품리셀을 취급하는 '트렌비'도 최근 IMM인베스트먼트, 한국투자증권으로부터 350억 원의 투자를 유치했다. 지난해엔 중고거래 플랫폼 '번개장터'가 신한금융그룹으로부터 300억 원을 투자받았다.

전문가들은 다양한 업계가 중고시장에 뛰어들고 있는 현상에 대해 상반된 시각을 보인다. 핵심 소비층으로 거듭난 20·30대 젊은 소비자들을 끌어모으기 위한 효과적인 전략이라는 의견도 있지만, 신뢰도 보장에 더 신경을 써야 한다는 지적도 나온다.

이정희 중앙대(경제학과) 교수는 "중고품은 누군가 한 번 사용했던 제품인 만큼 신뢰가 더 중요한 품목"이라며 "백화점이든 IT 플랫폼이든 이 신뢰도를 보장하지 못하면 채널자체의 본질이 흐려질 수 있어 유의해야 한다"고 조언했다.

서용구 숙명여대(경영학과) 교수는 중고시장 전망에 대해 "중고거래 시장규모가 지난해 24조 원을 기록하며 하나의 성숙한 산업으로 성장했다"며 "국내 백화점 '빅3'라 불리는 신세계·현대·롯데가 모두 중고매장을 운영하고 있고, 이외에도 다양한 업계가 관련 사업에 뛰어들고 있어 중고시장 규모는 지금보다 훨씬 커질 것으로 보인다"고 전망했다.

출처 : 2022년 12월 01일, 이코노미스트

제1절 유통경로 설계

1. 유통경로 설계

유통경로 설계는 제조업체가 마케팅활동을 보다 쉽게 통제하고 관리하기 위해 집중적으로 노력하고 있는 부분이다. 이를 테면 제한된 소매점의 공간에 제품진열이 점점 더 어려워지고 성숙기에 들어선 제품에 대한 차별화가 더욱 요구되어지는 상황에서 체계적이고 제대로 된 유통경로 설계는 반드시 필요하기 때문이다.

이러한 유통경로 설계는 다른 마케팅활동처럼 유통경로 전략에 영향을 주는 거시적인 비즈니스 환경분석이 필요하며, 목표고객들의 욕구이해를 철저히 하는 것으로부터 시작된다.

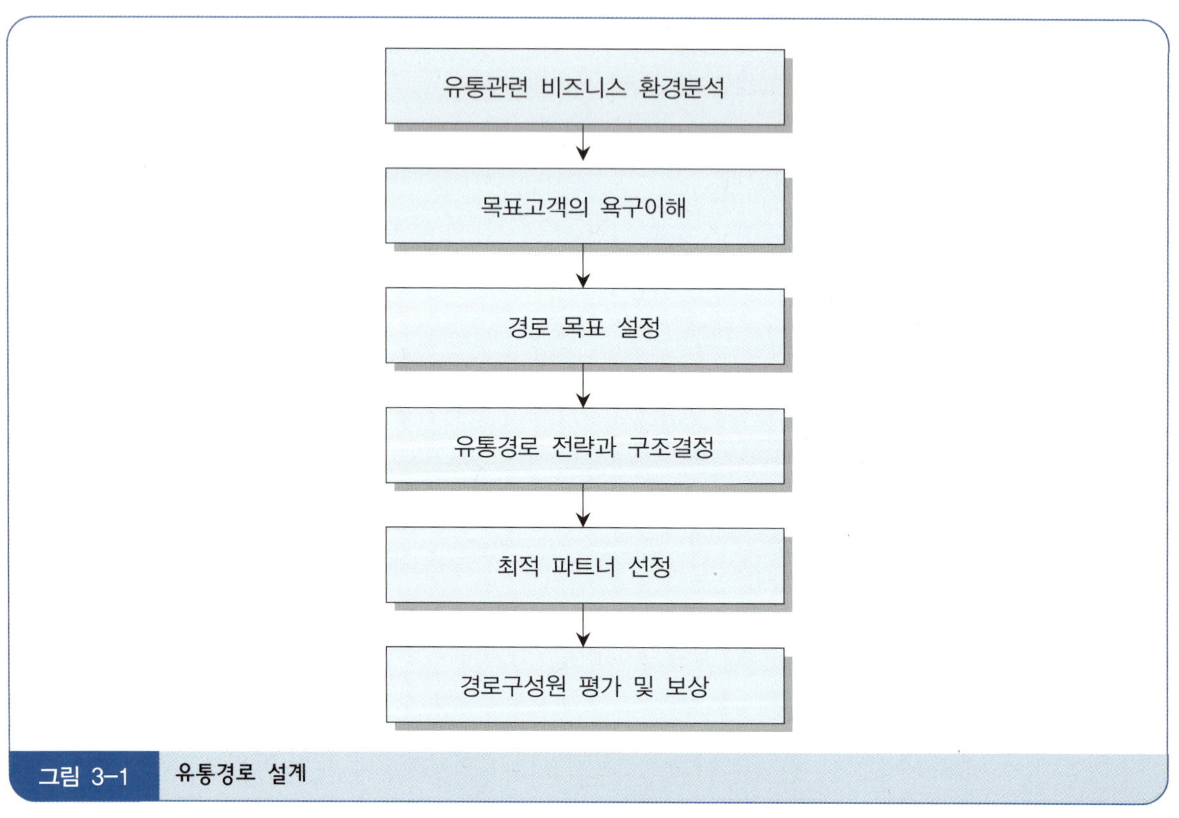

그림 3-1 유통경로 설계

다음으로 이런 준비가 완료되면 유통경로에 대한 기업의 경쟁적인 위치, 기업자원과 역량, 목표 등을 고려한 대응 목표수준을 결정해야 한다. 이러한 결정에 따라서 유통경로 구조를 결정하는 핵심요소인 유통 커버리지, 운영주체, 유통경로의 길이에 대한 전략을 만들고 결정한 전략수행을 잘 해낼 수 있는 적합한 파트너를 선정한다. 마지막 단계로 경로구성원에 대한 평가와 보상이 공정하게 이루어져야 한다.

2. 유통경로 설계 프로세스

1) 고객의 경로서비스 욕구분석

유통경로 설계과정에서의 첫 단계는 표적시장의 고객이 원하는 경로서비스와 이를 충족시키기 위해 각 경로구성원들이 제공해야 할 구체적 서비스가 무엇인지를 파악하는 것이다. 유통경로구성원들이 고객에게 제공해야 할 서비스는 매우 다양하지만 크게 입지의 편의성, 최소구매단위(lot size), 주문 후 대기시간(제품인도 시간), 제품의 다양성으로 구분된다. 유통과 관련된 거시적 환경변화는 소비자들의 다양한 소비행태에 영향을 주게 되며 이는 소비자의 가치변화로 이어진다.

최근 강세를 보이는 모바일쇼핑과 라이브 방송쇼핑, 편의점 등의 성장은 시간편의성을 추구하는 소비자들의 욕구를 반영한 것이라 할 수 있다. 이와 같은 변화를 파악하기 위해서는 유통구조가 처한 비즈니스 환경의 문제와 상황적 요인에 대해 정확히 조사되어야만 한다.

환경에 대한 조사접근은 문헌조사와 전문가 조사 등을 활용할 수 있다. 신문이나 관련협회, 유통전문잡지를 통해 유통구조에 대한 전반적 흐름을 파악할 수 있으며 유통전문가의 인터뷰를 통한 유통산업의 당면과제와 시장동향, 경쟁환경 등을 이해하고 실제 현장에서 업무를 수행하는 매장관계자나 영업사원을 통해서도 관련사항을 파악할 수 있다. 또한 자사 및 경쟁사의 장단점 파악을 통해 경쟁우위확보에 대한 대응전략을 준비해야 한다. 이러한 다양한 접근을 통해 기존 유통구조의 문제점과 상황 등을 분석하여 소비자에게 어떻게 가치창출을 할 것인지 수익창출은 어떤 방식으로 할 것인지 그와 더불어 향후 개선방향의 틀을 마련해야 한다.

2) 목표고객의 욕구 이해

소비자들의 유통서비스 효용은 편의효용, 구매단위효용, 선택효용, 서비스효용으로 구분할 수 있다.

첫째, 편의효용은 시간적 편의(배송 및 대기시간)와 장소적 편의로 구분된다. 쉽게 말하면 소비자는 일반적으로 기다리지 않고 가까운 곳에서 구매하는 편의성을 선호한다.

둘째, 구매단위효용은 소비자들이 거래당 제품 구매량을 적은 량의 구매단위로 구매하기를 원한다는 것이다.

셋째, 선택의 다양성을 말하는 선택효용은 소비자들이 다양한 구색이 갖춰진 상황에서 선택할 수 있는 기회가 제공되기를 바라는 것을 말한다.

넷째, 서비스효용은 소비자에게 제공되는 다양한 부가서비스를 말하는 것으로 무료배송과 설치, A/S, 외상할부판매 등이 해당된다.

이처럼 유통경로는 생산자와 소비자 사이에서 그들이 원하는 것들을 찾아 채워주려는 노력이 요구되어지므로 표적고객들이 원하는 서비스를 제공하기 위해서는 다양한 기능들을 철저히 준비해야 한다. 예를 들어 물적소유(수송·보관), 소유권이전, 촉진, 주문, 대금결제, 시장정보제공, 협상, 금융지원, 위험부담 등의 다양한 지원이 필요하다.

일반적으로 소비자가 요구하는 서비스의 질이 높고 다양할수록 전문화 된 다양한 유통기능을 제공해야하기 때문에 유통단계가 많아지고 그만큼 유통경로 길이는 길어질 수밖에 없다. 그러나 경로서비스 수준향상을 위해 유통경로 기능을 확대하면 비용이 상승하고 바로 제품가격의 상승으로도 이어질 수 있다. 최근 나타나는 셀프서비스는 저렴한 가격으로 구매하기 위해 낮은 수준의 서비스를 감수하려는 소비자가 늘어나고 있음을 보여주는 것이다. 하지만 가격을 더 지불하고라도 높은 서비스품질을 받기를 원하는 소비자그룹도 있기 때문에 유통서비스 수준을 결정하기 전에 기업은 목표고객의 정확한 욕구를 파악하는 것이 중요하다.

3) 경로목표 설정

목표고객의 욕구가 파악 된 후에는 자사의 역량과 경쟁상황을 고려하여 경로목표를 설정해야 한다. 경로목표를 결정하기 전 기업목표와 전략, 마케팅믹스 변수의 목표와 전략 등을 철저히 검토하여 경로목표가 상충되지 않도록 접근해야 한다. 특히 경로목표는 유통경로가 해야 할 일들을 구체적이고 명확하게 제시할 수 있어야 하며 경로목표가 확정되면 마케팅믹스 변수의 목표와 전략이 관련 경로목표와 부합되는지를 검토해야 한다. 이는 경로전략과 목표는 쉽게 변경할 수 없으며 기업에 장기적인 영향을 미치기 때문이다. 따라서 고급화전략을 추구하는 제품전략을 운영한다면 가격전략과 촉진전략, 광고전략 등 모두 고급화 된 전략을 구사할 수 있는 경영전략이 함께 추진되어야 한다.

경로목표의 설정을 위해 마케터는 표적 소비자집단의 기대서비스 수준 이외에 다음과 같은 제약요인들을 추가적으로 고려하여야 한다.

(1) 전략적 사고

제조업자는 흔히 성공적인 경로설계를 위해 경로구성원(중간상)들에 대한 인센터브 제공이나 기타 단기적인 해결책을 사용하지만 이는 경로구축에 있어 최선의 방법은 아니다. 예를 들어 일본시장에 진입하는 많은 외국기업들이 유통시스템의 구축에 실패하는 중요한 이유의 하나는 장기적 관점에서 경로전략이 수립되지 않기 때문이다. 전략적 관점에서 경로계획이 수립되기 위해서 마케터는 경로구성원을 파트너로 간주할 필요가 있다. 즉 제조업자는 자신과 파트너가 되는 것이 중요함을 중간상들에게 설득해야 한다. 그런 다음 중간상들의 판매노력에 적극적으로 동참해야 할 것이다.

(2) 기업목표

유통경로의 설계에서 마케터는 전반적인 기업목표(만족스러운 이익의 실현, 고객불만의 최소화, 특정 고객욕구의 충족 등)와 구체적 목표(시장점유율 5%증가 등)를 함께 고려해야 한다. 경로목표와 경로전략은 이러한 기업목표를 달성하는데 공헌하도록 설계되어야 할 것이다.

(3) 기업특성

기업특성도 경로목표 설정에 많은 영향을 미친다. 일반적으로 기업의 규모와 자금력(financial resources)이 클수록 유통경로를 통제하려는 욕구가 증가하며 이는 경로구성원에 대한 통제력이 높은 경로대안을 선호하게 된다.

(4) 제품특성

마케터는 경로목표 설정시 제품특성도 고려해야 한다. 소비재는 소비자의 쇼핑습관에 따라 편의품(convenience goods), 선매품(shopping goods), 전문품(specialty goods)으로 분류된다. 자사 제품이 소비재의 세 가지 유형 중 어디에 해당되는지가 적절한 유통경로의 선택에 영향을 미친다. 예를 들어 편의품은 편의점(convenience store)을 통해, 선매품(예 : 구두)은 선매점(shopping store, 에스콰이어 혹은 금강제화 매장)을 통해 그리고 전문품은 전문점(specialty, 소니대리점)을 통해 유통되는 것이 보다 바람직한 경로대안일 것이다.

(5) 시장특성

시장특성도 경로목표 설정시 영향을 미치는 것이 사실이다. 시장의 규모가 클수록 수많은 고객들의 욕구를 충족시키기 위해 다양한 형태의 중간상(즉 도매상과 소매상)들이 참여하게 되므로 경로길이는 일반적으로 길어진다.

(6) 경쟁사의 유통경로

경우에 따라 제조업자는 다른 경쟁사들과 거래하는 도매상이나 소매상을 확보하기 위해 노력하거나 경쟁사 점포근처에 자사점포를 설치하려고 한다. 식료품업체는 자사 브랜드를 경쟁사 브랜드 옆에 진열하고자 할 것이며 하이마트는 전자랜드 가까운 근처에 점포를 열고자 할 것이다.

이에 반해 제조업자는 경쟁사가 사용하는 유통경로를 피하기로 결정할 수도 있다. 레브론(Revlon), 에스티로더(Estee Lauder), 랑콤(Lancome) 등의 화장품 업체들은 대부분 소매상을 통해 소비자에게 화장품을 판매하는 경로를 이용해왔다. 에이본(Avon)도 이와 동일한 유통방식을 선택하고자 했지만 소매상인들이 판매진열 공간을 제공해주려 하지 않았다. 이에 따라 에이본은 "에이본 레이디(Avon lady)"를 채용하여 화장품을 집집마다 방문하며 판매하는 직접판매유통을 도입하였다. 에이본은 100만명이 넘는 소비자 판매사원으로 구성된 자체 판매인력을 이용한 직접판매를 통해 커다란 성공을 거뒀다. 에이본 화장품의 성공은 파티판매(party selling)(예를 들어, 메리케이 화장품, 타파웨어)와 다단계마케팅(multilevel marketing)(예를 들어, 암웨이)과 같은 직접판매 유통모델이 계속적으로 도입되는 계기가 되었다.

4) 유통경로전략과 구조결정

경로구조에 관한 결정은 경로길이와 폭, 경로의 다양성, 구성원의 형태, 경로조직 패턴 등 구조에 관한 결정들을 포함한다. 경로대안은 유통경로의 수와 구성원의 형태, 수직적 통합의 정도에 따라서 다양하게 나타나기 때문에 경로관리자는 기업이 보유한 인적자원과 물적자원, 품목이 가진 특성 등을 고려하여 경로대안의 장단점을 검토하고 효율적 비용으로 유통기능을 제공할 수 있는 최적의 대안을 선택해야 한다. 또한 선택된 경로구조는 경로목표와 전략에 부합되어야 한다.

유통경로구조를 결정하는 핵심 요소인 유통경로 커버리지, 유통경로의 길이, 운영주체의 문제 등은 경로구조전략을 결정하는 중요한 작업이다.

(1) 경로커버리지 결정

경로커버리지는 경로구성원을 얼마나 많이 활용할 것인지를 결정하는 것이다. 이는 유통집약도를 나타내며 유통집약도가 높으면 많은 고객들에게 그만큼 다가갈 수 있지만 비용도 그만큼 상승하므로 의사결정이 필요하다. 경로커버리지 전략은 세 가지로 구분된다.

첫째, 집약적 유통은 제품과 서비스를 가능한 한 많은 경로중간상들을 활용하여 공급하는 전략이다. 이는 편의품이나 생필품유통에 적합한 유통커버리지 유형으로 노출이 극대화되어 많은 지역과 고객을 커버하지만 유통비용의 증가와 경로통제력 약화로 이어질 수 있다. 또한 유통경로 커버리지 극대화는 경로의 수와 밀도가 늘어나게 되면서 노출증가로 매출상승이 나타나지만 일정시점에 이르면 더 이상 매출이 증가하지 않기 때문에 그 시점에 중간상에 대한 관리 및 독려가 필요하다.

둘째, 특정지역에 하나의 중간상을 전속해 활용하는 방식인 전속적 유통이다. 고가품, 전문품과 같이 차별성이 있어 멀리 있는 고객을 흡인할 수 있는 경우에 활용하는 유통커버리지 유형이다. 장점으로는 전속되어 있기 때문에 소매점에 대한 통제가 쉽고 서로 협조가 잘 이루어지므로 거래비용 감소와 제품이미지에 대한 제고가 가능하다는 점이다. 그러나 자사 제품만을 전속으로 취급하기 때문에 다른 브랜드매장들처럼 제품 카테고리에 충분한 전문성과 차별성이 준비되어야만 수익확보가 가능한 전략이다.

셋째, 집약적 유통과 전속적 유통의 중간형태인 선택적 유통이 있다. 소수의 중간상을 활용하는 전략으로 경영능력과 규모, 평판 등을 갖춘 소수의 중간상을 선정하여 자

표 3-1 집약적 유통, 전속적 유통, 선택적 유통 비교

	집약적 유통	전속적 유통	선택적 유통
전략	가능한 많은 점포들이 자사 제품을 취급하도록 함	한 지역에 하나의 점포에 판매권을 부여함	한 지역에 소수의 제한된 점포에 판매권을 부여함
점포수	가능한 많은 점포	하나	소수
통제력	제조업자의 통제력 낮음	제조업자의 통제력이 매우높음	제한된 범위의 통제력이 가능
제품유형(소비재)	편의품	전문품	선매품
예	세제, 비누, 치약	명품의류, 고급향수	가전제품

사 제품을 취급할 수 있는 권리를 부여하는 전략이다. 동시에 제조사 입장에서는 시장 확대를 위해서 집약적 유통망을 병행하는 경우도 나타난다. 우리 주변에 그룹사 전자 제품유통이 이러한 방식을 취하기도 한다. 선택적 유통은 노출측면으로는 집약적 유통 경로의 장점을 취하고 제품이미지와 통제라는 측면에서는 전속적 유통경로의 장점을 취하는 전략이다. 일반적으로 패션과 화장품같은 선매품이 주로 선택적 유통경로에 적합한 제품들이다.

(2) 유통경로길이 결정

유통경로시스템에서 몇 단계를 거쳐 최종소비자에게 제품과 서비스가 전달되는가를 결정하는 것은 매우 중요하다. 이는 경로길이가 짧아지게 되면 경로구성원과의 의사소통이 잘 될 가능성이 높으며 통제력도 높아질 수 있다. 반대로 유통경로길이가 길어질수록 의사소통의 오류가 나타날 가능성이 있으며 통제력도 낮아진다. 하지만 다양한 유통경로를 활용하게 되므로 유통커버리지가 확장될 수 있다.

한편 유통경로의 길이를 결정함에 있어 기업은 기업특성, 제품특성, 시장특성, 경쟁사의 유통경로를 고려해야 한다.

첫째, 기업특성에 의해 경로길이를 결정한다는 것은 충분한 자금력과 능력있는 영업사원을 갖춘 기업은 비용이 들더라도 많은 이익과 강력한 통제가 가능한 직접 유통경로를 구축하려 한다. 이와는 달리 경영자원이 부족한 중소기업 입장에서는 상품판매에 대한 통제력을 잃더라도 유능한 중간상을 활용할 수밖에 없다.

둘째, 경로길이를 결정할 때 제품특성을 고려해야 한다. 제품의 부패가능성, 복잡성, 대체율 등에 따라 경로길이가 각각 달라져야 한다.

부패가능성이 높은 제품인 식품인 경우, 유통경로길이는 짧아야 한다. 또한 복잡한 제품일수록 소수의 중간상들이 유통경로에 참여한다. 이런 경우 복잡한 제품들은 직접 유통경로를 통해 고객에게 판매하게 된다. 한편 대체율도 경로선택에 영향을 미치게 되는데 대체율이 높은 제품은 단위당 마진이 낮고 고객욕구에 따라 고객서비스를 조정해야 할 필요성이 낮으며 소비기간이 짧고 제품탐색 소요시간도 짧은 특성을 갖는다.

셋째, 경로길이에 영향을 주는 요인으로 시장특성이 있다. 시장규모가 클수록 다양한 형태의 중간상이 참여하게 되고 경로길이는 길어진다. 또한 고객들이 지역적으로 넓게 분산된 시장도 유통과정에 더 많은 중간상들이 참여하므로 경로길이가 길어진다.

넷째, 유통경로길이를 결정하는 요인으로 경쟁사의 유통경로도 고려해야 한다. 이는 경쟁사가 사용하는 유통경로를 피해야 하는 경우가 발생할 수 있기 때문이다. 대부분의 화장품 선두주자들은 소매상을 통해 소비자에게 판매하는 간접 유통경로를 활용하고 있으나 후발업체의 경우 소매상들이 진열공간을 할애해주지 않는 경우가 생기면 또 다른 방식인 직접 유통경로를 통해 소비자들에게 판매해야 하므로 경쟁사의 유통경로를 언제든지 고려할 필요가 있다.

(3) 운영주체의 문제

기업은 유통경로를 직접운영할 것인지 외부업체에 위탁할 것인지에 대해 운영주체에 대한 결정을 해야만 한다. 이는 거래비용 측면에서 내부수행과 외부조달을 비교해 비용이 적게 드는 대안을 선택한다.

유통경로를 직접운영하게 되면 고객접촉면에서 점포를 통한 서비스구현이 이루어질 수 있고 신제품 초기단계에 위탁점포들의 소극적 판매에 비해 제품에 대한 촉진과 확산이 더 용이할 수 있다. 또한 직접운영으로 인한 통제가 수월하고 마케팅정책결정과 실행에도 긍정적이다. 하지만 자사의 역량과 맞지 않는 유통영역이라면 직접운영은 재고해야 한다.

유통경로를 직접운영하는 것은 시장대응에 대한 유연성이 떨어지고, 고정비에 대한 부담이 크며 내부조직이기 때문에 전문성도 미흡한 것이 사실이다. 따라서 비즈니스의 상황과 기업의 핵심역량 등을 고려하여 유통경로는 외부를 활용한 전략적 아웃소싱을 추진하는 것이 바람직하다.

5) 최적 파트너 선정

최적의 파트너 선정은 자사가 원하는 경로목표와 전략수행을 효율적으로 수행할 수 있는 경로구성원을 선정하는 것이다. 고객과의 유통서비스를 제대로 수행하는 유통중간상인 파트너들의 역할은 유통목표달성에 크게 영향을 미치기 때문에 신중하고 적극적인 검토가 필요하다. 경로구성원의 효율적 선정을 위해서 명확한 선택기준과 보상체계가 마련되어야 한다. 일반적인 경로구성원 선택을 위한 선택기준은 재무능력, 판매지향성 및 판매능력, 취급제품의 질, 점포이미지, 평판, 마케팅능력 및 관리능력, 규모 등 매우 다양하다. 이는 기업의 상황에 따라 선택의 우선순위는 다르게 나타날 수 있고 경로관리자들은 기업 상황, 제품특성, 비즈니스 환경 등을 고려하여 적절한 우선순위를 결정해야 한다. 또한 기업입장에서는 다음과 같은 절차를 활용하여 경로 파트너를 선택할 수도 있다.

- 경로중간상들에게 요구되어야 할 필수항목을 작성한다.
- 필수항목 이외의 특성항목을 작성한다.
- 목표고객의 요구사항을 실행할 수 있는 경로구성원 후보군 목록을 작성하고 경쟁사제품을 취급하는 경로구성원도 목록에 포함한다.
- 필수항목(신용능력, 판매능력, 영업사원 수, 수익성, 성장잠재력 등)을 기준으로 이들을 평가한다.
- 긍정적 평가를 받은 경로구성원에 대해서 기타 특성항목에 대한 능력을 평가한다.
- 평가된 결과를 근거로 최적의 경로구성원 파트너를 선정한다.

이러한 평가기준과 절차에 의해 최적의 파트너를 결정하고 이들이 자사의 제품을 취급하도록 적극적인 설득이 이루어져야 한다. 하지만 이 과정에서 비즈니스의 다양한 상황들이 자사제품취급을 거부하는 경우도 종종 나타난다. 이미 진열공간이 포화된 파트너의 상황이라든지 기존 유통경로 파트너와의 잡음이나 반발을 우려한 상황에서도 거절하는 사례가 일어날 수 있다.

6) 경로구성원 평가 및 보상

경로구성원 평가에서 가장 일반적으로 활용되는 기준은 매출성과와 재무성과 등 정량적 성과들이다. 또한 경로구성원의 매출평가는 제조업체와의 매출과 고객에 대한 매출을 동시에 고려하는 것이 바람직하다. 최근 유통정보시스템의 도입 및 활용으로 경로구성원의 매출성과에 대해 파악할 수 있는 충분한 기회가 만들어지고 있어 제조업체 입장에서는 경로구성원의 유통정보시스템 도입을 적극적으로 독려하고 있다. 또한 제조업체는 경로구성원의 재무성과와 공헌도를 주기적으로 검토하고 이를 평가에 적극적으로 활용하고 있다. 예를 들어 경로구성원의 부채상환능력이나 유동성비율 등을 고려하여 경로구성원과의 장기적 관계를 재검토하고 또다른 대안을 마련하기도 한다. 따라서 경로구성원의 성과평가는 적극적인 보상시스템으로 연계되어 동기부여할 수 있는 프로그램이 실행되어야만 지속적이고 긍정적인 성과를 만들어낼 수 있다.

Spotlight '미들마일'에 돈 몰린다 … 카카오 · 티맵도 뛰어든 '30조 원' 시장

30조 원. 국토교통부가 추산한 2020년 기준 미들마일 시장(잠깐 용어참조) 규모다. 7조 원으로 평가받는 라스트마일 대비 약 4배 이상 크다.

이 시장에 뛰어든 플랫폼 업체관계자는 "토스등장 이전의 금융, 배달의민족이 없던 요식업, 카카오T를 쓰지 않던 택시업계와 닮았다"고 평가한다. 두 가지 의미를 담고 있다. 첫째 미들마일 시장은 IT 기술력 불모지다. 여전히 관행이 난무하는 시장이다. 둘째 IT 기술력 불모지인 만큼, 성장 가능성이 무궁무진하다.

국내 주요 기업도 이 같은 평가에 동의하는 모습이다. 카카오모빌리티와 티맵모빌리티가 미들마일 업체를 인수해 시장에 뛰어든 게 대표적인 사례다. 불황에도 돈이 몰리는 미들마일 시장의 현재와 미래를 짚어본다.

▲ 경기도 의왕시 내륙컨테이너기지(ICD)에서 화물차들이 오가고 있다. (연합뉴스)

▶ 허리역할 담당하는 물류중심
▷ NO 미들마일, NO 라스트마일

모바일 앱으로 주문한 상품은 어떻게 우리 집까지 찾아올까. 쿠팡 로켓배송, 이마트 쓱배송, 마켓컬리 새벽배송 등 흔히 알고 있는 배송서비스로 운반된다. 물류업계는 이를 라스트마일이라고 부른다. 그리고 라스트마일 서비스를 제공하는 업체를 유통업체라고 정의한다.

그렇다면 라스트마일 전 단계는 뭐라고 부를까. 이를 미들마일이라고 칭한다. 기업과 기업 간 운반과정이다. 예를 들어 원자재를 제조공장으로 공급하는 과정, 제조공장에서 각 대리점으로 보낼 때의 물류단계다. 상품운반 과정에서 허리 역할을 담당한다. 고객과 접점은 없지만 미들마일 없이는 라스트마일도 존재할 수 없다.

미들마일 시장은 그간 주목받지 못했다. 미들마일 시장규모가 라스트마일 시장보다 크다는 분석이 여러 차례 나왔지만, 기업들의 관심 밖이었다.

이유가 뭘까. 복잡하기 때문이다. 라스트마일 핵심은 고객에게 예고된 시간 내 상품을 전달하는 일이다. 일부 고객이 예고된 시간을 변경하는 일이 있지만, 이를 제외하면 협의해야 하는 조건이 까다롭지 않다. 하지만 미들마일 시장은 다르다.

차량종류(1t부터 25t까지), 차량옵션(카고, 냉동탑차, 리프트, 윙바디 등), 상하차방법(손운반, 지게차, 컨베이어 등), 기타 옵션(상하차 시 기사도움) 등을 기업 간 협의해야 한다. 더군다나 이 시장을 구성하는 참여자도 다양하다.

화물 운전자인 차주, 화물 소유자인 화주, 차주와 화주를 연결하는 운송사・주선사가 있다.

지금까지는 운송사・주선사가 아날로그 형태로 화주와 차주 간 복잡한 조건들을 맞춰갔다. 전통적 일반 기업 간 거래(B2B) 시장이 그렇듯, 폐쇄된 구조였다. 수기 운송비관리, 각종 관행 기반 암묵적 거래가 이어졌다는 게 업계 관계자 전언이다.

▶미들마일 디지털화, 시작은 벤처
▷대기업까지 뛰어든 IT 불모지

2016년 두 곳의 스타트업이 설립됐다. 로지스팟과 와이엘피다. 두 회사는 미들마일 혁신을 내세웠다. IT 불모지였던 미들마일 시장에 자동화, 전산화를 접목했다. 자체 디지털 플랫폼을 통해 화물운송 차량배차를 간편하게 요청할 수 있는 배차서비스를 출시했다. 또 화물차량 실시간 위치정보, 운송데이터, 정산데이터 등 화주와 차주가 궁금해하던 정보를 일괄 제공했다.

이커머스, 배달시장과 비교하면 뒤늦은 혁신이었다. 하지만 효과는 확실했다. 로지스팟에 따르면 지난해 기준 700여 기업고객은 마감시간을 최대 90%까지 줄였다. 또 로지스팟 이용고객 60% 이상이 운송 최적화로 물류비를 절감했다.

자연스레 두 회사 매출규모가 급증했다. 로지스팟은 지난해 613억 원의 매출(연결 재무제표)을 기록했다. 2019년 120억원과 비교하면 5배 가까이 늘었다. 같은 기간 와이엘피 매출도 155억 원에서 475억 원으로 불어났다.

주요 플랫폼 기업들도 미들마일 시장에 뛰어들었다.

첫 주자는 티맵모빌리티다. 티맵모빌리티는 지난해 6월 와이엘피 지분 100%를 790억 원에 인수했다. 올해 1월에는 250억 원을 추가출자했다. 티맵모빌리티 관계자에 따르면 인재영입, 사업강화차원의 투자였다. 미들마일 사업확장에 적극적인 모습이다.

카카오모빌리티도 지난해부터 미들마일 시장에 관심을 보였다. 지난해 8월 이든종합물류가 보유한 '화물자동차운송주선사업 면허권'을 사들인 게 시작이다. 정부는 공급과잉방지를 이유로 화물자동차운송주선사업을 허가제로 변경했다. 조긴이 까다로워 신규 취득이 어렵다는 게 업계관계자 설명이다.

올해는 미들마일 업체지분획득, 인수합병 행보도 보였다. 카카오모빌리티는 지난 6월 미들마일 시장 중개 솔루션 업체 '위드원스' 지분 100%를 획득, 인수를 마무리했다. 지난 10월에는 화물업계 중개 플랫폼 화물마당 지분 49%를 매입했다. 화물마당은 주선사연합회가 운영하는 플랫폼이다. 로지스팟, 와이엘피와 비슷한 서비스를 수기 등 아날로그 형태로 제공해왔다. 카카오모빌리티는 이를 디지털화하는 데 집중하겠다고 밝혔다.

▶적자 늪 모빌리티의 히든카드
▷"이미 본체로 자리잡았다" 평가도

모빌리티업계는 여전히 적자늪에 시달리고 있다. 카카오모빌리티는 지난해 첫 흑자전환에 성공했지만, 규모는 영업이익 125억 원 수준에 불과하다. 올해도 흑자가 이어질지는 장담할 수 없다. 티맵은 만성적자다. 규제, 기존 업계갈등에 가로막혀 이렇다 할 수익화 개선이 없다는 비판까지 나온다.

이들에게 압도적 경쟁자가 없고, 기존 업계와 갈등요소가 없는 미들마일은 매력적인 시장이다. 티맵 모회사 SK스퀘어 실적 발표자료에 따르면, 3분기 티맵매출은 584억원이다. 이 중 미들마일 시장에서 발생한 매출이 395억 원이다. 사실상 티맵 본체가 미들마일 시장이라는 평가가 나오는 이유다.

물론 해결해야 할 과제도 있다. 수익성이다. 미들마일 시장에 뛰어든 스타트업들은 매출확대에는 성공했지만, 수익을 내지는 못했다. 로지스팟과 와이엘피는 지난해까지 적자에 시름했다. 지난해 로지스팟과 와이엘피 영업손실은 각각 45억 원, 48억 원이다. 다만 업계에서는 수익성 관련, 시간이 지나 데이터가 축적돼 효율성이 개선되면 해결될 문제라고 평가한다.

이 같은 예상이 나오는 건 우버 프레이트(Uber Freight) 등 해외 사례 때문이다. 우버 프레이트는 차주와 화주를 연결하는 플랫폼이다. 2018년 8월 독립 사업부로 분리돼 운영되고 있다. 분리 이후 우버 프레이트는 투자로 사업을 넓혔다. 지난해 7월에는 운송관리 서비스 회사 트랜스플레이스를 22억 5,000만 달러(약 2조

6,000억 원)에 인수했다.

미들마일 관련 데이터가 증가하고, 이를 바탕으로 미들마일 시장에 적용되는 IT 기술력이 개선됐다. 사업 효율성이 높아져 올해는 조정 에비타(EBITDA) 기준 연간흑자가 예상된다. 올해 누적 조정 에비타는 800만달러(약 108억 원)다. 에비타는 이자, 세금, 감가상각비 차감 전 이익이다. 사업을 통해 벌어들인 수익성을 평가하는 지표다.

모빌리티 업계 관계자는 "확실한 타깃모델(우버 프레이트)이 있고, 시장규모가 크다는 점을 주목할 필요가 있다"면서 "라스트마일 서비스에 능한 모빌리티 업체들이 미들마일 역량까지 갖출 수 있다면 사람의 이동이 아닌 물류의 이동 전반에서 영향력을 행사할 수 있게 된다"고 설명했다.

• 미들마일(Middle-Mile)

기업과 기업 간 물류이동이 일어나는 구간을 의미한다. 소비자와 만나는 최종 단계를 '라스트마일'이라고 부르는데, 미들마일은 그 직전단계다. 미들마일 시장규모는 30조 원으로 평가되는데, 디지털전환이 느린 편이다. 최근 IT 기업이 미들마일 시장에 힘을 쏟는 이유다.

출처 : 2022년 11월 30일~2022년 12월 06일자, 매경이코노미 제2186호

제2절 유통경로의 조정과 통제

유통경로의 통제는 유통경로시스템이 제대로 작동하기 위해 중요한 과정이다. 명확한 경로의 조정과 통제가 고객에게 제대로 된 가치전달을 할 수 있도록 한다. 일반적으로 유통경로 구성원들은 자사의 이익을 먼저 추구하는 성향이 있기 때문에 전체 유통경로의 성과달성을 위한 효율성을 저해하고 전체의 가치를 훼손하는 경우도 종종 발생한다. 이를 방지하기 위해서 유통경로에서는 다양한 시도가 이루어지며 그 대표적인 통제방법이 힘(power)이라 할 수 있다.

1. 힘(power)의 개념

유통경로와 관련된 선행연구에서 주요 연구주제로 다루어져 온 파워(power)는 한

경로구성원의 행동이나 의사결정에 영향을 미치는 능력으로 정의되고 있으며 대표적인 힘에 대한 정의는 크게 두 가지로 나눌 수 있다. 그것은 Dahl과 Emerson의 정의로 Dahl은 힘을 '사람들 간의 관계라고 말하면서 그냥두면 하지 않을 어떤 것을 하도록 하는 것'이라고 접근하고 어느 일방이 상대방의 행동에 변화를 불러일으킬 수 있는 능력으로 정의하였다.

Emerson은 힘을 행위자 A에 의해 잠재적으로 극복될 수 있는 B의 저항정도로 정의하면서 '어느 일방이 상대방에 의존하는 정도의 역의 개념'으로 정의하였다.

1) Dahl의 정의

Dahl은 A와 B간의 관계에서 A의 파워는 A가 B에 대해 파워를 행사하지 않았다면 하지 않았을 어떤 일을 A가 파워를 행사함으로써 B로 하여금 그 일을 수행하게 할 수 있는 정도라고 정의하였고 Dahl은 두 행위당사자(공급자 s와 소매상 r)간의 관계에 있어서 s가 r에 대해 가지는 힘은 s가 r의 행위에 영향을 미칠 수 있는 능력으로 s의 영향력이 없다면 하지 않았을지도 모를 어떤 행위를 r이 하도록 하는 정도를 말한다.

Dahl의 정의가 가지는 강점은 힘의 양에 대한 실제 측정을 가능하도록 하였다는 점이다. 이는 행동변화의 확률에 의해 두 당사자의 힘을 측정함으로써 힘의 우열에 대한 비교가 가능하도록 정의하고 있다.

2) Emerson의 정의

Emerson은 파워란 "사회적 관계속에서 다른 개인이나 집단에의 의존도에 달려있다"고 하였고 사회관계에 내재되어 있는 상호 의존성을 파워발생의 잠재적 조건으로 보고 경로의 한 구성원이 상대방의 의존성을 이용하여 원하지 않는 행동을 강요할 때 비로소 파워가 나타난다고 하였다.

Emerson은 "힘은 항상 의존도와 반비례 한다"고 하였으며 앞서 언급한 s와 r의 관계에서 공급자의 소매상에 대한 힘(Psr)은 소매상의 공급자에 대한 의존도(Drs)와 일치하며, 소매상의 공급자에 대한 힘(Prs)은 공급자의 소매상에 대한 의존도(Dsr)와 일치하게 된다고 하였다. 여기서 의존도(Level of Dependence)는 행위자 r이 자신의 목표를 달성하기 위해 s가 필요한 정도를 말하며, 힘의 우위는 Psr-Prs 로 정의 할 수 있다.

따라서 Psr-Prs 가 제로(0)일 경우, 공급자와 소매상의 힘은 균형을 이루게 된다.

2. 힘의 원천

힘의 원천은 연구자에 따라 다양하게 분류되는데 그중 French and Raven은 힘의 원천을 총 5가지로 구분하여 이들 힘의 원천이 강할수록 힘이 증가하는 것으로 보았다. 5가지의 힘의 원천은 다음과 같다.

1) 보상적 힘(reward power)

s-r(공급자-소매상)관계에 있어 s가 r에 대해 가지는 보상적 힘은 s가 r에 대해 보상을 줄 수 있는 능력을 말한다. 그리고 보상적 힘은 r이 s에 대해 r의 보상을 조정할 수 있는 능력을 가지고 있다고 인식할수록 증가한다. 즉 s가 r에 대해 직접 긍정적 보상을 제공하거나 부정적 요인을 제거 또는 감소시킬 능력이 클수록 증가한다. 이 힘의 기반은 실제 모든 경로에 존재하며 보상은 대개 한 경로구성원이 다른 구성원의 의도에 따라주는 결과로 인식되며 재정적 이익으로 나타나기도 한다.

이러한 보상적 파워가 형성되기 위해서는 보상능력이 있어야 하며 경로구성원이 다른 경로구성원의 영향 하에서 행동을 하면 실질적인 경제적 이득을 받을 수 있다는 지각이 있어야 한다. 그러나 보상적 힘을 반복하여 사용하게 되면 학습경험현상이 나타나 보상적 힘의 효과가 소멸되는 경우도 있다.

2) 강제적 힘(coercive power)

이 힘은 보상적 힘과 반대되는 개념이며 s의 강제적 힘은 r이 s의 요구대로 행동하지 않을 경우, s가 r을 처벌할 수 있는 능력을 말한다. 강제적 힘의 강도는 처벌이 아닌 부정적 효과의 크기에 비례한다.

강제적 힘은 s가 자신의 보상이나 처벌의 강도를 조절가능하다는 점에서 보상적 힘과 공통점이 있으나 r의 입장에서 보상적 힘은 대체로 s의 매력을 증가시키는 반면, 강제적 힘은 s의 매력을 감소시킨다. 강압적 힘의 계속적 사용은 경로구성원에게 저항력을 불러일으키고 경로갈등을 야기할 수 있으므로 장기적으로 비효율적이라 할 수 있다.

3) 합법적 힘(legitimate power)

s가 r에 대해 어떤 행동을 요구할 수 있는 합법성 혹은 정당성을 지니고 있다고 인식하는 정도를 말한다. 다른 경로구성원은 그 지시를 수행해야 하는 의무가 있다는 내적규범에서 생겨난다. 합법성은 법률이나 계약과 같이 정당한 권리에 의해 발생되거나, 조직 내 권위 혹은 전통, 상관습 등과 같이 문화적 가치기준으로부터 발생되기도 한다.

보상이나 처벌은 그 자체만으로 긍정 혹은 부정의 영향을 미칠 수도 있지만 이들이 합법성을 지니고 있는지 아닌지에 따라 정반대의 효과가 나타날 수도 있다. 합법적이지 못한 처벌은 부정적, 합법적인 처벌은 긍정적인 태도와 복종을 가져올 수 있다.

4) 준거적 힘(referent power)

r이 s에 대해 일체감을 가지거나 일체감을 갖게 되기를 바라는 정도를 말한다. 그렇기에 s의 의지와는 상관없이 r이 s와 자신을 동일하게 함으로써 힘이 발생하게 된다. 즉, 한 경로구성원이 그의 목표가 다른 구성원의 것과 비슷하거나 동일하다고 파악할 때 준거적 힘의 기반이 존재할 수 있다.

유통경로 상에서 나타나는 준거적 힘은 유명제조업자의 상품을 취급하는데서 오는 유통업자의 긍지와 보람, 유명백화점이나 쇼핑센터에서 상품의 판매가 이루어지는데서 오는 제조업자의 긍지 등이 있다. 또한 오랜 기간 만족스러운 관계를 맺어온 경로구성원이 유통경로의 안정성을 지키기 위해 제조업자의 힘을 따르고자 할 때도 나타난다.

5) 전문적 힘(expert power)

이 힘의 기반은 한 경로구성원이 주어진 영역에서 다른 구성에게서 원인을 찾는 지식에서 발생한다. 다시 말해 다른 구성원의 행동에 영향력을 행사하려는 경로구성원의 시도는 보다 나은 전문가 의견에 근거한다. s가 특별한 지식이나 전문성을 가졌다고 r이 인식하는 정도에 의해 결정되며 이 때 r은 자신의 지식과 관련하여 s의 전문성을 평가한다. s의 전문적 힘은 s가 전문지식을 가지고 있다고 r이 인식할 뿐만 아니라 r에게 진실을 전달해 준다고 인식할 때 발생한다.

전문적 힘은 일반적으로 계속적이지 못하며 개인적인 상호 작용기간 동안만 존재한다. 왜냐하면 한번 제공된 지식, 기술, 정보는 이를 받은 수혜자는 전문적 파워를 가지게 되기 때문이다.

3. 힘의 원천과 유형의 효과

힘의 원천은 유통분야의 연구에 있어 몇 가지로 나뉜다. 유형중에서 강제적 힘과 비강제적 힘, 경제적 힘과 비경제적 힘, 가중된 힘과 가중되지 않은 힘, 직접적 힘과 간접적 힘, 불확정적 힘과 확정적 힘, 중재된 힘과 중재되지 않은 힘으로 나눈다.

Lusch and Brown은 경제적 파워에 보상적 힘, 강제적 힘, 합법적 힘을 포함하고, 비경제적 파워에 준거적 힘, 전문적 힘, 정보적 힘, 전통적 힘을 포함하였다. 이와 같이 힘의 원천은 보는 관점에 따라 매우 다양하게 분류가 가능하다.

이러한 힘의 원천은 각각 독립적으로 행사되는 것이 아니라 여러 힘의 원천들이 결합하여 상호작용하는 성격을 갖는다. 따라서 기업의 유통경로관리자는 하나 이상의 파워원천들을 복합적으로 사용함으로써 다른 경로구성원에 대한 힘을 행사하는데 있어서 시너지 효과를 얻을 수 있다.

힘의 원천은 다른 경로구성원에게 유형적인 유인책을 제공하느냐의 여부에 따라 유형적·무형적으로 분류되기도 한다. 유형적 힘의 원천에는 보상적, 강제적, 합법적 힘 등으로 바람직한 경로행동을 유도하기 위해 유형적 유인책을 사용하는 경우이며 이는 장기적 관점에서 볼 때 일반적으로 경로구성원 간의 낮은 협력, 높은 갈등을 유발한다. 이러한 이유로 인해 유형적 힘의 원천을 이용한 힘의 행사가 경로성과의 향상과 경로구성원들의 만족도 증대를 가져올 수 있을지를 예측하기는 어렵다. 하지만 앞서 언급한 문제점이 있음에도 불구하고 유형적 힘의 원천은 경로구성원들로 하여금 단기적인 경로행동을 수행하게 하는데 효과적일 수 있다.

반대로 무형적 힘의 원천은 준거적, 전문적, 정보적 힘 등으로 무형적 유인책을 사용하여 힘을 행사하는 경우이다. 이는 경로구성원들 간의 협력의 증대, 낮은 갈등 등을 가져올 수 있으므로 장기적으로 보다 효과적인 힘의 원천유형이다.

유통분야에서의 많은 연구들은 힘의 원천과 갈등 간의 관계에 초점을 두고 진행하였다(참고로 유통경로의 힘과 갈등문제는 4장에서 다룰 예정임). 강제적 힘은 그 자체가 부정적이기 때문에 유통경로 내 갈등을 증가시킨다. 반면 보상적 힘은 긍정적 가치에 기초하거나 당사자의 태도 및 신념과 부합하기에 갈등을 감소시킨다. 준거적 힘은 일체감에 전문적 힘은 신뢰에 근거를 둠으로 갈등을 감소시킨다. 준거적 힘과 전문적 힘은 조직구성원의 만족과 성과를 증가시키는 것으로 나타나 강제적 힘과는 달리 준거적, 전문적, 정보적 힘은 갈등을 감소시키는 것으로 나타났다.

합법적 힘의 경우에는 법적 수단이나 규범, 전통과 관습이 정당한 경우에만 긍정적인 효과를 기대할 수 있다. 만약 정당하지 못하다면 갈등을 증가시키며 전반적 거래관계에 부정적인 영향을 미칠 가능성이 크다.

마지막으로 힘의 원천이 경로구성원 간의 갈등에 미지는 영향은 보상이나 처벌이 어떻게 관리되느냐에 의해 그 효과가 결정될 수 있음에 유의해야 한다. 또한 경로구성원에 대한 성과의 분배에 있어 공정성이 결여된 경우 실제로 보상이 이루어짐에도 불구하고 갈등이나 불만족은 증가할 수 있다.

4. 힘의 행사 이후 전략

유통경로시스템의 통제를 위해 다양한 힘의 원천을 행사하더라도 행사 이후 유통경로 구성원을 어떻게 관리하느냐에 따라서 전반적인 유통경로의 효율적 성과가 창출될 수 있다. 힘의 행사는 강제적 뿐만 아니라 비강제적인 경우에도 잠재적 갈등을 일으키는 주요 요인이 될 수 있기 때문이다. 또한 힘의 다양한 원천을 통한 일시적 행동변화가 나타나더라도 유통경로구성원은 언제든지 자사의 이익을 추구하는 등의 기회주의적 행동을 보일 수 있으므로 힘을 행사한 이후에 좀 더 견고한 전략들이 유통경로에 효율적 성과를 만들어 내는데 반드시 필요하다.

1) 힘 행사결과

일반적으로 유통경로에서는 즉각적으로 유통경로구성원들을 통제하는 수단으로 힘을 사용한다. 힘의 행사는 즉각적인 변화를 유도할 수는 있지만 갈등을 발생시킨다는 부정적 결과도 초래할 수 있다. 따라서 체계적인 힘을 행사하는 게 필요하다. 무작정 자사의 정책에 따르라는 강제적 힘을 가하는 것이 아니라 경로구성원이 인지하는 힘의 원천과 크기를 제대로 분석하여 그에 맞는 효과적 힘을 행사해야 하는 것이다. 또한 상황에 잘 맞추어 합법적인 법적 수단이라든지, 규범 등을 행사하여 정당한 효과를 기대할 수 있도록 접근해야 한다. 또한 보상과 처벌 등의 시기와 방법을 고려하고 다양한 규모로 적절하게 관리된다면 힘의 행사가 나름의 효과를 유도할 수도 있다.

2) 기회주의 통제전략

기회주의란 간교한 마음으로 속임수를 동반하여 자신의 이익만을 추구하는 것으로 정직이 결여된 상태라고 정의할 수 있다. 또한 기회주의는 관계의 질을 낮추고 거래 상대방에 대한 신뢰를 감소시킨다. 이러한 기회주의의 증가는 거래비용의 증가를 수반하므로 기회주의적인 발상을 억제하기 위한 방안으로 적절한 수준의 통제가 필요하다. 그러므로 통제를 통하여 상호 간의 이익추구를 위한 행동의 예측이 가능해지고 공동의 목표달성을 위한 이해도가 서로 바탕이 되어야 할 것이다.

유통경로구성원들의 기회주의는 결국 자사의 이익을 추구하려는 성향을 말하며 이러한 성향이 경로성과를 저해하는 핵심요인으로 주목받고 있다. 또한 유통상황에서 기회주의는 거래파트너가 자사의 이익추구를 위해 왜곡된 정보를 제공하고 지나친 가격협상을 하는 등 부정직성, 불이행성, 책임회피성 등으로 나타난다.

이러한 상황들은 결국 관계결속을 약화시키고 장기지향성에도 문제가 될 수 있다. 따라서 기회주의를 통제하는 것은 거래비용 측면과 장기적인 관계유지를 위해 매우 중요하다. 유통경로시스템에서 나타나는 기회주의 통제에 대해 몇 가지 알아보도록 하자.

(1) 감 시

감시는 힘을 행사하는 당사자가 제시하는 행동기준에 대해 거래 파트너가 잘 순응하고 있는가를 감시함으로써 경로구성원의 기회주의적 행동을 통제하는 전략을 말한다. 그러나 감시에 따른 비용문제와 감시를 언제든지 할 수 없다는 부분이 효과적인 통제방법이 아닐 수 있다는 점을 기억해야 한다. 효과적 감시를 위해서는 공개적이고 명확한 평가기준을 사전에 제시하여 정확히 인지하도록 해야 한다. 감시는 상호정보의 비대칭을 해소하는 목적이므로 정보오류로 인한 기회주의에는 적절치 않다.

(2) 인센티브

유통경로 구성원들의 기회주의를 막기 위해서 유통관리자는 인센티브 전략을 사용한다. 인센티브는 성과에 대한 보상이나 거래조건의 개선을 통해서 상대방이 스스로 기회주의 행위를 포기하고 협력할 수 있도록 유도하는 전략이다.

유통경로구성원들은 스스로의 이익을 찾아 기회주의 성향을 보이는 것이 사실이기 때문에 거래를 통한 이익이 더 크다는 인식을 할 수 있도록 강력한 인센티브를 활용한다면 거래에 몰입하고 협력하며 오히려 기회주의는 어느 정도 통제될 수 있을 것이다.

(3) 최적의 파트너 선택

제일 좋은 방법은 기회주의적 성향이 없는 최적의 파트너를 선택하는 것이다. 애초 유통경로 구성원을 선정하는 과정에서 기업의 목적과 철학에 부합하는 파트너를 찾아낸다면 오히려 기회주의적 행동은 예방할 수 있을 것이다. 그러나 파트너 선정시 엄격하게 기준을 세우고 선정을 하다라도 실제 거래가 시작되면서 숨겨진 성향이 드러날 수 도 있으며 경영환경의 변화로 인해 선정기준은 항상 변화할 수 있기 때문에 주의할 필요가 있다. 그러므로 유통파트너 선정시 업무능력에 대한 수준파악과 동시에 사업에 대한 의지와 동기 등을 고려하여 선정하는 것이 필요하다.

(4) 관계의 공유

이 전략은 공통의 가치와 규범 등을 서로 공유하므로 인해 내면적인 태도를 자율적 협력으로 이끌어내는 통제방법이다. 이는 사전시점의 최적 파트너 선택과는 다르게 사후적 관점에서 유통파트너를 자사의 목적과 방향에 맞도록 만들어 가는 것이다. 관계의 공유가 이뤄지기 위해서는 서로의 관계가 장기적인 관점으로 접근해야 하며 상호관계의 중요성을 열린 마음으로 받아들여야 한다. 또한 서로 간 각자의 역할에 충실해야 하며 갈등발생시 해결책을 찾기 위한 서로의 노력이 반드시 필요하다.

(5) 처벌과 보상전략

강압적인 처벌전략은 서로 신뢰가 낮은 상황이나 관계의 연속성이 떨어지는 경우에 적합하다. 하지만 어느 정도 신뢰구축이 된 상태이거나 장기간 관계가 이어져 온 사이라면 강압적 전략은 오히려 심리적 저항감을 불러일으킬 수 있고 기회주의 행동으로 연결될 수 있으므로 파트너를 위한 보상전략이 훨씬 더 유용할 수 있다.

Spotlight 유통, 블록체인을 만나다

블록체인은 한번 연결되면 해킹이나 조작이 불가능한 분산원장으로 구현된다. 블록 내에 특정 데이터를 담아 블록체인에 연결하는 것만으로도 위변조없이 데이터를 관리하고 증명하는 것이 가능하다. 이러한 특징을 기반으로 다양한 상품유통에서 신뢰성과 투명성을 확보하기 위한 수단으로 블록체인을 도입하고 있다.

2017년 8월 전 세계 사람들을 먹거리에 대한 공포에 빠뜨린 사건이 발생했다. 바로 '살충제 계란' 파문이다. 네덜란드와 벨기에의 계란에서 살충제 성분인 피프로닐이 검출되며 시작된 사건은 EU 국가로 오염된 계란이 유통되면서 확대되었다.

그 무렵 우리나라 일부 농가의 계란에서도 살충제 성분이 검출되었고 전국적으로 혼란이 일어났다. 계란 공포증을 의미하는 에그포비아(Eggphobia)라는 신조어가 탄생될 정도로 파문은 걷잡을 수 없이 커졌다.

당시 혼란을 더 키운 건 계란이 생산된 농장과 사육정보를 기재하는 난각코드가 제대로 관리되지 않았기 때문이다. 다른 농가의 난각코드를 사용하거나 아예 난각코드를 찍지 않는 경우가 대부분이었다. 결국 계란은 소비자들이 사지도, 유통업체가 팔지도 않게 되었고 농가들은 보유하던 계란마저 폐기처분하는 사상 초유의 사태가 벌어졌다.

사실 먹거리 파문은 어제오늘의 일이 아니다. 최근의 사건으로는 지난해 10월 미국에서 살모넬라균에 오염된 멕시코산 양파가 유통되며 홍역을 치른 바 있다. 비단 오염된 식재료뿐 아니라 가짜 먹거리나 질이 좋지 않은 먹거리가 유통되는 사건들이 발생하기도 한다. 결국 먹거리의 불안감 해소를 위해 유통의 투명성과 신뢰성 확보가 절실히 필요한 상황이다. 이를 위해 블록체인 기반의 유통체계가 주목받고 있다.

블록체인을 통한 먹거리 안전 유통구조 확립

① 유통상품의 진위판별 자격증명

식품 유통분야에 블록체인이 접목되면 어떠한 장점이 생길까. 우선 유통상품의 진위를 판별할 수 있는 자격증명이 가능해진다. 블록체인으로 상품의 원산지 정보와 이를 증빙할 수 있는 수출입, 통관 등 국제 운송 데이터를 관리할 수 있는 것이다. 이를 통해 원산지를 속여 상품을 유통하는 것을 방지할 수 있다. 2018년 삼진어묵과 삼성SDS가 진행한 시범사업이 대표적이다.

어묵은 우리의 식탁에 자주 오르는 식재료로 주원료인 어육과 연육을 수입해서 생산하는데 단순히 수입산으로만 표기되거나 제대로 원산지를 표기하더라도 이를 신뢰할 수 있는지 판단하기 어려웠다. 원재료를 눈으로 쉽게 확인할 수 없는 가공식품이기 때문이다. 그래서 한동안 어묵에 원자력발전소 사고가 있었던 일본 후쿠시마 지역의 수산물을 사용하는 것이 아니냐는 불안감이 고조되기도 했다.

이에 삼진어묵은 베트남 등 동남아시아산 수입생선을 사용한다는 것을 증명하기 위해 삼성SDS와 협업을 통해 블록체인 기반의 유통서비스를 시범적으로 제공했다. 어묵의 원재료인 생선의 조업, 연육가공, 수출입, 어묵생산 등의 과정을 블록체인으로 기록해서 관리한 것이다. 삼진어묵의 블록체인 활용은 아쉽게도 단기간의 시범사업으로 끝났지만 후쿠시마 수산물을 사용하지 않는다는 것을 훌륭히 증명해 냈다.

② 식품생산 · 유통경로 데이터관리 및 제공

식품 유통 분야에 블록체인이 적용되면 나타나는 두 번째 장점은 식품의 생산과 유통 경로의 데이터를 상세히 관리해 제공할 수 있다는 것이다. 원산지 정보를 비롯해 가공센터 정보와 작업자, 보관온도, 운송 정보 등을 IoT 센서로 블록체인에 저장하는 것이 가능하며 이를 통해 고객에게 신뢰성 있는 정보를 제공하고 조작 등의 문제를 방지할 수 있다.

대표적으로 사과 브랜드 '산지애'를 생산하는 송원APC와 GS리테일의 협업 사례를 꼽을 수 있다. GS리테일은 2020년 12월부터 지난해 4월까지 홈쇼핑을 통해 4회에 걸쳐 블록체인이 적용된 산지애 사과를 판매했다. 여기에는 GS리테일이 블록체인 컨설팅업체 템코와 함께 개발한 품질이력관리시스템 '블링크(B-LINK)'가 적용됐다.

소비자들은 사과박스에 붙어있는 QR코드를 스캔하면 농가번호와 농부이름, 재배농장의 온도와 습도, IoT가 적용된 저온창고의 일별 온도그래프, 세척수질검사 성적서 등을 확인할 수 있었다. 경북 청송군 농가에서부터의 입고, 선별, 보관, 출고정보가 블록체인으로 모두 투명하게 공유된 것이다.

GS리테일에 따르면 블록체인을 적용하지 않은 직전 4회의 판매량보다 블록체인이 적용된 사과의 판매량이 27.2% 높았다. 관계자들은 먹거리 안전에 소비자들이 반응했다고 분석했다.

③ 위기 상황발생 시 빠른 대응

식품 유통 분야 블록체인의 세 번째 장점은 위기상황발생 시 조사시간을 단축해 빠르게 대응할 수 있다는 것이다. 이는 블록체인으로 유통이력이 관리되며 각 과정이 데이터화되기 때문에 가능하다. 즉 먹거리에 대한 문제가 발생할 경우 축적해 놓은 유통데이터를 기반으로 원인을 찾아 빠르게 대응할 수 있다.

IBM은 블록체인 기반 식품유통 분야의 선도적인 기업으로 2018년 10월 '푸드 트러스트(Food Trust)'라는 플랫폼을 론칭했다. 이미 2016년부터 미국, 호주, 중국 등 전 세계의 다양한 환경에서 테스트를 진행하며 경험과 데이터를 쌓았고 이를 기반으로 월마트, 까르푸, 네슬레, 에이브릴그룹 등 글로벌 대형 식품 및 유통업체와 협업을 이어 나가고 있다.

IBM과 월마트에 따르면 푸드 트러스트 도입 전 월마트가 남미에서 수입한 망고에 문제가 발생했을 때는 원산지와 공급망을 추적하는 데 1주일 정도 시간이 소요되었다. 하지만 푸드 트러스트를 통해서는 그 과정을 2.2초만에 처리할 수 있었다. 만약 푸드 트러스트에 구매 고객의 정보까지 연결할 수 있다면 먹거리 파문이 발생했을 때 구매한 고객을 찾아 상품을 빠르게 리콜하고 사후처리 연계까지 가능할 것이다.

출처 : 2022년 2월호, Chief Executive.

제3절 유통경로의 계열화

제2장에서 잠시 다루었던 유통경로의 계열화에 대해 좀 더 구체적으로 접근해 보려 한다. 역사적으로 볼 때 독립된 경로기관들이 상품판매과정에서 자연스럽게 형성된 전통적 유통경로(conventional distribution channel)가 유통경로조직의 지배적인 형태다. 예를 들어 제조업자와 소비자 간의 거래에 도매상과 소매상들이 자연발생적으로 참여하게 된 것이 전통적 유통경로의 전형적인 형태다.

전통적 유통경로는 독립적인 경로기관들로 구성된 경로조직으로 각 경로구성원은 다른 경로구성원의 경로성과나 마케팅기능에 거의 관심을 가지지 않고 오로지 자사에 주어진 마케팅기능들만 수행한다.

대부분의 전통적 경로에서는 제조업체와 중간상 간의 거래조건과 역할분담 등이 시간이 지나면서 자연스럽게 형성되며 경로구성원들의 경로성과는 시장거래에 의해 조정된다. 따라서 경로구성원들의 경로활동과 거래조건은 사전적 계획중심보다는 협상에 의해서 주로 이루어진다.

1. 수직적 마케팅시스템

수직적 마케팅시스템(vertical marketing system : 이하 VMS)은 운영상의 경제성과 시장에 대한 최대한의 영향력을 획득하기 위해 전문적으로 관리되고 본부에 의해 설계된 네트워크 형태의 경로조직을 말한다.

이 시스템은 생산에서 구매까지의 유통과정에서 각 경로구성원이 수행해야 할 마케팅기능을 통제하여 규모의 경제를 달성할 수 있게 한다. 그러므로 수직적 마케팅시스템은 전통적 유통경로보다 경로전체의 목표를 달성하기 위해 경로구성원들의 협조를 이끌어내기에 더 용이할 수 있다.

수직적 마케팅시스템은 제조업자, 도매상, 소매상중 어떤 경로구성원이라도 주도하여 조직할 수 있다. VMS는 경로구성원들에 대한 소유권의 정도(강도)에 따라 관리형 VMS, 계약형 VMS, 기업형 VMS로 분류된다.

수직적 통합의 정도가 약한 관리형 VMS에서 통합의 정도가 매우 강한 기업형 VMS

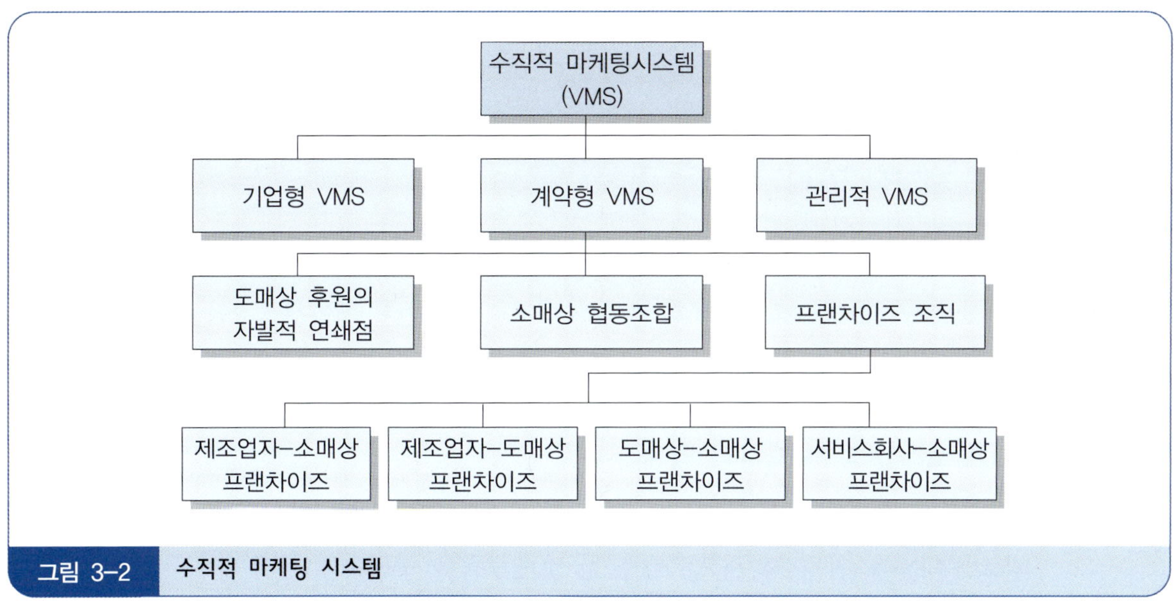

그림 3–2 수직적 마케팅 시스템

로 갈수록 경로구성원에 대한 통제력이 증가하지만 더 많은 투자를 필요로 하며 유통 환경변화에 대응하는 유연성은 더 약해진다.

1) 관리형 VMS

수직적 마케팅시스템 중에서 경로구성원들의 활동에 대한 통제의 정도가 가장 낮은 것은 관리형 VMS이다. 관리형 VMS는 경로구성원들의 마케팅활동이 소유권이나 계약에 의하지 않고 어느 한 경로구성원의 규모, 파워 또는 경영지원에 의해 조정되는 경로 유형이다. 예를 들어 CJ제일제당은 자사 상품을 취급하는 소매상에게 소매상지원시스템(RSS : retail support system)을 통해 제품진열, 판촉, 입지선정 등의 경영지원을 제공해주고 소매상의 협력을 얻어낸다.

관리형 VMS의 경로구성원들은 일반적으로 개별적인 경로목표들을 추구하며 그들을 함께 묶을 수 있는 공식적인 조직을 가지고 있지는 않지만 경로리더의 역할을 하는 특정 경로구성원의 마케팅프로그램을 중심으로 비공식적으로 협력함으로써 공유된 경로목표를 달성한다. 관리형 VMS는 전통적 유통경로처럼 개별적 경로목표를 추구하는 독립된 경로구성원들로 구성되지만 구성원들이 최소한도의 전체 경로지향적 성향을 가지고 있다는 것이 전통적 유통경로와 다르다. 즉 경로리더의 역할을 하는 공급자가 제품을 시장에 내놓기 전에 소매업자들과 협력하여 머천다이징 프로그램을 계획함으로써 각 소매점의 특성에 맞는 상품계획을 마련하는 것이다.

2) 계약형 VMS

계약형 VMS는 경로구성원들이 각자가 수행해야 할 마케팅기능들을 계약에 의해 합의함으로써 공식적 경로관계를 형성하는 경로조직이다. 계약형 VMS는 도매상 후원 자발적 연쇄점, 소매상 협동조합, 프랜차이즈 시스템의 세 가지 유형으로 나누어진다.

(1) 도매상 후원 자발적 연쇄점

도매상 후원 자발적 연쇄점은 도매상을 중심으로 독립적인 소매상들이 수직통합된 경로조직이다. 연쇄점회원으로 가입한 소매상들은 공동구매와 공동촉진 등에 의해 규모의 경제를 활용하여 더 많은 수익을 얻을 수 있으므로 대규모를 갖춘 회사형 연쇄점과 가격경쟁이 가능하다. 미국의 경우 도매상 후원 자발적 연쇄점은 식품산업에서 많이 발달하였는데 대형식품 도매업체인 Fleming사가 주도하여 조직된 Independent Grocers Alliance(IGA)가 가장 대표적인 도매상 후원 자발적 연쇄점이다.

Fleming사는 경쟁력 있는 상표선정(merchandising)에 관한 자문, 공동광고, 중간상 상표(private brand)개발 등을 통해 IGA에 가입한 소매상 회원들을 지원함으로써 Safeway나 Kroger와 같은 대형 수퍼마켓체인과 경쟁할 수 있게 한다.

▲ 도매상 후원 자발적 연쇄점인 IGA 전경

(2) 소매상 협동조합

소매상 협동조합(retailer cooperatives)은 중소 소매상들이 도매기능을 가진 공동소유의 조직체를 결성하여 이를 공동으로 운영하는 경로조직이다. 소매상 협동조합을 구성한 동기는 도매상 후원 자발적 연쇄점의 것과 마찬가지로 공동구매와 공동촉진을 수행함으로써 규모의 경제를 달성하자는 것이다.

우리나라에서는 전국 중소상인 연쇄점협회나 한국수퍼마켓 협동조합이 그 예이다. 선진국의 협동조합과 비교해 볼 때 그 위상이나 수행하는 기능이 미약하다. 소매상 협동조합에 가입한 소매점들은 그들이 취급하는 상품 중 상당부분을 조합으로부터 구매해야 하고 단체의 일관성을 유지하기 위해서 광고와 상호, 운영방법 등을 표준화한다는 점에서 도매상 후원 자발적 연쇄점과 소매상 협동조합은 유사하다.

(3) 프랜차이즈시스템

계약형 VMS중에서 가장 각광을 받는 것이 프랜차이즈시스템이다. 프랜차이즈 계약방식과 시스템운영상의 다양성 때문에 프랜차이즈시스템을 어떻게 정의하느냐에 대해서는 많은 이견이 있다. 여기에서는 프랜차이즈시스템을 프랜차이즈 가맹본부가 계약에 의해 가맹점에게 일정기간 동안 특정지역 내에서 자신들의 상표, 상호, 사업운영방식 등을 사용하여 제품이나 서비스를 판매할 수 있는 권한을 허가해 주고 가맹점은 이에 대한 대가로 초기가입비와 매출액의 일정비율에 대해 로열티 등을 지급하는 경로조직으로 정의하기로 한다.

최근 들어 VMS의 여러 가지 유형들 중 프랜차이즈시스템이 가장 급속한 성장을 보이는 이유는 프랜차이즈 가맹본부는 많은 자본투자없이도 빠른 시간 안에 사업을 확대할 수 있고 가맹점은 인지도가 높은 상호와 효율적 경영기법 등을 이용하여 단기간 내에 높은 매출을 올릴 수 있을 뿐 아니라 일정영역 내에서 독점영업권이 부여되므로 동일 점포와의 불필요한 경쟁을 피할 수 있는 이점이 있기 때문이다. 프랜차이즈시스템에서는 경로 내 어떤 경로구성원이든지 프랜차이즈 가맹본부의 역할을 할 수 있다. 예를 들어 제조업자가 가맹본부가 될 수도 있고 서비스 전문업체나 소매상이 가맹본부가 될 수도 있다. 프랜차이즈시스템은 아래와 같이 크게 네 가지의 유형으로 나누어진다.

- 제조업자-소매상 프랜차이즈: 이는 제조업자가 프랜차이즈 본부가 되어 소매상을 가맹점으로 참여시킨 형태다. 의류제조업체 및 가전용품 제조업체와 각각 프랜차이즈 계약을 맺은 의류대리점과 가전대리점 등을 예로 들 수 있다. 제조업자는 대리점에게 제조업자 상표를 판매할 수 있는 권리를 주며 대리점은 제조업자가 요구하는 판매·서비스제공조건 등을 준수해야 한다.
- 제조업자-도매상 프랜차이즈: 이는 제조업자가 프랜차이즈 본부가 되어 도매상을 가맹점으로 참여시킨 형태다. Coca-Cola, Pepsi Cola, Seven-Up 등을 예로 들 수 있는데 청량음료 제조업자는 음료수원액을 생산하여 프랜차이즈 계약을 맺은 도매상들에게 판매하여 도매업자들은 원액에 물을 섞어서 병에 담은 후(bottling) 완제품을 소매상에게 유통시킨다.
- 도매상-소매상 프랜차이즈: 이는 도매상이 프랜차이즈 본부가 되고 소매상들을 가맹점으로 참여시킨 프랜차이즈 조직형태다. 우리나라의 경우에는 해당하는 예가 많지 않으나 오래전 개인용 컴퓨터(PC) 및 주변기기를 판매했던 소매상체인인 선경컴플라자가 그 좋은 예이다.
- 서비스회사-소매상 프랜차이즈: 프랜차이즈 산업의 대부분을 차지하고 있는 형태로 우리나라에서 급속히 발달하고 있는 외식 프랜차이즈 사업(BHC치킨, 장터국수, 투다리 등), 미국의 자동차 대여산업(Avis, Hertz, National), 인스턴트 식품산업(McDonald's, Buger King, Kentucky Fried Chicken), 숙박산업(Hyatt, Sheraton)등이 그 예이다.

3) 기업형 VMS

한편 기업형 VMS는 한 경로구성원이 다른 경로구성원들을 법적으로 소유·관리하는 경로유형이다. 우리나라의 자동차 유통구조가 기업형 VMS의 대표적인 예이다. 기업형 VMS에는 전방통합과 후방통합의 두 가지 유형이 있다.

전방통합은 제조회사가 도·소매업체를 소유하거나 혹은 도매상이 소매업체를 소유하는 것을 의미한다. 후방통합은 소매상이나 도매상이 제조업자를 소유하거나 제조업체가 부품공급업자를 소유하는 것이다. 체인스토어는 기업형 후방통합의 한 예이다. 대형 체인스토어는 도매기능을 수행하며 그들 중의 상당수는 제조기능까지 수행하고 있다.

세계적인 할인점체인인 Wal-Mart나 K-Mart는 도매상을 통하지 않고 제조업체와 직접 거래하고 있으며 중간상 상표를 직접 개발·생산하여 판매하고 있다. 국내백화점 자체상표(private brand)들도 여기에 해당한다.

2. 수평적 마케팅시스템과 복수유통경로의 도입

1) 수평적 마케팅시스템(horizontal marketing system)의 성장

수평적 마케팅시스템은 같은 경로단계에 있는 둘 이상의 기업들이 새로운 마케팅기회를 이용하기 위해 함께 협력하는 것을 말한다. 기업들 간의 업무제휴를 통해 자본, 생산능력, 마케팅자원에서의 경쟁우위를 공유함으로써 기업들은 독자적 마케팅노력과 비교하여 더 높은 경로성과를 성취할 수 있다. 마케터는 경쟁사 혹은 비경쟁사와의 협력을 할 수 있고 일시적 혹은 지속적인 협력관계를 유지할 수도 있다.

코카콜라와 네슬레(Nestle)는 세계 시장에서 캔 커피와 캔 홍차음료의 판매를 위해 제휴하고 있다. 코카콜라는 세계 시장에서 음료의 판매·유통에 대한 경험을 제공하고 네슬레는 Nescafe와 Nestea라는 강력한 상표명을 제공함으로써 두 회사의 결합에 의한 상승효과(synergy effect)를 거두고 있다.

2) 복수유통경로(multichannel marketing system) 활용의 증가

과거에는 대부분의 기업들이 단일시장에 판매하기 위해 하나의 유통경로를 이용하였다. 최근 들어 시장세분화가 가속화되고 다양한 유통경로의 활용이 가능하게 됨에 따라 많은 기업들이 각 세분시장에 진출하기 위해 둘 이상의 마케팅경로를 함께 활용하는 복수유통경로를 채택하고 있다.

예를 들어 삼성전자는 독립소매상(백화점, 대리점, 할인점 등)을 통해 자사의 개인용 컴퓨터를 판매하고 정부기관이나 학교 등의 대규모 조직체에 대해서는 자사의 영업사원을 통해 직접 판매하기도 한다.

복수유통경로의 채택은 매출과 유통시장 커버리지를 증대시키고 각 세분시장의 욕구에 맞는 유통경로를 갖춘다는 이점을 갖는다. 그러나 복수유통경로는 둘 이상의 유통경로가 경쟁하게 되므로 이들에 대한 통제가 어렵고 동일한 고객을 상대하는 복수의 유통 경로들 간의 경로갈등을 발생시킬 가능성이 매우 높다.

CHAPTER 04

유통경로의 갈등관리

제1절 유통경로갈등
제2절 경로리더십과 경로통제 형성과정

쿠팡 vs CJ제일제당…'甲과 甲'의 '햇반 대첩', 최종 승자는?

쿠팡, CJ제일제당 1000여 가지 상품발주 중단
CJ제일제당 측 "마진율 이견으로 일방적인 중단"
쿠팡 측 "발주약속물량 지키지 않는 계약불이행"
유통사와 제조사의 주도권 갈등…과거부터 다반사

▲ 쿠팡이 CJ제일제당 상품 발주를 중단했다.

햇반부터 비비고 만두까지 인기식품을 제조하는 CJ제일제당과 국내 최대규모의 온라인 유통사인 쿠팡이 판매계약 협상 주도권을 두고 치열한 신경전을 벌이고 있다. 사건은 최근 쿠팡이 CJ제일제당 상품발주를 모두 중단하면서 벌어졌다. 이번 사안으로 햇반과 만두 등 쿠팡에서 판매되고 있는 CJ제일제당 1,000여 가지 상품의 재고가 소진되면 앞으로는 살 수 없게 된다.

발주중단배경에 대해서 두 기업은 서로 다른 주장을 펼친다. 먼저 CJ제일제당은 이번 발주중단 사안에 대해 "내년도 협상과정에서 상품 마진율에 대한 이견이 발생하면서 쿠팡이 발주를 중단했다"고 설명했다.

쿠팡은 마진율 협상문제가 아닌 'CJ제일제당의 계약불이행' 때문이라고 반박한다. 계약당시 약속했던 발주물량을 지키지 못한다는 설명이다. 쿠팡관계자는 "연초부터 CJ 측이 수차례 가격인상을 요구하는 한편, 발주약속물량을 터무니없이 공급하지 않는 등 갑질을 해왔다"고 주장했다.

유통업계에 따르면 CJ 제일제당 납품률은 50~60%대 수준인 것으로 알려졌다. 100개의 물품을 약속하지만 실제로는 50~60개의 제품만 보낸다는 것이다. 이 같은 납품률 불이행문제는 오프라인 유통사보다 온라인 유통사에 더욱 큰 타격을 미치는 요인이기도 하다. 온라인 유통사는 계약된 상품물량만큼 물류센터 공간을 미리 비워두는 데, 제품이 50~60%만 오면 나머지 확보공간은 쓰이지 못하고 버려지게 되는 구조이기 때문이다. 궁극적으로 온라인 유통사의 판매 손실로 이어지게 된다.

▲ 쿠팡 발주 중단 사안 중심에 있는 CJ제일제당의 햇반 제품

하지만 CJ제일제당 측은 이 같은 주장도 억울하다는 입장이다. CJ제일제당 관계자는 "대표제품인 햇반같은 경우 공급물량이 부족한 상황이라 다른데도 마찬가지로 납품률을 모두 채우지 못하고 있다"며 "오히려 쿠팡쪽에는 다른 유통사보다 비교적 더 많은 물량을 배정하고 있었다"고 설명했다.

또 가격 인상부분에 대해서는 "지난 3월에 햇반가격을 인상하면서 온라인채널의 판매가격도 자연스럽게 올린 것"이라며 "쿠팡에만 따로 가격을 올린 건 아니다"라고 말했다.

업계강자 간의 비즈니스 협상과정일 뿐

두 기업의 주장이 엇갈리는 가운데, 유통업계는 이 같은 갈등이 과거부터 이어온 '고질적인 문제'라고 입을 모은다. 제조업체와 유통사 간 알력다툼은 과거 전통 오프라인 유통사에서부터 되풀이 되어 온 악습이라는 지적이다. 특히 이런 갈등은 강력한 브랜드 파워를 지닌 제조업체일 경우에서만 반복된다는 설명이다.

유통업계 한 관계자는 “납품단가와 할인행사 등에 대한 유통사와 제조사의 주도권 싸움은 매일있는 부분”이라며 “사실 이 같은 분쟁이 일어날 수 있는 것도 CJ제일제당이 햇반이라는 업계 1위 상품을 지니고 있기 때문에 협상력을 지니고 나설 수 있는 것”이라고 설명했다.

현재는 발주중단까지 치달았지만, 결국에는 다시 협상이 이뤄질 거란 전망이 나온다. 두 기업 모두 서로를 포기하기에 손해가 크기 때문이다. 쿠팡 입장에서는 소비자를 끌 수 있는 인기 판매 제품을 포기하기 어렵고, CJ제일제당 역시 국내 최대 규모 온라인 유통사 매출을 포기하기 어려운 실정이다.

또 다른 업계관계자는 “매출과 이어지는 계약을 두고 발주중단을 진행하는 일은 다반사”라며 “쿠팡이 초강수를 두었지만, 이는 두 기업 간의 비즈니스 협상과정일 뿐 조만간 해결될 것”이라고 말했다.

출처 : 2022년 12월 01일, 이코노미스트

제1절 유통경로갈등

1. 경로갈등개념과 이해

일반적으로 유통경로에서 갈등의 정의는 한 경로구성원이 그의 목표를 달성하는데 다른 경로구성원이 방해되거나 장애가 되는 행위로 지각하는 상태라고 정의하고 있다. 여기서 유통경로 갈등은 본질적으로 역할수행의 제한에서 야기되는 좌절의 상태라고 할 수 있다. 이러한 갈등은 구성원들 간의 상호 의존적 관계에 내재된 한 측면으로 유통경로에 불가피한 것으로 알려져 왔다.

갈등의 원인에 대한 연구는 Stern과 Gorman의 연구를 시작으로 볼 수 있으며 그들은 갈등의 원인으로 역할의 차이, 희소자원에 대한 쟁점, 지각의 차이, 기대의 차이, 의사소통영역의 불일치, 목표의 차이, 의사소통의 왜곡 등을 들었다.

이후 많은 연구가 이루어져왔고 Shuptrine과 Foster는 역할갈등의 유형으로 지위와 역할기대, 직무범위를 들었다. 그리고 Etgar는 갈등의 원인과 갈등유형의 관계를 연구하였으며 Robbins 등의 학자들은 경로구조가 갈등에 미치는 영향을, Ryan과 Holbrook은 책임감이 갈등에 미치는 관계를 연구하였다.

이와 같이 유통경로 갈등은 유통경로 연구문헌에 나타나는 행동과학적 구성개념 중의 하나이며 마케팅 연구자들은 점차 유통경로는 경제시스템일 뿐만 아니라 협동과 갈등의 두 요인에 의해 특정 지워지는 사회시스템이라는 인식을 가지게 되었다.

마케팅 연구자들은 유통경로 갈등을 기술하는 개념적 틀의 개발, 갈등관리 메카니즘의 분석, 유통경로 갈등 구성개념의 실증적 측정, 유통경로 갈등과 유통경로 성과 간의 관계분석, 유통경로 갈등과 영향력 간의 관계분석 등을 개발하는데 중점을 두었다.

Dilts는 소매업자에 의해서 경험된 유형간 갈등크기의 합은 경로구조의 형태에 따라 달라지고 전통적 경로에 있는 구성원이 수직적 경로에 있는 구성원보다 더 높은 수준의 갈등을 느낀다는 연구결과를 밝혀냈으며 개별적인 문제에 따른 갈등크기도 경로유형에 따라 달라진다고 하였다.

그 외에도 많은 학자들의 의견을 종합해보면 갈등은 둘 이상의 유통경로 주체사이에서 발생하는 행동적 현상으로서 심리적 대립감과 대립적 행동이 내포된 동태적 과정으로 볼 수 있으며 결국 갈등관계는 서로 연관된 일련의 행동과정을 통해서 형성된다고 확인하였다. 특히 유통경로내에서의 갈등은 표출되는 대립적 행동뿐 아니라 갈등상황을 지각하고 긴장, 불안, 적개심 등을 느끼기 시작하면 벌써 갈등이 존재한다고 봐야 한다.

2. 유통경로의 갈등분류

유통경로에서 갈등은 유통경로와 관련된 분류와 갈등 생성단계에 따라 나누는 두 가지로 분류하게 된다. 유통경로와 관련하여 분류하는 방법으로 유통경로에서 생성되는 갈등을 수평적 갈등, 형태 간 갈등, 수직적 갈등으로 분류할 수 있으며 학자에 따라서는 수평적 갈등과 수직적 갈등으로 분류하기도 한다.

1) 유통경로와 관련된 분류

(1) 수평적 갈등

수평적 갈등은 경쟁과 관계가 있기 때문에 일반적으로 미시경제학에서 다루고 있으나 유통경로에서 동일수준에 있는 기업들 간에 발생하는 갈등이다. 즉 자동차대리점들 간이나 컴퓨터제품 대리점들 간의 갈등 또는 도매상 간의 갈등, 제조업체 간의 갈등 등이 여기에 해당된다.

(2) 형태 간 갈등

형태 간 갈등은 유통경로에서 동일수준에 있는 다른 중간업자 간의 경쟁이다. 형태 간 갈등은 동일한 고객을 위해 경쟁하는 서로 다른 기관 사이에 발생한다는 점에서 수평적 갈등과 차이가 있다. 제조업자들이 새로운 유통경로를 개발하고자 하는 경우 형태 간 경쟁을 초래하기도 한다. 예를 들어 컴퓨터를 컴퓨터 제품대리점 이외에 주유소나 세차장에서도 판매하도록 하는 경우 형태 간 경쟁이 발생할 수 있으며 그 결과 판매기관들 간에는 갈등이 발생하게 된다.

(3) 수직적 갈등

수직적 갈등은 경로 내에서 서로 다른 수준에 있는 경로구성원들 간의 갈등을 말하며 제조업자와 소매상 또는 제조업자와 도매상, 도매상과 소매상 그리고 서비스회사와 소매상 간 갈등이 이에 해당된다. 예를 들면 패스트푸드 본사와 가맹점 간에 발생하는 갈등은 수직적 갈등의 전형적인 형태라고 할 수 있다.

2) 갈등생성단계에 따른 분류

갈등의 생성단계에 따른 분류에서 갈등은 잠재적 갈등을 거쳐 인지적 갈등과 감정적 갈등단계를 지나 명백한 갈등으로 나타나며 결국 갈등의 결과로까지 이어진다.

잠재적 갈등은 내재된 갈능상태로 갈등의 선행상태를 의미한다. 또한 인지적 갈등은 상대방에 대해 적대감이나 긴장감을 인지적으로 지각하는 것을 말하며 지각된 갈등과도 동일한 개념이다.

감정적 갈등은 상대방에 대해 적대감이나 긴장감을 느끼는 것으로 갈등의 느낌이라고도 한다.

명백한 갈등은 상대방의 목표달성을 방해할 정도의 갈등으로 밖으로 표출된 상태의 갈등을 의미한다. 이 단계에서는 상대를 견제하고 해를 끼치기 위해 법적인 수단을 이용하며 유통경로를 떠나거나 상대를 쫓아내기 위해 힘(power)을 행사하게 된다.

이러한 갈등의 유형은 갈등을 생성단계에 따라 나눈 방법으로 잠재적 단계에서 시작해서 명백한 갈등으로 발전되기까지 갈등의 정도가 점점 더 강해지는 유형이라고 말할 수 있다.

3. 경로갈등의 원인

경로갈등이 경로성과에 미치는 영향이 순기능적이든 또는 역기능적이든 유통경로 갈등의 원인을 유형화하고 갈등수준과의 관계를 파악하는 것은 유통경로를 관리하는 데 있어서 매우 중요하다.

유통갈등의 원인에 대해서는 각 문헌마다 여러 가지 갈등원인을 열거하고 있는데 그 예는 다음과 같다.

- 경로참가자들이 수행해야 할 재고수준
- 유통업자와 딜러를 거치지 않은 공급업자의 직접 판매
- 가격 및 서비스의 적정수준유지여부에 관한 문제

위에서 열거한 갈등원인 이외에 유통경로 연구자들은 갈등의 원인으로 여러 가지 변수를 들고 있다. Etgar는 갈등의 원인을 크게 경로구성원 간의 태도적 원인과 구조적 원인 차이 두 가지 영역으로 분리하였다. 태도적 원인은 경로역할, 기대, 지각, 의사 소통 등에 관한 불일치와 관련이 있고 구조적 원인은 목표불일치, 자율 및 통제욕구, 부족자원에 대한 경쟁 등 세 가지 요인으로 분류될 수 있다.

또한 많은 학자들이 유통경로에서 갈등을 과정으로 인식하고 있다. 즉 조직의 갈등은 인지적 혹은 잠재적 갈등, 정서적 혹은 감정적 갈등, 명시적 혹은 명백한 갈등, 갈등 결과의 단계를 거치는 것으로 보았다.

특히 본서에서의 갈등의 원인설명은 Etgar가 제시한 경로구성원의 태도적 원인과 구성기관의 구조적 원인을 토대로 하였다.

태도적 원인은 경로구성원이 그들의 경로와 환경에 관한 정보의 수신 및 처리과정 차이에서 비롯된다. 그리고 구조적 원인은 상대방의 이익과의 충돌에서 비롯된다.

이 두 가지 갈등원인은 서로 특성이 다르기 때문에 다른 조정절차를 필요로 하며 갈등조정과 갈등관리의 운용에 연관이 있는 관리자에게는 중요한 의미를 주고 있다. 이러한 갈등을 유발시키는 원인들을 세부적으로 살펴보면 다음과 같다.

1) 구조적 갈등원인

경로갈등의 구조적 원인은 크게 세 가지로 집약될 수 있다. 즉 목표불일치, 자율에 대한 욕구, 희소자원에 대한 경쟁이다.

(1) 목표불일치

목표불일치는 경로구성원들 간에 공동의 활동에 대해서 협력해야 하는 상황에서 어떤 행동에 합의를 보지 못했을 때나 또는 비록 상반되지는 않을지라도 서로가 상이한 목표를 추구하려고 시도할 때 발생하는 갈등의 원인으로 유통경로에 기업의 목표가 일치할지라도 그 목표를 달성하기 위한 방법이 서로 일치하지 않아서 발생할 수 있다고

할 수 있다. 예를 들어 제조업자는 매출증대 측면에서 소매상에게 더 좋은 진열위치와 더 넓은 진열면적을 확보하려는 활동에 중점을 두는데 반해 소매상은 제조업자가 보다 많은 광고 및 판촉활동을 통해서 그들의 목표를 달성하고자 할 것이다. 이 두 가지 측면을 고려해 봤을 때 제조업자와 소매상은 같은 경로구성원이지만 서로 다른 목표를 추구하고 있기 때문에 갈등을 일으킬 소지가 크다는 점이다.

(2) 자율에 대한 욕구

자율에 대한 욕구는 경로의 한 구성원이 자신의 고유영역으로 생각하고 있었던 특정행동에 대해서 다른 경로구성원이 지배를 수행하려고 하거나 그 지배로부터 탈피하려고 할 때 나타나며 이것은 경로간의 갈등을 유발시키는 주요한 원인이 될 수 있다. 예를 들어 중간상의 경우에는 어떤 특정 공급자에게 자신이 종속되지 않고 영입활동을 지속적으로 수행하기 위해서 스스로 공급자를 선택하려는 충동을 느끼는 경우가 있다. 그들(공급자)은 또 자신의 기준에 따라 제조업자의 재고를 결정하고자 하지만 제조업자는 그것을 받아들이지 않는다. 이러한 경우에 제조업자는 공급자로 인해 제조업자 고유의 영역이라고 생각하고 있었던 재고결정권에 있어서 공급업자에게 통제를 받고 있다는 생각을 하게 되면서 갈등은 유발될 수 있다.

(3) 희소자원에 대한 경쟁

희소자원에 대한 경쟁은 경로에 존재하는 자원에 대한 수요가 자원의 이용 가능한 공급을 초과할 때와 경로기구들이 특별히 선택된 시장에 대해 독점적인 권리취득을 요구하거나 혹은 그를 위해 경쟁함으로써 발생하는 갈등이다.

이러한 경로구성원 간의 활동의 그들의 이익과 직접적인 관련을 가지고 있는 중요한 활동이기 때문에 특히 민감하게 반응하게 됨으로써 갈등이 유발될 수 있으며 희소성이 있다는 것 자체가 당사자들 사이에 갈등의 소지가 다분히 존재하고 있다는 것을 의미하며 한정된 자원을 적절히 분배하는 과정에서 경로당사자들 간에 일어날 수 있는 갈등의 유형이다.

2) 태도적 갈등원인

이는 주로 경로구성원들 간에 역할, 기대, 지각 그리고 의사소통의 차이와 관계가 있으며 각각에 대한 상호간에 불일치로 인해 갈등이 발생한다.

(1) 역할 불일치와 불명료성

유통경로에서 역할이란 경로구성원이 취해야 할 일련의 행동규범으로 자신이 타 구성원에 기대하는 권리뿐만 아니라 다른 구성원에 의해 기대되는 자신의 의무를 규정지워준다.

이러한 역할의 불일치에서 발생되는 유통경로 갈등은 경로구성원이 역할로부터 탈피하거나 유통경로구성원들로부터 기대하는 바를 수행치 못했을 때 또는 경로역할이 명확히 정의되지 않았을 때 발생하게 된다. 따라서 경로구성원들은 한 시스템 내에서 조화를 이루어 나가는 것이 매우 중요하다.

경로구성원의 역할영역을 세 가지로 구분해보면 첫째는 상품의 영역, 둘째는 소비자의 영역, 셋째는 서비스기능의 영역 등으로 구분할 수 있다. 이들 세 영역은 각기 제조업자, 유통업자, 소매업자 중 누가 리드하느냐에 따라 역할분담은 서로 달라질 수 있다. 또한 역할의 불명료성은 경로구성원의 자질과 능력에 따라 좌우되는 경우도 많이 있다.

예를 들어 가맹점들 중에는 경험이 부족할 뿐만 아니라 영업능력이 타 가맹점보다 떨어져서 자기의 역할을 분명하게 수행하지 못하는 경우가 자주 일어난다.

(2) 기대의 차이

다수의 경로구성원들은 유통경로 상에 있는 다른 구성원의 행동에 대하여 어떤 기대를 갖는다. 즉 경로구성원들은 다른 경로구성원들이 특정한 방향으로 행동해 주기를 기대하는 것이다. 그러나 경로구성원들 간에 정보이용 가능성의 차이, 정보전달 능력의 차이, 경험의 차이 등으로 인해 경로구성원 간에 서로 다른 기대의 차이가 존재하여 갈등을 유발시키는 경우가 발생된다.

(3) 지각의 차이

지각이란 개인이 환경적 자극을 선택하고 이해하는 과정으로 개념, 사건, 이념에 관한 특정한 인식을 의미하며 각 경로구성원들은 환경과 경로의 지각에서 차이를 나타나게 된다. 가령 동일한 시스템내의 두 의사결정자는 동일한 현상을 정반대로 지각할 수도 있다. 예를 들면 경로구성원은 자기자신에 대한 인식을 가지며 경로리더에 대한 인식도 갖게 된다. 또한 경로리더는 각 경로구성원에 대한 인식을 갖는다. 여기에서 경로구성원들은 구성원이 보유한 욕구, 동기, 태도에 관한 지각의 차이를 보일 수 있으며 그로 인한 갈등이 야기될 수 있다.

(4) 의사소통의 장애 및 불완전성

유통경로 상에서 경로참가자들 간의 원활한 의사소통은 경영시스템의 운영에 있어서 필수적인 조건이다. 경로참가자들 간의 유기적인 의사소통은 경로구성원들 간에 흔히 일어날 수 있는 갈등의 많은 부분을 해결하는 데 있어서 중요한 역할을 할 수 있다. 이러한 상황에서 일어날 수 있는 의사소통 장애는 크게 두 가지를 언급할 수 있다.

첫째, 다른 경로구성원들에게 중요한 정보를 제공하지 않기 때문에 일어나는 갈등이다.

둘째, 전달사항이 처리되는 과정에서 여러 가지 장애요소를 만나게 됨으로써 생기는 갈등이다.

이러한 의사소통의 불완전성은 구성원 간의 오해, 전략의 적용실패, 욕구불만의 상호감정으로 나타나고 결국 경로전체의 원활한 의사소통을 방해하고 갈등을 유발하는 원인이 된다.

이처럼 다양한 유통경로의 갈등원인들은 유통경로구성원 쌍방 간 불만으로 표출되기도 한다. 특히 제조업자와 소매업자 간 서로의 불만을 정리해 보면 다음과 같다.

■ 제조업체의 소매상에 대한 불만

가. 소매상은 제조업자로부터 최저의 가격을 획득하려고만 신경을 쓴다.

나. 소매상은 자율적 의사결정을 할 능력이 없다.

다. 소매상은 제조업자의 판촉노력에 대한 대응이 매우 느리다.

라. 소매상은 너무 취급품목이 많아 효과적인 상품관리를 하지 못한다.

마. 소매상은 제조업자에 예속될 것을 두려워해서 협력하기를 거부한다.

■ 소매업자의 제조업체에 대한 불만

가. 제조업체는 다른 것보다는 매출액 초과달성에만 급급하다.

나. 제조업체는 소매상의 목표와 머천다이징 정책을 이해하지 못한다.

다. 제조업체는 충분한 점포 내 서비스를 제공하지 않는다.

라. 제조업체는 계획에 의한 판촉 및 머천다이징 활동을 수행하지 않는다.

Spotlight **편의점업계, 효자상품 주류·먹거리 키운다**

주류·간편식 전담조직 신설 … 경쟁력 강화나서
주류 라인업 강화 … 배달앱과 픽업서비스 제공

▲ 편의점업계가 주류와 먹거리를 강화 중이다. 사진=BGF리테일 제공

편의점 업계가 고물가 시대에 소비위축에도 주류와 먹거리를 바탕으로 성장세를 지속하고 있다.

1일 업계에 따르면 GS25를 운영하는 GS리테일은 조직개편을 통해 차별화된 먹거리 개발을 위한 HMR(가정간편식) 전담조직과 주류기획팀을 신설했다. CU도 주류 TFT를 신설한 바 있으며, CU바를 강화해 차별화를 꾀하고 있다.

편의점 업계는 과거 미끼상품이던 주류가 주력상품으로 편의점 전체매출을 견인하자 차별화된 주류상품을 늘리고, 가격 경쟁력을 갖춘 먹거리를 강화하고 있다. 특히 관련 팀을 꾸려 트렌드에 민첩하게 대응 중이다.

GS리테일은 지난달 30일 조직개편해 플랫폼 BU 산하에 주류기획팀을 신설했다. 또 차별화 먹거리를 개발하기 위해 HMR 전담조직도 신설했다.

올해 GS25는 원소주와 버터맥주를 단독 출시해 '완판 행진'을 이어 갔다. 원소주는 출시 두 달 만에 매출액 100억원을 돌파했다. 버터맥주 4종은 전체 주류매출 톱 3위(1위 원소주 스피릿 · 2위 카스)를 기록해 수제맥주 매출비중의 절반가량을 차지했다. 내년에도 이런 분위기를 이어가겠다는 계획이다.

GS리테일은 올해 초 푸드테크 스타트업 '쿠캣'을 인수해 간편식 특화매장을 확대하는 등 협업을 이어오고 있다.

앞서 CU를 운영하는 BGF도 조직개편과정에서 주류 태스크포스팀(TFT)을 신설했다. 신사업에 주류를 포함해 새로운 캐시카우로 삼기 위해서다.

TFT팀은 2020년 4월 출시해 스테디셀러로 자리잡은 '곰표맥주'의 개발을 맡았던 인력들로 팀을 꾸렸다. 지난해 맥주 카테고리 매출 1위를 차지했던 곰표맥주는 현재까지도 카스에 이어 2위를 기록하고 있다. 올해 누적 판매량은 3,400만개에 달한다.

CU의 주류 TFT의 첫 작품인 국내 대표힙합 아티스트 타이거JK, 윤미래와 함께 맥주와 소주도 1일 출시됐다.

현재 5곳을 운영 중인 주류 특화매장인 CU바도 본격적인 매장확장에 나설 예정이다.

세븐일레븐은 지난 5월부터 토끼소주 판매를 통해 프리미엄 소주경쟁에 뛰어들었으며, 새로운 프리미엄 소주 '임창정 소주' 출시를 준비 중이다.

이마트24는 지난해 12월 상품매출 데이터를 확인한 결과 전년 동기 대비 와인은 297%, 케이크는 141%, HMR상품은 54% 증가했다고 밝혔다. 올 12월에도 고객들이 관련 상품을 많이 찾을 것으로 예상해 각종 주류와 먹거리 할인행사를 진행한다.

업계 관계자는 "월드컵 개막 이후 편의점의 주류와 먹거리 매출은 큰 폭으로 늘어 월드컵 수혜를 누리고 있다"며 "편의점 업계는 주류와 먹거리 수요가 급증하는 연말에 맞춰 주류 상품이 온라인 단독 주문이 불가능하다는 특성을 고려해 배달앱 요기요와 협업해 주류 픽업 서비스도 도입했다"고 말했다.

출처 : 2022년 12월 01일, 매일일보.

4. 유통경로 갈등과 성과 간의 관계

유통경로에서 갈등의 결과는 적절한 수준의 갈등이 존재하여 선의의 경쟁을 유도함으로써 효율성을 증대시키는 순기능적 갈등과 경로시스템에 부정적인 영향을 주는 역기능적 갈등으로 분류된다.

초기의 갈등을 연구했던 학자들은 갈등을 역기능 혹은 파괴적인 것으로 파악했으나 최근에는 갈등이 오히려 경로구성원의 성과를 촉진시키는 이점을 가져오는 것으로 보려는 경향이 일어나고 있으며 실제로 경로 간에 갈등이 없다면 결과적으로 경로내에 혁신이 부족하며 경로구성원들 역시 수동적으로 활동하게 되고 적극적으로 활동하지 않게 된다. 따라서 경로갈등의 적절한 관리를 통해서 경로효율을 증대시키려는 경로구성원 간의 노력이 반드시 필요하다.

한편 경로구성원들 간의 갈등은 경로성과에 미치는 영향에 따라 세 가지로 분류될 수 있다.

1) 역기능적 갈등

경로갈등은 경로성과에 부정적인 영향을 미칠 수 있으며 이를 역기능적 갈등이라고 한다. 역기능적 갈등은 경로구성원들 간에 협조를 저해하게 되며 갈등이 발생되면 경로구성원들은 다른 구성원들에 의해 효율적으로 수행되던 마케팅기능을 자신이 직접 수행함에 따라 업무중복이 발생하는 등 경로업무의 비효율성이 증대되기도 하고 경로상에서 발생되는 정보를 독점하려는 경향을 보이기도 한다.

2) 순기능적 갈등

순기능적 갈등이란 경로갈등으로 인하여 경로내의 문제를 발견하고 이를 해결함으로써 경로성과의 향상을 가져오는 것이다.

3) 중립적 갈등

이는 경로갈등이 경로성과에 영향을 미치지 않는 경우를 말한다. 중립적 갈등에서는 구성원들 간에 상호 의존도가 매우 높아 발생된 분쟁이 경로성과에 부정적인 영향을 미쳐서는 안 된다는 공동의 인식이 형성된 경우에 주로 발생한다.

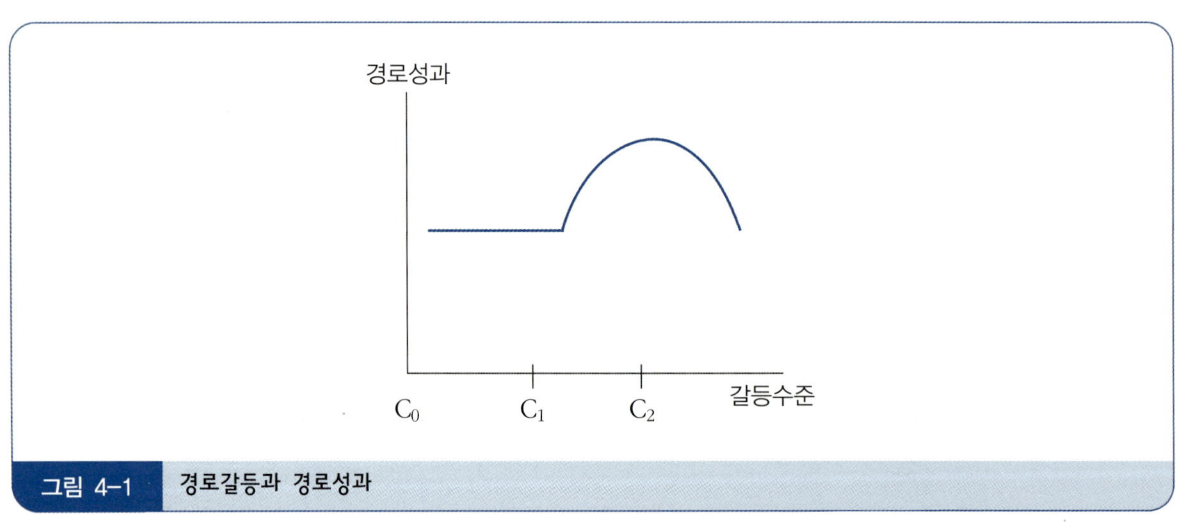

그림 4-1 경로갈등과 경로성과

출처 : Bert Rosenbloom, "Conflict and Channel Efficiency: Some Conceptual Models for the Decision Maker," Journal of Marketing, Vol.37, p.29.

경로수준에 따른 경로효율의 일반적인 관계함수는 [그림 4-1]과 같이 나타난다. 갈등수준이 C_0~C_1 사이인 경우 각 경로구성원들은 중립적 경로갈등수준에 있기 때문에 서로에 대한 관용을 보이므로 경로효율성에는 영향을 미치지 않고 C_1과 C_2 사이에서는 경로구성원들이 서로 협력하여 갈등을 해소하려는 노력을 통해 순기능적 경로갈등을 나타낸다. 그러나 갈등수준이 C_2를 넘어서면 서로 간의 반목이 심해져 역기능적 경로갈등이 나타나게 된다. 이러한 역기능들로 인하여 협력관계의 감소, 업무의 중복, 자원의 낭비가 초래되어 전체적으로 경로성과가 떨어지게 된다. 따라서 경로갈등 수준을 C_1~C_2의 범위내에 두고 갈등을 관리함으로써 경로효율을 증대시킬 수 있도록 노력해야 한다.

5. 경로갈등관리전략

경로구성원들 간의 기능상의 상호 의존성은 경로상의 과업을 달성하기 위해서 최소한의 협력을 필요로 하며 최소한의 협력없이는 유통경로가 존속하기 어려운 것이 사실이다. 협력을 전제로 유통경로구성원들이 그들의 계획수립, 정보의 수집, 의사결정 등을 조정하는 수단들을 탐색하고 경로구성원 각자의 입장에서 공동목표들을 정당화시킬 수 있는 이익구조를 조성하게 된다.

갈등관리의 목표는 갈등이 심각한 수준에 도달하기 이전에 이를 효과적으로 통제하고 조정하여 협력적 관계를 유지시키기는 것이다. 이와 같은 갈등관리방식은 크게 행동적 방식과 제도적 방식으로 나누어 볼 수 있다.

1) 행동적 갈등관리방식

행동적 갈등관리방식은 제도적 갈등방식이 유용하게 이용될 수 있는 토대가 되거나 보완적으로 사용될 수 있는 행동들이다.

행동적 갈등관리방식에는 문제해결, 설득, 협상 및 정치적 해결 등 네 가지 방법이 있으며 일반적으로 문제해결에서 정치적 해결로 진행할수록 공동목표의 내부화수준, 상호 호혜적인 수준, 갈등해결과정에서 수반되는 물질적 · 재무적 · 사회적 비용발생가능성이 모두 낮아진다.

(1) 문제해결

문제해결방식은 경로갈등 당사자 간에 상호공동의 목표를 나누어 가지고 있으나 목표달성방법을 놓고 갈등이 생긴 경우에 주로 해당된다. 이를 해결하기 위해서는 새로운 대안을 찾기 위한 탐색을 증가시키고 사실에 대한 정보수집을 강화하여 문제해결 지향적으로 갈등을 해소시킨다. 즉 목표와 우선순위에 대한 정확하고 개방된 협력적 행동과 양보적 행동, 새로운 대체안의 지속적인 개발과 같은 활동을 함으로써 해결해 나갈 수 있다.

(2) 설 득

설득은 어떤 문제에 대해서 당사자들 간에 다른 관점과 의사결정기준의 변경을 도모하려는 것으로서 근본목적에는 묵시적 합의가 성립될 수 있고 서로 다르기는 하지만 고정적이지 않은 하위목적에 대한 갈등이 있을 때, 합의가 된 공통의 목적에 근거하여 하위목적에 대한 갈등을 해결하는 과정을 말한다.

문제해결과 설득은 정보의 교환과 같은 높은 위험전략과 협동적 해결책을 지향한다는 공통점이 있으나 설득은 목표의 공통부분으로 다른 당사자를 이동시키는 것에 반해 문제해결은 공통의 목표가 양 당사자에게 상호 호혜적이고 분명하다는 점에서 차이가 있다.

(3) 협 상

협상은 목표에 대한 합의가 없으며 또한 이것이 고정되어 있어서 공동의 목적이 고려되지 않은 채 새로운 합의를 이룸으로서 갈등을 해결하려는 과정이다. 즉 협상당사자들은 목표의 차이를 좁힐 수 없는 것으로 보고 여기에는 비 양보적 행동과 위협 등이 포함된다.

(4) 정 책

협상과 비슷하나 목표에 대한 고정된 불일치와 제로섬(zero sum게임 : 한쪽의 이득과 다른 쪽의 손실을 더하면 '0'이 되는 게임으로 경쟁에서는 반드시 승자와 패자가 나뉘게 되지만 과열된 경쟁으로 인해 패자의 경우 모든 것을 잃는 게임)지향적이다.

잠재적인 동맹으로 간주될 제3자의 개입으로 협상영역이 확대된다. 즉 협상과정에 당사자의 의사에 따라 새로운 참가자를 포함시키는 과정으로 이러한 해결책의 예로는 제휴, 중재, 로비 또는 재판에의 호소 등이 있다.

2) 제도적 갈등관리방식

제도적 갈등관리방식은 유통경로상의 리더에 의해 시행되는 정책으로 갈등을 체계적이며 지속적인 방법으로 해결하는데 역점을 두고 있다.

경로구성원 간의 상호작용과 의사소통 향상을 목표로 하며 갈등관리를 위한 제도적 방식에는 섭외, 공동회원제, 인적교류 및 상호선출 등이 있다.

(1) 섭 외

유통경로 섭외라는 것은 국제관계로부터 도출한 개념으로 경로구성원 간의 관계를 '대사'나 '외교관'처럼 경로구성원 간의 경계에서 그들을 관리할 수 있도록 관리자들에 의해 수행되고 조정되어지는 것을 의미한다.

특히 수직적으로 통합되어 있지 않은 경로형태에서 의미를 지닌다. 이 제도가 효과를 거두기 위해서는 유통경로 섭외관리자들의 영향력이 발휘될 수 있을 만큼 충분한 그들의 지위가 보장되어야 한다.

(2) 공동회원제

경로구성원들이 관련협회에 공동으로 가입하여 갈등을 해결할 수 있다. 예컨대 제조업자는 중간상들이 결성한 협회에 가입함으로써 상호이해를 증진시킬 수 있다. 그러나 이것은 협회모임이 있을 때만 산발적으로 의사소통이 일어나므로 일상적인 갈등을 해소하는 데는 한계를 보인다.

(3) 인적교류

특정 기간 동안 상호 인적교류를 통하여 갈등을 관리하는 기법이다. 이는 해당 당사자의 입장을 듣는 것에 그치는 것이 아니라 역할을 바꾸어 수행함을 통해 상대방을 보다 잘 이해해보자는 맥락에서 시도되는 제도이다.

이 기법을 사용할 때의 유의점은 경로구성원 각자에게 갈등의 핵심이 되는 분야에 인력을 교류하기 위해 먼저 갈등원인의 규명이 정확히 수행되어야 한다는 점이다. 그러나 이 제도는 개인적 수준에서의 갈등을 이해하는 정도에 그칠 수 있어 직접 또는 간접적이라도 영향을 미칠 수 있는 최고경영자의 인식이나 관련부서의 문제점해결에는 한계가 있을 수 있다.

(4) 상호선출

이는 딜러제안협의회나 영업조정협의회같은 위원회나 협의회 등을 설치하여 경로구성원 간의 의견을 수렴하는 제도이다. 이를 통해 서로의 입장을 확인할 수 있고 갈등의 원인을 제거할 수도 있다.

(5) 지속적 교육

지속적인 교육으로 갈등을 예방하는 제도이다. 많은 제조업자와 도매상들은 소매상들에게 점포운영방식과 수익산정방식 등에 대해 정기적인 교육을 제공한다. 교육프로그램을 통해 경로구성원들이 직접 만나 일상업무에 관한 정보교환이 이루어지면 경로구성원들의 규정과 가치는 쉽게 변화될 수 있다. 지속적 교육의 결과 갈등발생을 미리 예방할 수도 있을 것이다.

제2절 경로리더십과 경로통제형성과정

다양한 유통경로구성원들이 모인 유통시스템에서 경로리더는 경로구성원들의 마케팅의사결정을 통제할 수 있어야 한다. 이는 통제의 수준에 의해 유통경로 전체의 성과가 좌우되기 때문에 매우 중요한 과정이다. 하지만 경로리더가 영향력 행사를 위해 마케팅기능 모두를 통제할 필요는 없다. 따라서 경로리더는 소수의 마케팅기능에 대해서만 영향력을 행사하여 경로구성원 통제를 효과적으로 할 수 있어야 한다.

경로리더가 리더십을 형성하는 과정에서 다양한 요인들이 영향을 미치며 그 과정은 [그림 4-2]와 같다.

환경적 요인(수요와 경쟁 등)과 경로구성원의 특징(전문성, 노하우, 자금력 등)이 경로리더의 파워원천 형성에 영향을 준다.

파워는 특정한 의사결정문제와 관련하여 발생되며 특정문제에 대한 파워는 축적해온 파워원천과 의존도에 의해 형성된다.

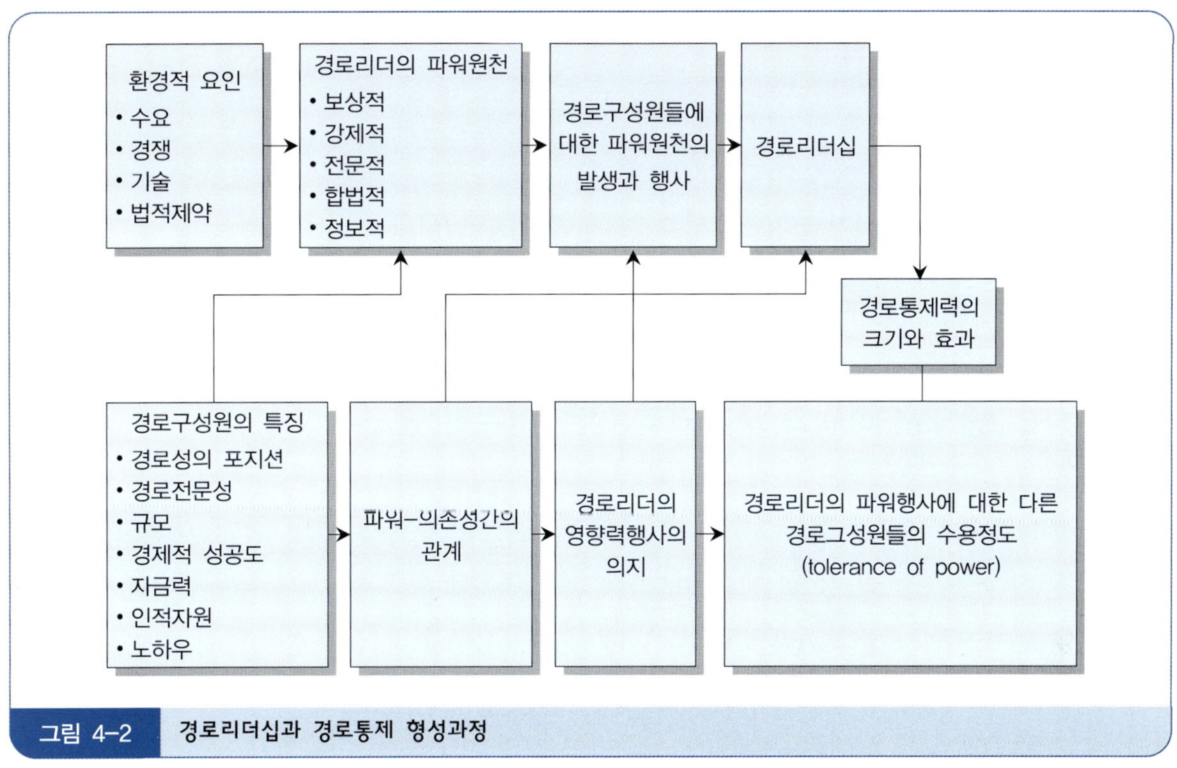

그림 4-2 **경로리더십과 경로통제 형성과정**

출처 : Etgar, "Channel Environment and Channel Leadership," Journal of Marketing Research, Feb. 1977, p.70을 수정.

경로리더십은 경로구성원이 문제와 관련된 파워를 가지고 있거나 영향력 행사의 의지가 있을 때 발생한다.

경로통제력의 크기와 효과는 경로리더의 파워행사에 대한 다른 경로구성원들의 수용정도에 의해 결정된다.

1. 경로리더십과 환경요인

경로통제력은 파워원천과 이를 행사하려는 의지에 달려 있고 파워원천은 [그림4-2]에서 보듯이 환경요인과 경로구성원의 특징(기업규모, 자금력, 특정기술이 보유정도 등)에 영향을 받는다.

또한 파워원천을 소유한 경로구성원의 다른 구성원들에 대한 통제력은 다음과 같은 환경적 요인 때문에 일반적으로 증가하게 된다.

- 수요의 지속적 감소
- 수요가 불확실할 때
- 인적판매와 애프터서비스에 대한 중요성의 증대
- 다른 유통경로와의 경쟁증대
- 다양한 환경요인들이 경로리더십에 영향을 미칠 때
- 수요의 변동이 심할 때

2. 중재된 파워와 중재되지 않은 파워의 행사

경로리더는 다양한 파워원천을 활용하여 경로구성원들의 활동을 조정한다. Hunt등의 학자들은 경로리더들의 강제적 파워와 비강제적 파워행사가 경로구성원의 순응행위에 미치는 영향을 분석하였다. 경로리더의 전문적 파워, 준거적 파워, 합법적 파워가 클수록 경로구성원이 순응할 가능성은 높아지고 비강제적 파워와 경로구성원들의 순응정도 간의 관계는 결정해야 할 이슈가 중요할수록 더 강하다고 밝혔다.

다양한 파워원천의 유형 간 관계를 분석한 Gaski는 제조업체의 보상적 파워와 강압적 파워가 전문적 파워, 합법적 파워, 준거적 파워의 강도에 영향을 주는 것을 확인하였다. 이는 제조업체가 경로파트너에게 제공하는 보상이 클수록 전문적 파워와 합법적 파워가 증가하며 보상이 낮은 경우에는 오히려 전문적 파워와 합법적 파워가 감소하고 제조업체의 경로파워는 낮아지고 경로파트너가 더 많은 파워를 갖게 된다는 것이다.

이와 같이 경로리더가 다른 경로구성원을 통제하기 위해서 다양한 유형의 파워원천을 소유하지만 각각의 파워원천의 효과는 비즈니스 상황에 따라 달라질 수밖에 없다.

그러므로 경로리더는 파워행사의 시간경과에 따른 효과를 고려하여 파워원천의 유형을 선택해야 한다. 예를 들면 강압적 파워와 보상적 파워는 중재된 파워원천으로 중재되지 않은 파워원천인 정보적 파워, 전문적 파워, 준거적 파워보다 단기적 경로통제에 더 효과적이다. 왜냐하면 중재된 파워원천은 각 경로구성원들에게 개별적으로 행사될 수 있으며 특정한 경로성과와 연관되어 행사될 수 있기 때문이다. 가령 제조업자 입장에서 매출회전율이 낮은 품목들도 함께 취급하는 대리점들에 대해 회전율이 높은 품목들을 동시에 더 많이 공급해 줄 수 있다.

한편 중재되지 않은 파워원천은 중재된 파워원천과 비교해 유연성이 낮으며 다른 경로구성원들이 수행할 특정 마케팅과업의 성과관련이 없는 경우가 많기 때문에 단기적 통제에는 비효과적이다. 그러나 중재된 파워원천의 행사는 경로구성원들 간 갈등을 유발하기 때문에 장기적으로 경로구성원들 간 관계를 불안정하게 할 수 있으므로 각별한 주의가 필요하다.

한편 경로조직의 유형도 파워원천의 활용에 영향을 주기 때문에 경로관리자는 파워원천유형의 선택과 행사에 이를 충분히 고려해야 한다. 전통적 마케팅경로의 제조업자의 경우, 제품구색, 신제품개발 및 공급 등의 제품관련 파워를 행사하여 다른 경로구성원들을 통제한다. 그러나 수직적 마케팅시스템(VMS)상의 경로리더는 점포운영 및 관리, 판매원교육 등의 점포지원에 의해 파워를 행사하므로 인해 전통적 마케팅 경로리더보다 더 많은 합법적 파워, 준거적 파워, 전문적 파워를 갖게 된다.

3. 경로리더의 파워행사에 대한 경로구성원의 수용정도

경로구성원들은 서로의 기능조정을 위해서 다양한 파워원천을 활용할 뿐만 아니라 이들 파워원천을 행사할 때는 다양한 전략을 실행하게 된다. 경로구성원이 활용하는 영향력 행사전략은 비강압적 전략(정보교환, 전략에 대한 토론, 추천 등)과 강압적 전략(요청, 위협, 법적제소 등)으로 구분할 수 있다.

경로구성원이 선택하는 영향력 행사전략은 여러 요인에 의해 영향을 받으며 이는 거래쌍방 간의 의존도에 의해 영향을 받게 된다. 공급자와 유통업자의 상호의존도가 높아 힘의 균형을 이루는 경우, 서로는 강압적 전략행사를 자제하고 비강압적 전략활용을 보다 많이 하는 것이 필요하다. 또한 공급업자의 비강압적 전략행사는 유통업자로 하여금 비강압적 전략을 행사하도록 촉진한다.

그러나 힘의 불균형으로 인한 의존도가 일방으로 치우치면 힘이 강한 측(의존도가 낮은)은 비강압적 전략보다는 강압적 전략을 더 활용하는 성향이 있다. 이 경우 힘이 강한 측의 강압적 전략 때문에 힘이 약한 측도 강압적 전략을 선택하기는 쉽지 않다.

힘의 영향력 행사가 갈등에 미치는 관계와 관련하여 비강압적 전략의 활용은 경로구성원들 간 상호이해와 정보교환을 수반하므로 잠재갈등의 수준이 낮아진다. 이에 비해 강압적 전략의 활용은 경로구성원 간 목표공유 가능성을 감소시키고 상호신뢰수준도 떨어뜨려 잠재갈등을 증가시킨다. 강압적 전략과 비강압적 전략의 차이가 갈등표출의 정도차이로 접근한 연구도 존재하므로 포괄적 이해가 필요하다.

앞의 설명들과 같이 경로구성원 A가 다른 경로구성원 B를 통제할 수 있는 파워원천을 가지며 또한 이를 행사하려는 의지가 있다면 A는 경로리더십을 발휘할 수 있을 것이다. 그러나 경로구성원 A의 리더십 행사를 통한 경로통제력은 A가 B의 마케팅활동을 통제하는 데 대한 B의 수용정도에 의해 일부영향을 받는다. 만약 경로구성원 B가 경로구성원A 이외의 대안이 별로 없거나 B가 특정 마케팅활동을 통제하는 것이 A가 통제하는 것보다 경로성과를 높일 가능성이 낮다고 지각하면 B는 A의 특정 마케팅활동에 대한 통제노력을 기꺼이 수용할 것이다.

4. 경로통제과정

경로리더는 [그림 4-2]의 과정을 거쳐 경로구성원들의 경로활동을 통제하게 된다. 경로리더의 경로통제와 경로조정능력은 대체로 세 가지 요인에 영향을 받게 된다.

첫째, 경로구성원들이 어디에 관심이 있느냐에 따라 경로통제 능력이 다르다. 만약 경로구성원들이 자신들을 경로시스템의 구성원으로 지각하지 않는다면 경로통제가 용이하지 않을 것이다.

둘째, 경로구성원들의 통제과정에 대한 지각의 차이가 경로통제에 영향을 미칠 수 있다. 이는 경로구성원들이 경로리더의 통제노력을 서로 다르게 지각한다면 동일한 상황에 대한 경로구성원들의 반응이 서로 다를 수 있다는 것이다.

셋째, 어떤 마케팅활동이 통제되는 것으로 경로구성원들이 지각하느냐도 경로통제에 영향을 준다. 경로리더는 경로상의 모든 마케팅활동에 영향력을 행사하는 것이 아니다. 따라서 경로리더의 통제에 대해 경로구성원들이 공감하지 않는다면 리더십 행사가 오히려 경로불만을 일으킬 수 있다. 예를 들어 국내유통의 대표주자인 백화점분야는 주로 경로구성원에 대한 통제를 판매수수료 조정을 통해 실행한다. 그러나 입점업체들은 대형백화점의 높은 입점수수료 때문에 오히려 잦은 불만을 이야기하고 이는 경로구성원 간 갈등으로 야기되는 경우가 종종 나타난다.

Spotlight "네이버 vs 쿠팡 배송 전쟁 막 올랐다… 누가 더 빨리 올까"

네이버, 14일 '도착보장' 서비스 출시
물류기업과 협업 … 컨설팅 · IT 더한 '4자 물류'
'선배' 쿠팡과 대결구도… "인프라 무시 못해"
지난해 네이버 - 쿠팡 시장점유율 17%, 13%

▲ (왼쪽부터) 경기 성남시에 위치한 네이버 본사와 서울 송파구에 위치한 쿠팡 본사 전경

네이버와 쿠팡이 본격적인 배송대결을 펼친다. 각기 다른 방법으로 물류 경쟁력을 확보한 양사는 '빠른 배송'을 넘어선 '도착일 보장'을 앞세워 국내 이커머스(전자상거래)의 새 판을 짠다는 방침을 세웠다. 이커머스 시장을 놓고 양사가 엎치락뒤치락하는 상황에서 과연 누가 절대강자로 떠오를지 주목된다.

2일 정보기술(IT) 업계에 따르면 네이버는 최근 스마트스토어 사업자들에게 오는 14일부터 주문기록, 물류사 재고 등 데이터를 분석해 고객에게 정확한 상품도착일을 보장하는 '네이버 도착보장' 서비스를 출시한다고 공지했다. 이 서비스를 이용하는 사업자들이 고객에게 약속한 도착일 안에 상품을 배송할 수 있도록 네이버가 지원한다는 설명이다. 네이버는 예정일보다 배송이 늦어질 경우 고객에게 네이버페이 1000포인트를 지급하는 등 보상안을 준비 중인 것으로도 알려졌다.

서비스 우선 적용 상품군은 식품, 세제 등 일상소비재다. 네이버는 오는 2025년까지 이 상품군 전체 주문건수의 50%에 도착일 보장서비스를 적용한다는 목표를 세웠다. 네이버 측은 "사업자가 내야 할 서비스 사용 수수료는 아직 책정하지 않았지만, 프로모션 등을 통해 최대한 부담을 줄일 계획이다"라며 "고객에게도 서비스이용에 따른 추가요금은 부과하지 않을 것"이라고 덧붙였다.

네이버는 해당 서비스 출시를 위해 지난 2년간 CJ대한통운, 4PL 스타트업과 함께 '온라인 풀필먼트 데이터 플랫폼'을 고도화해왔다. 풀필먼트는 물류전문업체가 판매자를 대신해 입고, 포장, 배송 등 고객이 주문한 상품이 물류창고를 거쳐 배송되기까지의 전 과정을 일괄 처리하는 것을 말한다. '4자 물류'를 뜻하는 4PL은 물류업무를 외부물류 전문기업에 맡기는 형태인 3자 물류(3PL)에 컨설팅 및 IT 서비스 제공을 결합한 것을 의미한다. CJ대한통운은 현재 곤지암, 용인, 군포 등 전국 9개의 네이버 중심 풀필먼트 센터를 운영하고 있거나 열 예정이다. 올해 10월 기준 6개 센터에서 240여 개 네이버 사업자를 대상으로 풀필먼트 서비스를 제공하고 있다.

네이버가 이 플랫폼을 구축하는 데 참고한 모델은 '에셋 라이트(Asset Light)'다. 아마존처럼 상품 입고부터 배송까지 전 단계를 직접 수행하는 대신 단계별로 필요한 인프라를 제휴를 통해 얻는 모델로, 투자비용을 줄일 수 있다는 점이 특징이다. 창고나 부지를 마련할 필요가 없어 인프라 확장성이 높다는 평가도 받는다. 에셋 라이트를 도입한 대표적인 이커머스 기업은 알리바바다. 알리바바는 이를 통해 전국 단위 물류 네트워크를 형성하고, 이 네트워크를 자사 데이터 플랫폼인 '차이니아오'로 연결해 중국 이커머스 시장을 장악했다.

네이버는 스마트스토어, 브랜드스토어 등을 통해 이미 상당한 배송수요를 확보했다는 점에 이번 서비스의 성패를 걸고 있다. 올해 3분기 기준 네이버 스마트스토어 수는 53만 개, 브랜드스토어 수는 1,200개 이상이다. 특히 브랜드스토어는 3분기 거래액 약 8,400억 원을 기록하며 전년 동기 대비 70% 성장하는 등 꾸준한 상승세를 보이고 있다. 시세이도 그룹의 색조화장품 브랜드인 나스(NARS)를 비롯한 프리미엄 브랜드들의 입점도 빨라지고 있다. 3분기 메종 마르지엘라와 멀버리가 브랜드스토어에 문을 열었고, 고가 리빙 브랜드인 루이스폴센과 앤트레디션도 합류했다.

▲ 네이버 커머스 부문을 이끄는 이윤숙 포레스트 사내독립기업(CIC) 대표가 지난 11월 3일 인터컨티넨탈 서울 코엑스에서 열린 '네이버 브랜드 파트너스데이' 행사에서 12월 '네이버도착보장' 서비스 출시를 발표하고 있다. /네이버

네이버의 도전장에 업계의 시선은 쿠팡을 향하고 있다. 국내 이커머스의 판도가 기울 수 있다는 관측에서다. 네이버와 쿠팡은 지난해 각각 17%, 13%의 이커머스 시장 점유율을 기록하며 접전을 벌였었다. 더욱이 쿠팡은 네이버보다 먼저 도착일 보장서비스를 도입했다. 지금도 배송이 늦어지면 고객에게 쿠팡캐시 1,000원을 지급하고 있다. 와우 멤버십회원이나 1만 9,800원 이상 주문고객에게는 무료배송도 지원한다.

쿠팡이 강점을 보이는 상품군 역시 일상소비재다.

업계는 물류모델의 차이가 네이버와 쿠팡의 승패를 가를 것으로 보고 있다. 쿠팡은 아마존과 같이 자체 창고에 미리 상품을 구입해 보관해뒀다가 주문발생 시 직접 배송하는 '리테일러(Retailor)' 모델을 택했다. 이를 위해 수조원 규모의 투자를 단행해 한국인구 70%가 쿠팡물류센터 10㎞ 안에 거주할 정도로 거대한 네트워크를 구축했다. 쿠팡의 전국 물류인프라 규모는 지난해 말 기준으로 370만㎡(약 112만평)에 달한다. 올해 6월에는 한진택배에 일부 위탁했던 '로켓배송' 물량을 자체 배송으로 전환하면서 배송 속도를 한층 더 높였다는 평가도 받았다.

물론 네이버의 에셋 라이트모델과 쿠팡의 리테일러 모델 모두 한계는 있다. 네이버의 모델은 협력사에 문제가 생기면 배송서비스 전체가 어그러질 가능성이 있다. 노조파업 등으로 CJ대한통운이 멈춰서면 네이버 배송서비스는 당연히 차질을 빚을 수밖에 없기 때문이다. 반면 쿠팡의 모델은 상품의 입고, 가격 결정, 발주 등을 쿠팡이 전부 결정하는 구조인 만큼 제조업체의 쿠팡 의존도가 높다는 단점이 있다. 이 때문에 소규모 업체입장에서는 쿠팡에 상품을 납품하는 것 이외에 별나른 사입확징 전략을 짤 수 없다는 지적도 나온다.

네이버는 경쟁사와 싸워 1위에 오르는 게 아닌, 판매자에게 새로운 사업형태를 제시하는 데에 주안점을 두고 있다는 입장이다. 이번 서비스출시는 판매자가 배송과정에서 발생한 데이터를 확보할 경우 사업에 어떤 식으로 변화를 줄 수 있는지를 알게 해줄 일종의 실험역할을 할 것이란 설명이다. 네이버 커머스 부문을 이끄는 이윤숙 포레스트 사내독립기업(CIC) 대표는 이에 대해 지난달 3일 '네이버 브랜드 파트너스데이' 행사에서 "제일 좋아하는 말이 손자병법에 나온 '싸우지 않고 이긴다'는 말이다"라고 말한 바 있다.

업계에선 네이버의 최종 목표가 이커머스 장악이라는 분석이 나온다. '자율성'을 앞세워 더 많은 판매자를 끌어들이면 시장에서 네이버가 차지하는 파이는 자연히 커질 수밖에 없다는 것이다. 그러나 올해 3분기에 첫 분기 흑자를 기록한 쿠팡의 저력을 무시할 수 없다는 목소리도 작지 않다. 쿠팡이 지난 8년간 6조원이 넘는 적자를 기록해가면서 인프라 확충에 공을 들인 데에는 그럴 만한 이유가 있다는 것이다.

한 업계 관계자는 "모든 종류의 커머스는 결국 고객관점에서 봐야 한다"며 "자체 인프라를 갖췄다는 건 배송 일정에 대한 주도권을 온전히 쥐고있다는 걸 의미한다"고 짚었다. 그는 "네이버는 3자 물류에 기댈 수밖에 없는 '플랫폼'이다"라며 "주말 등 특수 상황에서 협력사 간 소통지연이 발생할 가능성을 배제할 수 없다"고 했다.

출처 : 2022년 12월 02일, 조선비즈.

PRINCIPLES OF DISTRIBUTION

CHAPTER 05

유통정보시스템

NHN커머스-삼정KPMG-MS가 말하는 2023 이커머스 효율화 전략은?

지난 2년간 이커머스 업계는 코로나19로 비대면 수요가 증가하면서 빠른 성장을 이뤘다. 관련 산업 안에선 라이브커머스나 간편결제 등 새로운 트렌드가 생겨났다. 기업과 개인 모두 '쇼핑몰' 운영에 대한 관심과 불편사항이 모두 증가한 배경이다.

이에 따라 정보기술(IT)기업에선 누구나 온라인쇼핑몰을 편리하게 운영할 수 있는 솔루션 기술들을 선보이기 시작했다. 특히 코로나19 기간 양적 성장을 이룬 이커머스 업계는 올해 성장률이 둔화되면서 질적 성장수요가 높아졌다.

1일 NHN커머스와 삼정KPMG, 마이크로소프트(MS)는 <디지털데일리> 웨비나 플랫폼 'DD튜브'에서 '2023 이커머스 인사이트 및 운영모델'을 주제로 공동 웨비나를 진행했다. NHN커머스는 온라인 시장진출을 희망하는 기업·개인대상으로 쇼핑몰 플랫폼을 제공, 마케팅과 구축, 창업 등 부가서비스를 제공한다. 컨설팅·회계감사 등 서비스를 제공하는 삼정KPMG는 이커머스 운영 효율을 위해 마이크로소프트 플랫폼을 이용하고 있다.

◆ 올해 이커머스 트렌드 … 라방과 혜택·배송·결제다양화＝이커머스를 운영하며 고객을 모으기 위해선 먼저 소비자들이 어떤 서비스를 선호하는지 그 트렌드를 알아야 한다. 온라인쇼핑몰 구축을 돕는 NHN커머스와 디자인교과서는 계속적으로 고객을 유입시킬 수 있는 전략으로 ▲라이브커머스 ▲개인화 추천 ▲배송의 다양화 ▲결제의 다양화를 꼽았다.

NHN커머스 김현주 팀장은 "올해는 라이브커머스의 한해였다라고 해도 과언이 아니다"라며 "실시간으로 댓글로 소통하고 구매시 여러 사은품과 할인혜택을 제공하는 부분들이 소비자들을 이끈 요인이었다"고 말했다.

쇼핑몰에 알고리즘을 적용해 고객이 원하는 상품을 노출하는 인공지능(AI) 추천서비스 역시 대세가 된 기술 중 하나다. AI추천상품 클릭률은 일반상품 판매순이나 리뷰순 상품추천보다 높아 구매율상승으로 이어진다. 또 중요한 건 혜택과 배송, 결제방식이 다양할수록 소비자들이 매력을 느낀다는 점이다.

가령 자사몰은 오픈마켓보다 자사몰이 혜택을 다양하게 줄 수 있다는 점도 고객유인요건이다. 고객별 등급 혜택이나 이벤트를 다변화 할 수 있어 VIP 고객이 일반고객 대비 객단가가 높은 편이다. 올해 새벽배송·당일배송·선물하기 성장률도 2019년 대비 10배 이상 커졌고, 간

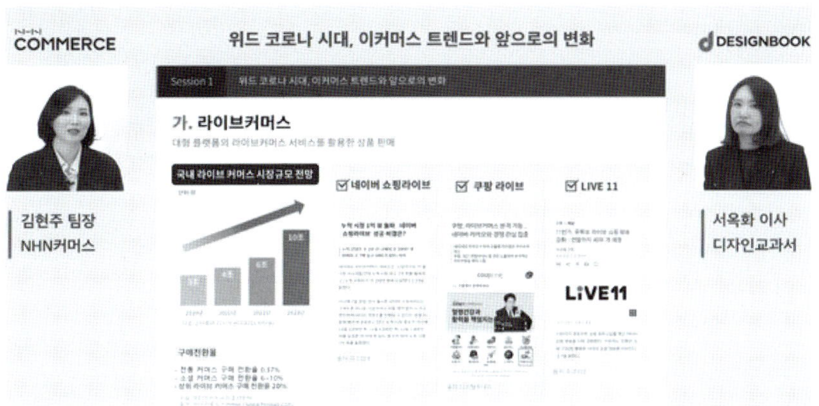

편결제 시스템은 지난 5년간 600% 성장률을 보였다.

◆ 고객 재구매율 높이는 서비스, 누구나 도입할 수 있다?＝온라인 쇼핑몰 운영자가 이런 서비스구축 필요성만 느낀다면 도입은 어렵지 않다. 가령 디자인교과서 서옥화 이사에 따르면 서비스형은 저비용으로 빠른 도입이 가능하지만 데이터베이스(DB) 자체를 보유하기 어렵다. 반면 구축형은 DB 보유가 가능하고 커스텀 자유도가 높은 편이다. 대신 초기 고비용 및 구축 기간이 필요하다.

배송을 위해선 솔루션 기업들이 로직을 짜주고 PG사 간편결제시스템을 이용해 자체페이도 구축해준다. 특히 신선식품을 취급하는 경우 직배송과 택배송, 상온·냉동상품들이 나눠져있는 데다 상황별 입고일과 출고일이 달라 인력으로는 운영이 불가능하다. 이런 과정을 쇼핑몰과 ERP로 연동해 주는게 이커머스 구축 전문기업들의 역할이다. 특히 다양한 배송을 쓰는 업체일수록 ERP 연동이 필수인 이유다.

간편결제는 이커머스 업체가 소비자들을 충성고객으로 모으기 위한 필수기능이다. 자사몰에선 정기결제나 후불결제, 렌탈결제 등 결제방식 또한 다변화시키고 있다. 주문내역과 금액을 ERP에 연동하게 되면 정산내역이 다시 쇼핑몰로 되돌아오고, 온오프라인 경계를 넘는 서비스도 제공할 수 있다.

NHN커머스는 내년 이커머스 업계에선 라이브커머스가 여전히 성행하고, 온·오프라인 채널경계가 더욱 허물어질 것으로 전망했다. 경계가 흐려지는 '빅블러 현상', 온·오프라인을 연결한 'O4O 서비스'가 떠오르는 흐름과 일맥상통한다. 구독시장 역시 2025년까지 100조 시장규모를 달성할 것으로 보인다.

김현주 팀장은 “2023년 트렌드를 하나로 묶을 수 있는 키워드는 바로 데이터”라며 “유의미한 데이터를 확보하는 게 가장 중요한 경쟁력이 된다”고 진단했다. NHN커머스는 라이브커머스 강화를 위해 아프리카TV와 제휴하고 패키지 상품을 선보이고 있다. 파급력 높은 BJ활용을 위해서다. 또한 자사몰이 고객 재구매율을 높이도록 DB를 충실히 모으는데 강점이 있다고 강조했다.

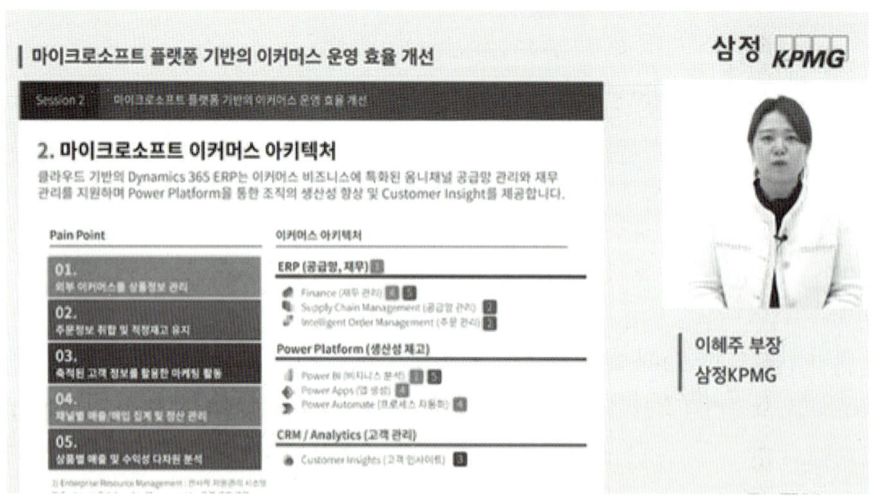

◆ 이커머스 운영 어려움도 IT솔루션으로 해결=이날 삼정KPMG에서 이커머스 컨설팅을 담당하고 있는 이혜주 부장은 “많은 회사들이 다양한 상품을 판매하고 상품정보를 제공하는데 외부 이커머스몰 상품정보를 통일성 있게 관리하는 데 어려움을 겪는다”고 말했다. 또한 실시간으로 외부몰 주문정보취합, 적정재고 수준파악, 정산관리 등도 어려운 일이다.

온라인 비즈니스 확장으로 대량 상품정보 및 주문에 대한 체계적 관리가 요구되자, 빅 데이터 기반 마케팅 인사이트를 제공하는 신기술에 대한 관심이 커진 것이다. 삼정KPMG는 이런 불편사항들을 해결할 수 있는 솔루션으로 마이크로소프트(MS) 플랫폼을 언급했다. MS는 클라우드 플랫폼기반으로 비즈니스 생산성 및 AI · 보안 · 인프라개발 영역 솔루션을 제공한다.

그 예로 ‘다이나믹스 365 ERP’는 다차원 상품정보를 체계적으로 관리해 외부 이커머스몰로 자동 전송, 통일된 상품정보를 쉽게 관리하도록 돕는다. 외부몰주문도 정확히 집계하고, 실시간 주문 및 반품을 고려해 적정한 구매수량을 제안해준다. 채널별 매출집계 및 입출금정산, 상품별 매출 및 수익성 분석도 이 ERP를 통해 가능하다.

이혜주 부장은 “다이나믹스 365 ERP 도입으로 패션업체 닥터마틴은 온·오프라인 통합 구매관리를 통해 고객경험을 향상시켰다”며 “웰빙 건강식품 판매사 GNC는 2,500만 명 회원정보를 통합해 고객에게 개인화된 경험을 제공, 공급망 관리를 통해 재고관리를 효율화했다”고 말했다.

한편, 이날 웨비나 참석 후 NHN커머스 혹은 마이크로소프트 솔루션을 도입한 기업·개인은 특별한 혜택을 받을 수 있다. NHN커머스는 쇼핑몰 운영을 위한 100만원 상당 베네핏을 제공한다. 삼정KPMG는 다이나믹365 컨설팅 프로모션 혜택을 지원하며, 마이크로소프트는 MS 팀즈 안에서 전자결재·근태관리·조직도까지 관리하는 그룹웨어 ‘깃고(Gitgo)’를 1년간 무상 제공한다.

출처 : 2022년 12월 01일, 디지털데일리.

제1절 유통정보시스템의 이해

유통경로의 기능이 효율적으로 수행되기 위해서는 어떤 형태로든 경로구성원들 간의 정보교환이 원활히 이루어져야 한다. 비효율적인 커뮤니케이션 시스템은 경로구성원 간의 효과적인 업무조정과 관계구축을 하는 데 있어 커다란 장애요소이다. 이는 유통경로구성원들 간의 상호불신과 구성원 개인의 이익추구, 부적절한 커뮤니케이션 설계 및 정보기술투자에의 부족에 기인한다.

유통정보시스템은 시장수요와 공급을 조절해 주고 각 개인이 원하는 제품과 서비스를 공급하게끔 도와주는 경제의 신경망과 같은 것이다. 본장에서는 먼저 거시적 관점에서 정보혁명의 경제적 의미를 살펴본 다음 효율적인 유통정보시스템을 구축하는 방안에 대해 논의한다. 구체적으로 유통정보의 특성과 유통경로상의 정보시스템의 설계과정을 살펴본 다음 경로커뮤니케이션의 전략적 측면과 정보기술(information technology), 즉 컴퓨터 관련 기술 및 커뮤니케이션 기술을 유통경로상에 활용하는 방안에 대해 설명하고자 한다.

1. 정보혁명과 유통정보시스템

오늘날 인류의 경제적 풍요를 가져오게 한 산업혁명은 에너지사용의 시간적 · 공간적 제약을 극복하게 함으로써 생산원료가 있는 곳이면 어느 곳에서든지 공장을 설립하여 대량생산을 가능하게 하였다.

산업혁명으로 인해 그 이전에는 상류계층만의 전유물이었던 소비의 향유를 일반대중들도 나누어 갖게 되는 대량마케팅의 시대로 들어선 것이다. 산업화가 진전되면서 만성적인 수요와 공급의 격차가 현저히 줄어들게 되었고 서구사회에서는 대체로 1960년대에, 신흥공업국에서는 1980년대에 수요와 공급이 일치하는 시기를 맞이하게 되었다.

이때부터는 공급이 수요를 초과하기 시작하면서 마케팅에 대한 관심이 생겨난 때이다. 이후에도 생산은 계속 증가하여 이제는 오히려 공급초과현상이 생겨나게 되고 이는 물자낭비, 환경파괴 등의 부작용을 낳게 되었다. 이 시기에 전세계 경제사에 또 하나의 중요한 사건이 등장하는데 바로 정보혁명이다.

컴퓨터와 통신기술로 대표되는 정보기술의 발달은 인류의 생활환경과 여러 분야에 속도와 편리함을 가져왔으나 수요와 공급을 조절하는 중요한 역할도 하게 된다. 수급의 조절기능에 절대적 공헌을 한 기술은 바코드(bar code)와 스캐너(scanner), ID카드이다.

소매점에서의 판매량을 적시에 알지 못했던 과거와 달리 이 기술의 도입으로 언제 어디에서 얼마만큼의 물건이 누구에게 팔렸는가를 감지할 수 있게 됨에 따라 생산자는 무작정 생산하는 것이 아니라 시장이 요구하는 것을 적절히 생산하게 되어 공급량을 수요량에 맞추어 효율적으로 관리할 수 있게 되었다. [그림 5-1]에서 보는 것처럼 인류에게 산업혁명은 네 번이나 진행되어 왔다.

1차 산업혁명은 1784년 영국에서 증기기관이 발명되었던 시점을 말한다. 증기기관은 생산방식을 인간의 손에서 기계로 넘기는 결정적인 계기를 제공한다. 이러한 변화 덕분에 노동생산성은 전에 비해 2~3배 이상 급증하게 된다.

2차 산업혁명은 1870년 즈음에 전기를 활용한 대량생산이 이루어진 시점을 말한다. 이를 통해 철도건설과 대규모 철강생산, 광범위하게 퍼져 있는 제조업기계들이 발판이 되었다. 2차 산업혁명의 가장 큰 특징은 전기와 이를 기반으로 한 통신기술의 발달이다.

3차 산업혁명은 1969년 컴퓨터를 활용한 정보화, 자동화 생산시스템의 등장시점을 말한다. 특히 1990년대 중반에 들어 정보통신과 신 재생에너지 개발이 활성화되면서 3차 산업혁명은 가속화되었다. 제레미 리프킨은 인터넷기술과 재생에너지를 3차 산업혁명의 두 가지 중요한 요소로 꼽은 바 있다.

이를 통해 전통적인 제조업중심시대는 끝나고 사회적 네트워크와 협업 등에 의한 새로운 시대가 예고되었다. 앞서 잠시 거론했던 지식정보화 사회는 3차 산업혁명과 관련이 있다고 볼 수 있을 것이다.

4차 산업혁명은 AI등 최첨단기술의 융합을 말한다. 통상 2010년 이후를 말하며 실제와 가상의 통합으로 사물들을 자동, 지능적으로 제어하는 가상물리(cyber physical) 시스템이 구축되는 것을 말한다.

4차 산업혁명의 핵심 요소는 개별적으로 발달한 각종 기술의 '융합' 이라고 할 수 있다. 디지털, 바이오, 오프라인 기술들이 다양하고 새로운 형태로 융합되어 새로운 부가가치를 창출해내는 것이다. 또 다른 주요한 특징은 '속도' 라고 할 수 있다. 즉 새로운 물건이나 기술이 발명되거나 발견되면 이것이 파급되는 속도는 과거와는 비교할 수 없을 정도로 빠르게 진행되는 것이다. 이러한 4차 산업혁명은 단순히 기술적 발전에 그

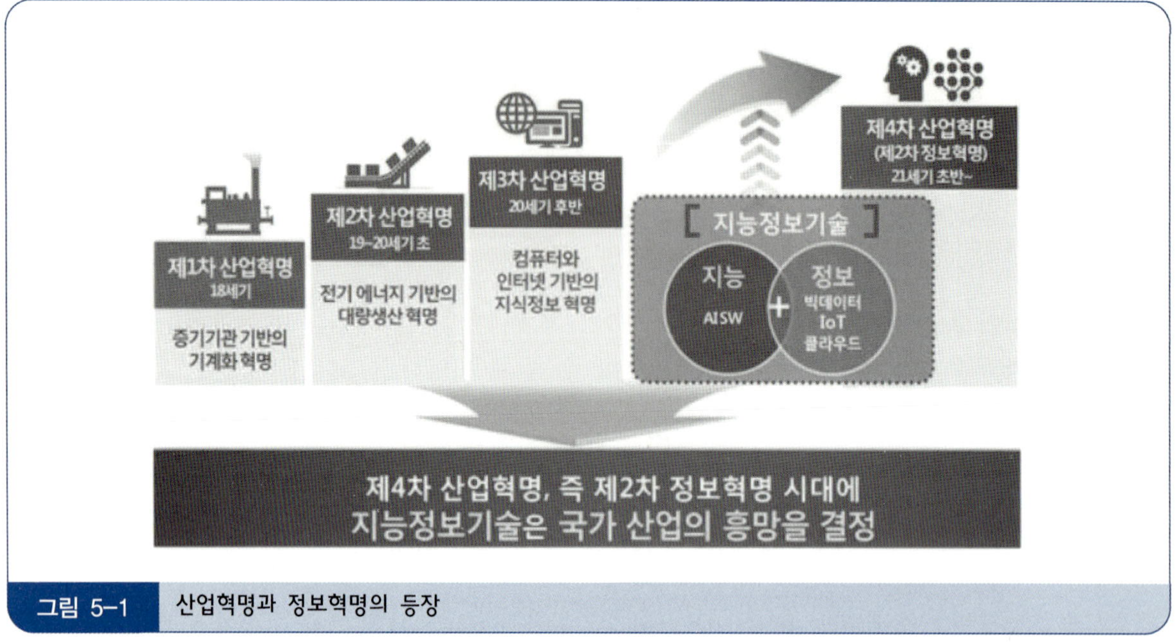

그림 5-1 산업혁명과 정보혁명의 등장

치는 것이 아니라 정치, 경제, 사회 등 모든 분야에 큰 파장을 초래할 수 있다는 것에 주목할 필요가 있다.

4차 산업혁명의 대표적인 기술들은 향후 물건을 만들 때 생산성을 비약적으로 높여주고 운반비용은 대폭 줄여줄 것이다. 이에 소수의 생산자들이 시장을 독점할 가능성이 있으며 또 다른 새로운 기술이 등장하면 이전 기술을 밀어내고 또 다시 독점의 형태로 시장을 잠식할 우려가 있다. 노동과 자본시장에서는 단순노동과 자본보다 재능과 기술이 대표적인 생산요소가 될 것이다. 새로운 기술과 아이디어만 있으면 많은 사람으로부터 빠른 시간 안에 사업자금을 모을 수 있다.

최근 주목받고 있는 텀블벅 등의 클라우드 펀딩이 이와 연결되어 있는 시장일 것이다. 이제 투자금을 모으는 방식도 이전과는 확연히 달라지고 있다. 어떠한 사회적 가치를 실현하려는 사람은 같은 가치를 실현하기를 원하는 사람들에게 투자를 받는 대신 그들의 사회적인 욕구를 만족시켜 주는 것이다. 이러한 시스템은 이익만을 추구하던 자본시장과는 다르게 사회적 가치를 우선으로 두는 새로운 시장이라고 할 수 있다. 또한 수요와 공급을 연결하는 플랫폼이 핵심사업으로 등장할 것이다.

최근 떠오르며 이슈를 만들고 있는 '공유경제'시스템을 예로 들 수 있다. Air b&b, 우버 등의 회사와 같이 기존에 없던 모바일 기반 비즈니스가 계속 나오고 있다. 중국의

IT기업 또한 미국의 서비스산업을 빠르게 벤치마킹하고 있으며 개인정보사용에 대한 규제도 약하므로 넓은 시장에 쌓이는 데이터도 엄청나다.

이러한 네 번의 산업혁명과 정보혁명의 등장은 유통산업에서의 많은 변화를 유도해냈다. 가령 시장에서 필요한 물건만이 생산되어 적재적소에 공급되며 자원낭비와 환경오염이 최소화되는 상황이 실현되도록 하였다. 최근 들어 유통업체들이 정보화를 새로운 유통환경에서 생존할 수 있는 경쟁력의 원천으로 삼고 유통정보시스템 구축에 총력을 기울이고 있다.

유통정보시스템(CIS : channel information system)은 유통계획과 관리, 거래처리 등의 유통관련 의사결정에 필요한 정보를 적시에 제공하기 위한 절차 및 설비, 인력을 말하며 이는 기업의 유통활동수행에 필요한 정보의 흐름을 통합하여 전사적 유통 또는 통합유통을 가능하게 한다.

유통정보시스템에 기반을 둔 유통정보화는 제조업체의 원료구입과 생산에서 소비자 구매에 이르기까지 상품흐름을 유기적으로 결합하여 표준화된 정보를 제공함으로써 모든 경로구성원들이 유통과정을 함께 파악할 수 있도록 한다. 유통정보시스템을 구축하면 공급업체와 유통업체는 물론 최종 소비자들도 혜택을 보게 된다. 예를 들어 제조와 유통업체들이 판매정보와 상품전달체계를 구축하면 재고부담과 물류비용이 줄어 모두 이익을 얻을 수 있다.

소비자입장에서도 최종 소비자물가가 하락하고 소비자가 요구하는 신제품이 개발됨으로써 소비자복지(consumer welfare)가 향상되는 혜택을 누릴 수 있다. 또한 무자료거래와 이로 인한 세금탈루를 막아 시장을 투명하게 만드는 역할도 할 수 있다.

이러한 유통정보시스템의 관련기술로는 바코드(bar code)와 무선바코드(RFID)시스템, POS(point of sale)시스템, EDI(electronic data exchange), VAN(value added net), 데이터베이스시스템, 인터넷 등을 들 수 있다. 이러한 관련기술을 바탕으로 유통정보시스템의 응용기술인 SCM(supply chain management), QRS(quick response system), ECR(efficiency customer response), ERP(enterprise resource planning), Logistics System 등이 지속적으로 발전하고 있다.

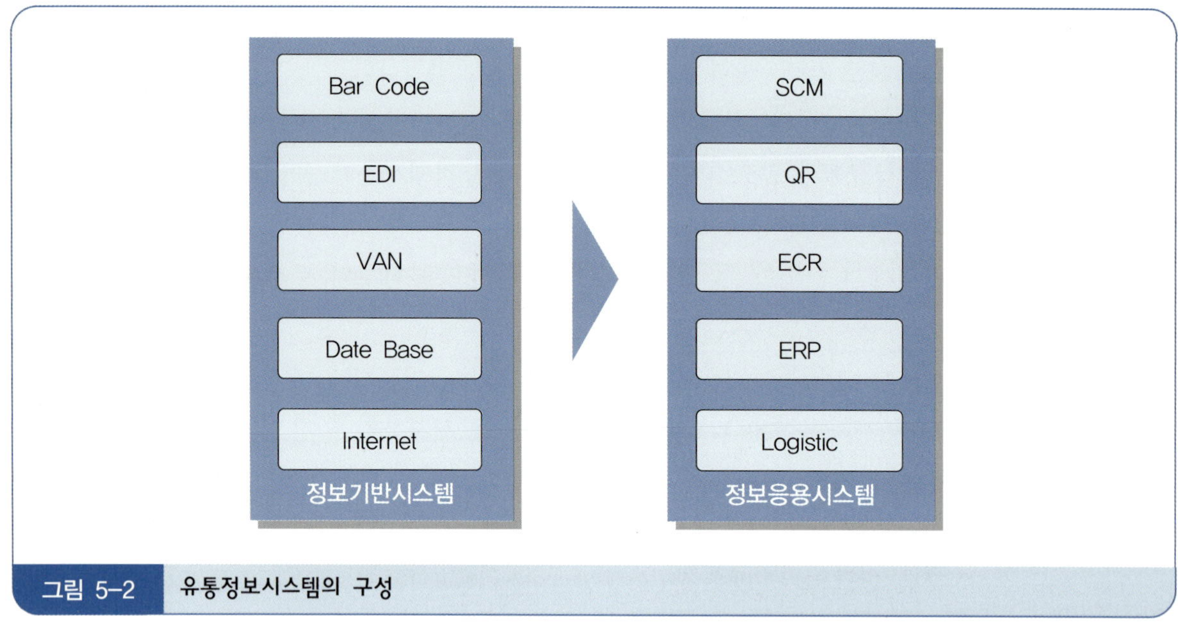

그림 5-2 유통정보시스템의 구성

2. 정보의 특성

현대사회를 정보화사회로 부른다. 이는 현대사회에서 정보 그 자체가 가장 중요한 자산으로서 사회의 다양한 기능이 원활히 수행되는 데 중요한 요소로 작용한다는 것을 의미한다. 정보는 정보사회 이전의 초기 산업사회에서의 주요 자산인 자본의 역할에 비해 더욱 포괄적인 기능을 갖는다. 즉 자본은 그 기능수행과정에서 여러 가지 한계를 지닌 특성을 갖는 자산이지만 정보는 무한히 공유할 수 있고 이에 근거해 인간의 창의력이나 통찰력을 높이는 점에서 무한한 가치를 갖는 자산으로 평가될 수 있다. 그렇다면 유통경로관리에서 바람직한 유통정보가 갖추어야 할 조건은 무엇인지 살펴보기로 하자.

1) 정보의 적시성

정보는 필요로 하는 시점에서 제공될 때 비로소 그 가치를 발휘하게 된다. 이는 정보가 그 자체에 시간적 효용이 더해짐으로써 가치가 높아짐을 의미한다. 이러한 정보의 적시적 공급은 유통경로관리의 효율을 높이고 경로구성원들 간의 협력을 이끌어 내는 관건이 된다. 자본시장의 투자자들에게 있어서 단 몇 초라도 빨리 정보를 입수한 투자자는 정상투자 이익을 상회하는 초과이득을 올릴 수 있다. 마찬가지로 경로구성원들에 대한 정보전달의 적시성은 유통정보시스템의 효용을 높이고 보다 경쟁력 있는 유통경로시스템을 구축할 수 있게 해준다.

복잡한 유통경로 내에서 정보의 전달은 단계적 또는 동시적으로 이루어질 수 있다. 단계적 전달체계는 한 경로구성원이 필요한 정보를 받고 이를 다시 다음 단계의 경로구성원에게 전달하는 체계이다. 동시적 전달체계는 필요한 정보가 모든 경로구성원에게 동시에 공급되는 체계이다. 다른 조건이 동일하다면 정보의 적시성이란 관점에서 볼 때 동시적 전달체계가 적시에 정보가 전달되지 않아 발생되는 구성원 간의 갈등을 줄여주며 유통기능을 효율적으로 수행할 수 있도록 하기 때문에 단계적 전달체계보다 더 바람직한 방법이라 할 수 있다. 예를 들어, 소매점포에서 파악된 시장상황이나 매출액 등에 관한 정보가 도매상과 제조업자에게 동시에 빨리 전달된다면 적절한 전략으로 보다 신속히 대처할 수 있게 된다.

현재 우리나라에서 판매상황을 파악하기 위해서 주로 사용하는 닐슨코리아의 점포실사(store audit : 소매점에서의 상품판매 상황을 조사회사가 정기적으로 조사하는 방법)는 자료수집에 많은 시간이 걸리고, 경로구성원에게 전달되기까지 판매발생 후 한두 달 간의 시차가 있으므로 시간경과에 따라 정보의 적시성이 떨어지게 된다. 이와 같은 문제점을 근본적으로 개선하기 위해서는 판매시점에서 자료를 수집하고 이를 경영활동에 이용하는 POS(point of sales)시스템이나 기업 간의 컴퓨터에 의한 정보교환방식 등 정보기술의 도입 및 활용이 요구된다. 우리나라도 거의 모든 소매업체들이 하드웨어인 POS시스템을 이미 구축하였고 이를 활용하여 자료분석을 철저히 진행하고 있다.

2) 정보의 정확성

정보시스템은 그 수행기능에 따라 수집, 처리, 활용의 세 가지 단계로 나누어 볼 수 있으며 이 중 정보의 정확성(accuracy)을 해치는 가장 큰 요인인 수집단계에서 발생하는 오류이다.

제품판매나 일반 소비자에 대한 정보를 수집하는 기능은 주로 소매점포들에 의해 수행되므로 이들의 정보수집능력은 정보의 정확성에 가장 큰 영향을 미친다고 할 수 있다. 정확한 정보수집을 위해서 다음과 같은 경로구성원들의 단계적 노력이 요구된다.

- 시장상황에 대한 정확한 정보를 수집해야겠다는 경로구성원의 의지
- 정보수집절차를 체계화하고 수작업에 의해서 자료를 수집 · 보관하는 단계
- 체계화된 시스템을 여러 가지 정보기술을 이용하여 자동화시키는 것

유통선진국은 이미 세 번째 단계에 도달해 있으며 국내의 경우에도 이 단계에 근접해 있다. 세 번째 단계를 실현하기 위해서 사용되는 대표적인 정보기술로는 POS시스템, 인터넷, e-SCM 그리고 무선바코드(RFID) 등이 있다.

3) 정보의 적절성

엄청난 양의 다양한 정보수집은 정보의 과부하(information overload)로 이어져 문제가 나타날 수 있다. 정보의 과부하는 필요치 않은 정보 혹은 오래된 정보가 사용자에게 과다하게 제공되어 정보의 효율적 이용을 방해하는 현상을 말한다. 특히 앞에서 언급된 정보의 적시성을 달성하기 위해 동시적 정보전달방법을 사용할 경우 무분별한 정보의 송신이 이루어질 가능성이 높다. 정보는 다른 형태의 자산과는 다르게 많으면 많을수록 그 효용이 커지는 것이 아니라 필요한 사용자에 적절히 공급될 때에만 그 가치가 높아진다.

4) 정보의 통합

모든 기업조직에서의 개별정보는 관련정보들과 통합될 때 상승효과(synergy effect)를 가져온다. 예를 들어 소매점에서 누가(소비자), 무엇(판매된 제품)을 구매했느냐에 관한 정보를 개별적으로 수집할 때와 두 가지 유형의 정보가 유기적으로 결합될 때의 정보가치는 상당한 차이가 있다. 정보의 수평적 통합도 매우 중요한데 이는 개별적으로 분산되어 있는 동일한 유형의 정보가 중앙 집중화됨으로써 상승효과를 가져오는 것을 의미한다. 이러한 수평적 정보통합의 상승효과는 대형할인점이나 편의점 등 다점포 영업을 하는 소매업체에서 흔히 볼 수 있다.

소매업체는 여러 점포에서 발생된 판매정보를 통합해서 사용하는 경우 각 점포별 정보를 개별적으로 사용할 때 보다 더 포괄적으로 시장을 이해할 수 있고 최적품목의

선택과 같은 소매전략을 효율적으로 수립할 수 있다. 일부 국내기업들의 통합 POS시스템, Wall-Mart의 중앙집중식 정보시스템 등은 각 지점점포에서 흩어진 정보들을 통합운영함으로써 경쟁우위를 확보한 좋은 예이다.

3. 유통정보시스템 개발단계

앞서 설명했던 유통관련 다양한 정보가 갖추어야 할 조건을 감안하여 [그림 5-3]에 제시된 단계에 따라서 유통정보시스템을 체계적으로 구축해야 한다.

1) 주요 유통기능 및 기능수행자 결정

유통정보시스템 구축의 목적은 유통기능을 원활하게 수행하는 것이다. 그러므로 유통정보시스템 구축시 제일 먼저 해야 할 일은 유통경로시스템 상에서 각 경로구성원들이 수행해야 할 주요 기능들을 명확하게 재정립하는 것이다.

유통정보시스템의 기대효과가 다소 낮은 경우, 이는 정보시스템을 구성하기에 앞서 정보시스템에 대한 명확한 검토가 충분히 이루어지지 않기 때문이다.

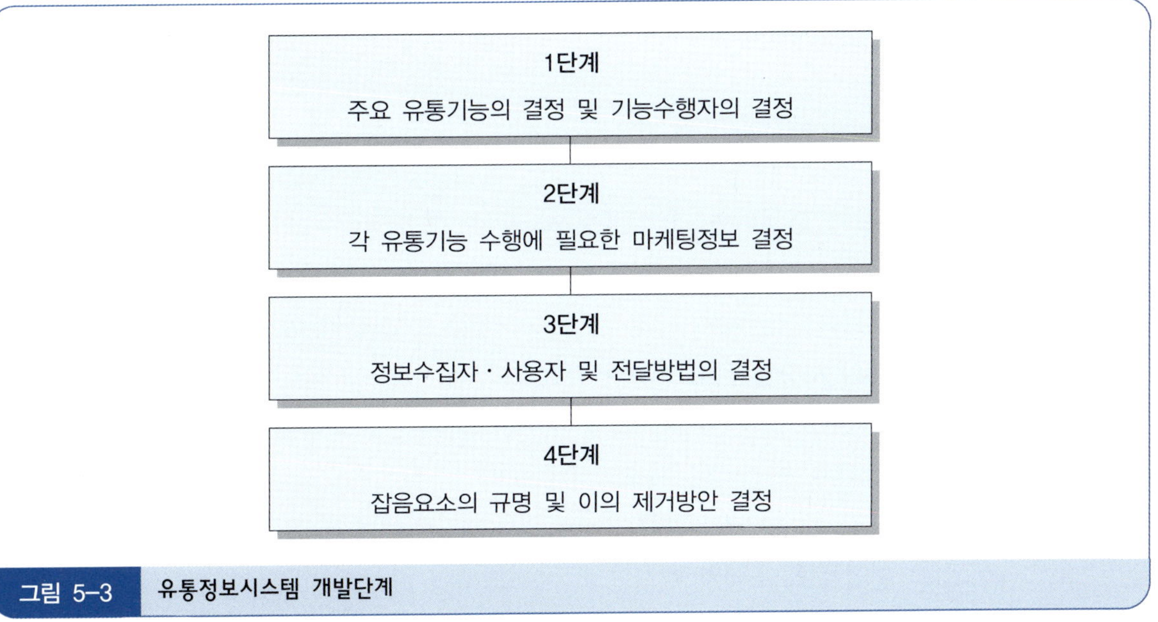

그림 5-3 유통정보시스템 개발단계

주요 유통기능들이 결정되면 각 기능을 경로구성원들 중 누가 수행할 것인가를 결정해야 한다. 예를 들면 제품구색에 관한 결정, 제품가격결정, 재고부담기능 등을 제조업자, 도매상, 소매상 중 누가 수행할 것인가를 결정해야 한다. 유통기능의 분담은 대체로 유통경로구조에 따라 결정되나 동일한 유통경로 구조에서도 산업이나 취급제품에 따라 특정기능을 수행하는 경로구성원이 달라질 수 있다. 예를 들어 우리나라의 의류제품과 전자제품은 같은 대리점체제(제조업 소매상)를 가지고 있지만 의류산업에서의 재고부담 기능은 제조업체가, 전자산업에서의 재고부담기능은 소매상이 수행하고 있다.

2) 마케팅정보결정

다음 단계로는 유통기능수행에 필요한 마케팅정보의 유형을 결정해야 한다. 이때 주의해야 할 것은 정보의 적시성과 적소성이다. 비즈니스 현장에는 필요 이상의 넘치는 정보가 제공되므로 정보과부하 현상이 생기는 것을 방지해야 한다.

예를 들어 도매상이 소매상을 대신하여 상품구색의사결정을 수행하는 경우, 도매상은 소매상의 판매관련 자료와 재고현황, 제조업체의 재고현황, 상품정보 등을 필요로 한다. 또한 소매상의 고객관리를 위해서는 각 점포별 고객구매와 관련된 자료와 소비자의 신상정보가 필요하다. 하지만 최근 개인정보 동의와 관련된 부분 때문에 다소 제한적인 접근을 할 수밖에 없다.

3) 정보수집자 · 사용자 및 전달방법의 결정

마케팅정보가 결정되면 그 마케팅정보를 누가 수집할 것인가, 이를 누구에게 어떤 방식으로 전달할 것인가를 결정해야하는 단계이다. 유통정보시스템에서 시장정보(판매, 소비자정보)는 소매상이 주로 수집하며 제품 및 전략적 의사결정에 필요한 정보(가격구조, 상표의 시장점유율, 광고판촉의 효과 등)는 상위 경로구성원인 제조업체 및 도매상이 일반적으로 활용한다. 이렇게 수집된 정보는 각 기능을 수행하는 경로구성원에게 분석된 형태로 적절하게 제공되어야 한다.

미국의 A, C. Nielson사는 정보중개자로서 모든 포장소비재(CPG : consumer package goods)의 판매자료, 소비자 신상정보, 제조업체의 마케팅전략자료 등을 체계적으로 수집하여 분석된 정보를 제공하는 독특한 컨설팅사업을 하고 있다. 정보전달방법은 정보의 유형 및 의사결정사항의 성격에 따라서 여러 가지 대안이 있을 수 있으나 현재 수동적 방법에서 다양한 정보기술을 이용한 자동화방법으로 옮겨가고 있는 추세이다.

4) 잡음요소 규명 및 제거방안결정

어떤 정보시스템이든지 정보활동의 효율성을 저해하는 잡음(noise)이 있기 마련이다. 대체로 수작업에 의한 정보의 입력 및 전달보다는 정보기술을 이용한 정보의 입력 및 전달의 자동화가 잡음개입의 가능성을 낮추어 준다. 그러나 아무리 자동화된 시스템이라 하더라도 경로구성원의 이해관계로 인해 그 효율성이 떨어질 수도 있다. 국내 시상에서 POS시스템의 자체보급은 활발히 이루어졌으나 소매상의 매출 현황이 거짓없이 집계되면 세무상의 불이익을 당하게 될 것을 우려하여 소매상이 의도적으로 POS시스템 입력을 왜곡시키는 경우가 종종 발생할 수 있다. 따라서 유통정보시스템을 구축할 때는 이러한 경로구성원의 이해관계 때문에 생겨날 수 있는 정보왜곡의 가능성을 고려해야 한다.

제2절 유통정보시스템의 활용

유통정보시스템은 유통업무 전반에 걸쳐 활용이 가능하고 그 영역은 영업관리, 영업활동지원, 제품관리, 광고 및 판촉, 수요예측, 시장조사, 유통관리, 최적마케팅전략 수립, 고객관리 등이다.

유통정보시스템을 활용하면 경로구성원 간의 유기적인 협력관계를 구축할 수 있으며 기업 내 조직 간의 유대관계도 강화될 수 있다. 또한 전반적인 유통활동에서 원가를 절약하여 기업의 수익성 증대를 유도할 수 있으며 고객측면에서도 고객이 원하는 상품을 적시에 공급할 수 있는 등 고객서비스를 증대시켜 고객만족을 통해 고객 로열티를 향상시킬 수 있다.

유통정보시스템의 구축을 통해 유통관리자는 유통믹스와 물류시스템의 구성요소 등으로 대표되는 유통의사결정의 변수들에 대해 정보시스템을 활용하여 의사결정을 내

표 5-1 유통정보시스템의 활용

영 역	내 용
영업관리	영업사원실적, 제품 및 서비스의 판매계획
영업활동지원 자동화	판매사원의 매출실적 및 활동 등의 자동화
제품관리	제품 또는 브랜드의 계획, 통제 및 지원
광고 및 판촉	매체 및 판촉방법선정 광고 및 판촉결과에 대한 평가 및 통제
수요예측	매출에 대한 예측
시장조사	시장변수, 경향에 대한 내부 및 외부 데이터수집 및 분석
유통관리	기업목표, 시장조사 및 매출활동 자료에 근거한 전략 및 계획수립, 활동지원 및 통계

리게 된다. 유통정보시스템을 분류하면 크게 전략적 기획시스템, 전술/운영계획시스템, 통제/현황 보고시스템, 거래처리시스템으로 나눌 수 있다.

전략적 기획시스템은 유통기업의 장기적인 경영전략을 수립하는 데 도움을 준다. 전술/운영계획시스템은 유통믹스 등을 통한 유통업체의 기획 및 운영을 계획하는 데 도움을 준다. 통제/현황 보고시스템은 영업의 결과로 산출되는 각종 정보를 조작하고 이용하는 등 유통관리에 도움을 주는 시스템이다. 거래처리시스템은 유통업체에서 발생하는 거래자료를 처리하고 고객들과의 관계에서 일어나는 여러 일들을 처리하는 데 도움을 준다. 유통경로시스템에 활용할 수 있는 정보통신기술의 유형들과 이것들의 활용방안을 살펴보자.

1. 소매정보시스템

1) 바코드와 POS시스템

최근 소매점포 어디에서든지 진열되어 있는 상품을 보면 거의 모든 상품에 가늘고 굵은 검은막대가 그려진 그래프같은 것이 있고 그 밑에 숫자가 씌어져 있는데 이것이 바코드(bar code)이다. 이 막대표시에는 상품정보가 특정한 형태의 조합으로 기호화되어 있어서 광학기계(scanner)가 이 정보를 신속하고 정확하게 읽을 수 있다.

바코드를 효과적으로 사용하기 위해서는 바코드에 기록된 코드번호에 따른 상품정보와 가격정보 등을 미리 등록해 놓아야 한다. 즉 각 상품에 관한 정보를 컴퓨터에 데이터베이스화시켜 놓아야 한다.

바코드는 제조업자 또는 중간상에 의해 부착될 수 있는데, 제조업자가 생산시점에 바코드를 인쇄하는 것을 소스마킹(source marking)이라 하고, 소매상이 소스마킹이 되어 있지 않은 제품에 점포나름대로 코드를 부여해 스티커형식으로 부착하는 것을 인스토어마킹(instore marking)이라 한다. 소스마킹은 생산시점에 저렴한 비용으로 바코드를 부착할 수 있고 동일상품에 동일코드가 지정된다는 점에서 매우 효율적이다. 반면 인스토어마킹은 유통업체 마킹비용이 발생되고 코드가 표준화되지 않기 때문에 비용・시간적인 측면에서 소스마킹에 비해 상대적으로 비효율적이다. 농수산물은 생산시 소스마킹을 할 수 없으므로 인스토어마킹을 하고 있다.

바코드와 판매시점 관리인 POS(point of sale)시스템을 동일시하는 경우가 많은데 이는 잘못된 것이다. POS시스템이란 판매시점에 자료를 수집・처리하여 경영활동에 이용하는 시스템을 말한다. 자료의 수집은 바코드의 자동판독(scanning) 방식이 될 수도 있고 수작업에 의한 자료입력방식이 될 수도 있다. 따라서 바코드는 POS시스템에 있어서 자동화된 하나의 입력방식이라 할 수 있으며 선진화된 POS시스템은 대부분 바코드의 스캐닝에 의한 입력방식을 채택하고 있으므로 POS시스템에서 바코드는 입력단계에서 중요한 부분을 차지한다.

POS시스템은 소매업의 형태와 경로구성원 간의 계열화형태, 소매점포의 규모, 데이터의 활용반안 등에 따라 다양하지만 일반적으로 소매점포의 계산대에 설치되어 있는 POS터미널과 점포사무실에 설치되어 있는 스토어 콘트롤러 및 본부의 주 컴퓨터로 구성된다.

POS터미널은 금전등록기 기능과 통신기능을 갖춘 컴퓨터 본체와 스캐너로 구성되어 있다. 스캐너에 의해 자동판독된 상품코드와 금전등록기의 키보드에 의해 입력되는 거래관련정보가 스토어 콘트롤러로 송신되면 스토어 콘트롤러는 데이터베이스화 되어 있는 상품 마스터파일을 검색하여 상품명, 가격 등을 POS터미널로 재송신해 준다.

스토어 콘트롤러로는 주로 대용량서버가 사용되며, 여기에 상품마스터 파일이 기록되어 있다. 그 속에는 상품명, 가격, 구입처, 구입가격, 구입일자 등 상품에 관련된 모든 정보가 데이터베이스화 되어 있다. 매장에서 판매가 이루어지면 판매정보가 POS터미널로부터 스토어 콘트롤러로 전송되며, 스토어 콘트롤러는 자동으로 판매파일, 재고파일, 구매파일 등을 갱신하고 기록하여, 추후 각종 통계자료작성 시에 사용가능케 한다. 점포가 체인본부나 제조업자와 연결되어 있는 경우에는 스토어 콘트롤러에 기록된 각종 정보를 온라인에 의해 본부에 전송한다.

POS시스템 도입의 장점은 첫째, 매상등록시간이 단축되어 고객 대기시간이 줄며 계산대의 수를 줄일 수 있다. 둘째, POS터미널의 도입에 의해 판매원교육 및 훈련시간이 짧아지고 입력오류를 방지할 수 있다. 셋째, 단품관리에 의해 잘 팔리는 상품과 잘 팔리지 않는 상품을 즉각 찾아낼 수 있다. 넷째, 전자주문시스템(EOS : electronic order system)과 연계하여 신속하고 적절한 구매를 할 수 있고 그 외에 재고의 적정화, 물류관리의 합리화, 판촉전략의 과학화 등을 가져올 수 있다. POS시스템으로부터 수집된 각종 데이터는 부문별로 다음과 같은 분석이 가능하다.

- 매출분석 : 부문별, 단품별, 시간대별, 계산원별 등
- 고객정보분석 : 객수, 객단가, 부문별 객수, 부문별 객단가 등
- 시계열분석 : 전년동기 대비, 전월 대비, 목표 대비 등
- 상관관계분석 : 광고효과분석, 판촉효과분석, 신제품 테스트마케팅 분석 등

이상과 같은 많은 장점 때문에 유통업계에 POS시스템 도입이 빠르게 확산되고 있다. 치열한 경쟁환경에서 소매업은 저성장의 문제와 수익구조의 약화로 어려움을 겪고 있다. 따라서 이를 극복하기 위해서는 무엇보다도 데이터에 근거한 합리적인 경영이 필요하며, POS시스템의 활용이 필수적이다. 소매점의 POS시스템에 의해 수집된 판매자료는 소매업의 경영합리화에 크게 기여할뿐 아니라 제조업체에게도 중요한 정보를 제공해준다. 그러나 이러한 특정 소매점에서 수집된 자료는 전체시장을 대표하지 못하는 한계를 가지고 있다. 앞에서 언급하였듯이 정보는 통합될 때에 상승효과를 가져온다. 즉 식품·잡화유통의 경우, 제조업체에게 대표성이 있는 정보를 제공하기 위해서는 개별수퍼체인이나 편의점체인의 POS데이터가 통합되어야 한다. 이렇게 통합된 POS데이터를 가공하여 마케팅전략수립에 유용한 정보를 제조업체에게 제공하는 것을 스캐너 데이터서비스(scannerdata service)라 하는데 선진국에서는 이미 1980년대부터 일반화되었다. 우리나라에도 이와 유사한 통합 데이터제공시스템의 도입이 기대되는데 이러한 서비스의 도입은 국내기업의 유통정보기술향상과 제조업체의 마케팅활동의 과학화에 크게 기여할 것이다.

POS데이터 활용은 현업에서의 욕구, 그리고 의사결정의 단계와 종류에 따라 다르다. 따라서 POS데이터는 상품, 판매, 그리고 결합 데이터베이스로 분류되어 점포, 본

부, 그리고 물류, 회계, 인사부서 등의 기업 내 부서는 물론 공급체인을 구성하는 기업 외부의 연관기관에서 전략적으로 활용된다. 상품데이터는 단품관리시스템, 매출관리시스템, 상품 부문별 관리시스템, 상품구색계획시스템, 발주관리시스템, 재고관리시스템, 판매예측관리시스템 등에 활용되며, 이를 통해 생산된 정보는 점포 또는 자사 내외의 비교분석, 시계열 정보분석 등을 통해 가공된다. 판매데이터는 고객관리 및 신용관리에 활용된다. 특히 최근에는 고객정보가 자산으로 인식되면서 CRM(customer relationship management)을 위한 기반 데이터로 활용되고 있다. 결합데이터는 시설연동시스템을 통해 점포관리에 활용되고, 종업관리시스템을 통해 LSP(labour scheduling program), 인력수급계획 등에 활용된다. 제반정보는 점포, 본부, 또는 기타 부서에서 필요에 따라 가공되고, 궁극적으로 경영의사결정에 활용될 수 있다.

정보기술의 급격한 변화와 함께 최근에는 전자칩에 수많은 정보를 입력한 전자태그 또는 RFID(radio frequency identification)라고 불리는 무선바코드시스템이 최근 각광받고 있다.

RFID기술의 장점은 바코드보다 진일보한 첨단 자동인식기술이라는 점이다. 상품군만 파악이 가능하고 1회에 1개를 인식하는 바코드와는 다르게 RFID기술은 전파를 통해 수백 개 상품을 동시에 인식할 수 있고 생산→유통→소비에 이르기까지 물품의 이력을 실시간 추적할 수 있다.

2) 소비자의 ID카드

스캐너에 의해 수집된 정보가 경로 의사결정문제를 상당히 해결해 주기는 하지만 완벽한 것은 아니다. 수퍼마켓이나 편의점은 바코드와 스캐너를 이용하여 특정시점에서의 전체 판매량을 파악할 수 있지만 개별고객의 성명이나 이들의 개별구매실적 등은 수집할 수 없다. 이를 보안해 주는 방법 중의 하나가 소비자들에게 ID카드를 갖게 하고 구매가 이루어질 때마다 고객의 ID번호와 바코드의 상품 고유번호가 동시에 입력되도록 하는 것이다. 즉 상품정보와 소비자 개인정보를 연계 사용함으로써 어떠한 특성을 가진 소비자가 언제, 어떠한 상품을 구입하는가에 대해 분석하고 이를 마케팅전략에 반영할 수 있다.

이 기법은 항공사의 Frequent Mileage Card에 의해 최초로 도입되었으며 미국의 Information Resources Inc.(IRI)사는 신제품의 시장테스트, 시장세분화, 판촉차별화 등 각종 마케팅 의사결정을 위해 InfoScan이란 프로그램을 개발하여 제조업체 및 유통업체를 지원하고 있다. 또한 전통적으로 고객카드를 사용하지 않고 있던 산업에도 고객판촉의 수단과 과학적인 마케팅 의사결정을 위한 수단으로 고객카드의 도입이 확산되고 있다.

[그림 5-4]는 이상적 마케팅 정보시스템을 개념적으로 표현한 것이다. 제조업체나 소매업체는 소비자에게 어떤 형태이든 ID카드를 발급하면서 신상정보를 획득, 이를 저장하고 정기적으로 갱신한다. 소매점이나 서비스점에서 거래된 모든 구매내역은 POS 시스템을 통해 자동입력된다. 이 두 가지 정보수집, 처리활동이 고객정보시스템(CIS : customer information system)을 형성하며 여기에 기업의 마케팅 전략정보가 접합되면 이상적 마케팅 정보시스템이 구축된다. 여기에서 중요한 것은 모든 정보가 개별소비자 수준에서 수집·처리되고 세 차원의 자료가 개인 ID를 중심으로 상호 연관되어야 한다는 점이다. 각 차원의 개인관련 자료를 상호 분석함으로써 IRI사의 InfoScan과 같은 서비스가 가능해진다.

이러한 정보시스템은 많은 마케팅 의사결정에 활용할 수 있다. 예를 들면 고객신상정보와 구매자료를 결합하여(자료의 수직적 결합) 어떤 고객이 어떤 제품을 언제, 얼마나(구매량), 얼마에(가격) 구매하였는가를 파악할 수 있으며 이는 시장세분화에 이용될

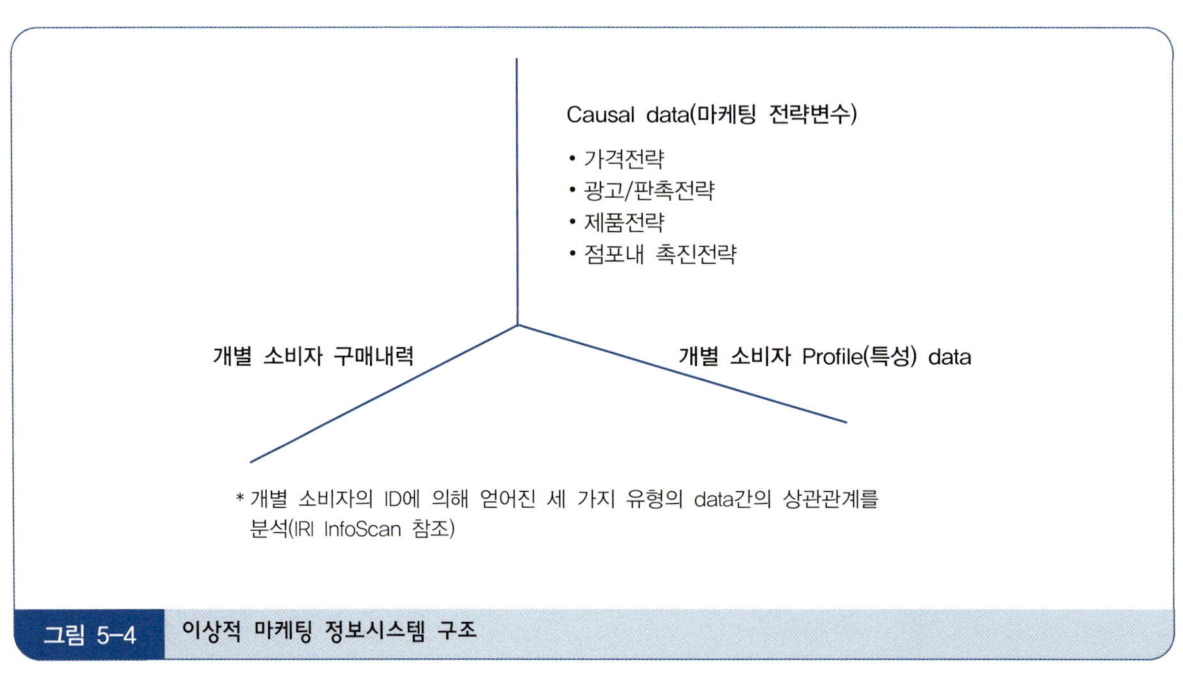

그림 5-4 이상적 마케팅 정보시스템 구조

수 있다. 또한 기업의 전략변수와 고객특성변수, 구매정보를 결합하여 어떤 고객이 기업의 4P 전략에 어떤 반응을 보였는가를 파악할 수 있다.

이러한 분석은 마케팅의 매우 중요하고도 근본적 문제인 4P와 매출 간의 인과관계를 규명해 준다. 현재 미국의 대부분의 생필품, 의약품 소매업체는 소비자 ID카드를 발행함으로써 이상적 마케팅 정보시스템을 구축하고 있다. 소비자가 ID카드를 자발적으로 발급받는 동기는 카드소지자에 대해 특정상품(일반적으로 red tag item이라고 칭함)의 가격을 할인해 주기 때문이다.

2. 유통정보시스템의 응용

1) 공급체인관리(SCM : supply chain management)

(1) SCM의 개념

공급체인관리는 정보기술과 경영을 효과적으로 결합하여 부품조달에서 생산, 유통, 판매에 이르기까지 기업이 상품 또는 서비스를 고객에게 전달하는 전체적인 과정을 관리하는 기법이다. SCM을 이용하여 기업들은 기업 내외의 물류프로세스를 통합하여 비용을 최소화하는 동시에 고객에게 가장 짧은 시간 안에 효과적으로 서비스 및 상품을 제공하여 고객만족과 기업이윤을 동시에 극대화하고자 한다.

공급체인관리는 공급자로부터 그 제품의 사용자까지의 유통경로 전체의 흐름을 관리하는 통합적인 개념으로 공급체인은 원자재의 조달, 중간재로의 변환, 완제품의 유통 등의 전반적인 자재의 흐름과 주문정보의 흐름을 포함한다. 따라서 공급체인관리는 소비자의 요구에 대응하기 위해 생산에서 소비까지의 과정에 관련된 자재, 제품, 서비스, 정보의 효과적이고 효율적인 흐름 및 저장을 계획, 실행, 통제한다. 공급체인관리는 공급체인 개별 참여자들의 독립적인 활동만으로는 공급체인 전체의 효율성과 효과성을 극대화시키기 힘들다는 인식하에 체인구성원들에 대한 통합적 관리를 통해 전체 수급불균형을 조정하려는 것이다.

수급불균형은 공급체인 전반에 걸쳐 발생될 수 있는데 그 원인으로는 발생지점에 따라 체인구성원 내부적 요인에 의한 수급불균형, 구성원 간 비협조에 의한 수급불균형 그리고 환경적 요인에 의한 수급불균형으로 분류할 수 있다.

구성원 내부요인으로는 부서 간의 정보비공유, 비주기적 배송 및 생산시스템 등이 포함된다. 구성원 간의 비협조에 의한 수급불균형은 정보와 제품제공지연, 잦은 가격 변동, 정보왜곡, 참여자 간 목표상충, 참여자 간 힘의 불균형 등이 포함된다. 그리고 환경적 요인에 의한 수급불균형은 환경 불확실성에 대한 효과적 대처의 부재, 리드타임(lead time) 갭 등이 포함된다.

(2) SCM의 성공요인

SCM을 기업에 성공적으로 도입하기 위해서는 다음과 같은 전제가 필요하다.

첫째, SCM에 대한 정확한 이해가 필요하다. 대부분의 경영진들은 SCM구축을 단순한 IT솔루션도입 정도로만 생각하고 있는데, 유통을 포함한 산업전체 구성원이 제품의 효율적 생산과 판매를 위해 공유해야 할 공동과제임을 인식하고 이에 대한 이해와 학습이 요구된다.

둘째, 기업내부 정보화가 이루어져야 한다. 기업내부 인프라의 견고성과 이의 활용정도에 따라 SCM의 효과가 달라질 수 있기 때문에 기업내부 정보화가 확고히 구축되어야 한다.

셋째, SCM이 효과를 거두기 위해서는 관련정보의 공유가 요구되므로 거래양식과 교환정보의 표준화가 이루어져야 한다. 표준화가 이루어지지 않으면 SCM 참여자들 간의 상품코드구조, 전표양식이 서로 달라진다. 따라서 이러한 상황 하에서는 SCM의 효율적 운영을 위하여 최첨단 정보기술이 도입되더라도 실제적인 운영이 불가능해진다.

넷째, SCM에 공동으로 참여하는 업체들 간에 신뢰관계가 형성·유지되어야 한다. 완전한 공급망이 형성되기 위해서는 모든 참여업체들 간에 물류프로세스에 대한 통합적 관리가 이루어져야 한다. 참여업체들 간의 적대적관계는 정보왜곡, 고객서비스의 저하 등으로 인해 SCM의 효과를 감소시킨다.

다섯째, SCM 참여자들의 현행 업무프로세스에 대한 과감한 혁신이 이루어져야 한다. SCM의 대상범위가 기업 내·외부의 다양한 참가자들을 포함하기 때문에 기업 내부실정만을 고려하여 설계된 현행 업무프로세스의 유지만으로는 성공적인 SCM을 실현하기가 힘들다. SCM이 공급사슬에 연계된 모든 기업을 대상으로 하고 있기 때문에 이 기대효과가 나타나기까지는 적지 않은 시간이 필요하다. 따라서 장기적인 관점에서 SCM을 지속적으로 추진할 수 있는 안목과 최고경영층의 지속적인 지원이 중요하다.

Spotlight 세상의 변화 속에서 유통업체가 살아남으려면?

지브라 테크놀로지스, 제15회 연례 보고서 '글로벌 구매자 연구' 발표
"아태지역 구매자 70%, 셀프 서비스 기술이 유통업체에 대한 만족도 향상시켜"

지브라 테크놀로지스(Zebra Technologies)가 1일 발표한 제15회 연례 '글로벌 구매자 연구(Global Shopper Study)' 보고서에 따르면, 구매자들은 팬데믹 이전과 비슷한 수준으로 오프라인 매장을 다시 방문하고 있다는 결과가 나왔다.

또한, 구매자들이 매장에서 DIY(Do-it-Yourself)를 비롯한 셀프 서비스기술을 경험함에 따라, 유통업체 직원은 현장에서 보다 중요한 고객지원 업무를 수행할 수 있게 됐다.

이번 글로벌 구매자 연구보고서에는 올해 6월~7월에 걸쳐 호주 · 중국 · 인도 · 일본 · 뉴질랜드의 아시아 태평양(APAC) 지역 응답자, 그리고 전 세계 4,000명 이상의 유통업체 의사결정자, 직원 및 구매자를 대상으로 실시한 설문조사 내용이 포함됐다.

▲ 사진 = 지브라 테크놀로지스 홈페이지 캡처(http://www.zebra.com)

보고서에 따르면 전 세계 구매자의 약 75%, APAC 지역에서는 68%가 인플레이션으로 인해 구매가 지연되었다고 응답한 가운데, 이들은 여전히 매장방문을 통한 구매로 돌아오고 있다.

그러나 대부분의 구매자(전 세계 76%, APAC 지역 68%)는 가능한 한 빨리 매장을 드나들길 원하고 있으며, 셀프 서비스기술에 대한 선호도가 증가하면서 이러한 일이 실현될 수 있도록 기꺼이 돕고 있다.

전 세계적으로, 셀프 서비스 솔루션 전반에 걸친 구매자의 상호작용은 지속적으로 증가하고 있다. 구매자의 절반가량은 셀프 계산대를 이용한 경험이 있으며, 10명 중 거의 4명은 현금없는 결제방법을 사용한다고 응답했다.

APAC지역에서도 비슷한 추세가 관찰됐는데, 구매자의 47%가 셀프 계산대를 사용하고, 응답자의 46%는 현금없는 결제방법을 선택하는 것으로 드러났다.

전 세계 구매자의 43%, APAC 지역에서는 50%가 모바일 디바이스나 스마트폰으로 결제하는 것을 선호했다. 절반이상의 구매자(전 세계 50%, APAC 지역 48%)가 셀프 계산대를 선호하는 반면, 매장직원이 근무하는 전통적인 계산대에 대한 선호도(전 세계 55%, APAC 지역 51%)는 비슷하게 감소했다.

대다수의 유통업체는 자동화기술로 인해 유인계산대의 필요성이 점차 줄어들고 있다고 생각한다.

전 세계적으로, 업체의 절반가량이 전통적인 계산대 공간을 셀프 서비스 및 비접촉 결제옵션으로 전환하여 매장을 준비하고 있다. 이러한 의견은 APAC 지역에서도 나타났다. 유통업체의 79%는 유인 계산대가 필요하지 않다고 언급한 가운데, 53%는 매장 공간을 셀프 서비스구역으로 전환했으며 52%는 비접촉 옵션을 제공하고 있다.

또한, 소비자들은 쇼핑중에도 계속해서 스마트폰에 의존하는 것으로 확인됐다. 특히, 올해 소비자들의 스마트폰 사용량을 통해 가격에 대한 민감도를 조사한 결과, 응답자의 절반이상(전 세계 51%, APAC 지역 48%)이 스마트폰을 통해 판매, 특가 또는 쿠폰을 확인하는 것으로 나타났다. 이는 물가인상으로 지출을 줄이려는 다수의 소비자(전 세계 68%, APAC 지역 67%)들의 소비심리를 잘 보여준다.

전반적으로, 구매자들은 첨단기술을 수용할 준비를 마쳤으며, 약 10명 중 8명은 유통업체가 최신기술을 보유할 것으로 기대하고 있다.

지브라 테크놀로지스 제공

소비자는 어떤 방식으로 구매하든 완벽한 경험을 기대한다. 10명 중 7명은 오프라인 및 온라인쇼핑 모두 선호할 뿐만 아니라 오프라인 매장도 제공하는 온라인 유통업체를 선호한다. 편의성은 풀필먼트에서 가장 중요한 요소다.

대부분의 구매자(전 세계 75%, APAC 지역 73%)는 상품 배송 옵션을 선호하고 매장 내 또는 도로변 픽업 서비스를 제공하는 유통업체를 선택한다(전 세계 및 APAC 지역 64%). 역물류의 경우에도 마찬가지다. 10명 중 약 8명의 구매자(전 세계 80%, APAC 지역 77%)가 간편한 반품 서비스를 제공하는 유통업체와의 거래를 우선시한다.

조사에 참여한 유통업체의 절반가량(전 세계 및 APAC 지역 모두 49%)이 주문픽업을 위해 매장공간을 전환하여 풀필먼트에 대한 소비자의 만족도를 충족시키도록 지원하고 있는 것으로 나타났다.

나아가, 전체 소비자의 약 80%, 그리고 밀레니얼 세대의 90%가 모바일 쇼핑을 이용하면서 모바일 주문이 계속 증가함에 따라, 구매자의 약 70%가 더 많은 유통업체에서 이러한 서비스를 제공받기를 원한다고 응답했다.

지브라 테크놀로지스의 리테일 및 헬스케어 부문 APAC 버티컬 솔루션 리드인 조지 페퍼스(George Pepes)는 "구매자가 반드시 유통 채널을 평가하는 것은 아니다. 오히려 그들은 어떤 방식으로 구매하든 하

구매자의 시각

점차 더 많은 구매자들이 전자 상거래와 오프라인 매장을 함께 이용합니다:

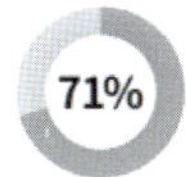

오프라인 매장도 가지고 있는 온라인 유통업체를 선호하는 구매자의 비율

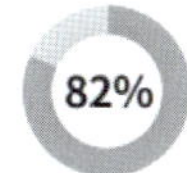

모바일 주문을 사용한 구매자의 비율

구매자들은 더 빠르고 유연한 풀필먼트를 위해 돈을 지불할 의향이 있습니다:

89%
자택 직접 배송을 위해 결제할 의향이 있는 구매자의 비율

73%
무료 배송을 받을 수 있는 최소 금액만큼 구매할 확률이 높은 구매자의 비율

직원들의 생각

매장 직원들은 기술을 통해 역량이 강화되었다고 생각합니다:

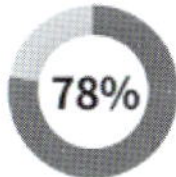

고용주가 직원 업무에 도움이 되는 기술 도구를 제공했을 때 스스로 더 가치있다고 느끼는 직원의 비율

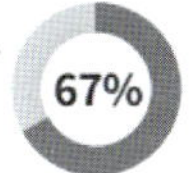

구매자들이 매장 직원보다 더 많은 정보에 연결되어 있다고 동의하는 직원의 비율

현장 직원들은 좋은 고객 서비스를 제공하지 못하게 하는 장애 요소에 당혹감을 느낍니다:*

43%
재고 품절에 대한 컴플레인이 장애 요소라고 말하는 직원의 비율

42%
가치가 낮은 다른 업무가 너무 많아서 고객에게 도움을 줄 시간이 거의 없다고 말한 직원의 비율

의사결정권자의 조치

의사결정권자들은 재고 관리의 어려움을 인식하고 있습니다:

재고 품절에 대한 실시간 가시성을 유지하는 일이 매우 힘들다고 말하는 의사결정권자의 비율

보다 효율적인 재고 관리 도구가 필요하다고 말하는 의사결정권자의 비율

의사결정권자들이 생각하는 유통(리테일) 기술 투자의 최우선순위:

자동화 증가

재고 관리 개선

지속 가능성 향상

나의 쇼핑 경험으로 간주한다"며, "오늘날 전자상거래가 일반화됨에 따라 유통채널이 통합되었다. 유통업체는 오프라인 및 온라인 플랫폼 전반에 걸쳐 완벽한 경험을 보장하는 것이 필수적"이라 설명했다.

그는 이어, "보다 중요한 것은, 유통부문이 풀필먼트의 미래로 향함에 따라 유통업체는 직원들이 업무를 더 잘 수행할 수 있도록 올바른 기술을 제공해야 한다는 점이다"고 강조했다.

전 세계 구매자의 79%, APAC지역에서는 76%가 인플레이션에 의한 생필품의 가격인상을 우려하지만, 가격을 이유로 원하는 상품을 구매하지 못한 채 매장을 떠나는 것만은 아니다. 유통업체 직원들(전 세계 43%, APAC 지역 38%)은 가장 큰 당혹감을 느끼는 원인으로 재고품절에 대한 컴플레인을 꼽았다.

전 세계적으로, 무려 76%의 구매자가 원했던 상품을 구매하지 못한 채 매장을 떠나며, 그 중 49%는 이를 재고 부족의 원인으로 돌리고 있다. APAC지역에서는 계획한 구매주문을 완료하지 못한 구매자의 비율(64%)이 전반적으로 낮았는데, 그 이유는 품절된 제품(44%) 또는 다른 곳에서 더 나은 조건의 상품을 찾았기 때문(27%)이다.

유통업체들은 이러한 인식에 대해 충분히 이해하고 있다. 실제로, 유통업체의 80%(전 세계적으로 79%, APAC지역 84%)는 재고부족에 대한 실시간 가시성을 유지하는 것이 중요한 과제이며, 정확성과 가용성을 위해 더 나은 재고 관리 툴이 필요하다는 것을 인정했다.

현재 약 70%의 구매자가 유통업체 직원의 도움에 만족하고 있는 반면, 2007년에는 불과 37%만이 만족했다. 일반적으로 구매자, 유통업체 직원 및 의사결정권자는 유통업체 직원이 최신기술을 사용하여 고객을 지원할 때 구매자들이 더 나은 경험을 할 수 있다는 데 동의한다.

그러나 이는 인력이 부족한 상황에서만 적용되는 유일한 이점이 아니다. 조사에 참여한 대부분의 유통업체 관계자(전 세계 78%, APAC 지역 74%)와 의사결정권자(전 세계 84%, APAC 지역 82%)는 유통기술과 모바일 디바이스를 활용하는 매장이 더 많은 직원들을 유치 및 유지한다는 데 동의한다.

구매경험을 더욱 향상시키기 위해 조사에 참여한 유통업체 10곳 중 8곳 이상이2022년 휴일 시즌에 온라인 주문처리를 지원할 더 많은 유통직원 또는 임시직원을 고용하는 것을 목표로 하고 있다. 이는 유통업체의 4분의 3이 언급한 또 다른 과제인 온라인 풀필먼트 효율성(전 세계 78%, APAC 지역 73%) 및 비용(전 세계 77%, APAC 지역 71%)을 개선하는 것이기도 하다.

지브라 테크놀로지스의 우종남 한국 지사장은 "수년간 구매자, 및 유통업체 직원 및 유통업체를 분석한 결과, 한 가지 변하지 않은 사실은 유통업계가 계속해서 빠르게 발전하고 있다는 것"이라며, "기술을 통합하는 것은 유통업체가 고객의 기대에 부응하도록 지원하는 것과 동시에 유통업체 직원에게는 장기적인 고객충성도를 달성하기 위한 중요한 접점이 되기도 한다"고 말했다.

그는 이어, "가능하다면 유통업체는 진화하는 옴니채널운영을 처리하기 위해 고부가가치를 보유한 직원들로 인력을 강화하고, 이들에게 적절한 기술과 프로세스를 제공해야 한다. 미래를 내다보는 유통업체에게 있어 핵심은 지능형 자동화를 채택하고 유통업체 직원에 대한 지원에 전념함으로써 소비자를 만족시키고 온디맨드 방식을 효과적으로 제공하는 것이다"고 전했다.

출처 : 2022년 12월 1일, 파이낸셜신문

2) 고객관계관리(CRM : customer relationship management)

(1) CRM의 개념

최근 고객확보와 유지가 어려워지면서 기업은 고객관계관리(CRM)에 집중하고 있는 실정이다.

CRM이란 고객관계관리를 의미한다. CRM은 "고객에 대한 정확한 이해를 바탕으로 고객이 원하는 제품과 서비스를 지속적으로 제공함으로써 고객을 오래 유지시키고 결과적으로 고객의 평생가치(LTV : life time value)를 극대화하여 수익성을 높일 수 있는 통합된 프로세스 혹은 그 효율성을 도모하는 활동"으로 정의할 수 있다.

여기서 고객의 평생가치란 "고객이 특정회사의 제품이나 서비스를 구매하였을 때부터 마지막으로 구매할 것이라고 판단되는 시점까지의 예상 누적매출 또는 누적이익"이라 할 수 있다. 따라서 고객의 평생가치 극대화란 고객이 평생동안 경쟁사의 제품 또는 서비스를 구매하지 않고 자사의 것만을 구매할 수 있도록 하는 것을 의미한다. 이를 위해서는 진정한 가치를 주는 고객은 누구인가, 고객이 어떤 특징을 가지고 있는가, 고객이 진정 원하는 것이 무엇인가 등 고객에 대한 올바른 이해가 선행되어야 한다. 이러한 이해를 바탕으로 고객이 원하는 제품과 서비스를 제공하고 고객에 따라 차별화 된 마케팅전략을 구사하는 등 적절한 대응전략을 수립하여 실행함으로써 고객과의 관계를 지속적으로 강화해 나가야 한다.

CRM은 이렇듯 고객과의 관계를 긴밀히 유지함으로써 새로운 고객을 획득하고, 이탈고객을 최소화하며, 기존 고객을 좀 더 우량고객으로 변화시키는 것을 목적으로 한다. 그러나 CRM을 도입했다고 하는 많은 업체들을 보면 CRM 개념에 대해 잘못 이해하는 경우가 종종 있다. 이는 외부의 컨설팅업체나 IT업체가 자신의 영업적인 측면을 강조한 설명만을 주장하며 생긴 오해라고 볼 수 있다.

데이터베이스나 데이터웨어하우스 업체는 "기업 내외의 고객데이터를 추출하여 고객 DB(database)를 구축하는 것이 CRM의 거의 전부이다"라고 말한다. 또한 데이터마이닝 업체의 경우는 CRM을 "데이터마이닝 도구를 사용해 고객의 특성을 분석하는 것이라 말하고 CTI(computer telephony integration) 업체는 "CTI에 마케팅기술을 결합한 것으로 가장 중요한 요소는 고객접점관리이다"라고 강조한다.

그러나 CRM은 고객, 정보, 사내프로세스, 전략, 조직 등 경영전반에 걸친 관리체계이며, 이를 정보기술이 뒷받침하는 것으로 보아야 할 것이다.

기업의 입장에서 새 고객을 이끌어 유치하는 것은 기존 고객을 보유하는 것 보다 10배나 더 많은 비용을 초래하기 때문에 항상 보다 높은 고객만족도 및 보다 좋은 서비스를 제공해서 기존 고객을 붙잡아 두는 것이 기업입장에서는 이익이다. 그렇게 함으로써 고객들은 보다 저렴한 비용으로 기업의 서비스를 이용할 수 있는 것이다. 이러한 목적을 달성하기 위해 기업은 고객관계를 좀 더 효율적으로 관리, 유지할 필요가 있다. 그렇기 때문에 기업에는 고객관계마케팅이 필요한 것이다.

기업입장에서의 CRM이란 앞에서 이야기했듯이 고객관계관리를 말하는 것으로, 선별된 고객으로부터 수익을 창출하고 장기적인 고객관계를 가능케 함으로써 보다 높은 이익을 창출할 수 있는 솔루션을 말한다. 즉, 고객과 관련된 기업의 자료를 분석, 통합하여 고객특성에 기초한 마케팅활동을 계획하고, 지원하며 평가하는 과정을 말하는 것이다.

이러한 CRM은 기업에만 필요한 것이 아니다. 산업전반에 걸친 모든 분야에 확대 적용할 수 있는 것이 바로 CRM이다. 개인 일상생활에서부터 사업가에 이르기까지 많은 분야에 적용을 할 수 있다. 하지만 대상은 달라도 공통원칙이 있다. 그것은 고객에 대한 많은 정보를 얻어 분석하고, 분석한 자료를 바탕으로 어떻게 할 것인지 미래에 대해 목표를 결정하는 것이다. 또한 목표를 수행하기 위한 계획과 전략을 세우고 계획과 전략대로 실천하는 것이다. 따라서 CRM의 기본은 목표설정, 고객분석, 전략수립, 실천을 얼마나 잘 하는가에 따라 그 결과가 달라진다.

예를 들어 CRM을 자신의 생활중심으로 이해해 보면 매일매일 자기 스스로 오늘의 목표를 설정하고 정보를 분석, 계획 및 전략을 수립한 후 그에 맞도록 행동으로 옮긴다. 그것은 자신의 CRM을 진행하고 있는 것이다. 물론 중요한 일과 사소한 일 모두에 적용되며 자신의 삶에 있어 중요한 의사결정을 내릴 때도 마찬가지이다. 이처럼 CRM은 다양한 접근과 해야 할 일이 많지만 사회전반에 걸쳐 적용되고 있기 때문에 기업과 개인은 CRM의 활용여부에 따라 그 경쟁력이 달라지고 있는 것이다.

(2) CRM의 필요배경

오늘날의 기업들은 다양한 환경변화 요인에 의해 많은 도전을 받고 있다. 정보기술 특히 인터넷의 발전에 따라 시간과 공간을 초월한 글로벌 커뮤니케이션이 가능해지고 쌍방향의 의사소통이 가능해 짐에 따라 과거 소유개념이었던 정보와 지식이 이제는 공유의 개념으로 변화되었다.

고객들은 특정 제품 또는 서비스에 대한 정보의 공유와 교환을 통해 많은 사람들의 경험이 통합된 지식을 획득할 수 있는 경험공동체 형성이 가능하게 됨에 따라 제품 또는 서비스의 기대수준이 한층 높아지게 되었다. 따라서 기업은 고객을 제품 또는 서비스의 단순 구매자로서가 아닌 제품 또는 서비스를 같이 만드는 공동참여자로서 인식하는 고객지향적 경영체제로의 변환이 불가피하였다. 완벽한 고객정보의 수집과 분석을 통해 고객의 요구에 부응하는 제품 또는 서비스를 제공하고 장기간에 걸친 고객과의 긴밀한 관계유지야말로 치열한 기업경쟁체제에서 살아남기 위한 필수요소라는 인식을 하게 되었다.

그렇다면 "어떤 고객과의 관계를 긴밀히 유지할 것인가?"

과거 고객만족 경영방식에서는 "모든 고객은 왕이며 모든 고객이 동일하게 중요하다"는 인식 하에서 출발하였다. 그러나 CRM은 이런 측면에서 다소 다른 관점을 취한다.

기업수익의 80%는 상위 고객 20%에 의해 창출된다. 이것은 80대 20법칙에 따라 모든 고객을 대상으로 일시적 수준의 마케팅활동을 전개하기보다는 진정으로 기업에 수익을 주는 고객에게 보다 정교한 대응을 하는 차별화된 마케팅전략을 구사하는 것이다. 즉, 질적으로 우수한 고객과의 관계를 지속적으로 유지함으로써 다른 비즈니스 기회가 창출될 수 있도록 하는 데 주안점을 두고 있다.

기업 간의 경쟁심화로 제품차별화와 신규 고객획득이 점점 어려워지고 있다. 신규 고객획득에 소요되는 비용은 기존 고객유지비용에 비해 3~5배 더 소요된다고 한다.

그래서 모든 분야의 CRM에서는 신규고객의 수를 늘리려는 노력보다는 기존 고객을 유지(retention)하고 이탈고객을 최소화하며 기존 고객과의 관계를 긴밀하게 유지하여 고객의 평생가치 극대화를 추구하는 것을 더 강조하고 있다.

그렇다면 이러한 환경에서 CRM은 왜 필요한 것일까?

그것은 기업 간 경쟁이 치열해지고 제품의 수명이 점점 더 빨라지면서 기업은 변화하는 환경에 적응이 필요해졌다. 더구나 고객의 취향과 욕구(needs)가 급격히 변화하고 있고 이에 제대로 대처하기 위해 고객관리는 절실하다. 이는 바로 CRM의 중요성이 부각된 이유이며 모든 분야로 CRM이 확산되는 배경이 되었다.

특히 마케팅분야의 CRM은 금융, 통신, 유통부문의 대기업을 중심으로 IT를 기반으로 하는 데이터베이스 시스템구축에 초점이 맞추어져 있었으며 인터넷의 활성화로 인한 eCRM의 구현도 점차 확대되어가고 있다. 또한 질적측면의 CRM을 위하여 시스템구축보다는 실질적 수익창출을 위해 고객정보를 활용하는 분야가 늘어나고 있으며 이러한 성공에 영향을 주는 배경에 최고경영진의 지원과 조직의 통합 그리고 전사적인 관점에서의 접근이 필요하다.

■ CRM은 시대적 요구

공급이 적고 수요가 다량이던 시절에는 단순기능으로 규격화된 상품을 대량으로 생산하여 매스 미디어를 통해 홍보만하면 불티나게 팔려 나갔다. 그 때문에 기업은 공급의 부족을 해소하기 위해 생산시설을 확장하고, 확장에 따른 초과분은 다시 광고를 통해 얼마든지 소화할 수 있었다. 이것이 소품종 대량생산과 매스마케팅의 시대였다.

그러나 시간이 지나면서 수요와 공급의 불균형이 시작되고 품질의 차이도 거의 없어지기 시작했다. 물론 많은 사람들은 서로 다른 상품에 대한 '취향'을 요구하게 되었다. 기업도 고객욕구가 다양해지는 것을 인식하고 고객을 세대별 · 성별 · 지역별 등 비교적 단순한 속성으로 분류하여 관찰하고 고객 속성별 욕구에 맞게 제품을 기획 · 생산하기 시작했다. 이처럼 시장에 공급되는 제품이 다양화되었기 때문에 기업홍보의 초점도 제품다양화에 집중하게 되었다.

시장에 공급되는 상품이 다양해지고 넘쳐 남에 따라 고객의 욕구는 이제 모든 상품을 하나의 '기호품'으로 바라보게 되었다. 기업도 그 욕구에 대응하여 갖가지 아이디어와 디자인, 그리고 다양한 기능의 상품을 쏟아내기 시작했다.

외국계 컴퓨터업체인 델(Dell)컴퓨터 등 몇몇 컴퓨터회사가 고객 한 사람 한 사람의 욕구에 맞춰 CPU나 메모리 등을 별도 조립한 특별사양의 상품을 내놓은 것도 그 좋은 예다. 그러나 각각의 고객욕구에 지나친 대응이 결국은 고객 스스로 자신있게 선택하기 힘들어질 정도로 다양화되고 복잡화되어가는 양상을 만들고 말았다.

■ 고객으로부터의 출발

CRM이 왜 필요할까를 생각해보면 그것은 고객에 대해 파악해야 하기 때문이다. CRM을 안다는 것은 그 대상이 되는 고객에 대해 더 구체적으로 접근한다는 것이다. 즉 고객의 구매유형과 연령, 성별, 취미 등의 개인정보를 수집하고 그 정보를 기초로 기업이 취해야 할 행동을 결정하는 일종의 마케팅기법이다. 따라서 CRM의 기본은 고객을 이해하는 데서 시작된다.

넘쳐나는 상품속에서 소비자의 구매유형은 엄청나게 다양화하고 있다. 이러한 상황에서는 소비자를 성별, 연령별, 주거지별 등의 커다란 범주로 분류하는 것은 더 이상 의미가 없다. 좀 더 정밀하게 소비자의 행동을 관찰하고, 소비자 개개인에게 맞는 마케팅을 생각지 않고서는 시장에서 살아남기 어렵기 때문이다.

그래서 고객정보를 경쟁사보다 얼마나 더 효율적으로 수집할 수 있느냐가 중요한 문제가 되는 것이다. 현재는 개인의 생활이 매우 중요시되는 시대이다. 이런 이유는 개인들이 간단하게 자신의 정보를 제공하지 않는다는 것이다. 어떤 기업들은 한꺼번에 많은 개인데이터를 확보하기 위해 설문조사를 빙자하여 개인정보를 수집하기도 한다. 그러나 이런 상황에서도 확실한 동기를 부여하지 못하면 오히려 기업 이미지를 해칠 수도 있으므로 설문조사를 남용하는 것은 바람직하지 못한다. 그러므로 가장 정당하고 바람직한 방법은 CRM의 고객획득방법을 이용하여 자사의 마케팅활동에 반영하는 것이다.

■ 고객점유율(customer share)이 더 중요한 시장

시장은 점점 변화하여 이제 시장에서의 점유율 즉, 시장점유율(market share)이 얼마나 높은가를 평가하기보다는 고객점유율이라는 새로운 패러다임으로 변화하고 있다. 시장점유율은 일정 기간 전체시장의 매출 가운데 자사 매출이 차지하는 비율이며, 자사 상품이 고객에게 어느 정도 선택받는지가 나타난다. 즉 "어느 정도 많은 사람들이 자사 제품을 사고 있는지"를 알 수 있는 지표다.

한편 고객점유율은 일정 기간 동안 고객이 소비한 금액 가운데 자사 상품이 차지하는 비율이며, 한 사람의 고객에게 자사 상품이 어느 정도 선택받았는지를 나타낸다. 즉 그 고객이 어느 정도 자사(상품)의 팬이 되었는가를 알 수 있는 지표다. 당연히 자사 상품을 많이 구입한 고객, 또는 그런 사람을 데려와 주는 고객이 기업에 안정적인 이익을 가져다준다.

어쨌든 최대한 많은 사람이 최대한 높은 비율로 자사 상품을 사는 것이 이상적이지만 현실적으로 고객에는 '이익이 되는 고객'과 '이익이 안 되는 고객'이 있게 마련이다. 기업으로서는 이익이 되는 고객은 다소 비용이 들더라도 계속 유지시킬 필요가 있고, 이익이 되지 않는 고객은 필요 이상의 비용을 들여가며 유지시킬 필요가 없다.

시장점유율만 중시하고 고객점유율을 소홀히 하게 되면 이익이 별로 안 되는 고객을 확보하기 위해 과다한 홍보비를 지출한다든지, 이익이 되는 고객의 질을 떨어뜨려 장래에 기대할 수 있는 판매기회를 잃어버리는 등의 비효율적인 경영을 되풀이하게 된다. 따라서 고객점유율에 집중하여 이익이 되는 고객과 그렇지 못한 고객을 구별하여 합리적인 마케팅전략을 수행하는 것이 필요하다.

■ 다양한 판매채널

전통적인 기업의 판매활동은 점포와 영업사원활용 등에 의존해 왔다. 고객과 직접 대화할 수 있는 기회는 영업사원이 고객을 방문할 때 또는 고객이 매장을 찾아왔을 때 잠깐 뿐이었다. 물론 고객을 접촉하지 못해 놓치고 있는 판매기회확대를 위해 기업은 영업시간을 연장한다든지, 비교적 비용이 적게 드는 카탈로그 통신판매, 전화에 의한 영업활동 등을 시작하였다.

그러나 최근에는 정보기술(IT)의 눈부신발달로 콜센터의 개설 등 전화업무를 연결하여 비용절감을 유도하고 24시간 영업이 가능한 인터넷통신판매 등의 판매채널을 구축하게 되었다. 이처럼 판매채널이 다양화됨으로써 기업은 고객과 접촉할 기회가 많아

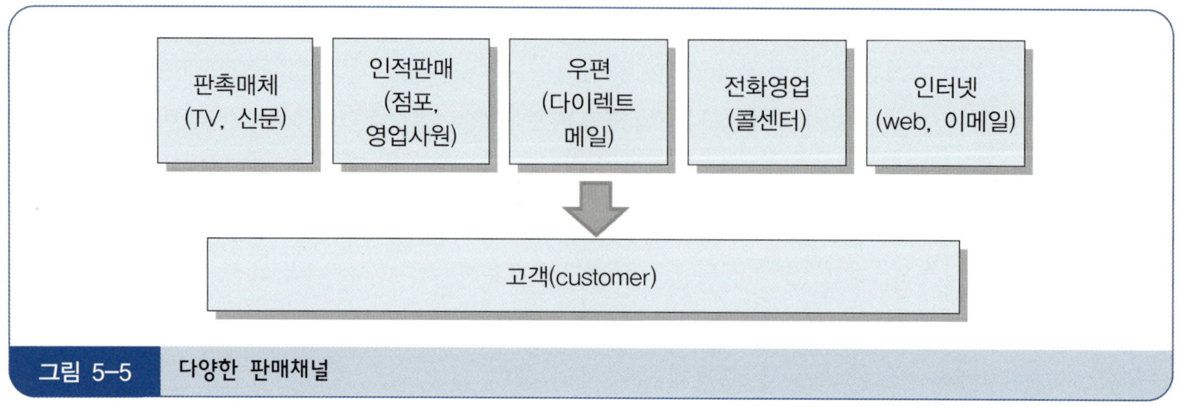

그림 5-5 다양한 판매채널

지고 다양한 과제를 처리해 나가야 할 필요성이 발생하였다.

첫째, 기업은 다양화된 채널을 효율적으로 사용해야 한다.

둘째, 기업은 분산된 고객정보를 회사전체에서 동시에 공유해야 한다.

바로 이 두 가지 과제를 해결하는 것이 CRM의 성공조건이 되었다. 또한 고객과의 커뮤니케이션은 상품을 판매할 때만 한정짓지 말고 마케팅단계에서부터 판매단계 그리고 애프터서비스 단계에 이르기까지 전 단계를 통해 시도해야 한다.

(3) CRM의 도입목적

선진기업들은 최근 CRM에 대해 많은 관심을 가지고 있다. 또한 도입을 서두르고 그 운영을 확대하고 있다. CRM을 도입하는 목적은 다음과 같다.

첫째, 고객의 충성도를 강화하고, 개별고객에게 맞춤 서비스를 제공하며, 수준 높은 고객지식을 축적하여 경쟁사들과의 차별화를 꾀하는 데 있다.

둘째, 수익성이 높은 우량고객을 파악하고 이를 평생고객으로 만들기 위해 노력하는 것이다. 그러한 방법으로 교차판매(cross-selling) 혹은 업셀링(up-selling) 등으로 수익을 극대화하기 위한 노력을 하게 된다.

셋째, 고객 서비스의 신속성향상과 기업의 비용을 절감하는 데 그 의의를 두고 있다.

또한 기업이 이러한 목적으로 CRM을 도입하는 이유는 과거에 비해 강화된 고객의 힘을 인식하게 되었으며 고객과의 끊임없는 상호작용의 최적화가 기업이 영속할 수 있는 원동력이라는 사실을 깨달았기 때문이다.

(4) CRM을 통한 채널믹스 전략

CRM관점에서 채널관리는 반드시 커뮤니케이션 프로세스와 통합관리가 이루어져야 한다. 그렇다면 기업이 CRM을 통해 더욱 강력한 채널마케팅을 하기 위해서는 어떻게 접근해야 하는가?

■ 고객의 활용

- 고객의 커뮤니티를 활성화한다 : 온라인이나 오프라인(off line)상에서 고객커뮤니티(community)를 형성하고 그 공동체의 리더(leader)층을 집중관리하여 구전효과를 극대화하도록 노력한다. 이를 위해서 기업은 고객커뮤니티를 인식해야 하며, 그들의 의견을 최대한 반영해야만 한다.
- 기업의 역량을 핵심 고객에게 집중한다 : 일부 핵심 고객층이 기업수익을 책임지고 있다는 사실을 기억한다. 그렇기 때문에 기업은 핵심 우량고객을 중심으로 고착화 전략을 구사하여 고객의 평생가치를 극대화하는 것에 모든 역량을 집중시킬 필요가 있다.
- 맞춤서비스를 실시한다 : 기업은 고객 개개인의 특성을 파악하고 대응할 수 있는 차별화 된 시스템을 구축해야 한다. 제조업체뿐만 아니라 모든 분야에서 고객과의 일대일 대응을 준비하고 고객과 직접 커뮤니케이션을 하는 채널을 구축해야 한다.

■ 철저한 상호작용

- 개발단계부터 고객을 참여시킨다 : 모든 상품과 서비스를 사용하는 것은 고객이다. 이러한 측면에서 기업은 상품이나 서비스를 개발하는 단계에서부터 고객을 참여시키고 그 결과를 고객에게 피드백해야 한다. 이를 위해서는 고객의 취향에 맞도록 제품과 서비스를 준비할 수 있는 지원이 필요하다.
- 접점을 확대한다 : 온라인과 오프라인을 병행유지하여 고객과의 접점을 확대한다. 고객의 입장에서 접근하기 편리한 방식을 스스로 선택하도록 유도하며 다양한 채널전략을 통해 접점의 융통성을 실행한다.
- 기존 고객유지에 집중한다 : 고객입장에서의 가치평가를 통해 고객이 원하는 제품과 서비스를 제공할 수 있는 시스템을 구축하여 고객중심의 접근을 시도한다. 고

객을 자사에 충성할 수 있도록 하는 각종 프로그램을 가동하여 끊임없는 양방향 커뮤니케이션을 통해 확보된 고객이 이탈하지 않도록 유의한다.

3. 유통정보기술과 유통경로기능의 영향

유통정보기술이 전반적인 유통경로기능에 어떤 영향을 주었는지 살펴보면 다음과 같다.

1) 재고관리

경로시스템에서 재고관리의 효율성을 높이기 위해서는 보유재고량은 물론 수송중인 제품, 전시중인 제품 등의 세부적인 정보파악이 이루어져야 한다. 정보기술을 활용한 재고관리는 제조업체의 생산계획과 도·소매상의 구매계획에 도움을 줌으로써 고객들의 대기시간단축과 재고량을 감소시켜 품절로 인한 기회비용을 줄일 수 있다.

2) 수송관리

수송관련 기술의 발달은 단순한 주문 및 처리시간의 단축이 아닌 신속하고 저렴한 수송방법이 제공되어야 한다. 페덱스의 경우, 고객이 배달을 맡길 때 스캐너를 이용하여 정보가 읽혀져 배송품의 운송위치를 항상 알 수 있게 되었다. 이는 스캐너에 의해 읽혀진 정보가 전산에 의해 중앙의 데이터베이스에 저장되며 정보 현황이 기록되어 수송현황이 언제든지 고객에게 일관된 수송서비스로 제공되도록 해준다.

3) 머천다이징 관리

소매관리에서 중요한 영역 중 하나가 머천다이징 관리이다. 소매상은 상권 내 소비자의 구매성향과 구매습관을 파악한 후 그들이 쉽고 편리하게 구매할 수 있도록 최적의 제품구색을 갖추는 것이 매우 중요하다. 점포가 대형화되면서 기존에 수작업으로 하던 일들이 컴퓨터로 자료수집과 분석을 해야만 더 나은 의사결정을 해야 하는 상황들이 요구되어진다. 또한 치열한 경쟁과 고객욕구의 세분화로 인해 품질좋은 제품을 생산공급하기 위해서는 고객욕구에 맞는 적합한 제품과 서비스를 공급해야만 한다. 이러한 상황에서 적합한 고객욕구에 차별화된 제품을 공급하기 위해서는 정보기술을 활용하여 고객의 특성과 취향을 파일링하고 고객의 거래내역을 지속적으로 정보시스템에 구축해야만 한다. 이러한 과정을 통해서 새로운 소매전략을 제시한다면 상품관리와 더불어 시장지향의 머천다이징이 이루어질 수 있을 것이다. 이러한 제품구색 관리의 새로운 장을 열게 해 준 가장 중요한 정보기술은 POS시스템을 기반으로 하는 유통정보시스템이다. 이 시스템은 각 상품단위의 재고와 판매정보를 즉각적으로 제공해주어 소매전략의 성과를 평가하고 이를 근거로 새로운 머천다이징 전략을 제시해준다.

4) 촉진관리

유통경로 상에서 정보기술의 발달은 촉진활동에 많은 변화를 가져왔으며 두 가지의 영향을 미치고 있는 것으로 정리해 볼 수 있다.

먼저 정보기술의 활용을 통해 기존 촉진활동의 성과가 보다 더 객관적 자료에 의해 과학적으로 평가되고 있다.

연구에 따르면 소매업자에 대한 일시적 가격할인은 장기적 매출증대에 효과가 없는 것으로 나타났으며 일반적인 중간상 가격촉진은 제조업체의 판매가격 자체를 할인해 주거나 특정시점에 구매한 양에 비례하여 가격을 차등해서 할인해 주는 방법을 사용한다. 제조업자는 이 방법들을 통해서 소매업체로 하여금 가격할인의 일부를 소비자에게 이양하게 함으로써 단기적 매출증대를 목표로 하는 반면 소매업체는 촉진제품의 판매량을 극대화함으로써 이윤을 제고시키고자 한다. 그러나 촉진효과에 대한 여러 연구에 의하면 이러한 가격관련 촉진활동은 의도했던 성과를 가져다주지 못하며 종종 경로상의 갈등을 일으키기도 한다.

또한 정보기술은 새로운 촉진기법을 제공해준다. 예를 들어 P&G는 수퍼마켓의 스캐너데이터에 근거한 판촉효과를 측정하고 있고, 항공사들은 Frequent Mileage Card를 이용하여 개별고객의 사용실적에 근거하여 이에 상응하는 보너스를 제공함으로써 단골고객화를 유도하고 있다.

PART

03

소매혁신과 성장

CHAPTER 06

소매업 발전이론

신세계 내년에 1위 노린다고?...롯데와 현대 "우린 가만있나?"

▲ 지난 2009년 롯데백화점 부산 센텀시티점 건물에 걸린 현수막 [사진출처 = 연합뉴스]

"신세계 오픈을 축하합니다. 새로운 쇼핑문화를 위해 함께 노력하겠습니다."

지난 2009년 롯데백화점 부산센텀시티점 건물에는 이같은 문구가 적힌 대형 현수막이 걸렸습니다. 당시 신세계와 부산 상권을 놓고 경쟁을 벌이기 직전이었는데요. 롯데가 선의의 경쟁 의지를 알리기 위해 내건 현수막이었죠. 업계 1위로서, 유통업계 '맏형'으로서 여유가 묻어났습니다.

10년이 훌쩍 지난 지금, 롯데백화점 신입사원들에게 이같은 얘기를 들려주면 어떤 반응을 보일까요.

아마도 "진짜 그랬냐?"며 반신반의할지 모르겠습니다. 그 동안 롯데가 굳건히 지켜온 백화점 업계 1위란 아성이 위협받고 있기 때문입니다.

40년 백화점 1위 롯데 ··· 추격하는 신세계

▲ 신세계백화점 강남점 [사진출처 = 신세계백화점]

롯데가 무려 40년 이상 고수해 온 백화점 1위 자리. 그 위상이 흔들린다고 보는 근거는 크게 두 가지 입니다,

첫째, 신세계백화점 강남점이 단일 점포매출로 1위를 차지한다는 점과 둘째, 전체매출 측면에서 롯데와의 격차가 빠르게 좁혀지고 있다는 점입니다.

업계에 따르면 신세계백화점 강남점은 국내 단일점포 기준 매출 1위입니다. 2010년 연매출 1조원을 처음 달성한데 이어 2017년 롯데백화점 본점을 매출로 누르고 현재까지 줄곧 1위 자리를 수성하고 있습니다. 국내를 넘어 글로벌 매출 1등 백화점이란 타이틀도 거머줬지요.

각 사에 따르면 2021년 기준 연매출은 롯데백화점 11조 7,740억 원, 신세계백화점 9조 6,360억원, 현대백화점 8조 4,800억 원 순을 기록했습니다.

매출로만 보면 롯데백화점이 신세계백화점을 앞섭니다. 그런데 점포수 대비 실적효율로 봤을 때 롯데백화점이 신세계백화점보다 떨어지는 게 사실입니다. 롯데백화점의 전국 점포수는 32개, 신세계백화점은 13개로 롯데에 한참 못 미치기 때문이죠.

올해도 마찬가지입니다. 지난 3분기 롯데백화점 매출액은 전년 동기대비 17.3% 늘어난 7,689억 원을 기록했고, 영업이익은 1,089억 원으로 흑자전환했습니다.

신세계백화점은 매출로 6,096억 원을 올렸는데요. 전년 동기대비 19.8% 늘어난 규모입니다. 영업이익은 1094억원으로 50.5% 성장했죠. 롯데백화점과 달리 고급화 대형화를 이룬 신세계백화점이 실익을 챙겼다는 평가가 나오는 이유입니다.

외부인사 영입에 과감한 투자… 변신하는 롯데

▲ 롯데백화점 본점 [사진출처 = 롯데쇼핑]

그렇다고 1위 명성이 막 흔들릴 정도는 아니라고 롯데측은 강조합니다. 특히 신세계 안팎에서 나오는 “내년이 D데이다”라는 말을 들으면 롯데뿐 아니라 현대백화점도 당황스러울 수밖에 없는데요.

일단, ‘내년이 D데이’란 말은 롯데가 주춤하는 틈을 타 내년이면 신세계가 롯데를 매출측면에서 제칠 수 있음을 뜻합니다.

그러나 이같은 말을 들은 롯데백화점 측은 단박에 반문하지요. “우리가 왜 가만히 있을 것이라고 생각하죠?” “2위가 추격해 오는데 꿈쩍 안할 1위 기업이 어디 있습니까”라고요.

소위 좌판만 깔면 백화점 매출이 올라가던 시절은 지났습니다. 이를 누구보다 잘 알고 있는 곳이 롯데입니다. 그래서 상당히 보수적인 조직임에도 불구하고 파격적인 변화를 추구하고 있습니다.

롯데는 이미 창사 42년만에 롯데맨을 우선 기용하는 순혈주의를 깨고 외부인사를 적극 영입했습니다.

▲ 왼쪽부터 롯데e커머스 대표이사 나영호 부사장, 롯데마트 대표이사 강성현 부사장, 롯데쇼핑 대표이사 겸 롯데 유통군 총괄대표 김상현 부회장, 오카도 그룹 대표이사 팀 스타이너(Tim Steiner), 오카도 솔루션 대표이사 루크 젠슨(Luke Jensen), 오카도 솔루션 부사장 데이빗 하디만 에반스(Daid Hardiman-Evans) [사진출처 = 롯데쇼핑]

김상현 롯데쇼핑 대표와 정준호 롯데쇼핑 백화점 사업부 대표가 대표적입니다. 앞서 신동빈 롯데그룹 회장은 향후 5년간 유통사업군에 8조 1,000억원을 투자한다는 청사진을 내놓았습니다.

그 중 최대 5조 원 가량은 백화점 리뉴얼과 복합쇼핑몰 개발에 사용할 예정인데요. 이는 신세계백화점이 매출도약을 이루기 위해 펼쳤던 전략과 유사합니다.

신세계백화점은 지난 2016년부터 강남점과 부산 센텀시티점의 리뉴얼 및 증축을 단행했고요. 대구와 대전 신세계 등의 오픈을 적극 해왔습니다. 그야말로 대형화 전략을 통해 업계 1위 롯데백화점 자리를 위협하는 발판을 마련했지요.

롯데관계자들은 만날 때마다 얘기합니다. “2016년 형제의 난을 비롯해 최종 의사결정자의 부재로 투자적기를 놓친 것이 굉장히 뼈아픈 부분이다”라고요. 이같은 일이 다시는 벌어지지 않기 위해 운동화 끈을 고쳐매고 있는 롯데입니다.

신세계 턱밑까지 따라붙은 현대백화점

▲ 더현대 서울 5층 사운즈포레스트에 조성된 'H빌리지' [사진 출처 = 현대백화점]

어쩌면 백화점 업계 1, 2위간 매출격차가 좁혀진 것보다 2, 3위간 매출격차가 줄어들고 있다는 것에 관심을 더 기울여야 할지 모르겠습니다. 백화점 '빅3'하면 빠지지 않는 현대백화점이 있어섭니다.

두 백화점은 공교롭게도 현재 윤석열 대통령이 지난 대선 당시 지역공약으로 내건 광주 복합쇼핑몰 건립을 두고 경쟁을 한창 벌이고 있습니다. 현대백화점그룹과 신세계그룹은 각각 문화복합몰과 광주 신세계확장을 중심으로 추진한다는 계획입니다.

지난해 현대백화점은 2조 1,032억 원의 순매출(백화점이 직접 매입해 물품을 판매한 매출)을 올려 사상처음으로 2조 클럽에 입성했습니다. 신세계백화점은 같은해 역대 최대인 2조 1,365억 원 순매출을 달성했고요. 같은 기간 롯데백화점 순매출은 2조 8,880억 원이었습니다.

현대백화점의 점포수(16개)는 신세계백화점 점포수(13개)보다 3곳이 더 많습니다.

특히 가장 최근 문을 연 현대백화점 더 현대서울은 글로벌 매출 1위인 신세계백화점 강남점을 제치고 서울에서 최대 규모의 백화점으로 자리매김했습니다. 출점 1년만에 8,000억 원의 매출을 올리며 국내 최단 기간 연매출 1조원을 기록하는 '1조 클럽' 가입에 바짝 다가섰습니다.

과거 신세계백화점 강남점은 2010년 '최단 기간 매출 1조'를 달성한 후 대형화 전략을 통해 매출 2조 클럽에 이름을 올렸습니다. 현대백화점 더 현대서울도 이와 유사한 행보를 그릴 것으로 예상됩니다.

지난해 이맘 때쯤 연매출 1조 원을 돌파한 백화점으로 총 10곳이 집계된 바 있습니다.

기존 신세계 강남점, 신세계 센텀시티점, 롯데 본점, 롯데 잠실점, 현대 판교점에 더해 신세계 대구점, 현대 압구정 본점, 갤러리아명품관, 롯데 부산본점, 현대 무역센터점 등 5곳이 새로 가입을 했습니다. 올해는 또 어떤 백화점들이 이름을 올릴까요.

유통가의 총성없는 경쟁은 네버엔딩입니다.

출처 : 2022년 11월 26일, 매일경제.

유통의 발달역사를 살펴볼 때 소매업태의 혁신과정들은 대부분 미국학자들에 의해 개발되어 이론이 정립되었다. 또한 기존의 소매업태 및 소매기관들은 다양하게 변화하는 유통환경과 소비자 행태에 대응하기 위하여 혁신적 머천다이징 전략, 새로운 운영방법 등을 활용하여 유통의 새로운 업태를 지속적으로 발달시켜 왔음을 알 수 있을 것이다. 이 장에서는 소매업태의 근간이 되는 지속적 혁신에 관련된 이론적 배경들을 살펴보기로 하자.

제1절 소매업 발전이론들

1. 소매업 수레바퀴 이론

소매업 수레바퀴 가설(the wheel of retailing hypothesis)은 McNair 교수가 주장한 이론으로 소매업태의 출현과 발전과정이 어떤 법칙에 따라 일정한 패턴을 반복하고 있다고 설명하고 있다.

이 이론에 따르면 '소매업 수레바퀴 이론'은 참신한 아이디어를 가진 혁신에서 시작되며 진입단계, 성장단계, 쇠퇴단계로 구성된다. 진입단계에는 새로운 이념을 가진 혁신적 소매상이 처음에는 소비자로부터 조롱받고 경멸당하지만 저비용을 근거한 저가격을 강조하므로 소비자에게 환영받게 된다.

성장단계에 혁신적 소매상은 성장함에 따라 취급상품의 품질을 개선하고 점포의 외관과 입지개선을 위해 지속적인 업그레이드를 하게 되고 이를 통해 사회적인 명성을 얻게 된다. 그러나 이 과정에서 운영비용과 투자금액이 증가하는 약점이 드러난다.

성장기를 지나 쇠퇴단계에 접어들면 시장에서 안정적이고 보수적인 대형 소매업태로 발전하며 투자수익률도 낮아져 경쟁력을 잃게 된다. 이러한 약점은 결국 새로운 이념을 가지고 저비용을 내세운 새로운 시장 진입자인 또다른 혁신자에게 밀려 자리를 내줄 수밖에 없다.

소매바퀴 이론은 몇 가지 비판이 제기되고 있다. 첫째, 다른 자본주의 국가에서 소매바퀴 이론가설로 설명할 수 없는 현상이 발생하고 있고 소매바퀴의 중심인 업그레이드 과정에 대한 정확한 원인이 분명하지 않다고 지적한다.

둘째, 혁신적인 신규업태가 출현하고 발전하는 것은 소비자의 평가에 의해 크게 좌우되는데 이 소비자요인을 무시하고 있다고 지적받고 있다. 셋째, 환경요인에 대한 배려가 없고 저마진과 저가격을 가능하게 하는 업태혁신의 원천이 분명하지 않다고 지적받고 있다.

하지만 이런 비판에도 불구하고 소매바퀴 이론은 소매업태의 발전을 설명하고자 한 최초의 연구로 미국의 소매업태발전과정을 이론적으로 설명하고자 접근한 점을 미루어 소매업의 발전연구에 지대한 공헌을 하였다.

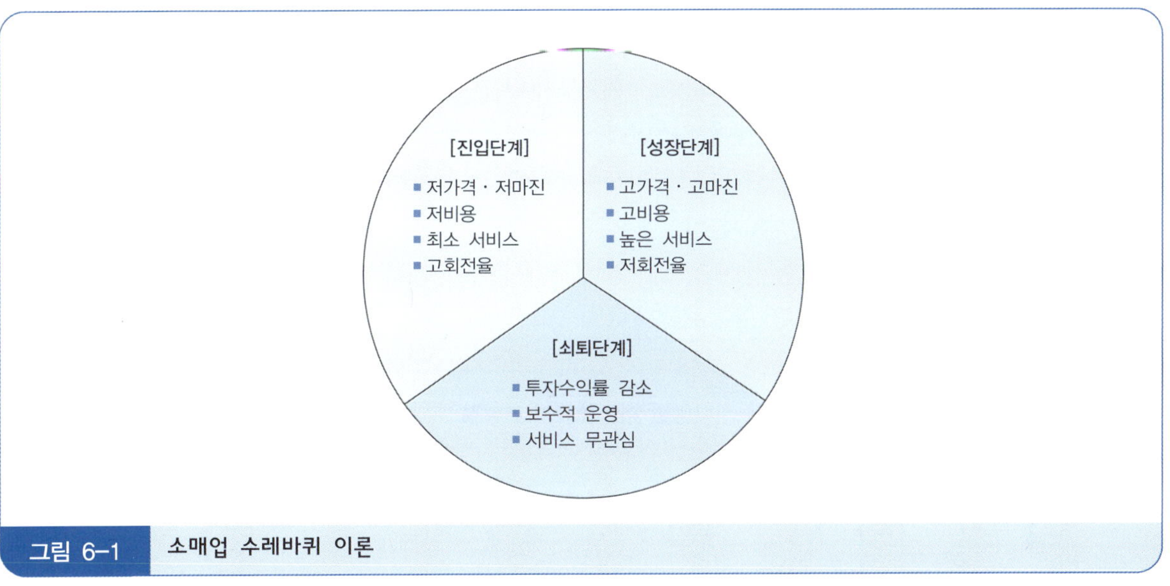

그림 6-1 소매업 수레바퀴 이론

정리하면 소매업 수레바퀴 이론의 단점으로는 비용개념만을 중심으로 설명하기 때문에 백화점과 같은 고급점포나 자동판매기 같은 고마진 및 고가격을 추구하는 새로운 소매상에 대하여는 충분히 설명할 수 없고 혁신적인 소매상이 언제 또는 어떤 속도로 발전할 것인지를 예측할 수 없다는 것이다. 유통후진국의 경우 유통선진국에서 다양한 업태가 시대를 무시하고 무차별하게 도입되어 소매의 변천과정을 순서대로 설명하기도 쉽지 않다.

이러한 이론의 한계극복을 위해 닐슨(Nielsen)은 소매업태가 제공하고 있는 가격 서비스수준과 소매업태에 대한 소비자선호와의 관계에 초점을 맞춘 진공지대 이론을 제시하였다.

2. 아코디언 이론

소매업태변화를 설명하는 두 번째 이론은 Hollander가 주장한 아코디언 이론이다. 이 이론의 초점은 가격이나 마진이 아니라 상품믹스의 변화이다. 즉 소매업태들이 다양한 제품계열을 취급하는 소매업태로부터 전문적이고 한정된 제품계열을 추구하는 소매업태로 변화해 간다는 것을 기본전제로 한다.

또한 시간의 흐름에 따라서 한정된 계열을 추구하는 전문점들은 다시 다양한 제품계열을 추구하게 되며 이러한 경향이 아코디언 모양처럼 반복되어 간다는 것이다.

이 이론은 수퍼마켓과 하이퍼마켓의 등장을 부분적으로 설명해주지만 상품믹스에만 초점을 맞추어 업태변화를 설명한다는 한계를 가지고 있다. 아코디언 이론을 그림으로 표현하면 [그림 6-2]와 같다.

아코디언 이론은 미국의 근대 소매업태생성을 1860년대 농기구, 의류, 식품까지 취

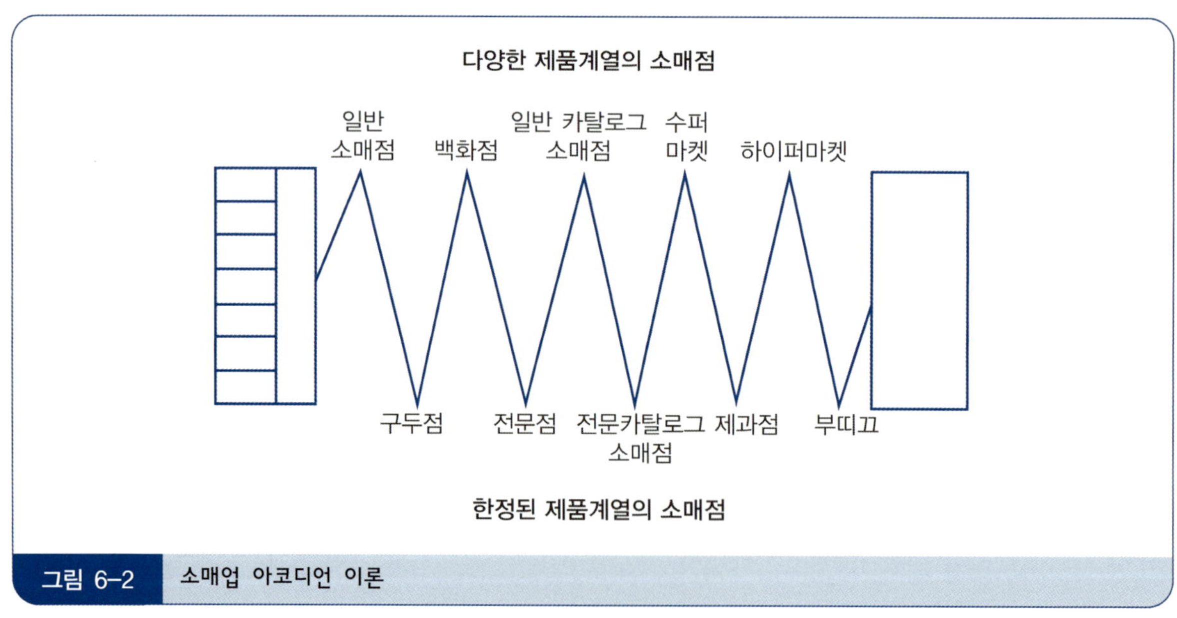

그림 6-2 소매업 아코디언 이론

출처 : Lewison(1997).

급한 잡화점을 그 시작으로 보고 있다. 잡화점 성장 이후 다시 상품믹스의 폭이 좁아지면 특정품목을 취급하는 업태가 등장하는데 이는 1890년에서 1980년대까지 백화점에서 전문점으로 성장했으며, 1950년대에는 다시 취급상품의 폭이 넓어지는 수퍼마켓의 등장, 오늘날은 다시 전문품중심의 카테고리 킬러가 성장하고 있음으로 아코디언 이론은 설명하고 있다.

하지만 아코디언 이론도 비판을 피하지는 못하고 있다. 그 이유는 다양한 소비층이 존재한다는 것이다. 상품믹스의 변화에 의해 소매업태가 변화한다고 완벽하게 설명이 불가능한 이유는 소비자들 그룹이 한쪽은 상품믹스의 폭이 넓은 소매업태를 찾아 원스톱쇼핑을 원하지만 다른 한쪽은 한 가지 품목을 다양하게 비교하고 구매하고자 하는 특화된 전문점을 찾는 누군가도 동시에 존재할 수 있기 때문이다. 따라서 쇼핑의 편의를 제공하는 백화점, 쇼핑센터와 동시에 특정 품목만을 제공하는 전문점, 명품숍도 같이 성장하고 있는 것이다. 즉 아코디언 이론은 저관여 제품의 소매업태와 고관여 제품의 소매업태의 발전과정을 뚜렷하게 구분하여 설명하고 있지는 않다.

소비자들은 저관여 상품에 대해서는 한 번에 많은 품목을 구매하고자 할인점을 방문하길 원하지만, 가전제품과 같은 고관여 제품을 구입하고자 할 때는 특정상품이 전문화 된 카테고리 킬러 업태를 방문하여 상품구색은 좁지만 깊이있는 비교구매를 원하고 있다. 따라서 이 이론은 할인점과 카테고리 킬러 두 가지의 상반된 업태가 동시에 발전하고 있는 양상에 대해 설명이 미흡하다.

3. 변증법적 이론

변증법적 이론은 두 개의 서로 다른 경쟁적인 소매업태가 하나의 새로운 소매업태로 합쳐지는 소매업태 혁신의 합성이론이다. 변증법이란 명명은 소매업태가 발전해 나가는 모습이 변증법의 정-반-합의원리와 비슷하다고 하여 붙여진 이름이다. 즉 정(기존 소매업태)과 반(혁신적인 소매업태)이 합쳐져 합(두 형태가 합쳐진 새로운 소매업태)이 완성된다. 새롭고 좋은 장점을 가진 새로운 경쟁자가 출현하는 경우, 기존 소매업태는 그 혁신적인 소매업태를 완전히 모방하는 것이 아니라 그 전략이나 전술을 받아들이고 새로운 혁신 소매업태로 변화를 거듭하게 된다.

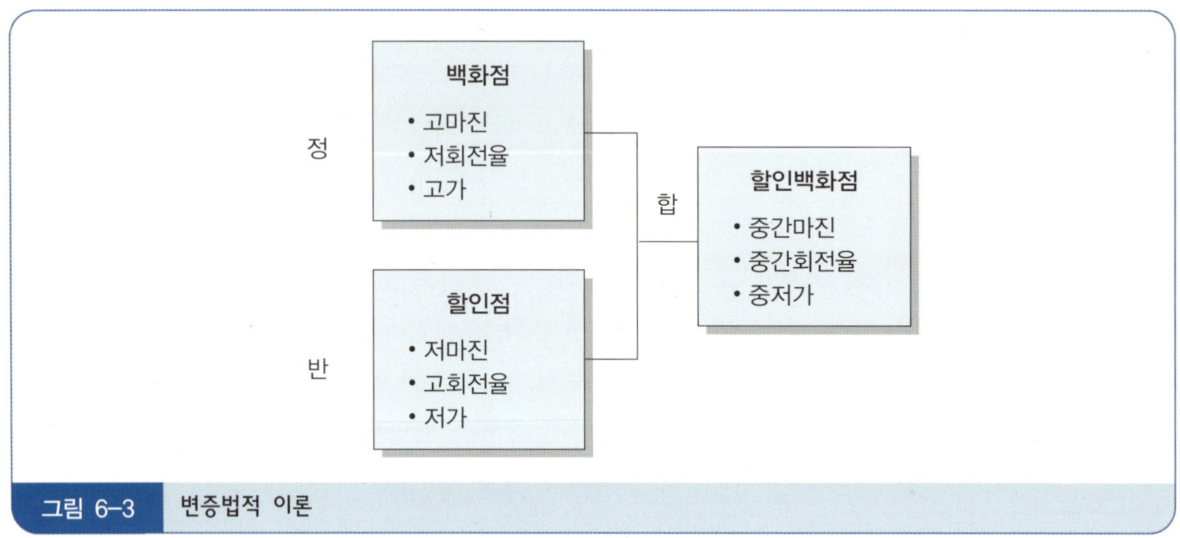

그림 6-3 변증법적 이론

출처 : Lewison(1997).

두 형태의 소매업태가 서로의 장점을 받아들인 결과 두 소매업태가 제공하는 상품이나 보완적인 서비스, 가격 등에서 매우 유사해 지거나 구분이 모호한 새로운 소매업태가 형성되게 된다. 이는 곧 '합'의 단계에 이르는 것이다. 이런 새로운 소매업태는 또 다시 혁신적인 상품믹스를 가진 경쟁자를 접하게 되고 계속하여 변증법의 단계를 거치게 된다.

1990년대 중반 미국 월마트가 주도하여 수퍼마켓과 할인점을 결합하여 개발한 수퍼센터는 변증법적 이론에 의해 설명될 수 있다. 수퍼마켓은 전통적으로 식품부문에 강점을 가지고 있으며 할인점은 비식품부문의 생활용품에 저가격이라는 강점을 가지고 있다. 이러한 강점을 모두 갖춘 소매업태가 수퍼센터다. 이는 수퍼마켓(정)과 할인점(반)의 복합형태(합)로써 폭넓은 식품부문의 제품구색과 생필품 등 비식품부문에서의 가격할인을 특색으로 갖는다.

요약하면 변증법적 이론은 수퍼센터가 수퍼마켓과 할인점의 강력한 경쟁상태로 향후 소매업의 주력업태로 등장하고 있는 사례를 통해 잘 설명될 수 있으며 최근 성장하는 카테고리 킬러의 등장도 변증법이론으로 설명할 수 있다.

4. 소매수명주기 이론

소매수명주기 이론(life cycle theory)은 한 소매기관이 출현하여 사라지기까지의 전 과정을 말한다. 일반적으로 초기성장단계, 발전단계, 성숙단계, 쇠퇴단계의 네 가지를 거치게 되어 있으나 최근 소비자욕구의 다양화와 경쟁심화로 수명주기가 점차 짧아지고 있다. TV홈쇼핑, 창고형클럽, 카테고리 킬러 등 최근의 유통업태를 보면 초기성장단계에서 성숙단계로 불과 몇 년 안에 성장하고 있음을 알 수 있다.

초기성장단계는 새로운 유형의 소매업태가 탄생하여 시장에 진입하는 시기다. 이 단계에서는 매출액 성장률이 높고 경쟁자 수는 적지만 초기 투자비용으로 인해 수익성은 낮거니 미이너스 상태다. 이 시기의 소매업태들은 탄탄한 원가구조, 특징있는 제품구색, 좋은 입지, 차별화된 촉진방법 등으로 경쟁력이 있기 때문에 소비자들이 이 새로운 소매업태를 수용하게 되면 이 단계의 후반부에 매출액이 급격히 증가하게 된다.

우리나라의 경우 할인점과 TV홈쇼핑, 인터넷쇼핑몰 등이, 선진국 시장에서는 대규모 수퍼센터, 비디오 카탈로그와 인터넷쇼핑몰 등의 전자쇼핑형태 등이 현재 이 단계에 있다고 평가된다.

발전단계는 새로운 유형의 소매업태가 시장전체로 확산되는 시기다. 초기성장단계와는 다르게 경쟁자가 다수 출현하고 매출액도 급격히 증가한다. 이 단계에 들어선 성장업태들은 투자비용이 감소되기 때문에 이익이 증가한다. 반면 기존 경쟁업태들은 경영상의 어려움을 겪게 된다. 그러나 경쟁자나 모방자가 다수 출현하기 때문에 새로운 점포를 열고 기존의 점포를 새롭게 하거나 상품구색을 바꾸는 시도를 하기도 한다. 이 단계의 후기에는 규모의 경제를 실현하게 되고 이익은 최대가 된다. 우리나라의 경우 편의점과 일부 할인점이 여기에 속하며, 선진국 시장에서는 홈쇼핑네트워크, 카탈로그 소매업체 등이 현재 인 단계에 자리하고 있다.

성숙단계에서는 전체적으로 시장점유율이 안정되고 규모의 경제이상으로 규모가 커져 수익성은 감소하고 경영도 복잡하게 된다. 이때 혁신 소매업태가 출현하기도 한다. 미국소매업체로는 백화점, 체인스토어, 오프 프라이스 소매업태 등이 있으며 우리나라의 경우 백화점과 일부 수퍼마켓이 여기에 자리한다.

쇠퇴단계에는 새로운 유형의 소매업태에게 경쟁력을 잃게 되고 시장점유율, 이익 등 모든 면에서 급격한 하락이 있게 된다. 우리나라의 경우 전통적인 재래시장과 수퍼마켓, 지방백화점 등이 이 단계에 위치해 있다. 하지만 이들 중에서도 현재의 경쟁적인 환경에서 살아남을 수 있는 작고 강한 기업을 만들어 회생하는 경우도 있다는 것을 유념해야 한다.

5. 빅미들(Big Middle)이론

Levy 외의 학자들이 주장한 Big Middle 이론에 따르면 소매업체들은 2개의 입구와 1개의 출구를 포함하여 총 3개의 출입구를 가진 큰 중간시장 점유를 위해 싸우고 있으며, 이는 특정 소매업태와 기업이 빅미들영역, 저가격영역, 혁신영역, 쇠퇴영역 중 하나에 속하게 된다는 것이다.

혁신영역을 점유한 소매업체는 온라인이나 모바일 등 혁신기술 또는 브랜드 프리미엄을 제공하는 품질지향적인 시장에 그 초점을 맞춘 업체이고, 저가격영역을 점유한 소매업체는 다이소나 인터넷 쇼핑몰처럼 가격에 민감한 소비자를 위해 저가격을 소구하는 소매업체다.

가장 핵심이 되는 빅미들이란 대규모 소매업체들이 장기간 경쟁하는 주류 핵심시장을 의미하는데 이 시장은 한복판에 있는 대규모의 잠재적 고객들이 포함된 거대시장이다. 따라서 대규모 소매업체들이 오랫동안 이 시장에 머무르는 것이 가능해진다.

저가격이나 혁신영역을 점유하는 소매업체는 빅미들 주류시장으로 진입하기 위해서 주류고객들을 향한 마케팅을 지속적으로 실행하고 빅미들에 위치한 소매업체도 진입 초기 자신의 강점이었던 저가격과 혁신성을 강조해 빅미들에 진입했으나 이후에는 대규모 고객집단을 목표로 혁신성과 저가격으로 만들어진 기업명성과 개성을 바탕으로 경쟁사들보다 더 나은 가치를 제공하기 위한 전략을 추구하게 된다.

반대로 쇠퇴영역에 위치한 소매업체는 빅미들영역진입에 실패하거나 빅미들 시장에 오랜 기간 있었지만 주류고객들에게 쇼핑 매력도를 상실하여 상대적으로 낮은 고객가치를 제공하면서 빅미들에서 점점 사라지게 된다.

빅미들영역을 점유한 소매업체는 자사의 위치를 지속적으로 유지하기 위해 그들이 가진 가치를 지속적으로 개선하기 위해 노력하게 된다. 그것은 가치개선을 하지 못하면 쇠퇴영역으로 어느덧 밀려 들어가기 때문이다. 이는 빅미들영역에 진입하거나 퇴출되는 것이 전적으로 소비자가 지각하는 가치에 달려있기 때문이다.

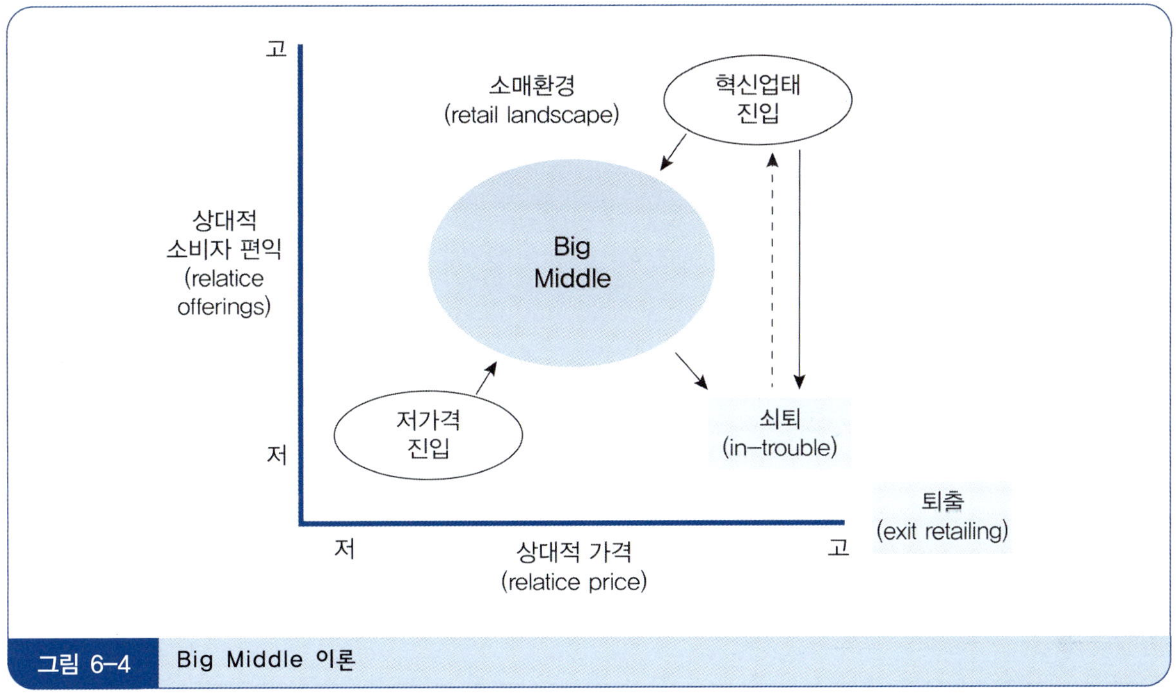

그림 6-4 Big Middle 이론

Levy 등이 제시한 소비자가 지각하는 가치개선의 5가지 핵심동인은 다음과 같다.

- 혁신적인 머천다이징
- 소비자요구를 만족시키는 구색
- 기술
- 공급망 사슬관리(SCM)
- 최적화된 가격과 점포이미지

이 5가지 요인은 소매업체들이 빅미들 영역으로 진입할 수 있도록 하는 원동력이며 빅미들영역에서 자신의 위치를 공고히 하는 전략이 될 수 있다. 특히 효율적인 공급자와 소매업자, 소비자로 이어지는 머천다이징의 흐름을 구축하는 것이 매우 중요하다. 이 흐름을 최적화하기 위해서 시대가 요구하는 변화에 맞는 새로운 기술을 적극적으로 활용해야 한다.

빅미들이론을 적용해 보면 현재 가격경쟁력을 무기로 한 업태나 혁신적인 비즈니스 모델이나 제품군, 기술을 무기로 한 혁신업태가 빅미들시장으로 진입하여 주류 소매업자로 부상할 것으로 예상할 수 있다.

한편 더 이상 경쟁자들보다 높은 가치를 제공할 수 없는 B2C형태의 종합 인터넷 쇼핑몰은 향후 쇠퇴할 가능성이 있다.

미국시장의 경우 1980년대 빅미들에 월마트, 타깃이 선두로 진입하였고 1990년대에는 갭(Gap), 홈디포, 베스트바이 등의 혁신적인 카테고리 킬러들이 빅미들에 진입하였다. 2000년대 이후에는 유니클로, 자라(ZARA)와 같은 SPA브랜드 숍들이 급성장하면서 빅미들에 새롭게 진입했다고 평가할 수 있다.

6. 자연선택이론

마지막으로 자연선택이론이 있다. 자연선택이론은 환경의 변화에 가장 잘 적응하는 적합한 종(種)만이 살아남아 번영을 이룬다는 이론이다.

유통업에서도 이 이론의 적용은 가능하며 성공하는 업태는 소매유통업을 둘러싸고 빠르게 변화하는 시장의 정치적, 경제적, 사회적, 문화적, 법적, 기술적, 경쟁적 구조 및 다양한 소비자의 욕구를 충족시킬 수 있는 유연하고 적응력 강한 소매업태를 말한다. 반면에 비즈니스 환경변화에 대처하지 못하거나 대처할 능력이 없다면 도태되거나 경쟁력을 잃게 되는 것이 당연하다.

앞서 살펴 본 소매업태발전 이론들은 미국 및 유럽에서 할인점의 급속한 도입과 성장을 설명하기 위해 개발된 이론들이기 때문에 글로벌 유통시대의 최근 현실과 사이버 쇼핑의 급속한 성장을 설명하기에는 그 한계가 나타난다.

먼저 1990년대에 급격히 가속되었고 유통산업 국제화에 따라 선진국의 할인점 업체들이 아시아, 남미 등 개발도상국 시장으로 빠르게 진출하였으며 이러한 발전을 보다 설득력 있게 설명하기 위해서는 해외 직접투자와 국제무역 등의 이론들과 유통발전에 관한 이론의 접목이 절실히 필요할 것이다.

또한 기존 유통발전 이론들은 점포소매업에 국한하여 설명하고 있기 때문에 최근 정보통신 및 디지털기술 등의 발달에 힘입은 인터넷쇼핑몰의 발전과 네트워크 마케팅인 다단계판매의 성장을 설명할 수 없다는 한계도 있다. 따라서 이러한 한계점을 극복하고 유통의 글로벌화와 디지털정보화 등의 새로운 유통업 발달을 설명할 수 있는 접근이 필요해 보인다.

Spotlight "컵라면 커스터마이징, 간편식 구독"… 유통업계, 'D2C'에 꽂히다"

자사몰 열어 소비자에게 직접 판매하는 서비스 제공
농심몰 '농꾸' 서비스, 벨리곰 스토어, 간편식 구독까지
"소비자 접점 늘릴 수 있지만 브랜드 인지도 뒷받침돼야"

▲ 롯데제과의 아이스크림 구독 서비스 '월간 아이스'. [사진 롯데제과]

유통업계가 소비자 직접판매(D2C) 구축에 공을 들이고 있다. 자사몰을 만들어 유통단계를 간소화해 비용절감 효과를 높이고, 대형 이커머스에 대적할 수 있는 자체 유통채널을 강화해 경쟁력을 키우겠단 전략이다.

컵라면에 인생사진 · 문구새긴다 … 굿즈 판매하는 전용몰도

농심몰에서는 '너구리 컵라면'과 '닭다리 스낵' 등 제품을 구매하면 소비자가 원하는 사진과 문구를 넣어주는 커스터마이징 서비스를 제공하고 있다.

농심몰에서는 '너구리 컵라면'과 '닭다리 스낵' 등 제품을 구매하면 소비자가 원하는 사진과 문구를 넣어주는 커스터마이징 서비스를 제공하고 있다.

업계에 따르면 식품 · 유통업계가 자체 쇼핑몰을 만들어 브랜드 굿즈와 자사 제품들을 선보이고 있다. 농심은 지난 8월 자사몰 '농심몰'을 열었다. 농심몰에서는 농심의 라면 · 스낵 · 음료 · 간편식 등을 구매할 수

있고, 몰 내에서 사전예약을 통해 신제품을 일주일 빠르게 경험해 볼 수 있다는 설명이다.

특히 농심몰에서 진행 중인 '농꾸(농심 꾸미기)' 서비스는 많은 소비자의 호응을 얻고 있다. 농심몰에서는 '너구리 컵라면'과 '닭다리 스낵' 등 제품을 구매하면 소비자가 원하는 사진과 문구를 넣어주는 커스터마이징 서비스를 제공하고 있다. 이외에도 농심몰에서만 구매할 수 있는 전용상품들도 선보이며 자사몰만의 경쟁력을 키우고 있다.

농심관계자는 "농심몰은 소비자들이 신제품을 가장 빠르게 경험할 수 있도록 하고자 만든 자사몰"이라며 "아직은 초기단계라 농심몰을 안정화한 뒤 지역기반으로 보다 타게팅된 마케팅전략으로 쌍방향 소통에 힘쓸계획"이라고 설명했다.

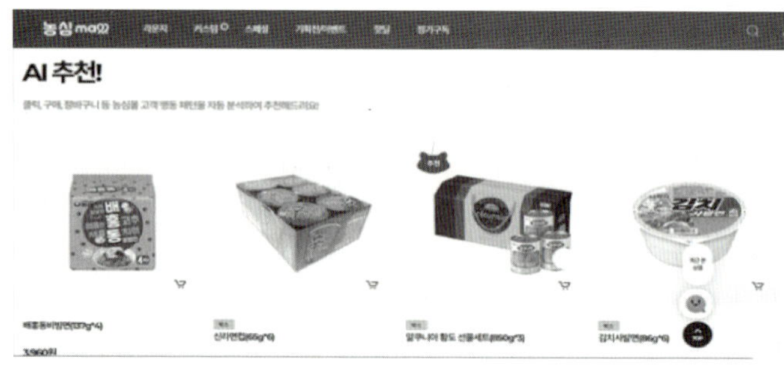

▲ 농심은 지난 8월 자사몰 '농심몰'을 열었다. [사진 농심몰 캡쳐]

롯데홈쇼핑은 자체 개발한 '벨리곰' 관련 굿즈를 판매하는 '벨리곰 스토어'를 지난 2월 오픈했다. 벨리곰 스토어는 카페24 플랫폼기반으로 구축한 D2C 자사몰로 벨리곰 의류부터 생활용품, 식품까지 다양한 제품을 판매하고 있다. 특히 타 분야의 브랜드들과 협업해 만든 상품들도 여럿 선보이고 있다.

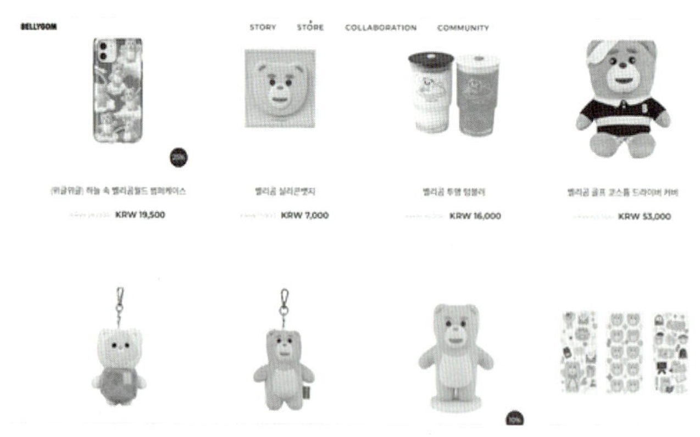

▲ 롯데홈쇼핑은 자체 개발한 '벨리곰' 관련 굿즈를
판매하는 '벨리곰 스토어'를 지나 2월 오픈했다. [사진 벨리곰스토어 캡쳐]

벨리곰은 120만 명의 SNS팬덤을 보유한 롯데홈쇼핑의 자체 캐릭터로, 콘텐츠 누적조회 수 3억 뷰를 돌파했다. 지난 4월 325만 명 이상이 방문한 잠실 롯데월드타워 공공전시로 국내 초대형 캐릭터 전시붐을 일으킨 이후 국내를 중심으로 오프라인 전시, 팝업스토어 등을 진행해 왔다.

롯데홈쇼핑 관계자는 "벨리곰은 초반에 기획할 때부터 롯데홈쇼핑이 개발한 캐릭터라는 사실을 알리지 않고 올해 4월 공공전시를 하면서 처음 공개했었다"며 "브랜드를 내세우기보다는 캐릭터의 자체 경쟁력을 키워 소비자접점을 키워나가기 위해 공식사이트도 별도로 운영하고 있다"고 설명했다.

업계는 구독 서비스도 적극적으로 전개하고 있다. 종합식품기업 하림은 지난달 28일 '더미식밥' 정기 구독서비스를 시작했다. 소비자의 취향에 맞춰 백미밥, 메밀쌀밥, 귀리쌀밥, 현미밥 등 더미식 시리즈의 밥 종류와 양을 고르고 배송시기도 정해 정기적으로 제품을 받을 수 있도록 구매할 수 있는 서비스다.

롯데제과는 제과업계 최초로 선보인 과자 구독서비스 '월간 과자'를 시작으로 아이스크림 구독서비스 '월간 아이스', 빵 구독서비스 '월간생빵'을 론칭했다. 최근엔 가정간편식 정기 구독서비스인 '월간 밥상'도 출시하며 다양한 D2C 서비스를 선보이고 있다.

과자 · 아이스크림도 구독서비스 … 고객 충성도 깔려있어야

롯데제과는 제과업계 최초로 선보인 과자 구독서비스 '월간과자'를 시작으로 아이스크림 구독서비스 '월간 아이스', 빵 구독서비스 '월간생빵'을 론칭했다. 최근엔 가정간편식 정기 구독서비스인 '월간 밥상'도 출시하며 다양한 D2C 서비스를 선보이고 있다.

유통업계가 이처럼 D2C 전략을 활용하는 이유는 소비자와의 접점을 늘리고 회사의 자체 경쟁력을 키우기 위해서다. 식품업계 관계자는 "자사몰 운영에는 여러 가지 기능이 있지만 가장 큰 목적은 소비자와 소통하기 위함"이라며 "판매자체도 중요하지만 D2C를 통해 소비자들이 기업의 소비재를 갖고 즐거운 경험을 할 수 있는 장을 만들기 위한 목적이 더 중요하다고 생각한다"고 밝혔다.

자사몰이 중간 유통채널에 지불해야 하는 수수료를 절약할 수 있는 장점이 있어 절감한 수수료로 품질을 높일 수 있다는 기능도 있다. 유통업계 관계자는 "제조업체가 유통업체 플랫폼을 통하지 않고 자체 몰에서 제품을 직접 판매할 수 있기 때문에 '가격 경쟁력'을 얻을 수 있다"며 "고객과 직접 소통할 수 있어 소비자 반응, 시장트렌드를 보다 빠르게 읽을 수 있다는 장점도 있다"고 설명했다.

다만 이러한 D2C 전략은 브랜드 인지도가 저변에 깔렸어야 효과를 볼 수 있는 전략이란 의견도 나온다. 황용식 세종대(경영학과) 교수는 "D2C는 소비자와의 유대감을 강화하기 위한 전략이지만 이는 고객충성도가 높은 브랜드에 한해 효과를 볼 수 있다고 생각한다"며 "요즘 소비자들은 다양한 채널을 활용해 제품을 구매하는 것을 선호하는 경향이 있어 브랜드에 대한 강한 자신감이 있거나 충성 고객층이 두껍지 않고서는 위험할 수 있는 전략이 될 수 있다"고 조언했다.

출처 : 2022년 11월 9일, 이코노미스트.

제2절 유통채널의 변화

1. 유통채널의 진화

유통채널은 상품과 서비스가 생산자에게서 소비자에게 전달되는 전과정을 말한다. 전통적인 유통채널구조는 제조업체가 제품이나 서비스를 도매업체에 판매하고 도매업체는 그것을 소매업체에게 소매업체는 다시 최종소비자에게 판매하는 과정이다. 하지만 유통산업의 비즈니스 환경변화로 전통적인 구조는 급격히 무너지고 있다. 유통의 글로벌화, 디지털 정보화의 발달 등이 인터넷쇼핑과 무점포판매를 일반화하면서 이러한 전형적인 제조업체, 도매업체, 소매업체, 소비자 간의 관계와 그들의 역할에 새로운 변화를 가져왔다.

전통적 유통채널구조가 점진적으로 변화하는 과정은 여섯 단계로 나누어 설명할 수 있다.

1) 전통시장단계

먼저 전통시장단계는 제조업체와 소매업체 모두 소규모형태로 특정시장 내에서의 업체별 점유율도 매우 낮은 수준이다. 제조업체와 도매업체 간 제품을 팔고 도매업체와 소매업체가 거래를 이뤄내는 전통적 유통채널의 구조에서는 도매업체의 역할이 매우 중요했다. 제조업체와 소매업체 중간에서 그들의 역할은 제조업체가 일일이 소매업체와 직접 거래하지 않아도 되는 비즈니스 기회를 제공한 것이다.

전통시장단계에서는 제조업, 유통업의 규모가 모두 영세하기 때문에 유통산업의 국제화가 이루어질 가능성은 전혀 없다고 볼 수 있다.

2) 제조업체 우위단계

높은 시장점유율을 차지하는 제조업체들이 생겨나면서 이들은 유통채널구조 내에서 지배권을 행사하게 되었다. 그로 인해 제조업체들은 가격결정의 주도권을 갖게 되었다. 소비재시장에서 선진국에서는 1960년대 초반까지 제조업이 우위에 있었고 우리나라는

1980년 후반까지 이런 형국이 지속되었다.

3) 소매업체 성장단계

이 단계는 체인화된 대형 소매업체들의 등장으로 소매업체들도 점점 대규모화 되는 현상이 나타났다. 소매업체들의 대형화는 제조업체들로부터 할인된 가격으로 대량의 제품구입이 가능하도록 하였다. 이는 결국 소비자들에게 저렴한 가격으로 제품을 제공할 수 있는 이점을 갖게 되었고 소매업체들이 시장을 확장할 수 있는 기회를 만들어 주었다. 이런 상황이 소매업체들의 시장성장을 유도하였다.

미국과 유럽의 경우 1960년대 초부터 급속한 성장의 할인점들이 소매업체의 성장을 주도하였고 강력한 구매력을 갖게 되었고 제조업체와의 유통채널가격결정권 다툼이 본격적으로 시작되었다.

국내의 경우 1990년대 초부터 대기업중심의 유통업 진출이 시작되고 다국적 유통업체들의 국내진출 본격화로 소매업체들의 성장이 시작되었다.

4) 제조업체의 국제화 단계

소매업체들의 규모가 점차 커지고 제품의 해외진출이 늘어나면서 제조업체들은 공장을 해외로 옮기면서 국제적 규모의 운영을 펼치는 단계로 진입하게 된다. 국내기업의 경우 재벌기업들이 동남아와 선진국에 해외공장을 본격적으로 1980년대 후반부터 만들기 시작하였다.

5) 소매업체의 대형화 단계

제조업의 국제화가 진행되면서 각 시장의 소매업체들도 연합하여 제조업체의 세력과 균형을 이루게 되면서 소매업체의 대형화는 시작된다. 미국의 경우 월마트의 급속한 성장이 계속되고 카테고리 킬러가 본격적으로 성장하는 1980년대 중반 이후를 생각하면 된다. 국내의 경우 유통업의 성장잠재력이 최대한 실현되어 온 2000년대 중반부터 이 단계로의 진입이 시작되었다.

6) 소매업체의 글로벌화 단계

이 단계에서는 소매업체들이 시장 내에서 제조업체들보다 더 지배적인 위치를 차지하게 되었다. 이 단계의 유통구조에서는 소매업체들이 이미 국제화를 이룬 제조업체 및 소규모 제조업체들과 연합하게 되면서 소매업체의 국제화가 급속히 진전되었다.

세계경제의 급속한 글로벌화의 진행과 개발도상국의 소매서비스 시장개방 등으로 선진국 유통업체들의 해외시장 진출이 활발하게 나타나면서 1990년대 중반 이후 소매업의 글로벌화 단계는 시작되었다. 우리나라의 경우 소매업태별, 제품별로 차이는 있으나 할인점과 편의점 시장은 소매업체 글로벌화 단계에 이미 오래 전 들어선 것으로 평가되고 있다.

2. 유통업체의 역할변화

앞서 언급한 유통채널의 진화과정에서 본 것처럼 유통업체의 영향력은 점점 커질 수밖에 없으며 특히 소비재산업에서의 유통업체의 영향력은 점점 더 증가하고 있다.

1996년 유통이 전면 개방된 우리나라의 경우 그 이전까지는 대부분 제조업이 유통채널을 좌지우지하였다고 해도 지나치지 않다. 제조업 지배의 유통채널에서는 제조업체가 거대한 생산규모를 바탕으로 상을 기획하고 포장과 광고, 생산에서 판매에 이르는 전 과정에 직접 관여하였고 소비자의 구매성향 조사까지도 모두 담당하면서 소비자 수요파악이 가능한 유일한 유통채널주체의 역할도 도맡아 왔다.

이러한 상황에서 일부 백화점을 제외한 대부분의 유통업체들은 그 규모가 영세하여 큰 소리를 낼 수 있는 처지는 아니었다. 그러나 이와 같은 소비재산업의 유통체제가 이제 전환국면을 맞이하고 있다. 유통시장개방 이후에 외국의 다국적 유통업체들과 국내업체들이 할인점시장에서 치열한 다점포화 경쟁을 벌이면서 구매력을 확보한 유통업체들에게 힘이 실리기 시작한 것이다. 이제 유통업체들은 이전과는 다른 영향력으로 그 역할을 수행하고 있다.

생산업체가 도맡아온 상품기획, 생산, 판매, 홍보 등 상당부분의 기능과 역할이 이제 유통업체의 손에 넘어와 있으며 소비자들과의 접촉에서 오는 정보를 유통업체가 활용하기 시작했다. 나아가 유통업체들이 자체브랜드(private brand)를 개발하고 시장점유율을 높임으로써 소비자들이 이제까지 주로 사용해 왔던 생산업체 브랜드(national brand) 제품은 강력한 도전을 받는 상황이 나타나고 있다. 유통업체들이 이처럼 힘을 얻게 된 배경을 살펴보기로 하자.

1) 유통업체의 대형화와 집중화 현상

유통업체들이 힘을 얻게 된 영향력에는 대형화와 집중화 현상을 들 수 있다. 유통업체들의 시장확장 움직임은 특정업체의 국내시장에서 뿐만 아니라 다국적 유통기업들의 해외시장진출이 가속화되면서 세계적으로 활발하게 펼쳐졌다. 그 결과 선진국의 경우 소매유통 시장의 시장점유율이 몇몇 대규모 유통업체들에 집중되는 현상이 일어나게 되었고 매상의 내형화와 높은 시장점유율로 탄력을 받은 유통업체들은 제조업체와 협상시 협상결과를 자신들에게 유리한 방향으로 이끌어가게 된다.

이러한 대형화와 집중화 현상에 효과적으로 대처하기 위해서 유통업체 내부에서는 중앙집권화 된 의사결정과정을 개발하게 되었다. 즉 이전에는 각 점포의 점장들이 일일이 자신의 매장에 맞는 마케팅전략을 수립했지만 이런 방식으로 더 이상 경쟁력이 없다고 판단하여 대부분의 대형 유통업체들은 본부에서 정책을 결정하고 각 지점에 일괄적으로 통보하여 결정이행과정이 신속하고 효율적으로 이루어질 수 있도록 하고 있다.

2) 소비자행동의 변화

유통업체들에게 힘이 실리는 영향력에는 소비자행동의 변화가 대형 유통업체에 유리하게 일어나고 있다는 사실이다. 충동구매 대신 계획구매를 하는 소비자들이 늘어나고 있고 자신들의 구매리스트에 있는 품목을 모두 구비하고 있는 대형매장을 방문해 원스톱 쇼핑을 추구하는 경향을 강하게 보인다.

또한 세대별로의 자가용 보유로 인해 쇼핑에서의 거리제한이 완화되어 더 이상 소비자들에게 거리문제는 신경 쓰지 않는 요인이 되었다.

그에 따른 대형업체들의 교외지역 매장설립은 급속도록 증가하였다. 이러한 매장의 증가는 소비자들에게 어떤 제품과 브랜드를 쇼핑할 것인가 보다는 어느 점포, 어느 매장을 이용할 것인가의 문제가 더 중요한 선택이 되었다.

3) 정보기술의 발달

유통업체의 영향력은 정보기술의 발달도 충분한 요인이라 할 수 있다. 재고관리, 배송, 주문 등 유통의 여러 분야에서 기술혁신을 이룬 결과 점포 운영비를 낮추고 경영의 효율성을 향상시킬 수 있었기 때문이다. 정보처리기술의 발달은 유통업체들의 정보수집능력도 키워주어 유통업체들은 그들이 보유한 소비자 데이터를 기반으로 공급업체 및 소비자들과의 관계구축을 통해 제조업체에 비해서 더 유리한 위치를 차지할 수 있게 되었다.

유통업체들의 권한이 강해지면서 유통업체 브랜드(PB)개발이 더 활발해지고 제조업체 브랜드(NB)의 경쟁력에도 위협적으로 다가오고 있는 것이 현실이다.

4) 유통채널 주체의 역할변화

유통업체의 영향력 증가에 따른 유통채널 주체들의 변화를 살펴보도록 하자. 전통적인 유통구조 상에서 제조업체, 도매업체, 소매업체는 각각 자신들만의 고유한 기능을 수행해왔다. 제조업체는 제품생산과 브랜드 제작을 담당했고 제품홍보와 가격결정 및 도매업체를 대상으로 한 판매를 맡았다. 도매업체는 제조업체로부터 제품을 구입하고 제조업체로부터 멀리 떨어진 지역에 제품을 수송하며 소매업체에 제품을 판매하는 역할을 담당했다. 도매업체로부터 제품을 구입하고 제품의 보관, 전시, 홍보, 소비자들을 대상으로 한 판매 등은 소매업체들이 주로 담당하였다.

그러나 유통채널의 전통적 구조가 와해되면서 유통경로 주체들은 그들이 가졌던 고유기능에 국한하지 않고 모든 기능을 복합적으로 수행하게 되었다. 소매업체의 경우 제품개발 및 브랜드제작 등 이전에 하지 않았던 기능들을 관여해 자사 제품에 대한 소비자들의 호감도를 높이고 자체브랜드 매출로 이익을 높이는 등 경쟁력 우위를 차지하기 위해 과거 제조업체의 고유영역까지도 수행하게 되었다.

3. 유통업체 자체 브랜드의 성장

유통업체 브랜드(PB : private brand)는 제조업체 브랜드(NB : national brand)와 비

교되는 개념으로 사용된다. 제조업체 브랜드는 대규모 제조업체가 개발한 상품으로 독자적인 상품명, 품질, 컨셉 등을 설정하고 전국의 소비자를 대상으로 하여 제공되는 상품이다. 많은 소비자에게 판매를 하고자 하므로 대규모 생산과 대중매체를 통한 광고와 지속적인 A/S를 행하는 것이 일반적이다.

광고를 통해 제품에 대한 소비자의 지명도 및 인지도가 높고 따라서 상품에 대한 신뢰도가 높은 것이 특징이라 할 수 있다.

유통업체 브랜드는 유통업체가 개별적으로 개발했기 때문에 유통업체 독자적인 품질, 브랜드명, 로고, 포장 등을 가지고 있다. 유통업체 스스로 상품을 기획하고 제조, 가공하기 때문에 상당한 이윤을 남길 수 있지만 상품에 대한 지명도, 신뢰도 부분에서는 일반적으로 제조업체 브랜드에 비해 크게 떨어진다. 또한 재고에 대한 부담을 유통업체가 100% 부담해야 하기 때문에 철저한 머천다이징이 순비되지 않으면 손해를 입을 수 있는 위험부담도 있다. 그러나 이러한 위험부담에도 불구하고 현재 유통업체 브랜드는 시장에서 굳건한 자리를 차지하고 있다.

전통적으로 제조업체 브랜드는 고품질로써 소비자에게 소구하여 높은 명성을 유지해왔고 대부분 유통업체들이 제조업체 브랜드의 인지도를 자본화하여 매장 내 대부분의 진열대를 차지하고 있어 점포의 이익을 극대화시켜 왔다. 그러나 선진국의 경우 대형 유통업체들은 팩토리아웃렛 등의 오프 프라이스(off-price) 업체의 대두로 그들과 경쟁하기 위해서는 상품믹스를 바꾸어야 한다는 필요성을 깨닫게 되었고 이러한 필요성 때문에 유통업체 브랜드개발을 더 가속화하기 시작했다.

과거 유통업체의 자체브랜드는 저가격위주의 자체상품을 값싼 가격으로 소비자에게 접근하였지만 진화하고 있는 유통업체 자체브랜드는 적정가격을 유지하면서 고품질을 지향하고 있다. 미국의 경우 가전제품의 카테고리 킬러인 베스트바이가 성공적으로 자체브랜드인 PB를 안착시킨 유통업체다. 베스트바이는 Dynex라는 자체브랜드를 도입해 일부 전자제품을 값싸게 출시하였고 긍정적 반응이 있어서 TV, 모니터, 홈시어터 등으로 제품의 영역을 넓혔다. 베스트바이의 PB 출시전략은 첫째, 매출에 비해 이익이 덜 나는 경우 둘째, 기술혁신이 미흡한 경우 셋째, 기존의 브랜드파워가 약한 경우로 그 기준을 활용하였다.

이런 원칙에 따라 베스트바이는 자체상품의 판매비중을 5배로 성장시켰고 연평균 10%의 성장을 이루어냈다.

가전 이외에도 미국 내 350개 이상의 매장을 보유한 '트레이더 조'라는 수퍼마켓 체인은 80% 이상이 자체상품을 보유·판매하고 있다. 미국 내 PB비중이 16% 수준인데 비하면 트레이더 조의 매장 내 자체상품이 80%라는 것은 매우 높은 것이다. 이 업체는 자체상품의 품질유지를 위해서 우수상품을 납품하는 업체에 파격적인 거래조건을 제시하고 관행처럼 여겨졌던 광고비와 매장관리비 부담도 업체에 지우지 않았다. 거의 모든 제품을 PB로 갖추고 판촉비용의 최소화, 매장 내 투자비용을 줄여나가며 상품의 질을 높이고 가격은 낮추는 수퍼체인으로 성장하였다.

국내시장의 경우를 살펴보면 오프라인 유통업계는 최근 악몽같은 시간을 보내고 있다. 코로나19 사태로 유동인구 급감에 온라인으로 소비가 이동하면서 큰 타격을 입었다.

이런 위기 속에서 유통업계의 자체 상품인 PB가 구원투수로 등판했다. 가성비를 무기로 내세웠던 PB 제품들이 품질향상까지 이뤄내며 소비자들의 선택을 받아 매출상단을 차지하는 시대가 도래한 것이다.

편의점 업계의 커피제품군은 전체 상품군 내에서도 매출상위에 오를 정도로 기존 제품들을 위협하고 있다. 실제 편의점 GS25에서 자체적으로 판매하는 원두커피 ‘카페25’는 라면, 과자, 음료를 가리지 않고 전체 상품군에서 매출 1위에 올랐다. 월 평균 1000만잔 이상을 판매하며 역대 최고치 역사를 새로 쓰고 있다. 2015년 12월 처음 선보일 당시 월 평균 100만잔 수준이었던 판매량이 10배 증가했다. CU는 방송사와 협업

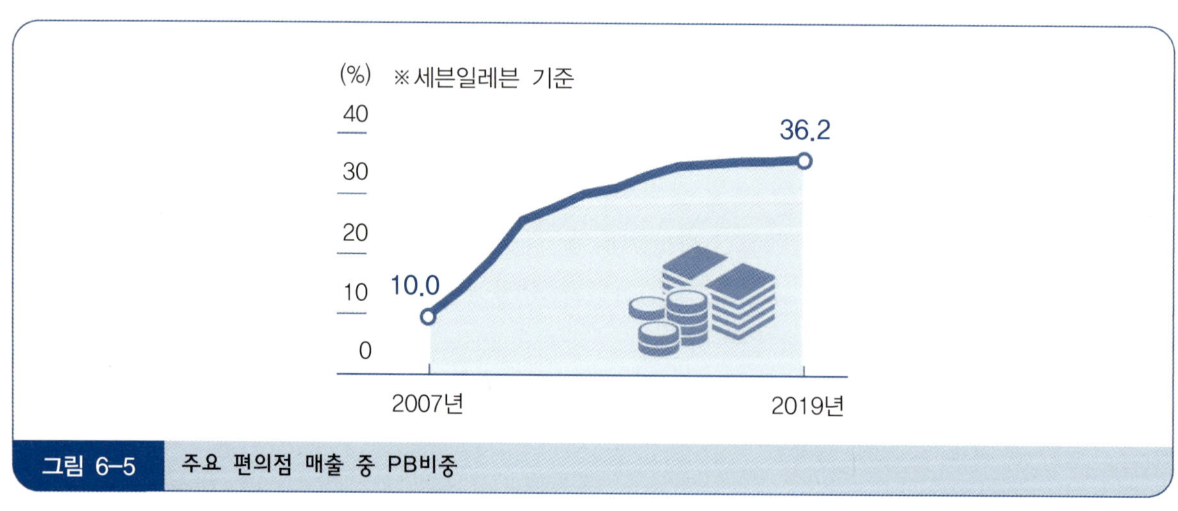

그림 6–5 주요 편의점 매출 중 PB비중

출처 : 이데일리(2021년).

해 만든 PB상품 '파래탕면'의 돌풍에 함박웃음을 지었다. 파래탕면은 출시와 동시에 편의점 컵라면 부동의 매출 1위 농심 육개장 사발면을 자리에서 밀어냈다. 육개장 사발면보다 20.7% 높은 매출을 기록한 것이다.

가전 영역에서도 PB 제품의 활약상이 눈에 띈다. 이마트 트레이더스는 지난해 50만원대 65인치 UHD TV를 출시했다. 국내 주요 TV 제조사의 UHD TV와 비교해 절반 수준에 내놓았다. 트레이더스는 중국 주문자상표 부착생산(OEM)기업을 통해 제품을 생산해 가격을 낮췄다. 가성비를 갖춘 트레이더스 UHD TV는 날개돋친 듯 팔려 지금까지 8300대 판매되며 TV 상품군에서 매출 톱을 기록했다. 트레이더스에서 판매되는 TV 중 30%를 차지한다. 특히 코로나19로 인한 집콕생활로 대형 TV 수요가 늘어난 혜택도 봤다. 트레이더스는 2017년 대용량 에어프라이어를 먼저 히트시켰다. 기존 에어프라이어의 용량이 작아 불만을 가진 소비자들의 마음을 먼저 읽었기 때문이다. 대용량 에어프라이어는 지금까지 45만대가 판매됐다.

국내 PB시장은 성장곡선을 그리고 있다. 최근에는 편의점 업계가 PB시장 성장을 이끌고 있다. 한국개발연구원은 편의점 PB시장 규모가 2008년 1600억 원에서 2017년 3조 5,000억 원으로 약 20배 성장했다고 분석했다.

국내 PB시장을 기존에는 대형마트에서 성장시켜왔다면 최근에는 PB시장이 편의점 업계와 TV홈쇼핑 업계전반으로 확장해 나가고 있다.국내 최초의 편의점 세븐일레븐은 아이스크림에서 자사 제품이 판매 1위를 기록했고 CU나 GS25도 기존 제조업자 브랜드 제품보다 20~30% 저렴한 자사의 PB제품을 선보이며 PB시장을 키워나가고 있다. 기존 삼각김밥에 집중했던 PB제품이 이제 생활용품으로까지 확대되고 있는 실정이다.

Spotlight "로켓의 조건살펴보니 … 쿠팡이 대만 고른 이유보이네"

쿠팡이 대만에서 국경을 넘어서는 '로켓직구'를 선보인다고 공식화했습니다. 즉시배송(퀵커머스) 사업으로 일본과 대만 두 개 나라에 이미 진출해 있었지만, 국경을 넘어서는 크로스보더형 서비스를 선보이는 것은 이번이 처음입니다. 로켓직구로 서비스 문을 열었지만, 핵심은 로켓배송이죠. 로켓배송을 시범 서비스한다는 게 더 중요해 보입니다.

2010년 창업 이후에 미국에서 상장까지 했는데도 쿠팡의 주력사업인 익일배송 서비스 '로켓배송'이나 로켓직구를 한국 이외의 지역에서 성공시킨 적이 없었던 거죠. 쿠팡이 대만을 해외공략의 1번지로 삼은 이유를 살펴보겠습니다.

▲ 서울 서초구 한 주차장에 쿠팡 배송차량들이 주차돼 있다. [사진 = 이충우 기자]

한국과 가장 비슷한 나라 … 인구밀집도 높고 아파트늘어나

대만의 인구밀도는 ㎢당 673명으로 한국(515명)보다 높습니다. 인구밀도가 높다는 것은 물류센터를 몇 개 덜 지어도 촘촘히 물류망에 들어온다는 얘기입니다. 이른바 쿠팡의 로켓배송 가능 지역구축하기, 즉 '쿠세권' 구축이 쉽다는 얘기입니다. 쿠팡이 2014년 익일배송 서비스인 로켓배송을 한국시장에 들여온 다음에 가장 골몰했던 것은 첫째도 둘째도 물류망확대였습니다. 쿠팡은 1000만개 이상의 상품품목을 제조사로부터 직매입한 뒤에 전국 30개 지역, 100곳 이상의 풀필먼트센터(FC) 등 인프라에 구입한 1,000만개의 상품을 재고로 보관하죠.

쿠팡이 지난해 기준 누적적자만 6조 원에 달했던 이유도 물류망을 끊임없이 늘려왔기 때문입니다. 쿠팡의 전국 물류인프라 규모는 2020년 말 231만 4049㎡(약 70만평)에서 지난해 말 370만 2479㎡(약 112만평)로 늘었죠. 전체규모로 따지면 서울 여의도에 비해 28% 큽니다. 전국 어디서나 신규 물류센터를 짓고 있습니다. 경남 창원, 대구광역시, 광주광역시 등에 잇달아 신규 물류센터를 건립하고 있고요. 일단 2024년까지 광주, 대전 등 지역에 신규 물류센터를 건립하는 게 가장 빠른 그림이고요.

그 결과 현재 쿠팡은 대한민국 전국인구의 70%가 쿠팡물류센터 반경 15분 거리에서 살고 있을 정도로 쿠세권이 촘촘해졌다고 얘기합니다. 그러니, 대만에서 도전해볼 수 있는 겁니다. 인구는 많지만, 땅덩이는 한국보다 좁은 대만에서 로켓배송을 서비스할 수 있는 거죠. 실제로 이번에 쿠팡은 '로켓직구' 사업을 공식화했지만, 로켓배송을 시범적으로 하고 있다고도 밝혔죠.

한국처럼 아파트형태의 주거문화가 일반화돼 있다는 점도 쿠팡이 진출한 또 다른 이유일 겁니다. 대만의 수도인 타이베이시에는 아파트가 많습니다. 한국처럼 대형건설사가 투입돼 단지형 아파트를 짓는 것은 아니지만, 고급 아파트를 포함해 중소형 아파트도 꽤 되는 등 아파트 문화가 보편적으로 자리 잡고 있습니다.

아파트 문화가 왜 중요하냐면, 배송의 효율성과 곧장 연결되고, 이는 곧 비용의 문제와도 직결됩니다. 로켓배송을 서비스하는 배송기사들이 아파트가 아닌 곳에서 물건을 배송한다고 생각해볼까요? 기본 주거문화가 주택 중심이라면 배송기사들은 한 집 건너 한 집을 차례로 방문해야 합니다. 운전해서 A하우스에 도착한 뒤 차문을 열고, 물건을 내리고, 차문을 닫고요. 다시 운전해서 B하우스에 도착해서 문을 열고, 물건을 내리고 차문을 닫는 행위를 계속 반복해야 합니다.

하지만 아파트형 주거문화가 보편적이라면 얘기가 달라집니다. 차 한대로 싣고 와서 물건을 모두 수레에 실은 다음 엘리베이터를 타고 고층부터 물건을 배송하고 내려오면 되는 것이죠. 여러 세대가 있는 복도형 아파트라면 배송의 효율성이 더 커질 것이고요. 더 적은 배송기사가 더 빠르게 물건을 배송할 수 있는 기반이 이미 한국의 주거문화에 갖춰져 있다는 겁니다.

이는 곧 쿠팡이 미국에서 상장할 수 있었던 핵심 이유 중 하나가 됩니다. 혹자들은 전 세계 최대 이커머스 기업인 아마존이 버티고 있는데, 쿠팡이 왜 미국에서 상장했을까라고 묻는 사람이 많았습니다. 하지만 아마존은 미국처럼 넓은 땅덩이를 기반으로 사업하는 데 가장 잘하는 회사이고, 쿠팡은 서울과 같이 1,000만 명의 사람이 모여 사는 인구밀집도의 대도시지역에서 가장 사업을 잘하는 회사라는 판단이 있었다는 거죠.

한 업계관계자는 이렇게도 얘기했습니다. "미국에서 상장해서 성공하는 게 보통 일이 아니다. 단순히 생각해서 전 세계 어떤 기업보다도 이것 하나만큼은 우리가 잘한다는 게 있어야 한다. 쿠팡은 인구밀집도가 높은 대도시지역에서 누구보다 효율적으로 물건을 온라인으로 배송할 수 있다는 걸 어필한 것이다. 그리고 그 지역을 한국전역으로 늘려가고, 몇 개 해외까지 진출할 수 있다면 적자는 금방 메워질 것"이라고요.

인터넷 친숙한 2,300만 인구, 이커머스 비중은 10.8%…쿠팡 '여력있다' 판단

쿠팡이 대만을 해외공략 1번지로 삼은 것은, 인터넷 사용률이 높은데도 아직 이커머스 시장이 무르익지 않았다는 판단 때문입니다. 아직 걸음마 단계라고 설명합니다. 한국 인구의 절반이 채 안 되는 2,358만 명의 인구를 보유한 대만은 인터넷 사용률이 92.4%입니다. 전 세계 1, 2위를 다투는 수준이죠(지난해 기준 KOSIS 자료에 따르면 한국의 인터넷 이용률은 97.6%였고요).

대만의 높은 인터넷 이용률에도 대만의 전체 이커머스 시장규모는 대만전체 리테일 시장에서 차지하는 비중이 지난해 10.8%였습니다. 통상 다른 선진국들이 30% 수준의 이커머스 침투율을 보이는 데 비해 성장할 여지가 많이 남은 것이죠. 한국도 이커머스 침투율이 올해 3월 기준 37%였습니다. 자동차와 연료를 제외하면 침투율이 47%에 달합니다.

시장조사업체 모도 인텔리전스는 "대만의 이커머스 시장은 올해부터 2027년까지 연평균 10% 이상씩 성장할 것"이라며 "빠른 배송을 선호하는 젊은 온라인쇼핑 소비자가 늘어나는 추세속에 시장에 새로운 성장동력이 창출되고 있다"고 밝혔습니다. 특히 대만 소비자들은 열에 여덟이 온라인쇼핑을 이용하고 있고, 쇼핑 횟수가 주 1회 이상인 소비자도 60%가 넘습니다.

다만 이미 쇼피(Shopee Taiwan)를 비롯해 모모(Momo), 피시홈(PChome) 등의 경쟁사들이 대만에 안착해 있다는 것은 고민해볼 지점입니다. 올해 5월 조사에 따르면 대만 B2C 플랫폼에 대한 소비자 선호도는 싱가포르가 본사인 쇼피가 61%로 1위를 차지했습니다. 모모(59%), 피시홈(43%)이 뒤를 이었죠. 특히 모모는 대만회사라는 이점을 앞세워 빠르게 쇼피를 추격하며 1,000만 명의 고객을 보유했고요.

한국과 어쩌면 가장 닮은 나라 대만에서의 쿠팡 승부수는 성공할까요? 시범사업에 나선 로켓배송 서비스 추이를 잘 지켜봐야겠습니다.

출처: 2022년 10월 30일, 매일경제

CHAPTER 07

무점포 소매업

21년 11월 온라인 유통업체 매출, 오프라인 첫 역전

유통중심 축 오프라인에서 온라인으로 실제적 이동
대기업 경영자들의 디지털 전환(pivoting) 강조

비대면·온라인 소비가 자리잡으면서 국내 온라인 유통산업매출이 처음으로 오프라인을 넘겼다. 산업통상자원부가 공개한 '2021년 11월 주요 유통업체 매출동향'에 따르면 11월 한 달간 온·오프라인 유통업체 매출 모두 성장세를 이어가며 전년 동월 대비 9.6% 증가한 것으로 나타났다.

온라인 유통업체매출은 7조 2,000억 원으로 전체 유통업체매출 51.4%를 차지하며 오프라인 시장 규모를 넘어섰다. 대형마트와 백화점, 편의점, 준대규모점포(SSM) 등 오프라인 매출은 6조 6,400억 원이었다. 산업부가 2016년 온라인 유통업체를 조사에 포함한 이후 온라인매출이 오프라인을 넘어선 것은 이번이 처음이다.

오프라인 유통부문에선 대형마트와 SSM 매출하락했음에도 불구하고 백화점과 편의점 매출이 성장하면서 오프라인 매출을 이끌었다. 백화점에서는 해외 유명 브랜드 등 보복소비로 인

['21년 11월 기준 전년동월 대비 매출 증감률(%)]

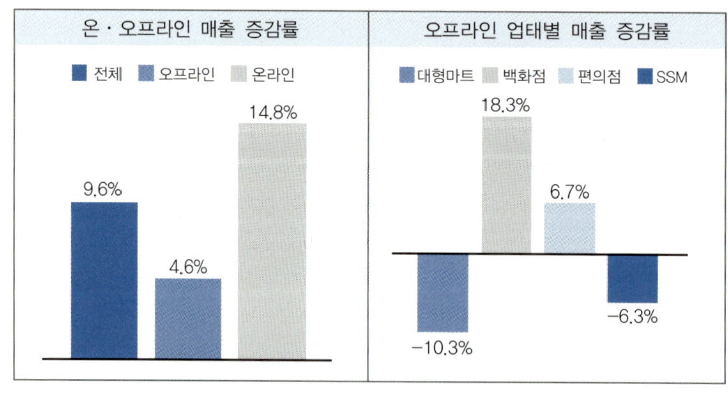

▲ 2021년 11월 기준 주요 유통업체 매출 증감률, 오프라인 유통업체 4.6% 증가, 온라인 유통업체 14.8% 증가 [사진: 산업통상자원부]

한 명품 매출이 크게 상승하면서 매출이 18.3% 늘어났다. 편의점은 점포수가 전년대비 2288개 가량 증가하면서 판매채널이 확대됐고 소량제품판매가 늘어나면서 매출이 6.7% 증가했다.

온라인 유통매출이 오프라인을 앞서나가면서 오프라인 매장을 기반으로 사업을 영위하던 유통업계 디지털 전환속도는 더욱 빨라질 전망이다.

정용진 신세계 부회장은 3일 신세계그룹 신년사를 통해 "올해는 디지털로 피보팅(외부환경에 따라 기존 사업 아이템을 바탕으로 사업방향을 다른 쪽으로 전환)하는 원년이 될 것"이라며 "신세계 유니버스를 만들어 신세계그룹 콘텐츠와 자산을 연결해 고객에게 더 큰 가치를 제공하는 것이 중요하다"며 온라인을 중점적으로 사업을 영위할 것을 예고했다.

신동빈 회장 역시 혁신을 위한 변화를 주문했다. 롯데쇼핑은 신세계 온라인몰 SSG닷컴보다 먼저 통합 온라인몰 롯데온을 선보였지만 연속된 실적부진으로 영향력이 미미하다는 평가를 면치 못했다.

신동빈 회장은 신년사에서 "불확실성이 지속되는 상황이지만 이제 비즈니스 정상화를 넘어 더 큰 도약의 발판을 만들어야 할 때"라고 말했다. 이어 "도전이 성공하기 위해서는 오늘이 아닌 내일의 세상에서 중요해질 역량에 대한 투자가 함께 가야한다"며 "브랜드, 디자인, 정보기술(IT) 등에 투자하지 않으면서 단기적인 성과만 내는 것은 무의미하다"라고 강조했다.

출처: 2022년 1월 5일, 디지털투데이(DigitalToday).

유통경로구성원 중에서 변화무쌍한 최종소비자와 직·간접 거래를 하는 소매상은 언제나 소비자의 욕구를 분석하고 거기에 맞추어 비즈니스를 준비해야만 한다. 이러한 소매점은 매장의 규모와 취급하는 품목에 따라 업태구분이 다양하다.

취급상품에 따라 분류하면 식료품점, 가전용품점, 화장품판매점 등으로 나눌 수 있고 판매방법에 따른 분류로는 할인점, 백화점, 편의점(CVS), 양판점(GMS) 등으로 구분해 볼 수 있다. 또한 점포유무에 따라 무점포판매와 점포판매로 구분할 수 있으며 경영방식에 따라서는 체인점포와 독립점포로 분류할 수 있다.

최근 소매점의 판매비중이 무점포판매로 옮아가고 있다는 것은 누구도 부인할 수 없을 것이다. 특히 코로나로 인한 언택트(untact)시대의 도래로 인해 무점포 소매점 판매는 점점 급성장하고 있다. 앞서 제2장 유통기관을 다루면서 이미 소매점포에 대해 간단하게 다루었으나 이 장에서는 특히 집중되고 있는 무점포 소매점의 세부사항과 전략에 대해 좀 더 구체적으로 설명해보고자 한다.

제1절 TV홈쇼핑 전략

1. 개념 및 특징

홈쇼핑은 TV, 카탈로그, 인터넷·모바일 등 다수의 매체를 이용하여 소비자에게 상품소개와 판매와 관련된 정보를 제공하고, 전화와 인터넷·모바일로 받은 주문건에 대해서는 엄격한 품질관리를 통과한 상품을 고객의 희망장소까지 배송해주는 소매업태를 의미한다.

홈쇼핑은 매체형태에 따라 실시간 방송을 통한 TV홈쇼핑, 인터넷쇼핑몰, 통신·카탈로그 판매 등으로 구분된다. 그 중 TV홈쇼핑의 경우, 쇼핑을 위한 전용 방송국을 구성하고 상품판매를 위한 방송프로그램을 편성해 송출하는 전문 홈쇼핑채널과 TV 프로그램 중간삽입광고(인포머셜, Informercial)를 통해 제품을 소개하고 주문받는 직접반응광고로 구분된다. 그 외 양방향성에 기반한 T커머스(T-Commerce, 데이터홈쇼핑)가 있다.

TV홈쇼핑 사업을 영위하기 위해서는 전략적인 상품소싱과 체계적인 물류시스템 및 효율적 고객데이터 관리는 물론 다양한 부가 서비스제공이 필수적이다. TV홈쇼핑은 방송의 특징인 신뢰성과 공익성이 강조되는 산업이다.

한편 TV홈쇼핑은 일반적으로 연중 연말효과로 인해 4분기가 분기 중 가장 실적이 좋으며 여름휴가 등으로 3분기가 가장 약세인 경향을 보인다. 다른 유통업태와 마찬가지로 TV홈쇼핑은 경기상황에 따른 소비자의 구매력에 영향을 받기는 하지만 소비심리 변화에 따라 적절한 상품을 선정할 수 있어 그 영향을 최소화할 수 있다. 아울러 특수한 계절적, 사업환경적 이슈에 따른 매출폭변동이 존재한다.

2. 국내 홈쇼핑시장의 태동과 발전

우리나라에서 TV홈쇼핑 시장이 형성된 지 약 20여년이 지난 가운데 TV홈쇼핑은 12조원에 이르는 주요 판매채널로 성장했다. 국내 TV홈쇼핑 시장은 케이블 TV 보급정책에 따라 1995년 1월에 2개의 홈쇼핑채널이 신설된 후, 같은 해 8월 삼구쇼핑(현 CJ오쇼핑), 한국홈쇼핑(LG홈쇼핑)이 첫 방송을 하면서 출발했다. 당시 대기업소유였던 LG홈쇼핑과는 달리 삼구쇼핑은 섬유수출업체 (주)삼구가 주도한 컨소시엄으로 주목받은 바 있다.

초창기 TV홈쇼핑 방송은 소비자에게 홈쇼핑이라는 개념이 제대로 정립되지 못한 시기였으며, 배송이나 전문상담원에 대한 교육 역시 미흡한 수준이었다. 개국 이후 1997년까지는 삼구쇼핑이 업계 1위를 유지해왔으나, 1998년부터 LG그룹의 전폭적 지원을 받게 된 LG홈쇼핑이 1위로 도약하게 됐다. 경쟁환경을 극복하지 못한 삼구쇼핑은 2000년 3월, 제일제당에 인수됐으며 현재의 CJ오쇼핑이 되었다.

한편 1990년대 말 이후 점차 케이블 TV 가입자 수가 증가하고 홈쇼핑 편의성이 알려지면서 시장의 성장세가 두드러졌다. 아울러 정부가 2001년 3개의 홈쇼핑을 추가승인하면서부터 본격적인 경쟁구도가 형성됐다. 현대백화점그룹이 운영하는 현대홈쇼핑과 중소기업제품(우리홈쇼핑)과 농수축산물 판로(NS홈쇼핑)를 위한 홈쇼핑이었다. 5개 사업자 간 경쟁구도로 전환된 시기와 맞물려 2003년 이후 TV홈쇼핑 성장세가 둔화되면서 TV홈쇼핑 사업자 간 공중파사이의 채널을 차지하기 위한 경쟁이 더욱 치열하게 전개됐다.

표 7-1 국내 TV홈쇼핑 시장의 발전

	1995~2003(성장기)	2004~2008(성숙기)	2009~현재(제2의 중흥기)
경쟁구도	• 한국홈쇼핑과 삼구쇼핑 2개 업체로 시작(1995) • CJ그룹, 삼구쇼핑 인수(2000) • 신규 3개 사업자 승인 (현대홈쇼핑, 우리홈쇼핑, 농수산홈쇼핑)	• 롯데, 우리홈쇼핑 인수(2006)	• 2011년 제6채널 SME채널 사업 시작
주요 이슈 및 변화	• 2003년 전후 가시청 가구수 증가에 따른 고성장세 일단락	• 신용카드 위기로 매출 감소 • 보험판매시작 • 사업자 수 증가로 경쟁 심화	• 대형 유통업체 진출 후 소비자 신뢰도 상승 • 보험상품판매 안정기(연20% 대 고성장)
해외 시장 동향		• CJ오쇼핑 : 2004년 상하이(동방CJ), 2008년 톈진(천천CJ)진출, 개국	• CJ오쇼핑 : 2009년 인도 진출 (Star CJ India), 2011년 일본 · 베트남 진출 • 현대홈쇼핑 : 2011년 상하이 진출 • GS홈쇼핑 : 2009년 인도(홈샵18), 2011년 태국 진출

케이블 TV가 도입된 1995년부터 2003년까지 높은 증가율을 기록하며 증가하던 케이블 방송시청 가구 수는 2004년 이후 증가세가 둔화되기 시작했다. 이에 기존 선두업체와 후발주자 간의 시청자를 유인하기 위한 경쟁이 본격적으로 시작됐다. 홈쇼핑사업자 간의 경쟁이 심화될수록 다양한 프로모션과 시청자를 유인하기 위한 방송기법이 동원됐으며 이에 홈쇼핑방송은 하나의 유통채널로 자리잡을 수 있었다. 특히 인터넷쇼핑몰과 연계하면서 소비자 연령층이 더욱 다양해졌고 고정고객의 유입도 증가했다.

TV홈쇼핑 사업자는 매출성장둔화를 극복하기 위해 외형확대 대신 비용절감, 상품구색변화 등을 통해 수익성을 제고하는 데 주력했다. 판매효율이 낮은 카탈로그 발행부수를 줄이는 한편 콜센터를 아웃소싱하는 등 비용절감을 추진했다. 매출액을 높이는 데 기여했으나 반품률이 높았던 의류품목의 편성비중을 줄이고 식품, 도서, 여행상품 등 수익성이 보다 높은 품목으로 상품편성을 확대하며 다양한 상품을 소개했다. 2000년대 중반은 주로 판매되던 패션, 식품, 가전제품 외에 보험상품 및 여행상품 등 고마진의 무형상품 판매시장이 형성된 시기이다. 2006년 이후 5개사가 제자리를 지키면서 홈쇼핑시장은 안정적인 유통채널로 시청자에게 인식됐다. 한편 2006년은 홈쇼핑사업자의 해외진출이 본격화된 시기로 꼽힌다. 주요 TV홈쇼핑 업체는 중국을 비롯한 해외시장 개척을 통해 외형확대를 시도했으며, 오픈마켓 등 인터넷쇼핑부문을 확충했다. 2011년 이후에는 TV홈쇼핑에서 판매하는 상품군 중 패션상품중심으로 MD 경쟁력이 부각되면서 경쟁이 지속된 시기다.

2013년에는 패션부문에서 오프라인의 매출규모를 역전시키기도 했다. 그러나 2018년까지의 TV홈쇼핑 산업은 성숙기 진입에 따른 성장의 한계와 기존 오픈마켓 등 인터넷 쇼핑몰 및 모바일쇼핑의 시장잠식으로 부진을 이어왔다. 온라인 쇼핑몰이 크게 성장하면서 기존 고객이 대거 이탈하고, 케이블가입자 수가 포화상태에 이르면서 시장 정체상황을 보인 것이다. 특히 2018년부터 지속된 경기악화와 소비부진은 홈쇼핑 시장의 전망을 어둡게 하였다. 그러나 코로나 19 사태가 터지면서, 이로 인해 홈쇼핑업계는 사상 최대 실적을 맞이했다. 이제 신종 코로나바이러스 감염증(코로나19) 사태의 막바지(엔데믹)를 맞이하면서 생존방안을 고민하고 있다. 사회적 거리두기가 종료되며 집에 머무는 시간이 크게 줄어갈 것으로 예상되어 주요 홈쇼핑 업체들은 성장동력을 확보하기 위해 다양한 신사업을 추진 중이다.

엔데믹에 의한 사업 환경 변화에 대응하기 위해 TV홈쇼핑 업계는 자체브랜드 및 단독브랜드 론칭, 해외진출전략 재수립, 오프라인 매장 및 온라인·모바일채널을 통한 판매확대 등으로 재도약에 나서고 있는 상황이다. 이와 같이 TV홈쇼핑 업계는 경쟁력 제고를 통해 성장 동력을 마련해야 할 것이다.

3. 국내 홈쇼핑 시장동향

국내 TV홈쇼핑 시장은 짧은 역사에도 불구하고 1995년 개국한 이후 비약적인 성장을 지속해왔으나 최근에는 한 자리수의 성장률로 과거 대비 성장세가 다소 둔화된 모습을 보이고 있다. TV홈쇼핑 사업자의 모든 상품판매 채널(TV방송, 인터넷, 모바일, 카탈로그 등)에서 판매된 상품가의 합계를 의미하는 전체 취급고를 통해 국내 TV홈쇼핑 시장의 성장추세를 확인해볼 수 있다.

2016년 전체 취급고는 전년대비 7.7% 증가, 2017년 전체 취급고는 8.9% 증가하며 다소 회복한 모습이 관찰됐다. 그러나 인터넷쇼핑, 특히 모바일쇼핑의 급성장과 함께 TV홈쇼핑의 퇴조와 2014년 이후 크게 늘어난 해외 직접구매가 국내 TV홈쇼핑 시장의 성장둔화에 영향을 미친 것으로 판단된다. 그리고 코로나 19 사태로 인하여 사회적 거리두기와 집에 머무르는 시간이 확대되어 2019년, 2020년의 전체 취급고는 전년대비 각각 5.1%, 5.8%로 증가하여 경제 성장률에 비하여 상대적으로 회복세를 보였다. 반면 '방송 취급고'는 TV 방송을 통해 판매된 상품가의 합계를 의미한다. 방송 취급고를 통해 본 TV를 통한 매출은 2014년에는 전년대비 1.1% 성장, 2015년에는 −3.9%로 역성장을 기록했다. 반면 2016년에는 전년대비 2.9%, 2017년에는 전년대비 4.5% 성장하며 회복세를 보였다. 2016, 2017년의 방송 취급고 확대는 T커머스(데이터 홈쇼핑) 채널의 트래픽 확대로 인한 증가로 해석된다. 기존에는 TV홈쇼핑을 송출하는 주요 플랫폼으로 케이블 TV가 주를 이뤘지만 최근 전체 취급고에서 방송 취급고 비중은 낮아지고 모바일 취급고 비중이 늘어나고 있는 추세다. 2021년 기준 홈쇼핑기업의 취급고 가운데 TV를 통한 비중은 42.9%로 나타났으며 이는 2015년 55.7%, 5년 전인 2012년의 64.3% 대비 급격히 감소한 수치이다.

반면 한국TV홈쇼핑협회 자료에 따르면 2016년 전체 취급고 중 모바일비중은 2012년 1.2%, 2015년 23.7% 대비 크게 늘어난 29.2%에 달했다. 또한 통계청의 온라인 쇼핑 동향조사 통계자료(KOSIS)에 따르면 '온라인 쇼핑 총거래액'이 2018년 113조 원에서 2021년 188조 원으로 3년 사이 무려 66%가 증가한 것으로 나타났다. 온라인 쇼핑 총

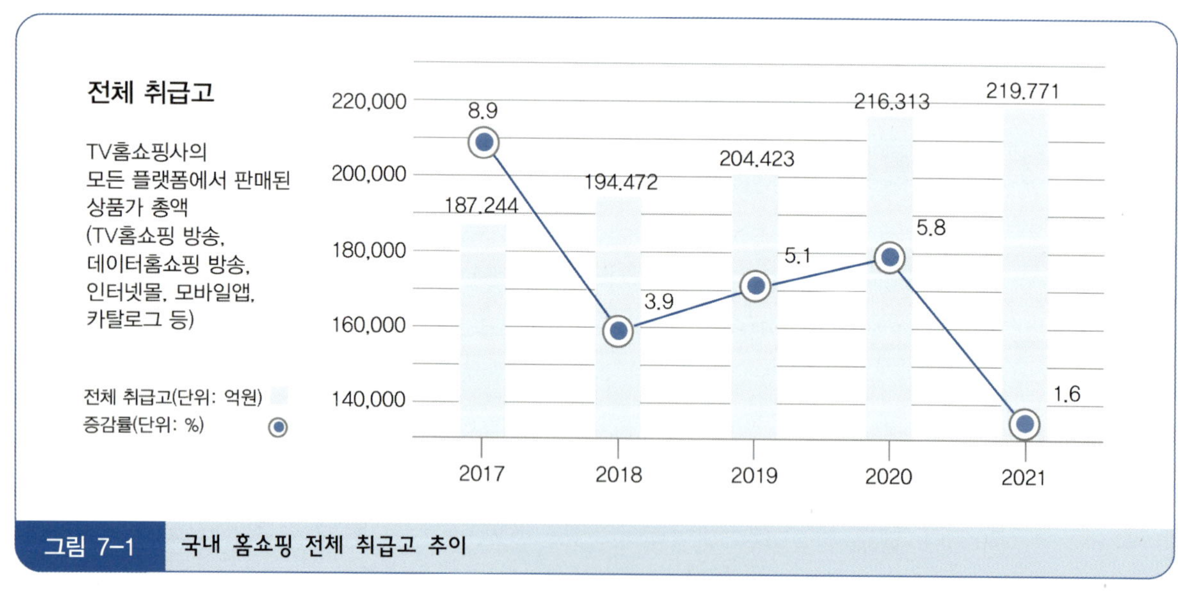

그림 7-1 국내 홈쇼핑 전체 취급고 추이

출처 : 한국 TV홈쇼핑 협회.

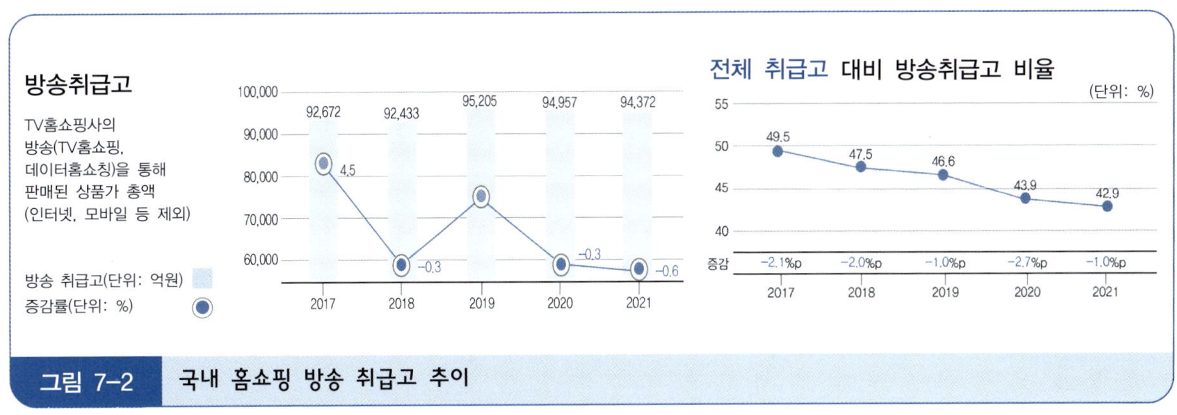

그림 7-2 국내 홈쇼핑 방송 취급고 추이

출처 : 한국 TV홈쇼핑 협회.

거래액 중 '모바일 쇼핑 거래액' 비중도 점차 높아져 이제 10명 중 7명(72%) 이상이 모바일 쇼핑을 하는 것으로 나타났다. 모바일 쇼핑 비율이 매년 지속적으로 증가세를 보이고 있다. 현재의 방송 취급고는 2013년부터 심각한 성장세 정체를 보이고 있다. 이를 극복하기 위해 홈쇼핑업계는 모바일 중심의 라이브 방송('라방', 즉 라이브 커머스)에 사활을 걸고 신규 서비스를 제공하고 있다.

4. 국내 홈쇼핑 주요 사업자

2020년 기준 국내 TV홈쇼핑 시장에는 CJ홈쇼핑, GS홈쇼핑, 현대홈쇼핑, 롯데홈쇼핑, NS홈쇼핑, 홈앤쇼핑, 공영홈쇼핑 7개사가 운영 중이다. 2012년에 중소기업 전용 TV홈쇼핑 사업자로 홈앤쇼핑이 개국하면서 2012년까지 5개사 체제를 유지하던 홈쇼핑시장은 6개사 체제를 갖추게 됐고, 이후 2015년 7월에 론칭한 공영홈쇼핑(채널명 아임쇼핑)이 추가되어 7개사가 경쟁하고 있다. 또한 7개 사업자 중 CJ오쇼핑, GS홈쇼핑, 현대홈쇼핑, 롯데홈쇼핑, NS홈쇼핑 5개사는 2015년에 추가로 T커머스 채널을 개국하여 두 가지 유형의 홈쇼핑 방송을 송출하고 있다.

한편 이들 7개사의 5년간 영업이익률을 살펴보면 변동이 심하고, 2021년도는 전년에 비해 큰 폭의 마이너스 성장(-19.1%)을 이어가고 온라인 쇼핑의 확대에 따른 한계성을 드러내고 있다. 2022년도는 엔데믹으로 야외활동이 늘어나 TV 시청률이 떨어진

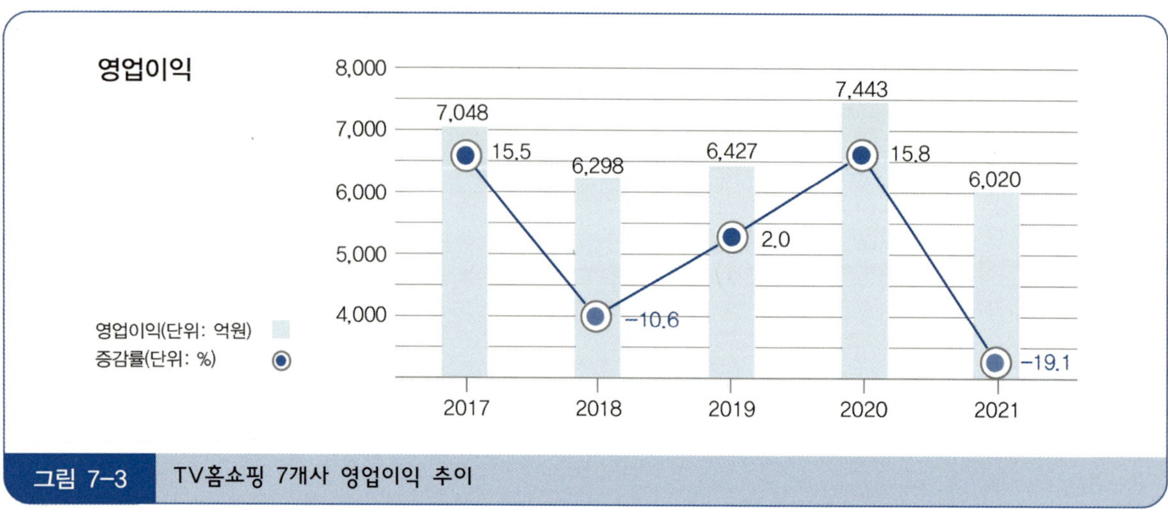

그림 7-3 TV홈쇼핑 7개사 영업이익 추이

출처 : 한국 TV홈쇼핑 협회.

데다 젊은 고객은 이커머스의 온라인 '라방(라이브방송)'에 뺏겨 상황이 더 악화됐다.

올해는 엔데믹으로 야외활동이 늘어나 TV 시청률이 떨어진 데다 젊은 고객은 이커머스의 온라인 '라방(라이브방송)'에 뺏겨 상황이 더 악화됐다. TV 홈쇼핑의 주 연령대가 4060이고 젊은 고객에게 홈쇼핑은 '올드 매체'라는 인식이 강하여 젊은 고객 유입에 영향을 미치고 있다. 홈쇼핑 업체들이 모바일과 온라인으로의 전환에 속도를 내는 이유가 여기에 있다.

Spotlight 해외 홈쇼핑 기업의 전략

해외 홈쇼핑 기업 역시 다양한 전략을 구사하며
심화된 경쟁환경에서 살아남고자 끊임없이 노력 중

해외 홈쇼핑기업의 멀티채널 전략TV를 보며 스마트폰으로 검색하는 것과 같이 여러개의 스크린을 두고 복수의 활동을 하는 것을 의미하는 '세컨드 스크리닝(Second Screening)'은 디지털세대 소비자에게서 흔히 관찰할 수 있다.

미국 홈쇼핑 그룹 QVC는 이 같은 소비자의 생활패턴에 착안하여 '세컨드 스크린(SecondScreen)'이라는 태블릿용 애플리케이션을 개발했다. 세컨드 스크린은 TV쇼와 보완관계를 가지는 애플리케이션으로서 현재 방영중인 프로그램에 소개되는 제품의 부가정보 및 추가영상 자료를 소비자에게 제공한다. 다음 프로그램

이 방영되면 애플리케이션이 제시하는 콘텐츠 역시 탄력적으로 바뀐다는 것이 장점이다. 아울러 QVC는 역으로 온라인채널로의 고객유입을 도모하기 위해 홈쇼핑 TV 방송을 활용중이다. TV홈쇼핑 진행자가 방송을 진행하는 중 자사 웹사이트(QVC.com)에서 인기를 끌고 있는 품목이 눈에 띄면 이를 방송에서 언급하는 방식이다. 한번 언급된 제품의 경우 매출이 크게 향상된다. QVC는 이 같은 방식을 실시간으로 적용하기 위해 2016년 판독 후 반응(Read-andreact)모델에 기반한 데이터반응 분석기술(DART : Data Analytics Response Technology)을 도입했다. QVC는 해당 기술을 활용해 전화통화 · 웹사이트 · SNS을 통한 실시간 데이터와 자사가 가진 소비자 데이터를 연계하여 상품판매에 대한 인사이트를 도출한다. 이와 같이 QVC는 시시각각 변화하는 소비자의 기호에 맞춰 방송 및 디지털 콘텐츠를 제작하는 한편, 24시간 동안 고객 피드백정보를 수집해 QVC에서 운영하는 모든 플랫폼에 적용하고 있다.

한편 일본의 대표적인 홈쇼핑기업 JSC(주피터 숍채널)는 이동통신사업자 KDDI au와 협업해 오사카와 도쿄 신주쿠 내직영점 2곳에 대형 모니터를 설치하고 이를 통해 4일간 홈쇼핑에서 판매하는 의류를 가상으로 시착해 볼 수 있는 기회를 제공한 바 있다. JSC는 au의 점포망을 활용해 구매 전 시착이 어려운 홈쇼핑의 한계를 극복하고자 했다. JSC는 향후 스마트폰에서 가상피팅이 가능한 전용 애플리케이션을 제공할 것

〈해외홈쇼핑 기업의 멀티채널 전략〉

업 체	내 용
QVC	• 태블릿용 애플리케이션 '세컨드 스크린'으로 추가정보를 제공함으로써 소비자 편의성 증대 • DART 기술을 활용하여 온라인채널로의 고객유입을 꾀함 • 가상메이크업 모바일 애플리케이션으로 소비자경험 강화
JSC	• 홈쇼핑 한계를 극복하기 위한 가상 피팅 서비스시험 제공 • 가상 피팅 기능의 모바일 애플리케이션 제공검토
DRTV	• 오프라인 소매점 'Innovation Store'을 운영하며 소비자와의 접점 확대

출처 : 삼정 KPMG 경제연구원 제81호.

을 검토중이다. QVC도 이와 유사하게 Perfect Corp.의 YouCamMakeup과 협업하여 AR기술을 활용한 가상 메이크업 애플리케이션을 제공하고 있다. 해당 애플리케이션으로는 로라겔러(Laura Geller)의 뷰티제품을 체험할 수 있으며 모바일을 통해 직접 제품을 구매할 수 있다. 구매 전, 제품발색을 자신의 피부에 덧대어 체험해 볼 수 있다는 점에서 소비자의 구매결정을 돕고 홈쇼핑의 반품률을 낮추는 효과를 가진다. 이 밖에도 인도네시아 홈쇼핑 기업 DRTV Indonesia는 자국 내 'Innovation Store'라고 불리는 소매점포 80여 곳을 운영하는 등 해외 주요 홈쇼핑기업은 다양한 채널을 통해 고객접점을 늘리기 위해노력 중이다.

출처: TV홈쇼핑협회.

5. 국내 홈쇼핑 관련 정부허가 및 규제

국내 홈쇼핑 관련 주요 규제는 크게 두 가지 성격으로 구분할 수 있다.

1) 시장진입과 관련된 사업승인규제이다.

「방송법」에서는 "상품소개와 판매에 관한 전문편성을 행하는 방송채널사업을 하고자 하는 자는 과학기술정보통신부 장관의 승인을 얻어야 한다"고 규정하고 있어 시장진입에 제한을 두고 있다. 방송법에 의해 제도적으로 보장된 홈쇼핑시장은 현재 사업권 승인을 받은 7개 사업자가 사업을 영위하는 구조로 형성되어 있다. 홈쇼핑 사업자는 일정기간마다 사업권의 재승인을 받아야 하며 재승인시에 불공정거래행위지양, 중소기업상생 등 여러 가지 조건을 만족시켜야하는 만큼 홈쇼핑은 태생적으로 규제산업이라고 할 수 있다.

2) 홈쇼핑 방송내용과 관련한 심의규제이다.

「방송법」은 방송통신심의위원회로 하여금 방송의 공정성, 공공성을 보장하기 위해 방송심의에 관한 규정을 제정하도록 하고 있으며 TV홈쇼핑은 동법 제32조에 따라 방송법의 심의규정 대상에 포함된다. '상품소개 및 판매방송심의에 관한 규정'에서 '상품소개 및 판매방송 사업자'(TV홈쇼핑 사업자)는 방송법 제9조 제5항에 따라 승인을 받은 상품소개와 판매에 관한 전문편성을 행하는 방송채널 사용사업자와 데이터방송 등을 통하여 상품소개와 판매에 관한 방송을 송신하는 방송사업자를 말한다. 동 규정 제51조(상품판매)에서 홈쇼핑방송의 심의기준으로 '방송광고심의에 관한 규정'을 준용하되 방송프로그램의 특성을 감안하여 적용해야 한다고 규정하고 있다.

6. 국내 홈쇼핑환경과 기업전략

국내 홈쇼핑시장 내 경영환경은 사회 · 경제적 환경변화와 더불어 규제심화, 소비자의 급변하는 니즈 등에 의해 점차 심화되고 있다. 이 같은 상황 하에서 국내 홈쇼핑업계는 오늘날의 시장환경에 맞춰 새로운 비즈니스 모델 및 신성장동력을 모색해야 할 시점에 직면해 있다. 따라서 국내 홈쇼핑기업이 오늘날의 홈쇼핑 시장환경에 어떻게 대응하고 있는지 규제 · 채널 · 브랜드 · 글로벌 라이제이션(globalization)의 측면에서 이슈를 구분하여 살펴보고 아울러 해외 주요 홈쇼핑기업의 동향을 함께 살펴봄으로써 국내외 홈쇼핑경영환경의 전반적 트렌드와 기업의 전략을 비교 · 분석을 통해 파악해보자.

1) 국내 홈쇼핑관련 규제심화, 타이트한 규제환경

최근 유통업전반에 대한 규제가 강화되면서 홈쇼핑을 둘러싼 규제환경 역시 타이트해지고 있는 실정이다. 일정 기간마다 재승인을 받아야 하는 산업의 특성상 이러한 규제강화 움직임은 홈쇼핑업계 전반에 상당한 영향을 가져올 것으로 전망된다. 과학기술정보통신부는 TV홈쇼핑 사업자와 납품업체 간 공정한 거래질서확립을 목적으로 2016년 9월 'TV홈쇼핑 불합리한 관행개선방안'을 마련하였으며 구체적인 내용으로는 불공정거래행위에 대한 재승인심사강화, 과징금 상향조정 및 협업을 통한 감시 · 제재강화, 정보공개확대 등이 있다.

2) T커머스 사업확대 및 연동강화

통신망 연결을 통해 사용자가 원하는 프로그램을 원하는 시간에 받아볼 수 있는 영상 서비스인 VOD(video on demand) 및 모바일확대의 영향으로 TV시청률이 하락하고

표 7-2 TV홈쇼핑과 T커머스 비교

구분	TV홈쇼핑	T 커머스
방송유형	일방향 텔레비전 방송	양방향 데이터방송
특징	• 아날로그 TV 기반(A/V방식) • 불특정 다수 대상 • 수동적 • 방송 중 특정 상품에 대한 주문가능	• 디지털TV기반(A/V+VOD) • 개인화/맞춤가능 • 능동적 • 리모컨 활용 • 모든 상품검색 및 주문 · 결제가능

출처 : 한국 T커머스 협회.

TV홈쇼핑 매출정체가 이어지고 있다.

반면 주요 TV홈쇼핑 업체의 전반적인 실적은 VOD 기반의 TV쇼핑을 지원하는 T커머스 채널성장에 의해 탄력받고 있는 모습이다. 더욱이 최근 들어 KT, SK브로드밴드, LG유플러스 등 통신업체가 운영하는 IPTV의 보급확대와 T커머스를 접하는 젊은 소비자가 늘어난 점은 T커머스의 취급고확대를 이끄는 요인이 되고 있다. T커머스 사업권을 가진 사업자는 KTH, 아이디지털 홈쇼핑, SK브로드밴드, 신세계TV쇼핑, 더블유쇼핑의 비(非)홈쇼핑 운영사와 롯데홈쇼핑, 현대홈쇼핑, CJ오쇼핑, GS홈쇼핑, NS홈쇼핑의 기존 TV홈쇼핑 계열 5개사로 구분된다.

지난 2005년 과거 방송위원회가 '상품판매형 데이터방송 사업자 10개사를 선정하면서 시작됐지만 본격적으로 시장이 형성된 것은 IPTV가 빠르게 보급되기 시작한 2010년 이후다.

'T 커머스(T-Commerce)'는 텔레비전(Television) 과 상거래를 뜻하는 커머스(Commerce)의 합성어이다. T커머스는 TV를 통해 거래가 이뤄지는 점에서 TV홈쇼핑과 유사하나, T커머스는 시청자가 리모컨 · 모바일장치 등을 이용해 원하는 상품을 구매하는 양방향 쇼핑이 가능하다는 특징을 가진다. 또한 T커머스는 기존 생방송위주로 편성된 TV홈쇼핑과 달리, 통상적으로 녹화방송으로만 진행되기 때문에 소비자로서는 시간제약없이 언제든지 원하는 상품을 쇼핑할 수 있다. T커머스 사업자 입장에서는 이 같은 특징으로 소비자 데이터를 바탕으로 시청자의 소비패턴에 따라 콘텐츠를 다르게 송출하는 큐레이션 서비스가 가능하다.

국내 T 커머스 시장은 취급고기준으로 2014년 800억 원 수준에서 2017년에는 1조 8,000억 원을 상회하는 등 높은 성장세를 보이고 있다. TV채널의 성장정체에도 불구하고 이 같은 T커머스 시장이 확대될 수 있었던 것은 젊은층을 중심으로 한 신규 수요 증가에 따른 것으로 해석된다. TV홈쇼핑 업계는 T커머스와 TV상품을 연계함으로써 TV프로그램 실적에 대한 긍정적인 효과를 얻고자 T커머스 사업을 강화하고 있다.

3) TV 홈쇼핑의 성장세 둔화와 온라인 · 모바일 · 오프라인 채널확대

TV시청률 하락, 온라인 · 모바일쇼핑의 급성장 등 유통환경 및 소비패턴 변화에 따라 TV홈쇼핑의 성장세는 둔화되고 있는 모습이다. 소매업태별 판매액 지수를 보면 홈쇼핑은 2012년 127.4에서 2016년 145.7로 연평균 성장률 3.4%를 기록한 반면, 인터넷쇼핑은 2012년 124.5에서 2016년 214.8로 연평균 성장률 14.6%를 기록하며 홈쇼핑성장세 대비 5배에 달하는 높은 성장률을 보이고 있다. 특히 스마트폰은 현대인들에게 필수매체로 인식되고 있는 가운데 TV를 보면서 스마트폰을 동시에 이용하는 소비자가 늘고 있다. 스마트폰 사용이 익숙한 세대는 TV에서 특정 상품의 판매방송을 시청하던 중 구매의사가 생긴 제품을 홈쇼핑방송이 아닌 스마트폰으로 구매하는 경향을 나타내기도 한다.

이와 같은 소비패턴변화로 인해 홈쇼핑 사업자에게 온라인 유통업체는 새로운 경쟁자로 떠오르고 있다. 이는 한국에만 국한된 일은 아니다. 미국의 1, 2위를 다투는 홈쇼핑 기업 QVC와 HSN(home shopping network)이 2017년 6월 M&A를 추진하면서 양사간 합병의 목적을 "진화와 변화를 거듭하고 있는 디지털 소매시장에서 보다 효과적으로 경쟁하기 위함이다"라고 밝힌 바 있다. 이처럼 홈쇼핑기업은 변화하는 유통환경에서 생존해 나가기 위해 M&A를 통한 시너지 효과증대 및 TV외 온라인, 모바일, 오프라인 등 다양한 유통채널을 확보하고자 하는 등 다양한 전략을 구사하고 있다. TV홈쇼핑기업은 자사 웹사이트 및 모바일 애플리케이션 등을 통해 상품판매를 병행하고 있다. 주요 홈쇼핑사의 TV취급고 비중은 점차 하락하는 반면, PC · 모바일을 포함한 온라인(E-commerce) 취급고 비중은 늘어나고 있다.

2012년 60.6%를 차지하던 방송 취급고 비중은 지속적으로 하락하여 2016년 53.2%, 2022년 42.9를 기록했다. 반면 2012년 32.0%를 차지하던 온라인 취급고는 2016년 43.2%로 증가하였다.

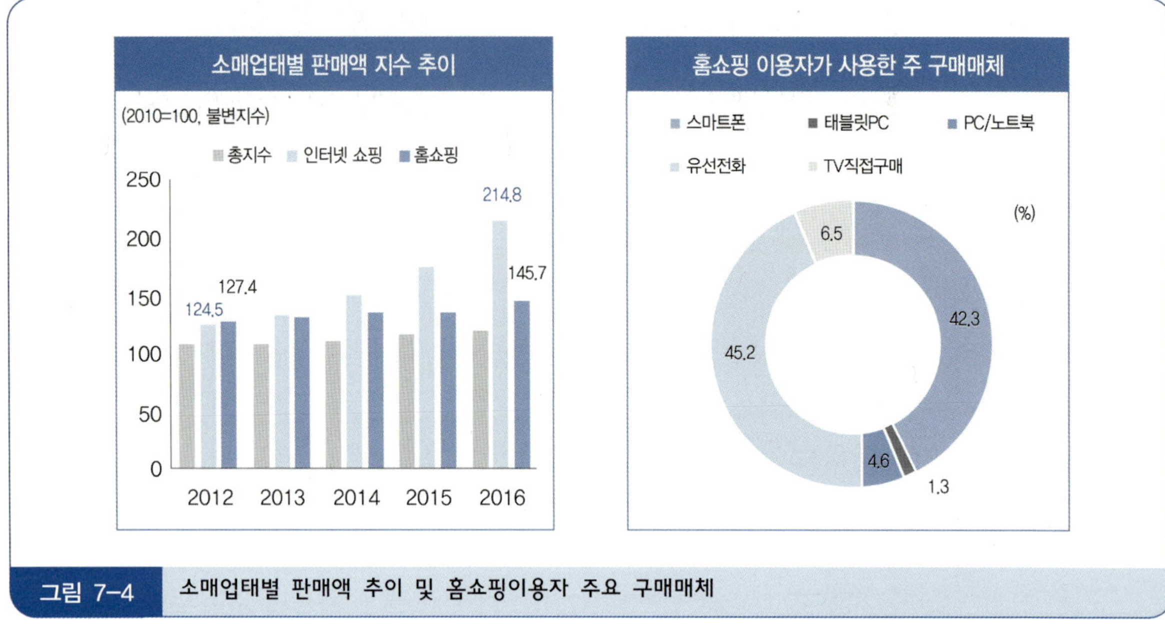

그림 7-4 소매업태별 판매액 추이 및 홈쇼핑이용자 주요 구매매체

출처 : 한국은행, 방송미디어 통계정보시스템(2016).

특히 모바일쇼핑이 간편화되면서 온라인취급고 중에서도 모바일취급고의 성장세가 두드러지게 나타나고 있다. GS홈쇼핑의 경우 2012년 0.7%에 그쳤던 모바일취급고 비중은 2016년 35.8%로 증가하였고 CJ오쇼핑의 모바일취급고는 2012년 2.5%에 서 지속적으로 증가하여 2016년 27.1%를 기록하였다.

반면 온라인취급고 중 PC기반의 웹(web) 취급고는 기존 컴퓨터를 사용해 쇼핑을 즐기던 소비자가 스마트폰으로 다수 옮겨감에 따라 해당 비중이 다소 감소했다. GS홈쇼핑의 PC부문 취급고비중은 2012년 32.5%에서 2016년 10.7%로 감소하였고 CJ오쇼핑의 PC 취급고는 2012년 30.0%에서 2016년 15.3%를 기록하였다. 한편, 백화점, 아웃렛 등 그룹계열사의 오프라인 유통기반을 가진 홈쇼핑사들은 최근 오프라인 매장을 활용한 고객접점확대 및 옴니채널구축에 힘쓰고 있는 모습이다. 오프라인 매장은 TV 방송과 달리 송출수수료, 제작비가 들어가지 않는다는 점에서 이점을 가질 뿐만 아니라 TV 취급고의 재고부담을 덜어주는 효과도 있다. 또한 오프라인 매장은 고객이 상품을 직접 보고구매할 수 있는 체험형 매장이라는 점에서 상품을 직접 만져보고 구매할 수없는 홈쇼핑의 한계를 극복하고 고객층 다양화와 매출증대에 일조하고 있다.

표 7-3 주요 홈쇼핑사 오프라인 매장현황

기업명	매장 현황
CJ오쇼핑	2014년 인천 스퀘어원을 시작으로 오프라인 매장 '스타일온에어 플러스' 운영중
현대홈쇼핑	그룹 계열사인 현대백화점의 아웃렛채널을 활용해 'PLUS#'이라는 이름의 오프라인 매장 운영
롯데홈쇼핑	롯데월드 타워, 롯데 프리미엄 아웃렛 등 자사 그룹 유통망을 활용하여 오프라인 매장 '롯데홈쇼핑 스튜디오샵' 운영
NS홈쇼핑	2017년 경기도 성남 판교 별과 '엔바이콘' 지하에 첫 오프라인 상설매장 오픈

출처 : 한국T커머스 협회.

4) 자체브랜드 · 단독브랜드 론칭통한 경쟁력 제고

TV홈쇼핑 기업 간 단독브랜드 및 자체브랜드 론칭경쟁이 가열되고 있다. 명확하던 유통업종의 경계가 무너지고 이른바 '빅 블러(Big Blur, 경계소멸현상)' 현상이 심화되면서 TV홈쇼핑 업계 간 경쟁이 아닌 유통기업 간 경쟁으로 확산된 것이 주요 배경으로 꼽힌다. 아울러 T커머스 10개사가 2015년부터 추가되면서 TV를 통한 쇼핑시장이 무한경쟁에 돌입하게 된 것역시 주요 요인으로 파악된다. 이와 같은 시장변화 속에서 TV홈쇼핑 업계는 단독브랜드 · 상품을 비롯해 자체브랜드(PB : private brands)로 경쟁력을 제고하는데 나섰다. 단독브랜드는 특정 납품업체와 계약을 맺어 해당채널에서만 판매하도록 한 제품을 의미하며 자체브랜드는 상품기획단계에서부터 홈쇼핑업계가 직접 참여한 제품라인을 뜻한다. 단독 혹은 자체브랜드는 자사채널에서 판매하여 경쟁업체 대비 차별화된 상품을 판매할 수 있고, 고객충성도가 높은 특징이 있어 TV홈쇼핑 업계에서 성장동력 확보를 위한 주요 전략 중 하나로서 주목하고 있다.

일본의 대표적인 홈쇼핑사업자 주피터 숍 채널(JSC) 역시 2017년 4월 자국 내 음료업체 카고메(Kagome)와 협업하여 야채주스를 개발하고 홈쇼핑판매 전용의 단독상품으로 출시한 바 있다. 또한 2017년 상반기 QVC와 합병한 미국의 HSN은 2017년 1월 네이키드 브랜드 그룹(Naked Brand Group)의 자회사인 잠옷 제조업체 'Carole Hochman'과 협업하여 '컴포터블 유(Comfortable You)'라는 브랜드를 론칭했다. 이와 같이 해외에서도 타사제품과의 차별성, 독점력을 위해 자체 및 단독브랜드, 상품제공에 나서고 있는 모습이다.

국내 주요 TV홈쇼핑 업체는 자사 상품과 콘텐츠를 차별화하기 위해 해외 명품브랜드와의 라이선스 체결로 단독브랜드·단독상품론칭, 국내유명패션 디자이너와의 협업, 타 주체와의 콜라보레이션 브랜드개발, 해외 브랜드의 지분인수 등 다양한 방법을 시도하고 있다. 이를 통해 단순 유통기업이 아닌 상품·브랜드사업자로 거듭나고 있다.

CJ오쇼핑은 홈쇼핑을 기반으로 탄생한 자체 브랜드를 독립브랜드로 전환하며 브랜드파워를 제고하는 데 집중하고 있다. 자사만의 스타브랜드를 육성함으로써 홈쇼핑채널이 아닌 오프라인 매장으로 판매채널을 확장하겠다는 전략이다. 이같은 맥락에서 CJ오쇼핑의 대표적인 뷰티 브랜드'SEP(셉)'은 자사 웹사이트 및 그룹사 온라인몰인 CJ몰, 오프라인 매장인 올리브영 등으로 판매 경로를 확장했다. 현대홈쇼핑은 개인패션 디자이너가 아닌 현대백화점그룹 계열 패션기업인 한섬과 함께 '모덴', '모덴옴므' 등을 론칭하며 프리미엄 단독브랜드로 차별화를 도모하고 있다. 이와 같이 일부기업들은 단순 자사의 TV홈쇼핑 채널을 통해 단독브랜드를 기획하고 상품을 제공하는 것에서 벗어나 그룹사 및 타 기업의 역량까지 동원하여 다양한 방법으로 해당 브랜드를 육성하며 시너지를 제고하기도 한다.

일부 TV홈쇼핑 기업은 해외 유명제조사 지분일부를 인수하거나 M&A를 적극 검토하는 데 나섰다. 해외 브랜드제품을 소싱해 상품구색만 차별화하는데 그치지 않고 제조역량까지 확보하겠다는 전략을 내비치고 있다. 타 업체 대비 경쟁력을 제고하기 위해 라이선스 확보, 단독 브랜드출시 외 전략적 투자를 감행하겠다는 의지로 해석된다. 한편 CJ오쇼핑의 2001년 론칭한 자체브랜드 '피델리아'에서부터 2017년 현대홈쇼핑의 가전제품 PB '오로타'까지 TV홈쇼핑 업계의 자체브랜드 론칭 움직임도 활발하다. 기획-제작-판매에 이르는 전 과정을 아우르는 자체브랜드 개발경쟁에 다수의 TV홈쇼핑 기업이 가세하면서 의류, 화장품뿐만 아니라 최근에는 가전에 이르기까지 다양한 카테고리에 걸쳐 전개되고 있다.

5) 해외시장으로의 전략적 재접근

TV홈쇼핑 기업의 해외진출은 한정되어 있는 내수시장을 극복하고 새로운 판로를 개척하는 대안으로 부상하면서 한국기업들은 활발하게 해외로 사업을 확장해왔다.

한국기업이 진출한 국가는 총 12개국으로 중국, 태국, 인도, 인도네시아, 베트남, 대만, 터키, 말레이시아, 필리핀, 멕시코, 일본, 러시아이다. 특히 한국기업이 활발히 진출한 국가는 중국, 태국, 베트남으로 해당 국가에는 3개 이상의 한국기업이 진출해 있는 상황이다. 2004년 CJ오쇼핑이 중국 상하이에 '동방 CJ'를 개국한 데 이어 인도·베트남·태국 등지로 사업을 확대하였으며 GS홈쇼핑은 2009년 인도를 시작으로 8개 나라에 진출하였다. 현대홈쇼핑은 2011년 중국에 진출한 이후 최근 2016년 베트남, 태국으로 사업을 확대했으며 롯데홈쇼핑은 중국, 베트남, 대만에 진출했다.

이처럼 많은 국내기업들이 해외시장에 진출하고 있지만 해외 홈쇼핑시장에는 외국기업들이 높은 이익을 실현하기 어려운 근본적인 한계가 존재한다.

표 7-4 주요 해외홈쇼핑 진출 및 시장현황

국가	진출 기업	시장 현황 및 이슈
중국	CJ오쇼핑 GS홈쇼핑 롯데홈쇼핑 현대홈쇼핑	• 중국인의 소비패턴이 다양해짐에 따라 소매유통업 경쟁이 치열해지며 홈쇼핑 업계도 경쟁심화 • 2016년 기준 중국 신문출판관정총국(新聞出版廣電總局)의 비준을 받은 TV홈쇼핑 기업은 총 34개사
태국	CJ오쇼핑 GS홈쇼핑 현대홈쇼핑	• 2014년 태국 내 디지털 TV가 보급되면서 TV홈쇼핑 채널이 증가 • 30~50대 저·중산층이 주요 소비자층이며, 도심 대비 소매점이 적은 지방에서 대중적 • 2011년 이후 태국 홈쇼핑시장에 해외기업 다수가 합작투자형태로 진출, 현재 태국 홈쇼핑시장에는 한국, 일본, 대만기업이 진출
인도	CJ오쇼핑 GS홈쇼핑	• 인도에서 맞벌이 가정과 소득계층의 증가와 함께 케이블채널, 위성채널이 발전하면서 홈쇼핑 이용자들이 증가하는 추세 • 기존 진출해 있던 온라인 쇼핑몰이 브로드밴드를 통한 TV홈쇼핑으로 시장을 확장하는 등 경쟁이 심화되는 추세 • 인도에서 높은 시장점유율을 보유하고 있던 HOME SHOP18과 ShopCJ는 최근 합병결정을 발표
인도네시아	GS홈쇼핑	• 대다수 소비자는 도시에 거주하고 있으며, 2015년 기준 자카르타, 보고르, 데뽁, 땅그랑, 브까시 지역에서 발생하는 매출이 전체매출의 70% 이상, 도시화가 진행됨에 따라 소비계층이 늘어날 전망 • 인도네시아는 섬으로 이루어진 국가로 체계적인 물류 시스템이 없는 지역으로의 배송은 다소 어려운 상황이나, 전자상거래(E-commerce) 시장발달로 유통·물류시스템의 점차적인 개선이 기대됨
베트남	CJ오쇼핑 GS홈쇼핑 롯데홈쇼핑 현대홈쇼핑	• 2008년 홈쇼핑이 도입된 이후 가정주부 사이에서 인기, 대부분 홈쇼핑채널이 가정주부를 타깃으로 하고 있어 주방가전, 화장품, 식품 등이 주요 품목 • 한국 홈쇼핑기업이 대거 진출해 있으며 한국채널은 주로 수입제품을 판매하고 베트남채널은 베트남산 제품을 저렴한 가격으로 판매하는 특징을 보임 • 2015년 소비자들이 홈쇼핑제품에 대한 품질불만을 제기하며 제품품질 이슈가 불거짐, 엄격한 품질관리를 통해 소비자의 신뢰를 확보해야 할 필요

출처 : 한국방송학회(2014).

홈쇼핑산업은 방송사업권 획득이 필수적이기 때문에 현지 정부로부터 종합유선방송 사업 채널사용 허가를 반드시 받아야 하지만 대부분의 국가에서는 외국회사에 사업권을 넘겨주지 않고 있다. 따라서 홈쇼핑기업의 해외진출은 합작법인 설립 혹은 지분투자 형태로만 가능한 경우가 대다수이다. 이 경우 해외에 진출한 홈쇼핑기업은 현지합작사와 이견이 생기거나 갈등으로 인해 사업에 차질이 생길 리스크를 가진다.

또한 외국 홈쇼핑기업은 현지 정부와의 원활한 관계를 유지해 홈쇼핑채널의 재허가를 지속적으로 받을 수 있어야 한다. 그러나 현지 정부의 규제가 심할뿐만 아니라 정책이 자주 변경되어 홈쇼핑기업들은 이에 대응하는 데 어려움을 겪고 있는 실정이다.

아울러 국내 홈쇼핑사가 주로 진출해 있는 중국 및 동남아 국가는 1인당 국민소득이 낮고, 도로·항만부족으로 물류인프라가 아직 열악한 경우가 많아 사업전개에 어려움이 존재한다. 결제에서도 신용카드가 보편화되지 않아 Cash on Delivery(COD) 방식으로 배송시 현금으로 결제해주는 경우가 많고 반품 및 환불제도 등 프로세스가 잘 갖춰져 있지 않은 것도 애로사항 중 하나이다. 뿐만 아니라 외국기업은 소비문화에 대한 이해의 측면에서 현지 기업에 비해 불리하기 때문에 진출한 국가의 현지 생활문화 및 소비성향에 대한 이해부족도 진출기업들이 겪는 어려움 중 하나이다.

7. 시사점 및 대응전략

국내 홈쇼핑업계는 현재 직면한 상황을 서로 다른 시각으로 바라보고 있다. 일각에서는 홈쇼핑기업의 실적을 놓고 타 유통업태 대비 양호한 재무적 성과를 내고 있다고 본다. 반면 국내 홈쇼핑산업이 현재 '위기 아닌 위기' 국면에 놓여 있는 상황에서 현 관행대로만 비즈니스를 지속해 나간다면 향후 큰 위기가 도래할 수 있다는 의견 또한 제기되고 있다.

아울러 다수 국내외 홈쇼핑기업이 해외로 진출하며 글로벌 라이제이션을 꾀하고 있지만 스포트라이트를 받는 해외성공모델은 아직까지 존재하지 않는 상황이다. 오히려 철저한 준비없이 해외에 진출하여 합작 파트너와의 관계속에서 협상력·지배력을 획득 못하고 해외사업에 실패했다는 비판의 목소리가 일부 제기되는 것이 현실이다. 이와 같은 상황에서 국내 홈쇼핑기업이 생존을 넘어 지속성장과 도약하기 위해서 수립해야 할 네 가지 전략을 살펴보자.

1) 채널 간 시너지의 극대화 (TV, 온라인, 모바일채널 등)

TV취급고가 감소하면서 홈쇼핑기업은 옴니채널 구현에 힘쓰고 있다. 진정한 옴니채널 구현을 위해서는 TV 및 온라인·모바일, 오프라인 채널 간 연계를 통해 끊임없는 고객경험을 제공할 수 있어야 할 것이다. TV를 기반으로 한 홈쇼핑 산업의 특성상 각 채널별 명확한 역할이 부여될 때 더욱 시너지 효과가 극대화될 수 있다. TV 방송을 통해서는 제품속성을 알리는 정보제공과 함께 제품의 필요성과 사용법을 알리며 소비자의 경험을 강화해 구매전환율을 높여야 한다. 즉, 홈쇼핑기업의 TV채널은 소비자가 안방에서 보는 쇼룸인 동시에 브랜드경험의 장이 될 수 있다. 아울러 온라인 및 모바일채널은 편리한 결제시스템을 통해 구매를 위한 창구로서의 역할이 가능하다. 고객이 홈쇼핑기업이 제공하는 다양한 채널 중 최종구매가 어디서 이뤄지는지 여부보다 소비자에게 끊임없는 브랜드체험(seamless experience)을 제공할 수 있는지 집중해야 한다. 소비자의 '지속적인 브랜드체험'이 채널 간 시너지 극대화의 중요한 요인이다.

2) 경쟁력의 본질로 회귀(안정적 소싱확보, 구매력 있는 시장진출 등)

홈쇼핑 기업은 한정된 내수시장을 극복하고 신규 판로개척을 위한 대안으로 2000년 초반부터 해외진출을 가속화 해왔다. 그러나 각종 규제리스크, 소비패턴변화 등으로 인해 일부 현지국가 내 수익성 악화를 겪고 있으며 이에 'Back to the Basic'의 관점에서 전략적으로 재접근해야 한다. 가령, 홈쇼핑기업의 핵심 역량인 상품소싱과 관련하여 기업들은 다변화되는 각국 소비자의 구매채널과 소비패턴에 맞춰 차별화 되면서도 현지 실정에 맞는 소싱역량을 확보해야 할 것이다.

3) 시장의 상생을 주도하는 성장 플랫폼 역할

최근 정부에서 중소기업과의 상생을 강조하며 규제를 강화하고 있다. 이에 홈쇼핑기업은 중소기업과의 상생전략을 통해 규제환경에 대응해 나갈 필요가 있다. 대기업과 중소기업 간 동반성장에 대한 사회적인 관심이 높아진 최근의 상황에서 TV홈쇼핑 기업에 납품하는 중소기업에 이른바 갑질을 하고 있다는 논란이 일어날 경우, 해당 기업은 소비자들의 외면을 받을 우려가 높은 것이 현실이다. 이 같은 상황에서 홈쇼핑기업에게 필요한 부분이 바로 '시장과의 교감(交感)'이다. 홈쇼핑기업은 중소기업 성장을 돕는 상생의 채널이라는 메시지를 시장에 전달하며 교감을 기반으로 소통을 강화해 나가야 한다.

4) 신사업발굴과 기회

유통업계에서는 변화의 속도가 빨라지면서 기존에 존재하던 것들의 경계가 모호해지는 현상인 '빅 블러(Big Blur)'가 가속화되고 있다. 유통업태 간 경계가 무너지면서 홈쇼핑기업 역시 타 유통업태와 경쟁을 해야 하는 상황에 봉착했다. 이 같은 환경속에서 현금성 자산을 보유하고 있는 국내 홈쇼핑기업 중 미래 방향성에 대한 명쾌한 해답을 찾지 못한 기업이 적지 않다. 기존의 홈쇼핑산업 성장을 주도했던 동력이 약화되고 있는 가운데 홈쇼핑기업은 신사업발굴을 통해 기회를 만들어야 한다.

제2절 인터넷쇼핑과 모바일쇼핑

1. 인터넷쇼핑

인터넷쇼핑은 인터넷환경이 경제활동에 미치는 영향을 논의하는 데 있어 기업과소비자라는 주요 경제주체 모두의 관점에서 매우 중요한 분야라고 할 수 있다. 먼저 다양한 기업들 중 제조기업들은 단축된 유통경로를 가능하게 해 주는 인터넷쇼핑을 통해 거래에 소요되는 비용을 절감할 수 있으며, 기존 유통경로를 보완해 주는 매력적인 경로대안을 확보할 수 있게 되었다. 반면에 기존 유통기업들은 자신들의 사업기반을 위협하는 강력한 경쟁자가 등장하는 심각한 위협에 직면하게 되었다. 한편 소비자들은 인터넷쇼핑을 통해 제품구매와 관련된 금전적, 시간적 비용을 상당부분 절감할 수 있게 되었고, 시간과 공간의 물리적 제약을 극복할 수 있게 해주며 정보에 대한 접근가능성이 크게 향상된 대안적인 유통경로를 확보할 수 있게 되었다. 국내의 경우에도 인터넷쇼핑의 이러한 특성들로 인해 유통시장의 큰 변화를 맞이하고 있으며 인터넷 쇼핑시장이 전체 유통시장에서 차지하는 비중도 지속적으로 증가하는 추세를 보이고 있다. 인터넷쇼핑몰 이용단계에서의 고객행동에 대해 알아보자.

1) 정보탐색과 획득

인터넷에서 쇼핑을 취미로 하는 고객을 제외하고는 일반적으로 고객은 자신이 구매하고자 하는 대강의 제품종류는 정하고 제품정보를 탐색한다. 과거와는 달리 최근에는 인터넷구매가 일반화되었지만 고객이 구매하고자 하는 제품은 과거보다 구체적이지 않을 경우가 많이 있다. 예를 들면 과거에 TV를 구매할 때에는 구체적인 제품명 또는 화면크기와 기능 등을 고려하여 가격정보를 중심으로 하여 제품정보를 탐색하였으나 인터넷구매에서는 TV구매라는 욕구만기지고 자신의 방 크기에 맞는 적절한 화면크기, 자신의 이용상황에 맞는 대체재(프로젝터 또는 TV), TV 종류 등 많은 정보를 인터넷을 통해 획득하고 학습하면서 제품을 결정하는 경우가 많다. 이러한 고객행동은 제품선택에 대한 확신이 없기 때문에 일반적으로 나타나는 현상이다. 이와 같은 고객성향을 반영하여 최근에 통합검색사이트, 가격검색사이트 등에서는 다양한 구매정보를 고객들에게 제공하고 있다.

2) 쇼핑몰 선택

인터넷구매에 있어서 쇼핑몰의 선택이 먼저이냐, 제품의 평가 및 선택이 먼저이냐는 논의의 여지가 있지만 인터넷쇼핑이 중점적으로 판매하는 특정품목의 경우에는 인터넷을 통해 많은 정보탐색을 하고 제품을 평가하기 보다는 몇몇 사이트를 통해 제품을 평가하여 선택하기 때문에 쇼핑몰 선택이 제품평가보다 먼저 이루어지는 경우가 많다. '정보탐색 및 쇼핑몰 획득' 단계에서나 '쇼핑몰 선택' 단계에서나 쇼핑몰을 운영하는 기업입장에서 가장 중요한 문제는 자신이 운영하는 쇼핑몰이 고객에게 노출되어 있는가이다. 따라서 선행적으로 쇼핑몰의 인지도를 높이고 여타의 활동들을 통해서 브랜드파워를 향상시키는 것이 쇼핑몰 운영의 일반적인 프로세스이다.

3) 제품평가 및 선택

제품구매를 위한 쇼핑몰을 결정한 고객은 특정 쇼핑몰에서 제품들을 평가하고 구매할 제품을 선택하게 된다. 온라인에서 고객은 오프라인 구매에 비해서 많은 정보를 획득하고 많은 제품을 비교 평가할 수 있지만 실제로는 이러한 많은 정보와 제품의 비교를 고객은 원하지 않는다. 온라인에서는 오프라인보다 정보를 탐색하는 비용은 훨씬 적지만, 검색되는 정보의 양이 너무 많아 정보과부하에 걸리게 되며, 제품에 대해 경험이나 지식이 없는 사람들은 어떤 속성이나 기능이 자신에게 중요한지를 판단하기 쉽지 않을 뿐 아니라 어떻게 제품을 비교해야 하는지도 잘 모르는 경우가 많기 때문에 고객은 일반적으로 자신의 선호에 맞는 확실한 구매대안 중에서 비교적 수월하게 비교 선택함으로써 자기 선택의 후회를 줄이고자 하는 성향을 가지고 있다. 이러한 고객성향을 반영하여 고객의 제품평가 및 선택을 도와주는 역할을 하는 것이 '에이전트'이다. 오프라인에서 일반적으로 고객을 위해 필요한 에이전트라 하면 소비자의 선호를 알고 소비자의 편리를 위해 필요한 과제를 대행해주는 대행업자를 말한다. 반면 인터넷상황에서의 에이전트라하면 인터넷 이용자의 필요를 파악하고 소비자가 원하는 것을 쉽게 찾아 소유할 수 있도록 도와주는 소프트웨어를 말한다. 넓은 범위로는 우리가 자주 사용하는 '네이버'나 '다음'과 같은 검색엔진이나 가격비교 사이트도 일종의 에이전트라고 할 수 있다.

4) 쇼핑몰에서의 구매행동

고객의 경우 인터넷에 대한 지식이 많고 편리지향적인 성격과 구매에 대한 준거집단의 압력이 높을 경우 온라인 구매가능성이 높아진다고 한다. 이러한 소비자들의 성향을 파악하고 구매행동을 이끌어 내기위한 마케팅요인은 우선 온라인쇼핑몰에서 신뢰한 만한 보증을 제공할수록 소비자의 구매가능성이 높아진다고 한다. 즉 보증은 소비자들이 구매할 경우 생길 수 있는 불안감을 해소시켜 주며 자사의 제품을 경쟁사로부터 차별화시킬 수 있는 적극적인 경쟁우위전략으로 사용될 수 있고 구매행동을 유인할 수 있는 다른 마케팅요인은 충분한 정보에 있다. 자펜파와 토드는 인터넷쇼핑몰의 활성화에 가장 방해가 되는 요소로 쇼핑몰의 제한적인 정보제공을 들고 있다. 즉 온라인상의 구매에서 소비자는 제품을 직접 보거나 만질 수 없기 때문에 쇼핑몰에서 이루어지는 수준으로 제품과 상호작용을 할 수 없다. 따라서 제품에 대한 충분한 정보가 주어졌을 때 소비자들은 안심하고 구매행동을 할 수 있게 되는 것이다.

또한 온라인쇼핑몰이 분명한 반품정책을 가지고 있을 때 구매율이 올라갈 수 있는데 이는 반품정책이 온라인상에서 제품을 구매하는 것에 대해 소비자가 지각하고 있는 위험정도를 감소시켜 주며 소비자가 반품정책 자체를 그 쇼핑몰에서 제공하는 제품의 품질을 보증하는 일종의 신호로 받아들이는 경향이 있기 때문이다. 그리고 소비자는 제품목록을 편리하게 검색할 수 있는 온라인쇼핑몰을 선호하는데 이는 온라인 소비자들이 편리성을 추구하는 소비자라는 특성 때문이다. 온라인쇼핑몰 이용자들은 많은 정보보다는 적합한 정보를 원하며 오히려 지나치게 많은 정보는 사용자가 원하는 정보를 찾는데 더욱 어려움을 가중시킨다고 느낀다.

5) 쇼핑몰에서의 구매 후 행동

고객은 제품을 구입한 후 이를 사용하면서 만족과 불만족을 느끼게 된다. 또 그 경험을 바탕으로 제품을 다시 평가하고 향후 의사결정에 이를 반영한다. 아울러 자신이 만족 또는 불만족했던 내용들을 주위사람들에게 구전시키거나 기업에 알리기도 한다. 구매 후 행동에는 이러한 것들이 모두 포함된다. 온라인에서 이루어지는 고객의 구매 후 행동도 이러한 요소들로 구성된다. 다만, 온라인의 경우 자신이 구입한 제품에 대한 것을 물론이고 자신이 이용한 온라인쇼핑몰 등의 웹사이트에 대해서도 이와 같은 구매 후 행동을 취한다는 것이 하나의 특징이라 할 수 있다. 온라인에서 구입한 제품자체에 대해 소비자가 내리는 평가과정이나 사후행동은 오프라인과 별반 다르지 않다. 온라인상에서 구매 후 행동에 대해서 관심을 갖는 중요한 이유는 결국 재구매행동과 연관되기 때문이다. 그리고 온라인 고객의 특성이 쉽게 다른 사이트로 전환할 수 있고 제품 및 사이트에 대한 부정적 구전이 오프라인보다 빠르고 광범위하게 퍼져 나갈 수 있기 때문에 소비자들의 구매 후 행동을 관리하는 것은 온라인쇼핑몰의 성공요인이 될 수 있다.

2. 오픈마켓

오픈마켓와 소셜커머스는 인터넷 쇼핑 및 모바일 쇼핑을 하는 고객을 대상으로 한 플랫폼 기반의 온라인 시장을 의미한다. 대표적인 오픈마켓으로는 G마켓, 옥션, 11번가, 인터파크 등이다. 대표적인 소셜커머스로는 쿠팡, 티몬, 위메프 등이다 산업통상자원부에 따르면 2016년 8월 상반기(1~6월) G마켓 · 옥션 · 11번가 · 인터파크 등 오픈마켓 거래액은 전년 동기대비 21.5% 늘었다. 같은 기간 소셜커머스의 신장률(23.8%)에는 못 미치지만 최근 몇 년간 한 자리 수의 성장을 거듭했던 점에 비교하면 가파른 신장세다. 유통업계는 소셜커머스가 고속성장의 후폭풍에 멈칫하는 사이 오픈마켓이 본격적인 반격을 감행한 것으로 해석하고 있다.

오픈마켓 관계자는 “상품 직매입과 편리한 배송 등을 앞세워 영향력을 확대하던 소셜커머스가 재무적 위기에 봉착하면서 기존의 강점을 더이상 유지하기 어렵게 된 것으로 보고 있다”며 “그 사이 오픈마켓은 모바일을 강화하는 동시에 소셜커머스가 치고 들어왔던 배송문제를 보완하며 경쟁력을 높여왔다”고 설명했다.

실제 2015년 소셜커머스 3사는 1조 5,461억 원의 매출을 올렸지만 8,313억 원의 영

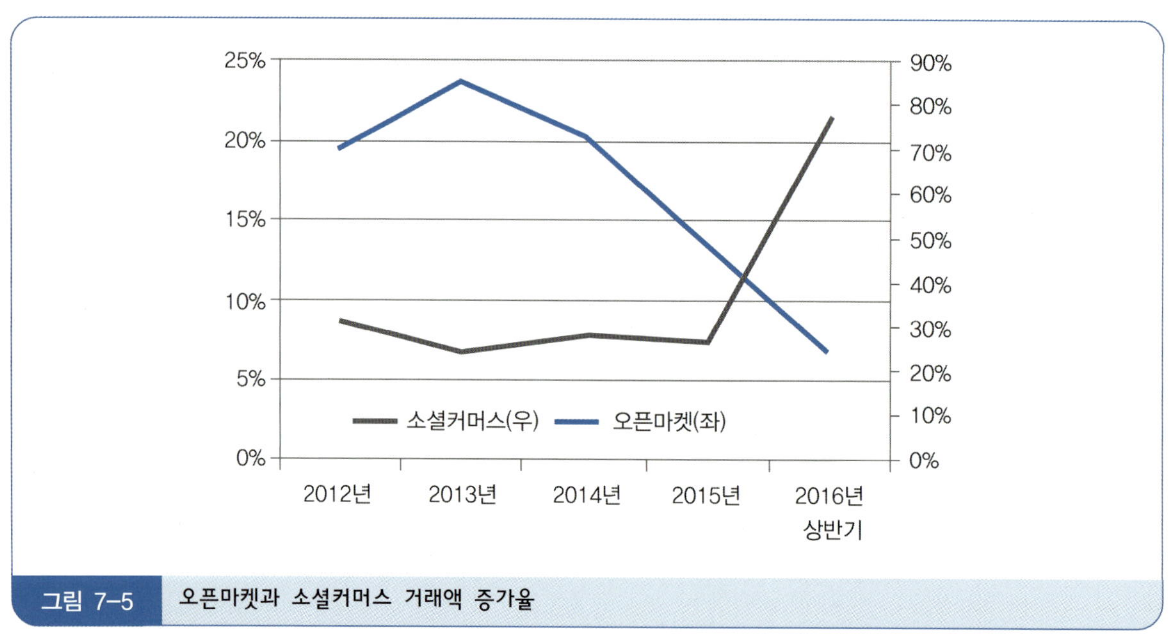

그림 7-5 오픈마켓과 소셜커머스 거래액 증가율

출처 : 산업통상자원부(2016).

업적자를 냈다. 1000원짜리를 팔면 약 540원의 손해가 난 것과 다름없다. 과도한 할인율과 높은 원가부담, 배송망에 대한 투자가 손실의 주된 원인으로 작용했다. 이에 비해 오픈마켓은 소셜커머스가 장악하던 모바일 시장을 빠르게 치고 들어왔고 묶음배송과 간편결제 등을 선보이며 기존의 한계를 보완하는 작업을 진행했다. 특히 11번가는 소셜커머스 처럼 상품 직매입을 도입하고 전용물류센터를 가동하는 등 소셜커머스와 비슷한 사업구조를 갖춰가고 있다.

법적으로는 오픈마켓은 통신판매중개업자로, 소셜커머스는 통신판매업자로 규정하지만 현재로서는 과다한 경쟁으로 영역 구분이 모호하다. 일반적으로 오픈마켓은 각각의 판매자들이 상품을 판매한 뒤 지급하는 수수료를 매출로 잡는데 오픈마켓이 상품을 직매입해 판매하면 판매액 자체를 매출로 잡을 수 있다.

가령 1만 원짜리 상품을 판매하고 수수료로 10%를 받았다면 11번가의 매출은 1000원이지만, 직매입 상품을 판매하면 매출이 1만원으로 잡힌다.

유통업계 관계자는 “소셜커머스가 직매입으로 몸집을 불렸듯 11번가도 짧은 시간 내 눈에 보이는 성과를 내려고 직매입 사업을 시작한 것”이라고 해석했다.

3. 모바일 쇼핑

스마트폰 바람을 탄 모바일쇼핑 시장이 가파른 성장세를 보이고 있다. 통계청의 온라인 쇼핑 동향조사 통계자료(KOSIS)에 따르면 ‘온라인 쇼핑 총거래액’이 2018년 113조 원에서 2021년 188조 원으로 3년 사이 무려 66%가 증가한 것으로 나타났다. 이 중 ‘모바일 쇼핑 거래액’ 비중도 점차 높아져 이제 10명 중 7명(72%) 이상이 모바일 쇼핑을 하고 있다. 온라인쇼핑 시장에서 모바일 바람이 얼마나 거센지 알 수 있다. 코로나 사태의 영향으로 촉발된 비대면 온라인 시장의 확대는 이미 대세가 되고 있다. 여러 매체의 보도와 산업통상자원부 자료 “19~21년 연간 주요유통업체 매출동향에 따르면 2021년 48%로 2018년(38%) 이후 3년간 10% 증가한 데 반해, 오프라인 매출의 경우 코로나19로 비대면 기조가 대세가 되면서 2018년 대비(62%) 2021년(52%) 10% 감소한 것으로 나타났다.

한국 인터넷 사용자의 4분의 3 가량이 한 해에 적어도 한 번은 디지털을 사용해 구매를 한다고 추산하고 있다. 디지털 구매자 수 역시 꾸준히 늘어나 2021년에는 인터넷 사용자의 80% 이상 차지하게 될 것으로 전망하고 있다.

현재 한국은 아시아-태평양 지역에서 디지털구매자 보급율이 일본, 호주에 이어 세 번째로 높다. 디지털구매자의 절대수치로 따져도 중국, 인도, 일본에 이어 네 번째로 많다. 온라인쇼핑 시장규모도 중국, 일본 다음으로 세 번째로 크다.

무선인터넷 이용의 주요 목적은 네이트온 및 카카오톡 등 메신저였으며 상품 및 서비스구매를 위해 무선인터넷을 이용한 경우도 27.6%에 달하였다. 이 중 90.3%가 '스마트폰'을 통해 무선인터넷에 접속하고 있는 것으로 나타났으며 전년도에 비해 30.2% 큰 폭 증가를 보였다. 이는 스마트폰의 확산이 무선인터넷 이용률 증가에 주요 요인으로 작용하고 있음을 알 수 있다.

한국 DMC에서 조사한 '모바일쇼핑 이용실태보고서'에 따르면 응답자의 약 66.7%가 모바일쇼핑 이용경험이 있으며 여성이 남성보다 적극적으로 모바일쇼핑을 활용하고 있는 것으로 나타났다. 모바일쇼핑을 위한 지출액은 월평균 '30,000~50,000원 미만(24.7%)'으로 '50,000~100,000원 미만'도 20.2%에 달하였다. 특히 모바일쇼핑시 소셜쇼핑을 이용하는 경우가 60.1%에 달하였으며, 오픈마켓이 57.6%로 나타나 모바일쇼핑 이용자들의 주요 행태가 소셜 커머스 및 오픈마켓을 통한 구매활동임을 알 수 있다. 모바일쇼핑을 선호하는 이유로는 '시간 및 장소의 제약없음'이 84.8%로 가장 높게 나타났으며, 저렴한 가격, 쿠폰 및 포인트 등의 할인혜택도 모바일 쇼핑이용의 주된 이유로 조

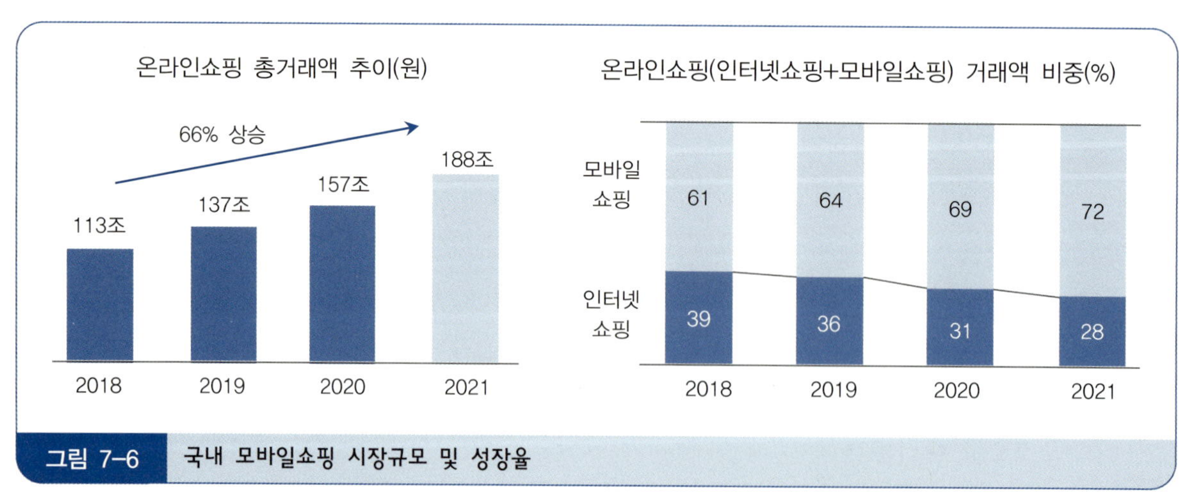

그림 7-6 국내 모바일쇼핑 시장규모 및 성장율

출처 : 통계청 KOSIS 국가통계포털(온라인쇼핑 동향 조사 통계 참조, 사례뉴스(2022년 4월 1일) 재인용.

사되었다. 특히 모바일쇼핑 이용경험자 중 94%가 실제로 모바일쇼핑을 통한 구매경험이 있는 것으로 나타났다. 또한 향후 모바일쇼핑 이용의사에서도 48.9%가 '의사있음'으로 나타나 모바일쇼핑 이용자는 계속 증가할 것으로 전망된다.

한편 우리나라는 만 3세 이상 인구의 78.4%인 3,812만 명이 인터넷 이용자이며 이 중 63.5%가 인터넷쇼핑 이용자들이다. 특히 20대 인터넷 이용자 중에서는 90.2%가 인터넷쇼핑 이용자들로 나타나 향후 인터넷 쇼핑시장은 더욱 확대될 것으로 기대된다. 국내 인터넷이용률 증가에 따라 온라인쇼핑에 노출될 가능성이 높아지고 이에 따라 실제구매로 이어지는 경우도 더욱 늘어날 것으로 예상된다.

또한 최근 스마트폰 가입자 수의 증가속도가 다소 둔화되고 있으나 여전히 높은 성장률을 보이며 이동통신 가입자 수의 절반이상을 차지하고 있다. 이러한 스마트폰 가입자 수 증가세로 인해 스마트폰을 통한 모바일쇼핑 경험 또한 증가할 수 있을 것이다. 모바일쇼핑은 앞으로도 소셜쇼핑과 오픈마켓 사업자들의 활발한 마케팅과 결제시스템의 편리성 제고 등을 통해 급성장할 것으로 기대되고 있다. 인터넷쇼핑 시장규모의 성장률이 다소 낮아지고 있으나 전체 온라인쇼핑 시장규모에서 차지하고 있는 비중은 꾸준히 증가하고 있고 신성장동력으로 모바일쇼핑 부문이 급속도로 성장하고 있다. 세계적인 코로나19사태와 경제불황으로 소비심리가 위축되고 있으나 저렴한 가격과 공격적인 마케팅전략 등에 힘입어 향후 온라인쇼핑 시장에서 인터넷쇼핑 · 모바일 쇼핑 영역의 성장세는 계속 이어질 것으로 전망된다.

4. 전자상거래의 유통산업에 대한 영향

소비자를 상대로 한 전자상거래의 등장은 기존 유통산업에 광범위한 영향을 미치고 있다.

1) 다채널유통의 등장과 전략적 제휴증가

기존 유통업체들은 전자상거래 등장 초기 순수인터넷 유통기업의 침투에 대해 그리 심각하게 우려하지 않았다. 인터넷쇼핑 시장의 성장을 비교적 낙관하지 않았기 때문이다. 하지만 최근 기존 전통적 유통방식에 비해 인터넷쇼핑 시장은 급격한 시장성장을 보이고 있어 이제 시장의 이목을 집중하고 있는 실정이다.

기존 유통기업이 인터넷방식을 병행하기도 하고, 인터넷 유통기업은 기존 방식을 추가하는 등 양쪽을 병행해 가는 유통기업들이 급격히 늘고 있다. 이에 따라 두 방식의 장점을 결합하여 시너지효과를 얻기 위한 전략적 제휴가 최근 급속히 늘고 있고 이 현상은 지속적으로 나타날 것이다. 이는 순수 인터넷판매방식의 기업보다는 기존 유통채널방식과 인터넷 유통채널을 결합한 다채널유통기업과 통합쇼핑이 점차 늘어날 것으로 예상된다.

2) 경쟁구조에 대한 영향

기존 유통산업에서 대규모 사업자가 누려온 경쟁상의 규모의 경제, 협상력 등의 각종 우위는 전자상거래에서도 동일하게 유지되거나 오히려 강화될 것이다. 즉 전통적 유통업에서 나타나는 대규모의 이익이 전자상거래에서는 더 자기강화적으로 작용할 가능성이 크다. 이는 인터넷기술이 가능하게 하는 네트워크 효과 때문으로 인터넷을 통해 다수의 판매자와 구매자를 연결시켜 일단 유리한 위치를 선점한 인터넷 유통기업에 소비자가 집중하는 네트워크 효과를 만들어 낸다. 이런 상황에서 인터넷 유통기업의 생존방법은 대형 포털사이트에 입점하는 것이다.

3) 소비자의 영향력 증대

기존 유통방식에 비해 전자상거래는 소비자에게 제공하는 상품정보, 상품의 선택폭의 확대, 쇼핑시간절약 등을 통해 소비자에게 새로운 부가가치를 제공하게 된다. 또한 소비자는 자신이 원하는 신제품이나 새로운 디자인, 새로운 기능 등의 제품개선에 대한 의견을 유통업체에 전달하여 제조업체의 상품계획에 반영되는 기대도 할 수 있다.

4) 가격에 대한 영향

기존 유통산업에 비해 전자상거래가 갖는 최대효과는 상품가격의 하락이다. 기존 유통(소매점포)에 비해 비용절감요인은 아래와 같다.

- 무점포를 통한 비용절감

■ 재고유지비용 축소
■ 유통정보화를 통한 재고관리비용 절감
■ 직접 판매비용(인건비) 절감

이에 비해 전자상거래로 인한 새로운 비용발생 부분도 충분히 있을 수 있다.
■ 소비자 배송비용
■ 마케팅비용(기업 이미지 및 상품브랜드 구축)
■ 안전결제시스템 구축비용
■ 소비자와의 신뢰도 구축비용

5. 방문판매

방문판매는 판매자가 사업장 외의 장소에서 소비자에게 재화와 서비스를 권유하여 계약의 청약을 받거나 계약을 체결하여 재화 등을 판매하는 판매방식으로 위탁 및 중개판매방식을 포함한다.

방문판매조직을 개설하거나 관리, 운영하는 자를 방문판매업자라 하고 이를 대신하여 방문판매업무를 수행하는 자를 방문판매원으로 구분한다.

이 방식은 소비자와 직접 만나 원하는 상품을 실제로 보여주고 자세한 설명을 할 수 있기 때문에 소비자의 이해를 즉각적으로 도모할 수 있어 구매를 결정하는데 도움이 될 수 있다. 주로 보험, 화장품, 생활용품, 건강식품 분야에서 적극적인 방문판매 방식을 활용하고 있다. 온라인시장의 급성장세에도 불구하고 방문판매가 여전히 매력적인 판매채널로 자리잡고 있다. 다단계와 방문판매를 합쳐 직접판매(direct selling)라고 분류한다.

2019년 8월 세계 직접판매연맹(WFDSA)에 따르면 지난해 한국의 직접판매 시장규모는 180억 4,400만 달러(약 21조 9,000억 원) 규모로 3위를 기록했다. 1위는 중국(43조 3,000억 원), 2위는 미국(42조 9,000억 원)이었다. 4위는 독일(21조 3,000억 원), 5위는 일본(18조 9,000억 원)이었다.

인구수에 비해 한국에서 직접판매가 활성화된 배경으로 '네트워크'를 중시하는 사회적 분위기가 꼽힌다. 한 다단계업체 관계자는 "한국은 서구권에 비해 직접판매가 용이

표 7-5 세계 직접판매 기업순위

순위	이름	DSN추정 2018년 직접판매 매출
1	암웨이(미국)	9조 7,000억원
2	에이본프로덕츠(미국)	6조 5,000억원
3	허벌라이프(미국)	5조 9,000억원
4	인피니투스(중국)	5조 5,000억원
5	포베르크(독일)	5조 2,000억원
· · ·		
8	코웨이(한국)	3조원
20	애터미(한국)	1조 4,000억원
27	아모레퍼시픽(한국)	7,000억원
44	LG생활건강(한국)	4,000억원

출처 : Direct Selling News.

한데 국토가 작고 부녀회 등 집단문화가 발달했다"고 설명했다.

또 다단계산업과 방문판매산업이 고루 발달한 점도 한국의 직접판매 시장규모 순위를 끌어올린 요인이다. 미국은 다단계판매가 발달했지만 방문판매 시장규모는 작은 편이다. 반대로 다단계판매가 불법인 중국과 일본에서는 방문판매 위주로 직접판매 시장이 형성됐다.

세계 직접판매 시장규모는 동남아지역을 중심으로 빠르게 성장하고 있다. 지난해 세계 직접판매 시장규모는 1929억 달러로 전년 대비 1.2% 성장했다. 2019년 세계 직접판매기업 100위에 한국 기업 4곳이 이름을 올렸다. 정수기 등 렌털사업을 하는 코웨이가 3조원으로 세계 방판기업 8위를 차지했다. 100위권 안에 든 국내기업 모두 조금씩 순위가 올랐다.

미국 직접판매 전문지 DSN(direct selling news)에 따르면 미국 암웨이가 2019년 세계 방문판매기업 순위 1위를 차지했다. 암웨이는 2012년부터 계속 1위를 유지하고 있다. 2~5위도 전년과 동일했다. 2위는 미국 화장품 기업 에이본 프로덕츠, 3위는 미국 건강기능식품 기업 허벌라이프, 4위는 중국 건강기능식품 기업 인피니투스, 5위는 독일 가전업체 포베르크였다.

국내기업들도 100위권에 이름을 올렸다. 가전 렌털업체 코웨이가 8위, 화장품 · 건강기능식품 다단계업체 애터미가 20위였다. 국내 대표화장품 기업인 아모레퍼시픽과 LG

생활건강은 각각 27위, 44위를 기록했다.

2018년 코웨이(11위), 아모레퍼시픽(35위), LG생활건강(54위)에서 모두 순위가 대폭 상승했다. 애터미는 2018년 세계 직접판매기업 100위 목록에 집계되지 않았다.

아모레퍼시픽 관계자는 "방문판매 매출이 정체수준"이라면서도 "지방에서는 방문판매가 여전히 유효한 채널이고 고연령층이 선호하고 있어 방문판매 영업을 확장하기 위해 노력하고 있다"고 설명했다.

한국 직접판매산업협회 관계자는 "LG생활건강은 중국 내 방문판매 시장이 성장하면서 방문판매 매출이 늘었을 것으로 추정된다. 코웨이는 렌털시장이 계속 커지다보니 매출이 꾸준히 성장하고 있다"고 분석했다.

CHAPTER 08

프랜차이즈

'코로나19에도 매장 늘린 스타벅스의 역발상 '매출 2조 눈앞'

비대면 DT 매장 확대하니 불황에도 멤버십 회원 증가
언택트 붐 타고 실적 고공행진 '나 홀로 상승세'

신종 코로나바이러스 감염증(코로나19) 사태로 주요 식음료 프랜차이즈 브랜드들이 고전하는 상황에서 스타벅스는 오프라인 매장확대 기조를 이어 가고 있다. 스타벅스는 2020년 한국 매장 수 1,500개를 돌파했다. 1999년 서울 이대점(1호점)을 열고 한국시장에 들어온 지 21년 만이다.

스타벅스는 2016년 매장 수 1000개를 돌파한 이후 꾸준히 매장 수를 늘리고 있다. 한국매장 수는 2017년 1,140개, 2018년 1,262개, 2019년 1,378개로 늘었다. 스타벅스는 코로나19 악재에도 2020년 3분기 누적매출 1조 4,229억 원을 올려 2019년 같은 기간(1조 3,505억 원)보다 5.4% 늘어나는 등 실적도 순항하고 있다. '나 홀로 상승세'에 힘입어 연매출 2조원 달성 기대감도 자아낸다.

불황에도 매장을 늘리는 역발상 출점전략과 함께 코로나19로 변화하는 고객니즈에 따라 배달서비스 시범운영, 드라이브 스루(DT) 매장확대, 사이렌오더 등 비대면 서비스를 강화한 것이 주효했다.

한국진출 21년만에 배달서비스 도전

스타벅스는 사회적 거리두기 강화로 매장영업에 제한이 생기자 비대면 서비스강화에 나섰다. 그 일환으로 배달대행 스타트업인 바로고와 손잡고 2020년 11월 처음으로 딜리버리(배달) 서비스를 시작했다.

배달서비스는 현재 서울 강남구에 있는 역삼이마트점과 스탈릿대치점 2개 매장에서 시범 운영 중이다. 스타벅스가 배달전용 매장을 확대할 것인지는 아직 결정되지 않았다. 스타벅스는 딜리버리 테스트 매장 2곳에서의 딜리버리 관련 데이터와 고객 피드백을 바탕으로 향후 사업 여부를 결정할 예정이다.

스타벅스는 코로나19 이후 비대면 드라이브 스루(DT) 매장을 확대하고 있다. 드라이브 스루 매장을 이용하면 차량에 탑승한 채 안전하고 신속하게 음료・푸드・MD 등을 주문할 수 있다. 스타벅스는 2012년 한국의 첫 드라이브 스루 매장인 경주보문로점을 열었다. 2020년 새로 오픈한 드라이브 스루 매장은 스타벅스 한국매장 중 최대 규모(364평・1203㎡)인 '더양평DTR점'을 포함해 총 48개다.

드라이브 스루 매장에서 활용하는 자동결제시스템인 '마이 DT 패스' 누적가입자도 150만 명을 넘어섰다. 코로나19를 계기로 감염우려를 줄일 수 있는 모바일 주문, 배달 등 언택트(비대면) 서비스수요가 증가하면서 스타벅스가 그동안 갈고 닦은 정보기술(IT) 시스템도 빛을 발하고 있다는 평가다.

출처 : 2021년 1월 24일, 한경비즈니스

프랜차이즈는 성공한 비즈니스를 복제하는 경영방식으로 사업을 확장하고 제품과 서비스를 유통시키는 데 있어 그 어떤 방법보다 역동적인 비즈니스 모델로 인정받고 있다. 프랜차이즈로 사업을 하지 않는 업종이 없을 정도로 거의 모든 산업분야에 걸쳐 프랜차이즈 시스템이 적용되고 있다.

프랜차이즈가 이렇게 인기있는 이유는 사업을 확장하는 데 있어 효과적인 방법이기도 하지만 기존의 많은 프랜차이즈들이 성공적으로 운영되었고 그에 관한 성공 스토리가 많은 사람들에게 널리 알려졌기 때문이다. 만약 작은 소매점을 글로벌기업으로 키우는 것이 목표라면 프랜차이즈 시스템이 가장 좋은 비즈니스 모델이 될 수 있다.

본 장에서는 소매유통 혁신의 경영방식으로 기업가에게 성공을 가져다주는 프랜차이즈의 개념과 유형, 프랜차이즈 성립조건, 유형 등을 살펴보고자 한다.

제1절 프랜차이즈의 이해

프랜차이즈(franchise)란 어떤 상인(가맹점)이 타인(가맹본부)의 상호, 상표 등 영업권을 이용하여 상품 또는 서비스를 판매하거나 기타 영업을 할 수 있는 권리를 부여받으며 그러한 영업권의 소유자로부터 영업에 관하여 일정한 통제지원을 받고 이러한 포괄적 관계에 대하여 일정한 대가를 지급하는 계속적 채권관계가 있는 것을 말한다.

프랜차이즈 비즈니스는 곧 최소한의 위험부담과 투자를 가지고 이미 검증된 상품, 서비스와 경영방식을 통해 성공기회를 잡으려는 욕구를 충족시키는 편리하고도 경제적인 수단이다. 이러한 프랜차이즈는 가맹본부(franchisor)가 가맹점(franchisee)에 조직, 교육, 상품공급, 영업, 관리, 점포개설 등의 노하우를 브랜드와 함께 제공하여 사업을 영위해 나가는 관계를 말한다.

다시 말하면 프랜차이즈 비즈니스란 제품을 만들어서 판매하는 제조업체나 판매업체가 가맹본부가 되고, 독립소매점이 가맹점이 되어 소매영업을 체인화하는 사업형태이다.

가맹본부는 가맹점에게 해당지역 내에서의 독점적 영업권을 주는 대신 가맹본부가 취급하는 상품의 종류, 광고, 점포인테리어, 서비스 등을 직접 구성하고 관리하는 것은 물론, 가맹점에 교육지원, 경영지도, 판촉지원 등 각종 경영노하우도 제공한다. 이에 대해서 가맹점은 가맹본부에 가맹비, 로열티 등 일정한 대가를 지불하고 사업에 필요한 자금을 직접 투자해서 가맹본부의 지도와 협조를 통해 독립된 사업을 영위하는 사업시스템인 것이다. 결국 프랜차이즈 비즈니스란 가맹본부와 가맹점 간의 수평적인 협력사업시스템이라고 할 수 있다.

1. 프랜차이즈에 대한 다양한 정의

국가 또는 기관들마다 프랜차이즈를 조금씩 다르게 정의하고 있지만 핵심내용은 거의 동일하다. 프랜차이즈에 대한 정의는 크게 일반적 정의와 법률적 정의로 나누어 살펴볼 수 있다.

1) 일반적 정의

미국 상무부(department of commerce)는 가맹본부가 마케팅형식(marketing format)으로 개발한 상품 또는 서비스를 가맹점이 제공, 판매, 분배하는 권리를 허락받아 사업을 영위하는 방법이라고 정의하고 있다.

국제프랜차이즈협회(IFA)는 제품 또는 서비스를 분배하는 방법이라고 하면서 법적으로 독립된 두 당사자들 간의 계약 또는 면허관계(licensing relationship)로 정의하고 있다. 그리고 프랜차이즈에는 최소한 서로 다른 두 사람이 관여되어 있는데 가맹본부는 상표 또는 상호를 빌려주는 자이고, 가맹점은 가맹본부의 상호와 시스템 아래 로열티(royalty)와 가맹비(initial fee)를 지불하고 정당하게 비즈니스를 수행할 권리를 가지는 자라고 정의하고 있다.

한국프랜차이즈협회(KFA)는 사는 사람에게 프랜차이즈 회사의 이름, 상호, 영업방법 등을 제공하여 상품과 서비스를 시장에 판매하거나 기타 영업을 할 수 있는 권리를 부여하며 영업에 관하여 일정한 통제와 지원을 하고 이러한 포괄적 관계에 따라 일정한 대가를 수수하는 계속적 채권관계라고 정의하고 있다.

비즈니스 잡지 앙트레프레너(Entrepreneur)는 가맹본부가 가맹점에게 사업과 제품을 판매할 수 있는 권리와 조직, 교육, 판매방법, 마케팅, 재무 등에 대한 지원을 제공하는 계속적인 관계라고 정의하고 있다. 그리고 가맹점을 통해 제품, 서비스 또는 방법을 소유하고 있는 가맹본부가 유통네트워크를 확보하는 사업형태를 프랜차이징(franchising)이라고 하였다.

유럽연합프랜차이즈협회(EFF : The European Franchise Federation)는 프랜차이즈 산업을 촉진하고 바람직한 관행을 형성하기 위한 지침(Code of Ethics 29)에서 가맹본부와 가맹점이 법률적·재무적으로 분리·독립된 관계로서 서로 간에 밀접하고도 지속적인 협력을 기반으로 가맹본부는 가맹점에게 자신의 콘셉트에 따라 사업을 수행할 권리를 보장하고 의무를 부과하는 것으로 정의하고 있다. 그리고 양 당사자는 상호 간에 체결한 프랜차이즈 계약(franchise agreement)에 명시된 조항에 의거하여 가맹본부는 자신의 상호와 상표, 노하우, 기술적 방법, 절차시스템, 상업적·기술적 특허를 사용할 권리를 가맹점에게 제공하고 의무를 부과한다고 하였다.

일본프랜차이즈협회는 사업자(가맹본부)가 다른 사업자(가맹점)와 계약을 체결하고 자기의 상표, 서비스마크, 상호 그 외 영업의 상징이 되는 표지, 경영 노하우를 사용하여 동일한 이미지 아래 상품의 판매 및 그밖의 사업을 수행할 권리를 부여하고, 가맹점은 그 대신에 일정의 대가를 지급하며, 사업에 필요한 자금을 투자하여 가맹본부의 지도 및 지원아래 사업을 수행하는 양자의 계속적 관계라고 정의하고 있다.

2) 법률적 정의

(1) 우리나라 상법 및 가맹사업법

우리나라 상법 제168조의 6(의의)에서는 프랜차이즈를 자신의 상호·상표 등을 제공하는 것을 영업으로 하는 자(가맹업자)로부터 그의 상호 등을 사용할 것을 허락받아 가맹업자가 지정하는 품질기준이나 영업방식에 따라 영업을 하는 자를 가맹상이라고 정의하고 있다. 한편 가맹사업 거래의 공정화에 관한 법률(약칭 '가맹사업법')에서는 가맹본부가 가맹점 사업자로 하여금 자기의 상표·서비스표·상호·간판, 그밖의 영업표지를 사용하여 일정한 품질기준이나 영업방식에 따라 상품 또는 용역을 판매하도록 함과 아울러 이에 따른 경영 및 영업활동 등에 대한 지원·교육과 통제를 하며 가맹점 사업자는 영업표지의 사용과 경영 및 영업활동 등에 대한 지원·교육의 대가로 가맹금을 지급하는 계속적인 거래관계라고 정의하고 있다.

(2) 미국 연방거래위원회의 프랜차이즈 규칙

미국 연방거래위원회(FTC : federal trade commission)의 프랜차이즈 규칙(franchise rule)에서는 ① 가맹점이 가맹본부의 상호로 확인 또는 관련된 재화, 서비스 또는 상품을 제공, 판매 또는 유통할 수 있는 권리를 가지며, ② 가맹본부는 가맹점의 운영방법에 대해 상당한 수준의 통제를 실행 또는 실행할 수 있는 권리를 가지거나 가맹점의 운영방식에 상당한 수준의 지원을 제공하며, ③ 프랜차이즈 운영을 시작 또는 획득하는 조건으로 가맹점은 가맹본부 또는 가맹본부 관련자가 요구하는 금액을 지급하거나 지급약속할 것을 계약조항으로 명시하거나 프랜차이즈 판매자가 구두 또는 서면으로 약속 또는 제시하고 있는 모든 계속적인 상거래관계 또는 계약으로 정의하고 있다.

(3) 일본의 중소 소매상업진흥법

일본의 중소 소매상업진흥법 제4조에서 연쇄화사업이란 주로 중소소매상 업자에 대하여 정형적인 약관에 의한 계약에 기초하여 계속적으로 상품을 판매하고 또는 판매를 알선하거나 경영에 관한 지도를 행하는 사업이라고 부르고 있다. 그리고 이러한 연쇄화사업 가운데 해당 연쇄화사업에 관련된 약관에 가맹자에게 특정한 상표, 상호, 기타의 표시를 사용하도록 하는 취지 및 가맹자로부터 가맹시 가맹금, 보조금, 기타의 금전을 징수하는 취지를 정한 것(제11조)을 특정 연쇄화사업이라고 정의하고 있으며 이 같은 특정 연쇄화사업에 프랜차이즈가 포함되어 있다.

2. 가맹본부와 가맹점 사업자 간의 관계

가맹본부와 가맹점 사업자 간의 관계는 독립사업자 간의 관계에 비해 가깝지만 한 기업 내의 본사와 지사 간의 관계보다는 멀다. [그림 8-1]에서와 같이 독립사업자 간에는 별도의 거래관계가 형성되어 있지 않다. 반면 특정기업이 지사를 운영하는 경우 본사와 지사 간에는 강력한 위계질서에 따라 수직적으로 통제하는 관계가 형성된다. 프랜차이즈는 독립사업자와 기업의 중간으로서 가맹본부가 일정부분 가맹점 사업자의 영업을 통제하고 가맹점사업자도 어느 정도 가맹본부에 영향을 미칠 수 있는 관계이다. 이때 가맹본부의 통제는 프랜차이즈의 동일성 유지를 위한 범위내에서만 이루어진다.

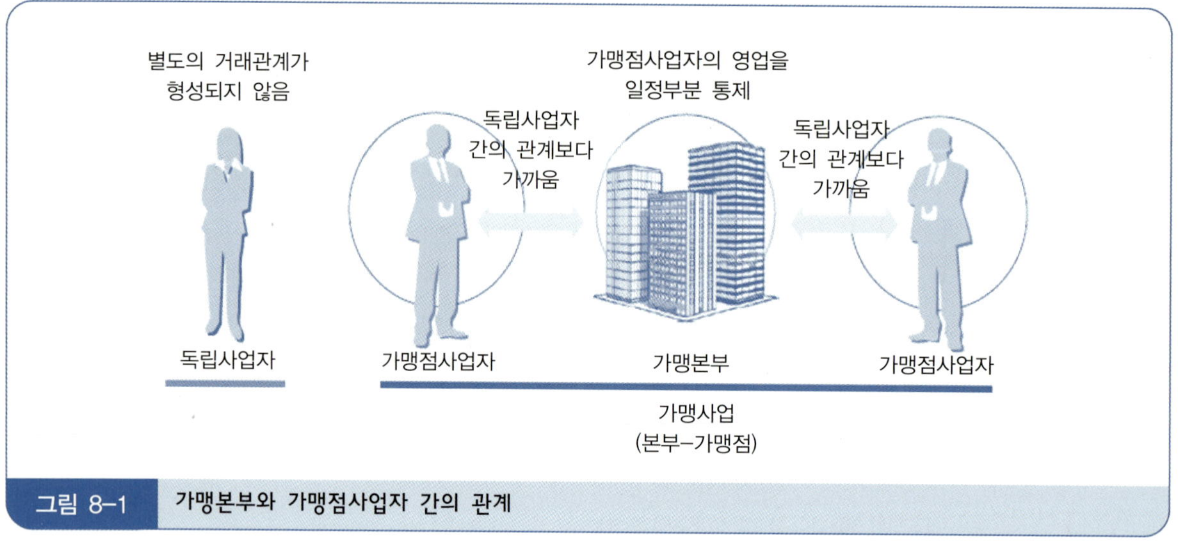

그림 8-1 가맹본부와 가맹점사업자 간의 관계

3. 프랜차이즈의 성립요건

프랜차이즈 사업은 프랜차이즈에 대한 올바른 이해로부터 시작된다. 프랜차이즈인지 아닌지는 자세히 살펴보지 않으면 구분하기 어렵다. 프랜차이즈가 아님에도 간혹 프랜차이즈로 잘못 이해하고 있기도 하다. 가령 미국의 자동차대리점은 제조업체와 프랜차이즈 계약을 통해 자동차를 판매하는 프랜차이즈이다. 하지만 우리나라의 자동차 대리점은 제조업체와 대리계약을 맺고 판매 수수료를 받고 있는 관계로서 엄격히 말해 프랜차이즈가 아니다. 이처럼 미국의 자동차대리점은 프랜차이즈이지만 우리나라의 자동차대리점은 프랜차이즈 요건을 갖추지 않은 단순한 대리관계를 가진 대리점이다.

프랜차이즈가 하나의 사업방식으로 성립하기 위해서는 일정한 조건을 갖추어야 한다. 우리나라 가맹사업법과 미국 FTC 프랜차이즈 규칙에서의 프랜차이즈 성립요건을 살펴보면 다음과 같다.

1) 국내 가맹사업법에서의 프랜차이즈 성립요건

가맹사업은 외식업이나 편의점업 등과 같이 특정 산업분야에만 적용되는 거래방식이 아니라 모든 산업에서 찾아볼 수 있다. 예를 들어 가맹점 개설 프로그램을 운영하는 회사도 각 지사를 운영하면서 고유의 노하우를 전수해주고 가맹금을 받는다면 가맹사업거래방식에 해당한다. 가맹사업법에서는 가맹본부가 가맹점 사업자로 하여금 자기의 상표·서비스표·상호·간판, 그밖의 영업표지를 사용하여 일정한 품질기준이나 영업방식에 따라 상품(원재료 및 부재료 포함) 또는 용역을 판매하도록 함과 아울러 이에 따른 경영 및 영업활동 등에 대한 지원·교육과 통제를 하며 가맹점 사업자는 영업표지의 사용과 경영 및 영업활동 등에 대한 지원·교육의 대가로 가맹금을 지급하는 계속적인 거래관계(가맹사업법 제2조 제1호)로 가맹사업을 정의하고 있다. 그러나 다음의 경우는 가맹사업에 해당하지 않는다.

첫째, 가맹점 사업자가 자신의 상호만을 사용하는 경우, 외관상 가맹본부의 상호(영업표지)를 사용하는 것으로 보기 어렵고, 가맹본부가 공급한 상품 등에서만 간접적으로 사용하는 경우

둘째, 가맹점 사업자의 주된 사업과 무관한 상품 등만 공급하는 경우(가령, 편의점을 운영하는 가맹점에 신용카드 결제서비스를 제공)

셋째, 일정한 영업방식을 준수하도록 하지 않고 단순히 상품만 제공하는 경우(예를 들어, 학원에 교재만 공급하고 교습에 필요한 기준 등은 개별학원이 마음대로 결정), 가맹점 사업자가 가맹본부의 경쟁사를 포함한 다른 사업자의 물품을 모두 취급하는 경우, 가맹본부의 영업방침이 있더라도 이를 지키지 않은 가맹점 사업자에 대한 제재를 가하지 않는 경우

넷째, 가맹본부가 다른 대가없이 보증금만 받는 경우

다섯째, 가맹점 사업자의 개설에 필요한 서비스를 제공하고 향후의 영업에 대해서는 별도의 지원이나 통제를 하지 않는 경우

2) FTC 프랜차이즈 규칙에서의 프랜차이즈 성립요건

미국 연방거래위원회(FTC)의 프랜차이즈 규칙(franchise rule)에서는 프랜차이즈가 상업적 거래로 성립되기 위해서는 그 명칭과 상관없이 가맹본부가 ① 상호 또는 기타 영업표지를 제공하겠다고 약속하며, ② 사업운영에 있어 상당한 통제 또는 지원을 약속하고, ③ 일정기간 동안 일정금액 이상의 가맹비를 요구하는 등의 조건을 구두 또는 문서로서 가맹본부가 약속하거나 보장하는 계속적인 상거래관계 혹은 계약이 존재해야 한다. 즉 위의 세 가지 요건을 모두 충족해야 프랜차이즈로 판단한다. 만일 계약당

사자 간 프랜차이즈 계약이라고 표시하더라도 세 가지 요건을 모두 충족하지 않으면 프랜차이즈가 아니다. 하지만 프랜차이즈 계약이 아닌 다른 형태인 경우, 대리점의 경우라도 세 가지 요건을 모두 충족하면 프랜차이즈로 판단한다.

그러나 미국은 주(state)에 따라 프랜차이즈의 조건을 조금 더 엄격하게 또는 느슨하게 보기도 한다. 가령 뉴욕주의 경우 상표만 제공하고 마케팅 등에는 도움을 주지 않더라도 가맹금만 지불하면 프랜차이즈로 보기도 한다. 뉴저지주의 경우 위의 조건을 모두 충족하더라도 지난 12개월간 상품 또는 서비스의 총매출(gross sales)이 35,000달러를 넘고 가맹점 총매출의 20% 이상이 프랜차이즈 사업에 의해 발생한 경우에만 주(state)의 프랜차이즈 법을 적용하고 있다. FTC 프랜차이즈 규칙에서 명시하고 있는 프랜차이즈의 정의를 중심으로 프랜차이즈의 성립요건에 대해 살펴보면 다음과 같다.

(1) 상표의 제공

가맹본부는 상표 또는 기타 영업표지의 제공을 약속하여야 한다. 상표(trade mark)란 넓은 의미에서의 상표뿐만 아니라 서비스 상표, 상표명, 기타 광고 또는 영업표지 등을 포함한다. 가맹본부는 자신의 상표를 소유할 필요는 없지만 최소한 다른 사람에게 상표사용을 허락할 수 있는 권리는 가지고 있어야 한다. 전체 또는 부분적으로 가맹본부의 표시(mark) 또는 표시가 연상되는 제품을 판매하거나 서비스를 수행하는 영업활동에 있어 가맹본부의 표시를 사용하는 권리는 사실 프랜차이즈에서는 없어서는 안 될 가장 중요한 부분이다. 따라서 상표의 사용을 명백하게 금지한 약정이 있는 경우에는 프랜차이즈에 해당하지 않는다. 그러나 금지약정이 있는 경우라도 실질적으로 가맹본부의 상표, 영업표지를 지속적으로 사용할 수 있음이 확실한 경우에는 프랜차이즈의 요건이 충족된 것으로 본다.

(2) 상당한 통제 또는 지원

가맹본부는 가맹점의 사업운영에 대해 상당한(significant) 수준의 통제(control) 또는 통제할 권리를 가지거나 상당한 지원(assistance)을 제공하여야 한다. 여기서 상당한의 뜻은 가맹점이 가맹본부의 사업에 대한 전문적 지식에 의존하는 정도를 의미한다. 이는 가맹점이 가맹본부의 통제 또는 지원에 합리적으로 의존하면 할수록 통제와 지원이 상당하게 이루어지고 있음을 뜻한다. 가맹점이 판매를 하는 사업에 전혀 경험이 없거나 커다란 재무적 위험을 감수해야 하는 경우 가맹점의 의존은 더 크게 나타난다고

표 8-1 상당한 통제와 지원

상당한 통제	상당한 지원
• 사업을 위한 입지의 승인 • 입지의 디자인 또는 외관에 대한 요구 • 영업시간 • 생산기술 • 회계훈련 • 인사정책 • 광고 캠페인에 가맹점의 참여 또는 재무적 기여 • 고객에 대한 제한 • 영업장소 또는 영업지역에 대한 제한	• 판매, 수선 또는 교육프로그램 • 회계시스템의 확립 • 경영, 마케팅 또는 인사관리에 대한 조언의 제공 • 입지선정 • 조직전반에 걸친 네트워크와 웹사이트의 구축 • 구체적인 운영매뉴얼 구축

할 수 있다. 또한 동일산업의 모든 사업에서 통상적으로 일어나는 행위가 아니라 특정 가맹본부에게만 유일하게 나타나는 경우 통제와 지원에 합리적으로 의존한다고 할 수 있다. 나아가 상당한 통제 또는 지원의 의미는 가맹점이 사업을 하는 데 있어 특정한 제품의 판매방법이나 제품의 일부분에 관한 것이 아니라 전체적인 운영방법에 관련되어 있음을 뜻한다.

상당한 통제와 지원에 해당하는 활동은 [표 8-1]과 같다. 그러나 가맹점의 서비스 또는 제품수선의 요구, 재고관리, 제품진열의 요구 등과 같이 사업에 아주 적게 영향을 미치는 경우는 상당한 통제 또는 지원이라고 할 수 없다. 한편 상당한 통제 또는 지원에 해당하지 않는 활동이 있다. 예를 들어, 판촉활동을 하는 데 있어 추가적인 지원이 없으면 상당한 것으로 보지 않는다. 여기서 추가적인 지원이란 POP(point of sale) 광고의 전시, 판매도구모음(sales kit), 제품샘플, 기타 판매에 도움이 되는 판촉활동도구 등을 말한다. 또한 가맹본부 단독으로 비용을 부담하든 가맹점과 함께 부담하든 라디오와 TV같은 미디어를 통한 광고도 포함된다.

(3) 가맹비 지급요구

FTC 프랜차이즈 규칙에서는 사업시작 전 또는 최초 6개월 운영기간 동안 최소한 500달러 이상의 가맹비(franchise fee)를 요구하여야 한다고 명시하고 있다. 가맹비는 폭넓게 표현되는데, 가맹본부 또는 특수관계인에게 지급해야 하는 수입의 모든 원천을 포함하고 있다. 가맹본부에게 지불해야 하는 단순한 가맹비뿐만 아니라 프랜차이즈 계약 또는 기타 동반된 계약에 명시되어 있는 비용도 포함된다. 가맹점이 오직 가맹본부 또는 특수 관계인으로부터만 장비를 얻을 수 있는 경우 그에 따른 비용도 일종의 가맹비에 해당한다.

가맹점이 가맹본부 또는 특수 관계인으로부터 요구되는 가맹비에 대한 판단은 실제적 필요(practical necessity)에 의한 것인지 아닌지에 따른다. 이는 가맹본부가 생산한 제품에 대한 대가로 지불하는 대금을 구별하는 근거가 된다. 대체로 가맹점이 가맹본부의 제품을 이전받는 대가로 지급하는 비용은 가맹비에 해당하지 않는다. 그러나 가맹점에게 정상이 아닌 높은 가격으로 구매하도록 하여 간접적으로 받는 금액은 가맹비에 해당한다. 한편 가맹점이 재판매 또는 리스(lease)를 하기 위해 가맹본부가 제공하는 선의(bona fide)의 적정한 도매가격으로 구매할 때 지급하는 금액은 가맹비에 포함되지 않는다.

FTC 프랜차이즈 규칙에서는 다음의 경우 가맹비에 해당하는 것으로 보고 있다.

- 최초 프랜차이즈 비용(initial franchise fee)
- 임차료(rent)
- 광고지원
- 장비와 공급품(제3자로부터 구매하는 경우 가맹본부 또는 특수관계자가 구매의 결과로서 대가를 받는 것 포함)
- 교육훈련
- 보증금(security deposits)
- 보관금(escrow deposits)
- 환불되지 않는 기장(bookkeeping)비용
- 판촉책자
- 장비임차
- 판매에 의한 계속적인 로열티

4. 프랜차이즈와 유사한 사업방식

프랜차이즈의 성립요건에서 살펴보았듯이 프랜차이즈인지 아닌지의 구분은 실제적 거래내용이 프랜차이즈의 성립요건을 모두 갖추고 있는가를 살펴봐야 한다. 프랜차이즈와 유사한 방식으로 시장과 유통경로를 확장해 나가는 방법으로 다음과 같은 사업방식들이 있다.

1) 대리점

대리점(agency, dealer)은 특정한 기업으로부터 상품을 위탁받아 판매하는 점포를 말한다. 대리점은 상품판매에 대한 수수료를 받고 기업은 수수료를 제외한 나머지 부분을 갖는다. 대리점은 조직에 대한 소속감이 적고 어느 한 기업의 상품만을 판매하는 곳도 있으며 여러 기업의 상품을 판매하기도 한다. 사후 서비스는 제조사가 책임을 진다. 예를 들면 코스트코(Costco), 아마존(Amazon), 이베이(ebay) 등이 여기에 해당된다. 프랜차이즈는 상법상의 독립사업사라는 점에서는 대리점과 유사하지만 가맹사업이 거래를 대리하거나 중개하지 않는다는 점에서 대리점과는 구별된다.

2) 라이센싱

라이센싱(licensing)은 상표, 노하우, 기술, 특허, 저작권 등 지적재산권을 가지고 있는 기업이 타인에게 대가를 받고 그 재산권을 사용할 권리를 부여하는 계약을 말한다. 라이센서(licensor)는 지적재산권을 가지고 있는 자, 라이센시(licensee)는 지적재산권의 권리를 부여받은 자를 말한다. 라이센싱으로 권리를 부여받은 자는 법적으로 독점적 배타성이 보장되어 독점적으로 이익을 얻을 수 있다. 프랜차이즈는 상표 등 영업표지를 사용하는 점에서는 라이센싱과 유사하지만 경영전반에 걸친 통제가 수반된다는 점에서 구별된다.

3) 위탁매매인

위탁매매인(commission agent)은 생산자와 소매상으로부터 상품판매를 위탁받아 자신의 이름으로 판매한 후 일정한 수수료를 받는 자를 말한다. 즉 자신의 명의이지만 타인의 계산으로 업무를 수행하며 지속적인 형태가 아니라 경우에 따라서만 업무를 수행한다. 예를 들면 중고차 판매업자가 차 소유자로부터 차를 위탁받아 판매한 후 수수료를 받는 것이다. 프랜차이즈는 자기의 명의로 영업을 한다는 점에서는 위탁매매인과 유사하지만 타인의 계산으로 영업을 수행하지 않는다는 점에서 구별된다.

4) 배급상

배급상(distributor)은 공급업자와 계약을 맺고 대량단위로 제품을 구매하여 소량단위로 판매하는 사업방식을 말한다. 배급상은 공급업자로부터 계약에 의한 지원이나 교육훈련을 받지 않는다. 예를 들면 암웨이(Amway) 등이 여기에 해당한다.

Spotlight "일상화된 비대면 … 가맹 본부 IT 역량이 프랜차이즈 명운 가른다"

'60계 치킨' 임영태 장스푸드 부사장…
"되살아날 수요잡으려면 차별화된 매장구성 필수"

"가맹본부가 보유하고 있는 정보기술(IT)역량이 앞으로 프랜차이즈의 명운을 좌우할 것입니다."

'60계 치킨'으로 잘 알려진 장스푸드의 임영태 부사장의 전망이다. 그는 신종 코로나바이러스 감염증(코로나19) 확산으로 위기에 놓인 프랜차이즈 업계의 미래를 이같이 예상했다.

임 부사장은 프랜차이즈 업계에서 잔뼈가 굵은 인물이다. 삼립 · 해태그룹 등을 거쳐 김가네 가맹사업부문 총괄이사, 프랜차이즈산업협회 사무총장 등을 역임하며 오랜 기간 활약해 왔다. 최근 자신의 경험들을 토대로 관련 분야의 전문가들과 함께 '2021 창업트렌드'를 공동집필하기도 했다. 가맹점 창업을 꿈꾸는 이들을 위한 조언을 책 속에 담았다.

임 부사장은 "코로나19 사태로 비대면이 업계를 관통하는 트렌드가 됐다"며 "이런 흐름에 맞춰 빠르게

IT 강화에 나선 기업들이 포스트 코로나 시대에 도약할 것"이라고 분석했다. 또한 "예비창업자들이 가맹사업을 선택할 때 이제는 본사의 IT 역량을 반드시 살펴야 한다"고 덧붙였다.

▸ **경영환경이 급변한 만큼 프랜차이즈 업계의 기존 전략에도 수정이 필요해 보입니다.**

"더 이상 기존에 활용했던 오프라인 방식의 마케팅이 먹혀들지 않게 됐습니다. 예를 들어 거리에 전단지를 돌리는 방식 등은 이제 전혀 효과를 거두지 못하는 상황입니다. 그래서 프랜차이즈 업체들도 비대면 트렌드에 발 빠르게 대응해야 생존할 수 있게 됐죠. 이제는 디지털화를 최우선 과제로 삼아야 합니다."

▸ **디지털화가 무엇을 의미하는지 구체적인 설명부탁드립니다.**

"애플의 iOS, 구글의 안드로이드, PC 기반의 마이크로소프트 윈도처럼 가맹본부가 확실한 운영체계(OS) 시스템을 갖춰야 해요. 이런 시스템을 탑재해야 가맹점에 식재료제공이나 배달주문접수와 같은 시스템을 빠르고 편리하게 운영할 수 있기 때문이죠. 단순히 매장구성을 배달이나 포장이 용이하게 변경해야 하는 것을 넘어 소프트웨어적인 부분도 변화시켜야 한다는 이야기입니다. 대표사례로 편의점을 꼽을 수 있죠. 방금 전 일을 시작한 직원이 바로 근무할 수 있을 정도로 회사가 보유하고 있는 운영체계가 탁월합니다. 상품의 재고관리부터 발주까지 손쉽게 진행할 수 있죠. 다른 프랜차이즈들도 이런 식으로 운영체계를 확립해 나가야 합니다."

▸ **비용측면에서 부담이 될 수 있지 않나요.**

"돈이 들어가더라도 반드시 IT 환경을 갖춰야만 생존할 수 있는 상황이 왔습니다. 지금의 트렌드라고 할 수 있는 비대면은 무조건 IT와 함께 가야 할 수밖에 없기 때문이죠. 그리고 잘 찾아보면 저렴한 값에 보급형 전사적자원관리(ERP), 판매시점 정보관리시스템(POS)과 같은 다양한 IT 환경을 제공해 주는 아웃소싱 업체들이 많아요. 또 프랜차이즈 협회에서도 IT 도입을 원하는 여러 중소 브랜드들을 모아 조금 더 저렴하게 시스템들을 제공받을 수 있도록 하고 있습니다. 여기에서 더 나아가 규모가 있는 프랜차이즈 기업들은 자체적인 배달 애플리케이션(앱)도 구축할 필요가 있어요."

▸ **이유는 무엇입니까.**

"기존의 배달앱을 활용하는 것도 좋지만 문제는 수수료입니다. 배달주문이 늘어날수록 내야하는 수수료도 가맹점주들에게 부담일 수밖에 없습니다. 임대료에 최저 임금인상, 거기에 배달앱 수수료까지 생기면서 프랜차이즈의 양적성장이 이어지고 있지만 수익성은 갈수록 나빠지고 있죠. 따라서 가맹점 수가 많은 프랜차이즈들은 수수료를 낮추기 위해 가맹본부 차원에서 자체적인 배달앱을 구축할 필요가 있다고 생각해요. 또 이렇게 만든 앱을 단순히 배달만을 목적으로 하는 것이 아니라 다양하게 활용할 수도 있습니다. HMR을 만들어 판매하는 것도 좋은 방법이죠. 이미 큰 규모가 있는 프랜차이즈들은 하나둘 자체적인 앱을 구축한 상태입니다. 또 자사 메뉴를 활용한 HMR 제품도 이미 선보였거나 앞으로 출시하겠다고 밝힌 상황이에요. 디지털전환의 성공적인 예라고 볼 수 있겠죠. 아직 망설이고 있는 프랜차이즈 기업들 또한 그간 쌓아 온 유통·물류 등의 노하우를 적극적으로 활용해 온라인시장에 진출해야 합니다."

▶ 프랜차이즈업계 전망은 어떻습니까.

"많은 전문가들이 코로나19가 종식되더라도 비대면흐름은 계속 이어질 것이라는 예상을 내놓고 있습니다. 식료품·생활용품의 온라인쇼핑 매출액은 지속적으로 증가할 것이고 배달형태의 음식 서비스 거래액 역시 계속 폭발적으로 늘어날 것으로 보입니다. 따라서 어떤 프랜차이즈 업종이든 디지털화에 주력하면 유망업종이 될 수 있다고 생각합니다. 가맹사업을 희망하는 예비창업자들도 반드시 프랜차이즈 본사의 온라인 사업계획이나 IT 기술력 등을 고려해 결정해야 한다고 봅니다."

▶ 앞으로 오프라인 점포는 어떻게 될까요.

"디지털화와 함께 어떻게 차별화된 매장을 구성할지 고민하는 것도 포스트 코로나시대에서 더 도약하기 위해 필요한 작업입니다. 프랜차이즈 사업은 끊임없이 본사가 홍보를 진행해 고객들이 매장을 찾도록 만들어 브랜드 인지도를 높이고 나아가 가맹점 수를 늘려 나가는 사업구조를 갖고 있습니다. 그래서 차별화된 점포구축이 프랜차이즈 사업에서 중요한 요소입니다. 특히 코로나19가 종식되면 그동안 참아왔던 외식 수요가 일시적으로 폭발할 가능성이 높은데 이때 어떤 차별화된 매장구성과 마케팅을 고객들에게 제공하느냐에 따라 브랜드 이미지가 갈릴 가능성이 높아요. 온라인 강화가 가장 중요하지만 한편으로는 차별화된 매장구성이나 오프라인 마케팅을 위한 전략도 반드시 세워야 할 시점입니다."

출처 : 2021년 1월 27일, 한경비즈니스

제2절 프랜차이즈의 유형

프랜차이즈는 초기에 생산자가 자신이 만든 제품을 효과적으로 유통시키기 위한 방법으로 시작되었다. 그러나 시간이 흐르면서 기업이 단순히 제품을 유통시키는 것에서 벗어나 사업을 확대할 수 있는 중요한 전략적 수단으로 채택되면서 여러 형태로 진화하였다. 오늘날은 자동차 딜러, 주유소 등과 같이 단순히 제품만을 판매하는 프랜차이즈에서부터 제품과 함께 운영 노하우까지 제공받아 판매하는 레스토랑, 호텔, 편의점 등의 프랜차이즈에 이르기까지 여러 형태의 프랜차이즈를 찾아볼 수 있다.

프랜차이즈는 크게 사업형태와 권한 범위에 따라 몇 가지 유형으로 분류할 수 있다.

1. 사업형태에 따른 분류

프랜차이즈는 사업형태(판매권)에 따라 제품유통형 프랜차이즈, 사업형 프랜차이즈, 전환형 프랜차이즈로 구분된다.

1) 제품유통형 프랜차이즈

제품유통형 프랜차이즈(product distribution franchises)는 제조업자 또는 도매업자가 자신의 제품을 판매하기 위해 가맹점에게 상호와 함께 판매할 수 있는 권리를 부여하는 방식이다. 다시 말해 제품을 위주로 판매하는 프랜차이즈 형태를 말한다. 이러한 형태는 청량음료, 자동차 대리점이나 부품점, 주유소 등에서 많이 찾아볼 수 있다. 예를 들어, 굿이어(Goodyear), 코카콜라, 포드자동차(Ford Motor Company) 등이 대표적인 기업들이다.

제품유통형 프랜차이즈에서 가맹점은 제품에 대한 판매권만을 가진다. 즉 가맹점이지만 단지 위탁판매역할만 하는 대리점성격을 가진다. 제품을 판매하는 방법이나 내부운영은 가맹점 스스로 알아서 하고 가맹본부는 단지 본사의 제품 또는 제품이 다른 형태로 바뀌는가에 대한 관리만 한다. 가령 모델의 전환, 색깔의 변형, 구조물의 변형 등에 대한 관리를 하는 것이다. 기타 광고나 점포운영에 관한 사항은 가맹점이 독자적으로 그 지역과 시장에 맞추어 결정한다.

제품유통형 프랜차이즈는 공급자-딜러관계(supplier-dealer relationship)와 비슷해 보이지만 다른 차이점이 있다. 제품유통형에서 가맹점은 가맹본부의 제품을 독점 또는 반독점적으로 취급하지만, 공급자-딜러에서의 가맹점은 특정한 기업의 제품뿐만 아니라 다른 기업의 제품도 함께 판매하며 심지어는 경쟁자 제품까지 판매하기도 한다. 특히 제품유통형의 가맹점은 공급자-딜러에 비해 가맹본부의 상호와 더불어 밀접한 관계를 갖고 더 많은 서비스를 제공받는다.

2) 사업형 프랜차이즈

사업형 프랜차이즈(business format franchises)는 제품유통형 프랜차이즈와 달리 가맹본부가 제품판매와 상호이용은 물론 경영에 대한 모든 기법과 지식을 알려주는 사업방식이다.

미국의 경우 프랜차이즈 산업의 80%가 사업형 프랜차이즈로 운영되고 있는 만큼 가장 대표적인 프랜차이즈 형태이다. 호텔, 패스트푸드, 커피전문점, 편의점 등 오늘날 거의 모든 산업에 걸쳐 대부분의 프랜차이즈가 사업형 프랜차이즈로 운영되고 있다.

사업형 프랜차이즈에서 가맹본부는 제품판매와 더불어 경영에 대한 전반적인 지침이나 도움을 가맹점에게 제공한다. 이때 가맹점은 상호이용에 대한 로열티지불은 물론 경영노하우를 제공받는 데 따르는 교육훈련, 재료구매, 가맹본부가 개발한 제품과 기술적인 자문, 광고 및 홍보 등에 관련된 비용을 매월 또는 시설의 이용 및 구입시점에 가맹본부에게 지불한다.

사업형 프랜차이즈는 하드웨어(hardware)라고 할 수 있는 점포의 소유권은 가맹점이 가지고 있으면서 운영지침이나 교육훈련, 마케팅, 기술 등의 소프트웨어(software)는 가맹본부에게 의존하는 형태이다. 이러한 방식은 예비창업자가 사업경험이 없거나 자신이 없을 때 위험부담을 줄이면서 쉽고 효과적으로 사업을 할 수 있도록 한 프랜차이즈 형태이다. 사업형 프랜차이즈에서 가맹본부는 가맹점이 자신과 맺은 계약에 따라 제대로 운영하고 있는가를 통제하며, 전체 가맹점에게 미칠 수 있는 나쁜영향을 줄이기 위해 표준화된 심사와 관리를 철저하게 한다.

3) 전환형 프랜차이즈

전환형 프랜차이즈(conversion franchises)는 표준적인 프랜차이즈 시스템이 변형된 프랜차이즈 형태이다. 특정한 가맹본부가 기존에 독립적으로 운영하고 있는 동일 업종의 점포들을 자신의 상표 및 상호, 시스템 아래에 두는 사업방식이다. 즉 독자적으로 운영하고 있는 독립사업자들이 특정한 프랜차이즈 조직에 참여하여 가맹본부의 브랜드 명성, 운영 노하우, 마케팅 등의 도움을 받아 사업을 영위하는 프랜차이즈 형태를 말한다. 부동산 브로커, 꽃집, 집 수선, 배관, 전기 등의 업종에서 독자적으로 운영하고 있는 사업자들이 전환 프랜차이즈를 많이 선택하고 있다. 예를 들면 미국의 센츄리

(Century)21 부동산이 대표적인 전환형 프랜차이즈이다.

전환형 프랜차이즈에 참여하게 되면 가맹점은 가맹본부의 우수한 운영시스템, 높은 브랜드인지도, 마케팅능력 등의 도움을 받아 매출증가를 기대할 수 있다. 프랜차이즈 조직에 참여한 후 평균 20% 이상 매출이 증가하였다는 점포들이 다수이다. 그 이유는 가맹본부가 업종경험이 많고 학습곡선(learning curve) 효과를 누리고 있어 사업성과를 개선할 수 있기 때문이다. 점포를 빠르게 확대하여 구매와 광고에서 규모의 경제를 기대할 수 있다. 그러나 전환하는 과정에서 가맹본부가 요구하는 표준화와 충돌을 일으키고 성과가 낮아질 가능성도 있다. 그렇지만 새로운 지역에 진출하면서 기존의 현지 경쟁자를 흡수하는 효과를 거둘 수 있다.

사업경험이 많고 오랜 역사를 지닌 대부분 독립 사업자들은 동일한 시스템에서 다른 지역에 있는 점포들과 똑같이 운영해야 하는 프랜차이즈로의 변화나 전환을 싫어한다. 그러나 지속적인 성장이 불안하거나 생존이 어려운 상황에 처하게 되는 경우 프랜차이즈 조직에 참여하기도 한다. 왜냐하면 가맹본부의 브랜드명성과 운영노하우를 전수받아 안정적으로 사업을 계속할 수 있기 때문이다. 간혹 상표 및 상호, 광고프로그램, 구매, 교육훈련 등 때문에 전환형 프랜차이즈를 선택하기도 한다.

2. 권한범위에 따른 분류

프랜차이즈는 기본적으로 계약에 기초하여 하나의 점포만을 허용한다. 그러나 종종 하나의 점포를 성공적으로 운영했거나 또는 투자목적으로 사업을 확대하고 싶어하는 가맹점은 여러 개의 점포를 운영하기도 한다.

프랜차이즈는 하나의 프랜차이즈 계약을 맺고 복수의 점포를 소유하거나 관리하는 권한범위에 따라 단일점포 프랜차이즈와 복수점포 프랜차이즈로 구분된다.

1) 단일점포 프랜차이즈

단일점포 프랜차이즈(single-unit franchise)는 일정기간, 일정지역 내에서 한 명의 사업자에게 하나의 점포만을 허용하는 사업방식으로 가장 일반적인 프랜차이즈 형태이다. 가맹본부가 각 지역마다 개별적으로 사업자를 선택해야 하기 때문에 많은 비용

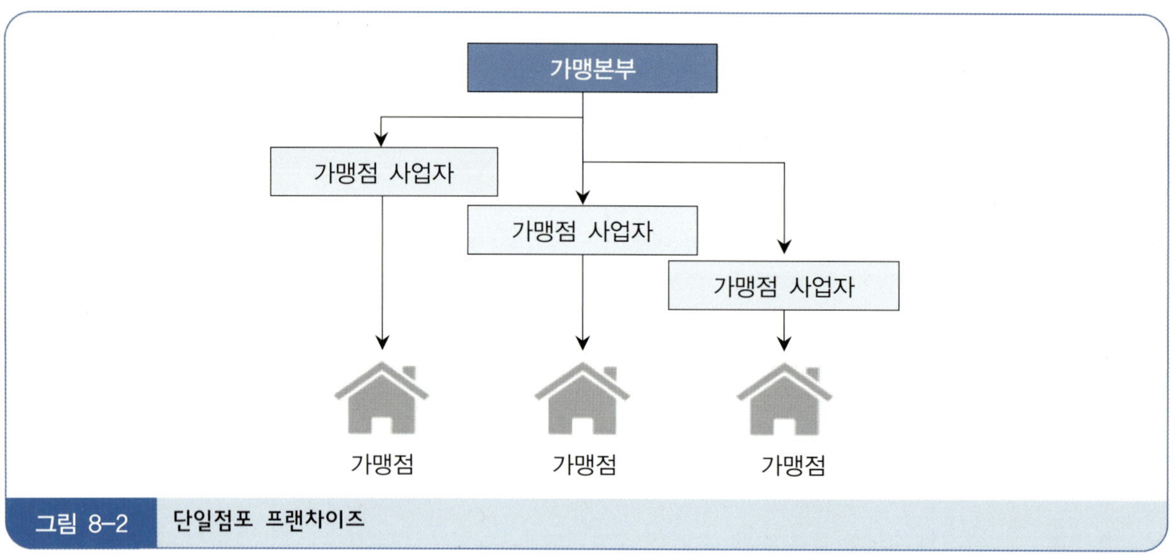

그림 8-2 단일점포 프랜차이즈

과 시간이 소요되며 프랜차이즈의 장점에 해당하는 사업의 빠른 성장이라는 성과를 얻기는 어렵다.

2) 복수 점포프랜차이즈

복수 점포프랜차이즈(multi-unit franchise)는 하나의 프랜차이즈 계약을 맺고 여러 개의 가맹점을 소유하거나 관리하는 프랜차이즈 형태이다. 가맹본부가 매출과 이윤을 극대화하고 사업을 확대하기 위해서는 가맹점이 늘어나야 한다. 가맹본부 입장에서는 한 사람이 여러 개의 가맹점을 운영하는 복수점포 프랜차이즈를 활용하면 사업을 빠르게 확대할 수 있는 장점이 있다.

복수 점포프랜차이즈에는 복수 프랜차이즈, 지역개발 프랜차이즈, 마스터 프랜차이즈, 프랜차이즈 중개자 등의 형태가 있다.

(1) 복수 프랜차이즈

복수 프랜차이즈(dual franchise)는 기존에 가맹점을 운영하고 있는 사업자에게 두 개 또는 그 이상의 가맹점을 운영하도록 허용하는 프랜차이즈 형태이다. 하나의 가맹점을 잘 운영하고 있는 사업자는 자신의 경험을 이용하여 여러 개 가맹점을 운영하고 싶어 하기 마련이다. 가맹본부 입장에서 볼 때 프랜차이즈 시스템을 잘 이해하고 있고 운영을 잘하고 있는 기존 가맹점이 가맹본부를 대신해 여러 개의 가맹점을 운영해 준다면 빠르고 효과적으로 점포를 확대할 수 있다. 그리고 여러 명의 가맹점을 상대하는 것보다 빠르고 정확하며 효율적으로 각종 정보와 규칙, 규율 등을 제공하고 전달할 수 있다.

프랜차이즈 시장조사 기관에 따르면 미국 프랜차이즈 레스토랑의 76.5%가 다점포 가맹점 사업자에 의해 운영되고 있는 것으로 나타났다. 아울러 수십에서 수백 개의 가맹점을 운영하는 기업형 다점포가맹점 사업자인 메가 프랜차이지(mega franchisee)도 급성장하고 있다. NPC 인터내셔널은 미국전역에 피자헛, 웬디스 등 가맹점 1,390개를 운영하고 있다. 피자헛점포만 924개로 피자헛 본사 입장에서는 최대 가맹점 사업자이다. 이 외에도 몇몇 메가 프랜차이지들이 버거킹, 파파이스, 콜드스톤 등의 매장을 540~1,183개씩 운영하고 있다.

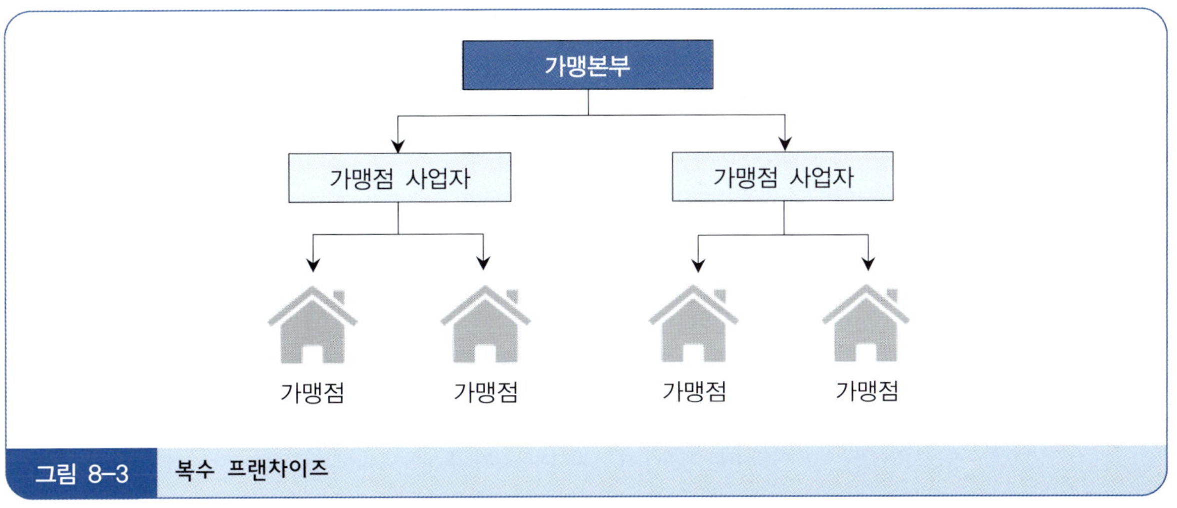

그림 8-3 복수 프랜차이즈

유망상권과 좋은 입지에 점포를 소유하고 있는 가맹점이 두 개 또는 그 이상의 점포를 소유하고 운영하게 되면 지역적 인지도 또는 상권에 대한 고객인지도를 높일 수 있다. 그리고 하나 또는 인접지역에 같은 상호의 점포가 여러 개 존재하게 되면 상대적으로 소비자의 이용빈도가 높아져서 결과적으로 가맹본부는 매출증가에 따른 로열티 증가효과를 얻을 수 있다. 그러나 여러 점포를 가지고 있는 가맹점의 기회주의적 행동(opportunistic behavior) 또는 단체행동에 따른 복수점포에 대한 거래비용(transaction

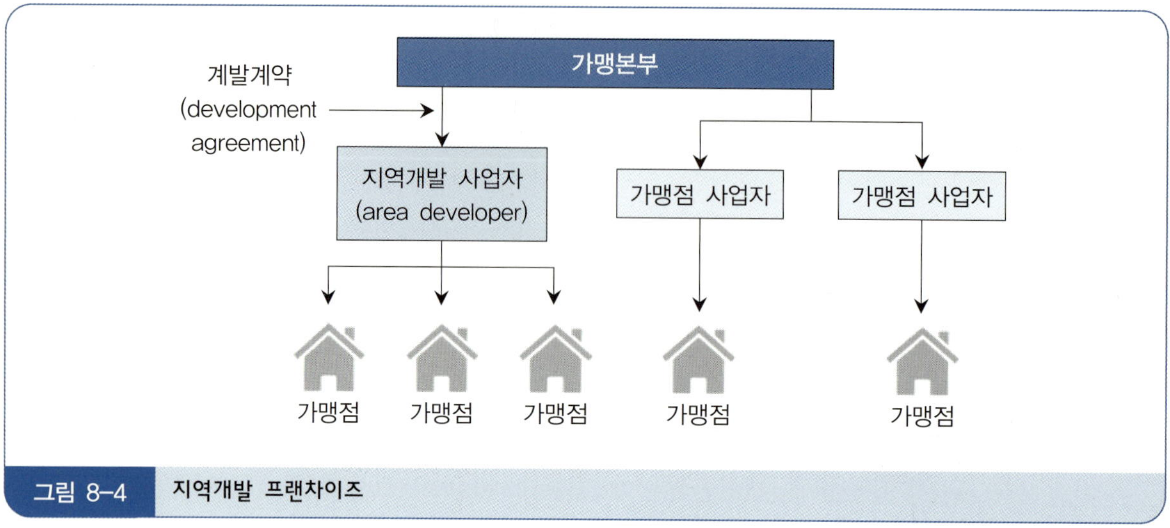

그림 8-4 지역개발 프랜차이즈

cost)이 발생할 수 있다.

(2) 지역개발 프랜차이즈

지역개발 프랜차이즈(area development franchise)는 계약에 의해 일정지역 내에서 일정 기간 동안 합의된 수만큼의 점포를 개설할 수 있는 권리와 책임을 부여하는 프랜차이즈 형태이다. 예를 들면 어느 지역에 10개의 커피전문점을 운영하고 싶은 사업자가 있다고 할 때 가맹본부가 한 번에 10개의 가맹점을 허락해주는 것이다. 이때의 가맹점을 지역개발 사업자(area developer)라고 부른다.

지역개발 프랜차이즈 가맹점 선발에 대한 어려움을 덜 수 있는 이점이 있다. 가맹본부가 경쟁력 있는 가맹점을 찾기 힘들 경우 지역개발 프랜차이즈를 사용하면 다른 방식보다 빠르고 효과적으로 상업을 확대할 수 있다. 또한 특정지역을 동일한 가맹점이 담당하고 있기 때문에 비용을 부담하지 않으면서 이익을 얻어가는 무임승차(free riding)문제를 최소화할 수 있으며, 가맹본부가 관리해야 할 점포수를 줄일 수 있어 효율적인 관리가 가능하다. 그러나 많은 점포를 소유하고 있는 가맹점이 가맹본부보다 강력한 힘을 가지게 되어 협상을 할 때 불리해지는 단점이 있다.

(3) 마스터 프랜차이즈

마스터 프랜차이즈(master franchise)는 가맹본부가 특정지역 내에서 가맹본부를 대신하여 하위가맹점(sub franchisee)을 모집하고 교육훈련을 지원하는 권리를 부여하는 방식의 프랜차이즈 형태이다.

마스터 프랜차이즈는 서브 프랜차이징(sub franchising)이라고도 하며 여기서 권리를 부여받은 사업자를 마스터 프랜차이지(master franchisee)라고 한다. 마스터 프랜차이지는 프랜차이즈 가입에 관한 전반적인 권한을 행사하는데 막대한 권력을 소유한 가맹본부의 대리인(agent)으로서 가맹본부에 준하는 역할을 하며 하위 가맹점으로부터 받은 가맹비와 로열티의 일정부분을 가맹본부와 공유한다.

많은 가맹본부들이 복수 프랜차이즈와 비슷한 조직형태로서 마스터 프랜차이즈를 운영하고 있는데, 가맹본부가 잘 알지 못하는 시장에 진출하고자 할 때 효과적인 방법으로 많이 사용되는 프랜차이즈 형태이다. 가맹본부가 마스터 프랜차이즈를 선택하는 가장 큰 이유는 무엇보다 자본조달에 있다. 여러 지역으로 네트워크를 확산하거나 해외로 진출하기 위해서는 많은 자본이 필요하다. 이때 가맹본부를 대신하는 마스터 프랜차이즈를 이용하면 가맹본부는 성장을 가속화시킬 수 있고 적은 인력으로 점포관리가 가능해진다. 그리고 점포가 늘어나면서 발생할 수 있는 가맹본부와 가맹점 간의 갈등을 줄일 수 있다. 반면 품질관리가 어려워지고 마스터 가맹점을 잘못 선택하면 어려

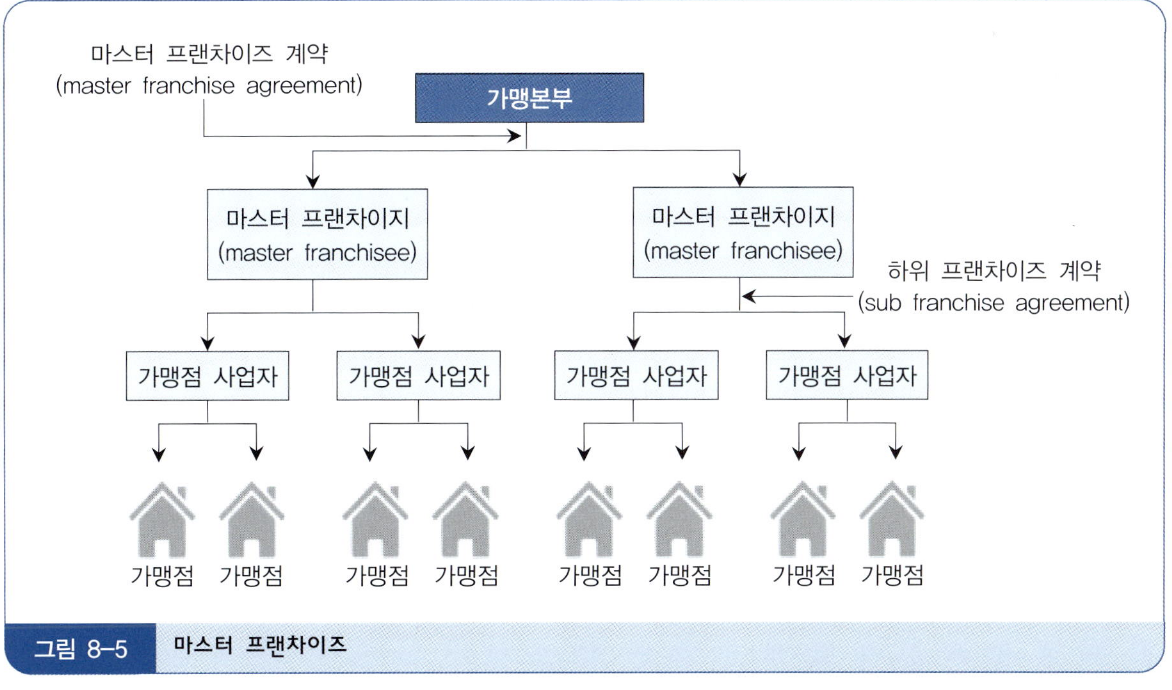

그림 8-5 마스터 프랜차이즈

운 문제에 봉착할 수도 있다.

(4) 프랜차이즈 중개자

프랜차이즈 중개자(franchise broker)는 일정의 혼종(hybrid)형태로서 가맹본부와 가맹점중간에서 대리인역할을 맡고 있는 프랜차이즈 형태이다.

마스터 프랜차이즈와 마찬가지로 효율적으로 점포를 개설하고 성장의 성과를 높이기 위한 대리인 방식의 프랜차이즈 형태이다. 프랜차이즈 중개자는 마스터 프랜차이즈와 유사한 점이 많지만 엄격하게 보면 다르다. 마스터 프랜차이즈는 하위 가맹점과 계약관계에 있는 반면 프랜차이즈 중개자는 가맹점과 계약관계에 있지 않고 말 그대로 중개만 해준다. 다시 말해 가맹점은 프랜차이즈 중개자가 아닌 가맹본부와 직접 계약을 맺고 있다.

프랜차이즈 중개자는 우리가 알고 있는 부동산 공인중개사와 비슷한 역할을 한다. 가맹본부를 대신하여 프랜차이즈 개설에 대한 권한을 가지고 가맹희망자를 모집한다. 주로 영업개시 이전의 가맹희망자에게 점포운영에 대한 교육훈련과 영업지원을 담당한다. 또한 영업개시후에 발생하는 여러 가지 예비운영에 대한 노하우를 알려주고, 상황 및 갈등에 대한 대비도 시켜준다. 최초 프랜차이즈 비용과 영업개시 후에 가맹점이 지불하는 로열티의 일정부분을 프랜차이즈 중개자가 갖는다.

3. 프랜차이즈의 성격

프랜차이즈는 각자 소유권을 가지고 법적으로 독립된 가맹본부와 가맹점 사업자가 가맹계약을 근간으로 상호 협력을 통해 공동의 목표를 추구하는 비즈니스시스템이다. 이러한 프랜차이즈는 다른 여러 비즈니스 모델과는 다른 특성들을 가지고 있다.

1) 계약 및 면허관계

프랜차이즈는 가맹본부와 가맹점이라는 독립된 두 법적 존재(legal entities)가 비즈니스에 참여하여 사업을 실행하고 발전시키는 상업적 관계(commercial relationship)이다.

가맹본부와 가맹점은 서로 고용관계에 있는 것도 아니고 대리관계에 있는 것도 아니다. 양자의 상업적 관계는 법적 구속력을 가지는 프랜차이즈 계약(franchise agreement)에 기반을 두고 있다. 따라서 계약이 해지되면 가맹점은 사업을 계속할 권리를 보장받지 못한다. 프랜차이즈 계약은 가맹본부에 의해 일방적으로 작성된 조항에 가맹점이 동의함으로써 계약이 성사되는 약관(約款)의 성격을 띠고 있다. 즉 법적으로 상호 간에 대등한 입장에 있다고는 하지만 계약내용을 수락하든가 거부하든가 하는 이외에 선택의 여지가 없는 부합계약(附合契約)의 성격을 가지고 있다. 계약내용을 작성하는 주체는 가맹본부이며 소수의 사항을 제외하면 개별적인 교섭에 의하여 계약내용을 변경하는 것은 원칙적으로 어렵다. 사실상 가맹본부가 가맹점에 비해 유리한 입장을 보유하게 된다.

한편 프랜차이즈는 가맹본부가 가맹점에 대하여 상표와 경영 노하우 등의 사용을 허락하는 면허관계(licensing relationship)이다. 가맹점은 특정 지역에서 상호, 상표, 서비스표, 간판 등 점포의 동일성을 상징하는 영업표지를 사용하여 제품과 서비스를 판매할 수 있는 권리를 가맹본부로부터 허락받는다. 상표권을 가지고 있는 자는 가맹본부이며 가맹점은 가맹본부로부터 상표 등을 사용할 수 있는 허락을 받아 이를 현장에서 사용한다. 예를 들면 맥도날드는 점포를 알리는 골든아치를 점포입구에 세우고 건물외벽에 간판을 부착해놓고 있다. 모든 제품의 포장지에는 상표가 표시되어 있으며 판매촉진행사를 하거나 광고를 할 때도 항상 상표 및 로고를 사용한다.

2) 공유된 정체성

모든 가맹점은 상표, 로고, 캐릭터 등이 통일되어 있다. 예를 들어 맥도날드의 골든아치 또는 피자헛의 빨간 지붕은 시각적 형태로써 공유된 정체성을 나타낸다. 공유된 정체성은 단순한 시각적 표시뿐 아니라 메뉴, 생산과정, 서비스, 마케팅 등 점포운영에서의 정체성도 포함한다. 공유된 정체성은 프랜차이즈 고유의 일체감으로 표현되는 제품과 서비스를 어떻게 운영해야 하는지에 대한 사업방식을 알려주는 등 경영의 일체감을 나타낸다. 즉 소비자에게 해당 점포가 무엇을 제공하는가에 대한 메시지를 전달하고 소비자로 하여금 이를 기대하게 한다. 예를 들어 그 지역에 익숙하지 않은 고객이 제품과 서비스를 구매할 때 프랜차이즈의 고유상표에 의해서 제공된 최소한의 품질에 대한 신뢰는 특히 고객에게 크게 영향을 미친다. 한편 공유된 정체성은 대량생산을 유도하여 규모의 경제를 실현시킨다. 소비자에게 전체 시스템을 동질적으로 인식시킴으로써 마케팅활동에서 얻어지는 효과 역시 다른 비즈니스보다 훨씬 높다. 새로운 가맹점 역시 이미 상표를 통해 인식된 기존의 정체성을 가지기 때문에 자동적으로 명성을 얻는 것과 같은 프랜차이즈의 혜택을 받는다.

3) 투자와 위험의 분담

가맹본부와 가맹점 각자는 소유권을 달리하는 독립된 사업자로서 투자와 위험을 분담한다. 가맹본부는 자신의 노하우를 가맹점에게 제공하고 교육훈련을 위해 자기자본을 투자한다. 반면 가맹점은 입지, 인테리어, 시설 및 장비. 재고 등에 자기자본을 투자한다. 프랜차이즈에서는 위험 역시 각자 분담한다. 가맹점에게 가장 큰 위험이 재무적 부담이라면 가맹본부는 자신의 성공한 브랜드를 가맹점이 제대로 유지하는지에 대해 부담을 가진다. 가맹본부와 가맹점은 각자의 투자와 위험이 분담되는 만큼 자율성이 인정되고 독자적으로 의사결정을 하며 경영성과도 각자에게 귀속된다. 이처럼 각자 독립된 사업자로서 투자와 위험을 분담하는 가맹본부와 가맹점 간의 관계는 상황에 따라 언제든지 갈등을 발생시킬 수 있는 원인을 제공하기도 한다.

4) 계속적 관계

프랜차이즈는 가맹본부가 가맹점에게 상표의 사용과 제품을 판매할 수 있는 권리를 부여하는 것은 물론 계속해서 운영 및 기술에 대한 전반적인 지침이나 지원을 제공하는 계속적 관계(continuing relationship)이다.

가맹점은 가맹본부가 허락한 비즈니스 형태를 계속 유지하면서 그 대가로 로열티, 운영노하우 등과 관련된 비용을 지불한다. 일시적으로 지원하는 것은 프랜차이즈 시스템이 아니다. 프랜차이즈는 일시적 거래가 아닌 계속적인 성격을 가진 거래계약으로 성립된다. 프랜차이즈 계약에는 계약기간의 설정 및 해지, 계약의 갱신 및 종료 등의 규정이 담겨 있으며 당사자가 합의에 따라 설정한 기간이 만료하면 그 시점에서 계약은 종료된다.

5) 지원과 통제

프랜차이즈의 중요한 특성 중 하나는 지원(assistance)과 통제(control)이다. 프랜차이즈가 성립되기 위해서는 가맹본부가 가맹점에 대해 상당한 수준의 지원 및 통제를 해야 한다.

우수한 프랜차이즈는 가맹본부가 가맹점에게 체계적이고 지속적인 지원은 물론, 가맹점을 적절히 통제하는 기능도 가지고 있다. 가맹본부는 가맹점이 사업을 성공적으로 수행할 수 있도록 기술 및 운영에 대한 조언, 교육프로그램, 광고 및 판매촉진, 입지선정, 운영매뉴얼 등에 대해 가맹점을 지원한다.

한편 가맹본부는 프랜차이즈 시스템이 일정한 품질을 유지하기 위해 가맹점을 적절하게 통제한다. 가맹점이 가맹본부로부터 판매할 수 있는 원리를 부여받았다 해도 가맹본부의 통제에 따르지 않고 독자적으로 운영한다면 프랜차이즈 시스템이라고 할 수 없다. 가맹본부는 같은 상호 아래 동일한 품질의 제품과 서비스를 공급하고 정체성을 유지하기 위해 법률적 · 경제적 · 관리적 방법으로 프랜차이즈를 통제한다.

6) 대가지급

가맹본부가 법적계약에 의해 상호사용 및 제품과 서비스를 판매할 권리를 부여하며 가맹점은 반대급부로서 직접 또는 간접적으로 가맹본부에게 대가를 지급한다. 일반적으로 가맹비와 로열티의 지급이 권리부여에 대한 직접적인 대가에 해당하지만 그 외 가맹본부로부터 공급받는 상품, 원재료, 비품, 소모품 등의 구매금액 안에 포함시켜 간접적으로 지급하기도 한다.

7) 상호협력

프랜차이즈는 독립된 사업자인 가맹본부와 가맹점이 하나의 조직을 형성하여 기능을 발휘하고 운영되므로 프랜차이즈 시스템은 본질적으로 양자의 관계에 초점이 맞춰져 있다. 가맹본부와 가맹점이 서로의 역할을 책임지고 긴밀한 협력관계를 유지하면 프랜차이즈 성과는 좋게 나타난다.

가맹본부와 가맹점 간의 관계결속을 위해 프랜차이즈 계약에서는 두 당사자의 의무 및 준수사항에 대한 역할과 구속력을 명확하게 구분해놓고 있다. 만일 가맹점이 지나치게 가맹본부에 의존하면 가맹점은 독립된 사업자로서의 기업가정신을 상실할 수 있다. 프랜차이즈의 효율성을 극대화시키고 좋은 성과를 얻기 위해서는 기본적으로 계약내용이 합리적이어야 하며 가맹본부와 가맹점은 파트너로서 각자가 맡은 역할과 의무를 성실히 수행하여야 한다. 예를 들어, 이디야 커피는 업계 최저 로열티, 마케팅비용의 가맹본부 전액부담 등 가맹점과의 상생정책을 통해 1%대 낮은 폐점률을 지속적으로 유지하고 있다. 이러한 상호 협력관계는 가맹본부 또는 가맹점 어느 한쪽 뜻으로만 행동할 수 없음을 의미한다. 한쪽의 이익만을 생각하면 win-win을 통한 목표달성이라는 프랜차이즈 본래의 목적에서 벗어나는 것이다.

제3절 프랜차이즈 시스템의 기능

기업은 제품과 서비스를 빠른 시간, 편리한 장소에서 적합한 가격으로 소비자에게 접근시키기 위해 노력한다. 일부 학자들은 프랜차이즈가 도입됨으로써 이러한 장벽이 허물어졌다고 하면서 프랜차이즈가 제품과 서비스를 제공하기 위한 유통경로의 한 부분이라고 주장한다. 또 다른 학자들은 기업이 제3자를 계약으로 고용하기 때문에 조직의 한 부분이라고 주장하기도 한다. 기업의 이익창출과 이윤극대화에 중요한 역할을 하고 있다는 점에서 두 가지 기능 모두 근거있는 주장이다.

1. 유통기능

프랜차이즈는 생산자가 생산한 제품과 서비스를 효과적으로 소비자에게 판매하는 방법들 중 하나이다. 만일 생산자가 자신이 만든 제품을 소비자에게 직접 판매해야 한다면 많은 자본과 인력 및 시간을 필요로 하고 결국에는 불가능한 노력이 되고 말 것이다. 소비자 역시 생산자로부터 상품을 직접 구매하러 다녀야 한다면 불편할 뿐만 아니라 많은 시간이 소비되고 불가능한 활동이 되고 말 것이다. 결국 생산자와 소비자는 서로의 접촉횟수를 줄여주고 거래비용을 최소화시켜 주는 도매업자 또는 소매업자같은 중간상(middlemen)에 의존할 수밖에 없다. 프랜차이즈는 일종의 중간상으로서 제품과 서비스를 효율적으로 공급하는 데 있어 매우 적합한 유통경로의 기능을 가지고 있다.

프랜차이즈는 생산자와 소비자를 이어주는 유통경로시스템들 중에서 계약형 수직적 마케팅시스템의 한 형태이다. 계약형 수직적 마케팅시스템(contractual vertical marketing system)은 혼자서 목표를 성취하는 것보다 더 큰 경제적 기능과 마케팅효과를 얻기 위해 독립된 생산과 유통을 하는 경로구성원들이 계약에 의해 서로의 활동을 통제하고 조정하는 유통경로를 말한다. 계약형 수직적 마케팅시스템에는 프랜차이즈 외에도 도매상 후원 자발적 체인(wholesaler-sponsored voluntary chain), 소매상 협동조합(retailer cooperative)등이 포함된다.

도매상 후원 자발적 체인은 소매상들이 표준화되고 통일된 구매절차, 판매촉진, 재고관리를 통한 이점을 누리기 위해 도매상을 중심으로 자발적으로 계약을 맺은 경로 형태다.

소매상 협동조합은 작고 독립적인 소매상들이 연합하여 만든 조직으로 하나의 도매상처럼 운영되는 것으로 프랑스의 디스카운트 스토어인 레클럭(E. Leclerc)이 여기에 해당한다. 조합에 속한 소매상들은 도매상을 통하여 자신들의 구매력에 집중할 수 있으며 서로 협력하여 가격과 촉진을 계획한다.

도매상 후원 자발적 체인과 소매상 협동조합은 프랜차이즈와 유사한 방식이기는 하지만 가맹본부가 다수의 가맹점들과 계약을 맺고 있는 프랜차이즈와는 구분된다.

2. 조직기능

기업은 항상 시장에 접근하기 위해 어떤 조직이 가장 생산적이고 효과적인지 고민한다. 사업을 성공적으로 운영하는 데 있어 조직구성이 얼마나 중요한지 인식하고 있기 때문이다. 기업이 상품을 판매하기 위해서는 직원을 직접 고용하거나 또는 제3자와 계약을 맺는다. 직원을 직접 고용하여 기업내부에 조직을 두는 것을 "만든다"(make)라고 한다. 직영점이 여기에 해당한다. 제3자와 계약을 맺고 기업외부에 조직을 두는 것을 "구매한다"(buy)라고 한다. 대리점이 여기에 해당한다.

거래비용 이론에 따르면 제3자와 계약을 맺어 조직을 만드는 데 드는 거래비용이 직원을 고용하여 조직을 만드는 데 드는 거래비용보다 더 작으면 외부조직, 즉 대리점을 통해 영업 및 판매를 한다.

프랜차이즈는 제품과 서비스를 효과적으로 판매하기 위해 제3자인 가맹점과 계약을 맺고 고용하여 만든 외부조직의 한 형태이지만 엄격하게 말해"Make"와 "Buy"의 중간 형태인 혼종(hybrid)조직이다.

가맹본부는 가맹점 사업자에게 직원의 고용과 관련된 영업부문에서는 자율권을 주고 상품의 질, 점포 디자인, 구매 등과 관련한 부분에서는 가맹본부가 정한 규칙과 표준을 따르게 하는 통제력을 지닌 "Make"와 "Buy"의 중간형태로서 양쪽이 지닌 특성 중 가맹본부에게 유리한 부분만을 취한 혼합적인 또는 양면성을 지닌 조직형태이다. 외국에 진출한 프랜차이즈의 경우 현지합작법인(joint-venture)을 설립하여 그 법인이나 파트너 및 대리인에게 프랜차이즈 허가권에 판매 네트워크 확보의 권한을 주는 마스터 프랜차이즈도 일종의 중간형태의 조직이다.

3. 프랜차이즈 본부의 기능과 장단점

프랜차이즈 본부는 가맹본부 자신과 가맹점을 위하여 본부의 제대로 된 기능을 수행해야 한다. 그러나 모든 프랜차이즈 가맹본부가 다음의 기능을 반드시 수행하고 있는 것은 아니며 업종 상황 및 가맹본부와 가맹점 간의 다양한 계약관계에 따라 그 기능은 다를 수 있다.

통상적으로 가맹본부의 확실한 기능과 지원은 프랜차이즈 가맹점을 운영하고자 하는 예비창업자들이 가맹본부를 선정할 때 판단의 기준으로 삼아야 하는 중요한 사항임에 틀림없다.

1) 시스템 개발

가맹본부의 가장 중요한 기능은 원자재개발, 제품 및 서비스개발, 교육·훈련, 지도, 판매촉진, 금융, 정보, 경영관리 등 개개의 기능을 유기적으로 통합하여 프랜차이즈 상품(일명 프랜차이즈 패키지라고 함)을 만들어 내는 일이다.

가맹본부가 시스템을 개발하고 실행하기 위해서는 다음 사항에 특히 유의하여야 한다.

- 가맹본부에서 갖추어야 할 여러 기능을 어떻게 배분해야 하는지, 그리고 각 기능과의 관계를 어떻게 구분할 것인지를 결정해야 한다.
- 모든 상황에 따라 각 기능이 잘 발휘될 수 있도록 가맹본부의 조직이 정비되어야 한다.
- 가맹본부에서 가맹점을 지원할 때 개개의 기능을 어떠한 순서로, 어떠한 방법으로 제시할 것인가를 결정해야 한다.
- 시장환경의 변화, 가맹본부 내부의 변화 등 상황변화에 따라 시스템 전체가 어떻게 대응하고 각각의 기능은 어떻게 변화시킬 것인지를 명확히 해두어야 한다.

2) 원자재 개발

경쟁력 있는 제품을 소비자에게 판매하려면 가격, 품질 등 여러 측면에서 원자재가 우수해야 하므로 본사에서는 우수한 원자재를 개발하여야 한다. 그러나 가맹본부에서 직접 모든 원자재를 개발할 수 없다. 이때 가맹본부가 제조하기에 부담이 큰 1차 원자재는 외부로부터 공급받아 가공하거나 원자재회사와 공동으로 개발하는 방법을 선택할 수 있는데 그러한 경우 가맹본부는 원자재 개발에 있어서 나름대로의 독특한 기술적 수준을 유지할 수 있어야 한다.

또 프랜차이즈시스템에서 가맹본부는 지속적으로 질 좋은 원자재를 각 가맹점에 공급해 주어야 하므로 합리적인 원자재 공급체계를 갖추어야 한다.

3) 제품 및 서비스 개발

소비자가 선호하는 독창적인 제품과 서비스 체계를 개발하는 것은 프랜차이즈시스템의 성공을 위한 제일의 조건이다. 경쟁업체가 없는 제품이나 서비스체계를 갖추게 되면 우수한 가맹점을 확보할 수 있고, 가맹점 또한 많은 고객을 확보하게 됨으로써 안정된 경영이 가능하게 된다. 가맹본부에서 개발하는 제품 및 서비스는 다음 세 가지를 명심해야 한다.

- 새로 만든 제품을 적절한 가격과 적절한 방법으로 가맹점에 제공해야 한다.

- 경쟁업체와 차별화 되어 있는 주력제품을 중심으로 운영하되 관련있는 제품의 구색을 갖추어야 한다.
- 소비자의 취향 및 기호변화에 유의하여 품질, 제품구성, 제공방법 등을 개선해 나가야 한다.

4) 교육 및 훈련

프랜차이즈시스템에 있어서 교육 및 훈련은 주로 가맹점 경영자의 경영능력향상과 이익증대를 목적으로 하는 것이며 특히 가맹점 경영자가 사업에 경험이 전혀없는 경우, 가맹본부에서 실시하는 교육·훈련의 내용과 질이 매우 중요하다. 가맹본부에서 아무리 훌륭한 프랜차이즈 상품을 개발하더라도 소비자와 직접 접촉하는 것은 가맹점이므로 가맹점이 소비자에게 확실한 판매활동과 서비스활동을 실시하지 않으면 아무런 의미가 없다. 따라서 가맹본부는 다음과 같은 교육·훈련체계를 갖추어야 한다.

- 상세한 교육훈련의 내용과 방법이 담긴 교육·훈련과정을 준비해야 하며 가맹점이 되어 처음으로 영업을 하는 가맹점 경영자에 대해서는 필요한 지식과 기술 등을 지속적으로 익히게 하는 과정이 있어야 한다.
- 이미 가맹점이 되어 영업을 하고 있는 가맹점 경영자에 대해서 수시로 필요한 지식과 기술 등을 가르쳐주는 과정이 있어야 한다.
- 기대한 만큼의 이익이 오르지 않는 가맹점 경영자를 대상으로 지식과 기술 등을 가르쳐 주는 과정이 있어야 한다.

이러한 교육·훈련과정을 통해 가맹본부가 가맹점에 제공하는 다양한 내용에는 가맹본부의 경영철학, 상품관련 지식, 제조기술, 고객서비스, 상품 및 설비관리, 위생관리, 생산관리 및 재무관리, 점포관리, 판매촉진방법, 사고대처 및 처리방법, 종업원 관리, 수요예측 등이 포함된다.

5) 판매촉진

가맹본부에서 지원해야할 여러 기능 가운데 한 가지인 판매촉진활동은 ① 가맹조건에 포함되어 있는 판매촉진지원활동 ② 가맹조건과는 관계없이 가맹본부의 영업전략과 가맹점의 수시요구에 의하여 계속적으로 계획되고 실시되는 판촉활동으로 나눌 수 있다.

전자의 판매촉진지원활동은 점포의 형태, 점포의 레이아웃, 간판, 진열대와 광고물, 통일된 색상유지 등 가맹점 개점과 동시에 지원되는 상황이고, 후자의 판매촉진활동은 시장환경변화에 대처하고 영업이익을 높이기 위한 목표와 계획에 의하여 이루어지게 된다. 즉 가맹본부에서 시행하는 판매촉진활동은 가맹점의 경영이 계획대로 이루어지게 하고 프랜차이즈시스템 전체의 이미지 상승을 꾀하거나 신제품을 보급시키기 위한 목적으로 전개되는 것이다.

이와 같은 목적아래 전개되는 판매촉진활동의 수단으로는 TV, 신문, 라디오 등 대중매체를 이용한 광고, POP 광고와 같이 점포에서 이루어지는 광고, 특가상품의 제공, 지역사회의 각종 행사에 협력, 사은행사와 같은 점포별 행사 등을 들 수 있다.

6) 금 융

가맹본부가 가맹점에 대한 금융지원 기능을 갖는 것은 프랜차이즈시스템의 원활한 운영을 위하여 매우 유용한 일이다. 가맹점이 자기자본으로 경영을 하는 것이 원칙이라 하더라도 프랜차이즈를 확장·강화해 나가기 위해서는 가맹본부의 금융지원이 필요한 경우가 많다.

가맹본부의 금융지원은 신규 가맹점의 개설에 필요한 자금의 융자, 기존 가맹점의 내부수리, 장비·비품의 설치 등 시설자금의 융자와 가맹점의 운영자금 융자 등이 해당된다.

4. 프랜차이즈 시스템의 장점과 단점

1) 프랜차이즈 시스템의 장점

- 가맹본부에서 개발한 우수제품, 제품포장, 상표 등을 사용하고 점포경영에 관한 교육 및 지도를 실시하고 있기 때문에 사업경험이 없어도 점포운영이 가능하다.
- 가맹본부에서 시스템을 갖추어 소비자에게 구매력 있는 제품을 개발하여 공급하

기 때문에 실패의 위험성이 적다.

- 가맹본부에서 일괄적으로 영업, 광고, 판촉 등을 지원하므로 개별적인 활동보다 훨씬 큰 판촉활동의 효과를 기대할 수 있다.
- 가맹점 운영에 필요한 설비와 도구 등을 가맹본부로부터 유리한 조건으로 알선 받을 수 있으며, 대량구입에 따른 경비절감의 효과를 얻을 수 있다.
- 가맹점으로서 성공하여 자금여유가 생기면 새로운 가맹점을 만드는 등 여러 개의 가맹점을 소유함으로써 사업확대가 가능하다.
- 시장변화, 소비자행동의 변화에 따라 가맹본부에서 기본제품을 개선하거나 새로운 제품을 개발하여 계속적으로 가맹점에 제공해 주기 때문에 시장의 변화에 능동적으로 대처할 수 있다.
- 가맹본부에는 법규, 매장 디스플레이, 경영 등 여러 분야에 전문가를 두고 있기 때문에 이들 전문가의 지도와 도움을 받을 수 있다.

2) 프랜차이즈 시스템의 단점

- 가맹본부의 영업경쟁력이 약화되거나 판매정책의 변화에 따라 가맹본부로부터의 지도와 지원을 충분히 받을 수 없게 될 우려가 있다.
- 가맹본부는 전체적으로 효과를 생각해서 경영정책을 입안하여 실시하고 있기 때문에 특정 가맹점에서는 그 지역특성에 맞지 않을 수도 있다.
- 가맹본부에서 제품을 개발하여 경영 및 판매지원을 실행하기 때문에 의타심이 생겨서 가맹점 경영자 스스로의 문제해결이나 경영개선의 노력을 게을리 할 우려가 있다.
- 제품의 원재료, 판매방법, 가격, 인테리어 등이 표준화되어 있고 통일적인 운영을 원칙으로 하므로 가맹점 경영자가 보다 좋은 방법을 개발하더라도 바로 그것을 이용할 수 없는 경우가 있다.
- 가맹본부와 가맹점의 이해가 상반되는 경우, 쌍방 모두 독립된 사업자이기 때문에 가맹본부가 자기의 이익을 위해서 가맹점의 의사를 무시하는 경우가 있다.
- 가맹본부의 방침변경이 있을 경우, 가맹점은 그 의사결정에 참여할 수 없다.
- 가맹점과 가맹본부 간의 계약이 가맹본부의 의사를 따라야 하는 종속계약이기 때문에 계약내용에 대하여 가맹점 희망자가 자기의 요구사항이나 조건 등을 요구할

여지가 없다.

5. 프랜차이즈 사업의 문제점

프랜차이즈는 많은 사람들에게 특별한 기회를 제공한다. 프랜차이즈에 참여하는 것이 절대적으로 성공을 보장하는 것은 아니지만 독립적으로 사업을 운영함으로써 발생하는 많은 함정을 피할 수 있다. 국제프랜차이즈협회(IFA)는 프랜차이즈 가이드(franchise guide)에서 프랜차이즈 사업의 문제점은 다음과 같이 제시했다.

1) 시스템 내부근무

통제나 지시를 따르는 데 어려움을 가지고 있거나 시스템 내에서 일하기 싫어하는 사람들은 프랜차이즈를 못마땅하게 여긴다. 그렇지만 가맹본부와 가맹점은 하나의 조직으로서 가맹점들 간의 일관성을 유지하기 위해 가맹본부가 가맹점을 통제하는 것은 어쩔 수 없다. 따라서 가맹점은 프랜차이즈 시스템을 따르는 것이 중요하다.

2) 위험가능성

프랜차이즈에 가입하는 것은 독립적으로 사업을 시작하는 것보다 위험성이 적기는 하지만 여전히 존재한다. 가맹본부는 검증된 사업콘셉트와 운영노하우 및 마케팅역량의 프로그램을 보유하고 있으며 가맹점은 가맹본부의 지원을 받아 위험을 줄일 수 있다. 그러나 최종적으로 분석해보면 사업의 위험성 대부분은 가맹점의 손에 맡겨진다.

3) 협 력

프랜차이즈는 기본적으로 가맹본부와 가맹점 간의 계약을 근간으로 긴밀한 협력관계의 형성이 중요하다. 가맹점은 다양한 방법을 통해서 가맹본부를 이해하고 협력해야 한다. 첫째, 프랜차이즈 가맹본부를 방문한다. 직접 방문을 통해 직원들에 대한 느낌과 운영이 얼마나 원활한지를 파악한다. 둘째, 가맹본부에 속해 있는 다른 가맹점들과 대화를 가져본다. 즉 가맹점들과 가맹본부와의 관계가 어떤지 파악한다. 셋째, 가능한 한 프랜차이즈에 대해서 많은 정보를 얻는다.

4) 그릇된 기대

일부 사람들은 즉각적인 성공을 기대하면서 프랜차이즈 사업에 뛰어든다. 다른 모든 비즈니스들과 마찬가지로 프랜차이즈 사업 역시 엄청난 시간투자, 독창성, 근면을 요구한다.

5) 사업운영

가맹점은 자신의 사업에 대한 준비를 솔직하게 평가해야 한다. 사업경험이 전혀 없거나 부족한 경우, 사업운영에 대해서 가맹본부로부터 특별한 지원을 요청할 수 있다. 그러나 기본적으로 사업의 성공적인 운영은 가맹점의 몫이다.

PART

04

소매관리

PRINCIPLES OF DISTRIBUTION

CHAPTER 09

소매마케팅 전략

"NO빨대" 소비자 목소리에 응답한 기업… 지구가 방긋

멸균우유에선 빨대가, 스팸에선 노란뚜껑이 사라진다. 소비자들은 그 다음에 없앨 걸 찾고 있다. 의식있는 소비자와 지속가능한 경영을 위해 친환경실천에 힘쓰는 기업들의 노력이 만나 탈 플라스틱에 가속도가 붙고 있다. 기업들의 친환경실천 고민에 소비자들의 의견이 더해져 친환경 움직임에 시너지가 발생하는 모습이다.

식품업계에 따르면 최근 매일유업과 남양유업은 '빨대없는' 멸균우유 제품을 내놨다. 일반적으로 멸균우유 제품은 제품상단에 빨대를 꽂는 구멍이 있고 옆면에 플라스틱 빨대가 붙어있지만 두 회사는 과감하게 빨대를 없앴다.

지난해 '빨대가 불필요하다'며 유제품에 붙은 플라스틱 빨대들을 모아 각 기업에 보낸 소비자들의 의견을 적극 반영한 결과물이다.

지난해 2월 소비자모임 '쓰담쓰담'은 매일유업을 상대로 '빨대는 반납합니다' 프로젝트를 진행했다. 매일유업의 요구르트 제품 '엔요'에 붙은 빨대에 문제의식을 느낀 한 소비자가 매일유업에 손편지와 함께 모아둔 빨대를 보낸 게 시발점이었다. 여기에 김진기 매일유업 고객최고책임자(CCO)가 "현재 빨대를 사용하지 않아도 음용하기 편리한 구조의 포장재를 연구하고 있다"며 "저희 매일유업의 보다 나은 방향으로의 변화를 지켜봐 주시길 당부드린다"고 손편지로 화답한 뒤 변화가 이어졌다.

매일유업은 편지를 받고 3개월 뒤 대형마트에 들어가는 일부 엔요제품의 빨대를 없앴다. 지난해 7월에는 엔요 전 제품에서 빨대를 제거했다. 지난달 12일 출시된 빨대를 제거한 '상하목장 유기농 멸균우유'는 소비자의 요구에 화답한 두 번째 사례인 셈이다. 이 제품은 현재 온라인 채널에서만 판매하며 소비자반응과 판매추이를 파악하고 있다. 매일유업 관계자는 "소비자들이 이렇게 친환경에 먼저 목소리를 내고 움직이는 것을 긍정적으로 생각한다"며 "매일유업이 중점적으로 진행해왔던 친환경 정책과도 추구하는 방향이 맞아 지속적으로 확대해나갈 것"이라고 말했다.

뒤이어 남양유업에도 같은 취지의 손편지와 사용하지 않은 플라스틱 빨대들이 도착했고, 지난달 26일 빨대없는 '맛있는 우유 GT 테트라팩' 제품출시로 이어졌다. 남양유업은 편지를 보낸 소비자들을 초청해 지난해 6월 간담회를 진행했고 다양한 의견을 들었다. 남양유업은 소비자의 의견을 반영한 제품출시뿐 아니라 쓰담쓰담, 서울 새활용플라자와 손잡고 친환경 캠페인 'Save the earth'를 이어가고 있다. 지난해 11월 폐소재를 활용해 제작한 '빨대반납함'을 설치한 것도 이 캠페인의 일환이다.

지난해 추석 스팸의 상징이었던 노란색 플라스틱 뚜껑을 없앤 선물세트의 등장은 소비자의 움직임이 회사의 변화에 힘을 실어준 사례다. CJ제일제당은 2019년 8월부터 노란뚜껑을 제거한 스팸제품의 안전성을 테스트하고 있었다. 그 과정에서 유통과정 상 파손우려가 가장 적은 선물세트에 먼저 적용키로 결정하고 지난해 추석에 2종을 선보이기로 결정한 상황이었다. 그런데 이에 앞서 소비자들이 '스팸뚜껑을 반납하겠다'며 움직인 것이다.

CJ제일제당 관계자는 "스팸뚜껑을 없애는 방향에 대해 결정은 했지만 소비자반응을 예측할 수 없어 내부적으로 반신반의하고 있었는데 '스팸뚜껑은 반납합니다' 움직임으로 뚜껑을 없애도 괜찮겠다는 확신을 하게 됐다"고 말했다. CJ제일제당은 올해 추석부터는 모든 스팸 선물세트를 뚜껑이 없는 제품으로 구성키로 했다.

이런 변화를 바로 옆에서 지켜본 쓰담쓰담 대표 클라블라우(활동명)는 "불과 몇 년전만 해도 친환경에 관심이 있는 사람은 소수였는데 지난해는 사회에서 일어나는 친환경적인 변화들이 상당히 빠르게 이뤄졌다"며 "소비자 한 사람 한 사람의 목소리가 갖는 힘이 크다는 걸 실감할 수 있는 경험이었다"고 말했다.

기업을 상대로 친환경에 목소리를 내는 활동을 이어가기 위해 쓰담쓰담은 최근 한국야쿠르트에 이중 요구르트 뚜껑을 모아 반납하는 '요굴껑은 반납합니다' 프로젝트를 진행했다. 한국야쿠르트의 대표제품인 '윌' 등에 내부 은박지 위에 플라스틱 뚜껑이 한 번 더 포장된 게 불필요하다며 개선을 요청한 것이다. 한국야쿠르트는 "소비자의 의견에 대해 관계부서에서 긍정적으로 검토하고 있다"며 "당장 개선하는 것은 어렵겠지만 환경을 생각하는 방향으로 개선할 수 있도록 노력하겠다"는 입장을 전달했다.

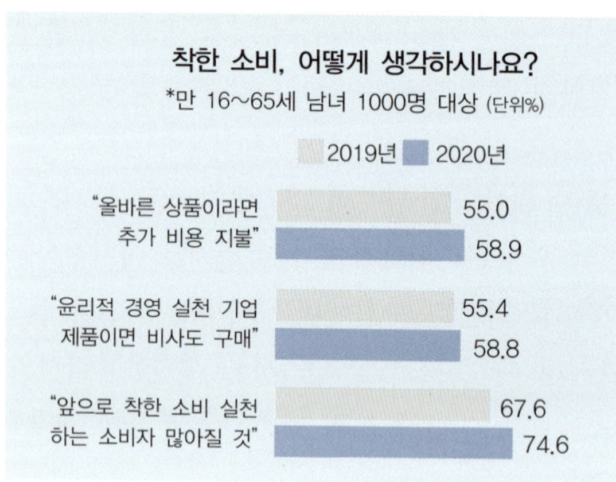

자료 : 엠브레인 트렌드모니터.

출처 : 2021년 1월 31일, 국민일보

소매점 마케팅전략은 소매점의 고객인 최종소비자 즉 표적시장의 고객을 중심으로 수립되어야 한다. 이는 표적고객들의 욕구, 취향 등을 고려하여 마케팅전략을 수립하여야 하며 점포 개발업자들은 더 이상 과거의 경험을 바탕으로 근린상가를 형성하는 것은 지양하고, 근린상가를 이용하는 주 고객들인 인근주민들의 의향과 태도, 지각정도를 파악하여 이에 근거한 근린상가를 구성하는 소매점을 형성하는 것이 고객지향적 마케팅개념을 이행하는 것임을 시사한다.

그러나 학자들마다 소매점 마케팅전략에 대해서 통일된 방향을 제시하고 있지 않고 있으며 또한 기존의 선행 연구논문에서 소매점 마케팅전략 믹스에 대해 언급하지 않고 있어 본장에서는 Kotler, Kurtz, Kerin, Berman, Mason, McCarthy 등의 학자들이 제시한 소매점의 마케팅전략을 설명하고 그 내용을 근거로 구체적으로 접근해보고자 한다.

제1절 소매점 마케팅이해

1. 마케팅의 정의와 영역

일반적으로 마케팅하면 보통 많은 사람들이 판매원과 광고를 떠올린다. 이는 무리가 아니다. 우리가 일상생활을 영위함에 있어서 매일 많은 판매원들을 접하기 때문이다. 우리가 아침에 마시는 우유는 매일 집근처의 보급소에서 배달된다. 등교길에 전철을 타기 위해서 매표소를 거치고 전철역내 판매점에서 신문을 사서 읽는다. 때로는 전철안에서 간단한 제품을 파는 판매원들의 유창한 설명을 듣게 된다. 수퍼마켓이나 백화점에서도 많은 판매원들을 접하게 되며 가격파괴로 인기가 높은 할인점과 회원제 창고형 소매점에서도 마찬가지이다.

우리는 광고를 접하지 않는 날이 거의 없다. TV에서 즐겨보는 뉴스나 드라마 또는 스포츠중계를 전후하여 수많은 광고물들이 방영된다. 차안에서 또는 심야에 듣는 라디오방송에서도 광고를 피하기는 어려우며 신문이나 잡지에서도 마찬가지이다. 잡지의 앞부분은 대부분 광고물로 채워지고 있다. 이러한 여건에서 살고 있기 때문에 많은 사람들이 '마케팅을 판매 또는 광고'로 보는 것이다.

학계에 널리 수용된 마케팅에 대한 정의는 "마케팅은 개인 또는 조직이 필요한 것과 원하는 것을 다른 개인 또는 조직과 교환함으로써 가치(or 수익, 만족, 공헌 등)를 획득하는 과정"이라고 한다.

마케팅은 자본주의 사회의 영리기업에서 태동되고 발전되었다. 마케팅은 치약, 칫솔, 비누, 과자, 음료수 등과 같은 포장소비재(consumer packaged goods)분야에 가장 먼저 도입되었고 다음으로 소비내구재(TV, 라디오, VCR, 냉장고, 카메라, 정장복)와 산업설비재(공장기계, 부품, 엔진, 모터)의 순이다. 철강, 화학약품, 제지 등 제품차별화가 어려운 상품의 생산자들은 마케팅을 가장 늦게 도입하였고 그 실행수준도 낮은 편이다.

최근 들어 항공사, 여행사, 은행, 보험 등과 같은 서비스업종에서도 규제완화와 경쟁격화로 인하여 마케팅을 도입하여 활발하게 실행하고 있다. 그러면 비영리기관에는 마케팅이 적용되지 않는가? 그렇지 않다.

정치를 위한 정당, 병원, 대학, 종교단체, 국립공원들을 보라. 고객의 무관심이나 수요감소, 경쟁격화와 같은 환경에 대응하기 위하여 이런 기관들도 고객을 분석하고 고객의 선호를 그들의 제품에 반영하기 위하여 노력하며 대중매체 광고를 이용하기도 한다. 그렇다면 이렇듯 다양한 분야에서 활용되고 있는 마케팅을 소매분야에서는 어떻게 활용해야 하는 것인가? 기존 연구들로부터 구체적인 요인들을 살펴보자.

2. 소매점 마케팅에 관한 연구

1) Kotler의 전략믹스와 성과

Kotler는 오늘날 소매상들은 새로운 소매환경과 더불어 표적시장, 제품구색과 구입조달, 서비스 및 점포분위기, 가격, 점포활동 및 경험, 커뮤니케이션, 장소 등의 모든 분야에서 마케팅 의사결정문제에 직면한다고 하였다.

(1) 표적시장 결정

표적시장이 정의되고 윤곽이 밝혀지면 소매상은 제품구색, 점포의 실내장식, 광고 메시지와 매체, 가격, 서비스 수준 등에 대해 일관성 있는 의사결정을 할 수 있다. 소매상들은 자사의 표적에 보다 잘 맞추기 위해서 그 시장을 더 정교한 세분시장으로 세분화하여 적소시장을 탐구하고, 보다 관련깊은 제품을 제공하기 위해 새로운 계열의 점포를 도입해야 한다.

(2) 제품구색 결정

소매상의 제품구색은 표적시장의 구매기대와 일치해야 한다. 소매상들은 제품구색의 폭과 깊이를 결정해야 한다. 제품구색은 기술이나 패션과 같이 빠르게 움직이는 산업에서는 도전적인 문제가 될 수 있다. 사실, 소매상의 문제는 점포의 제품구색이 정해진 후부터 시작되는데, 특별하게 표적화된 제품구색을 갖춘다던지, 독특한 상품 이벤트를 기획한다던지, 지역마다 다른 소득수준 및 구매습관에 맞춘 제품을 갖춘다던지 하는 제품차별화 전략을 수립함으로써 문제를 해결할 수 있다.

(3) 구매조달 결정

소매상은 제품구색 전략을 수립한 뒤 조달구입 원천, 방침 및 실행방법을 정해야 한다. 이에 소매상들은 수요예측, 상품구색 선정, 재고통제, 공간할당 및 전시능력을 향상시키고 있다. 또한 재고정리, 주문량 계산, 제품구입비 등을 분석하기 위해 컴퓨터 및 스캐너 등을 사용한다.

(4) 가격결정

소매상의 가격은 위치화를 결정하는 핵심적인 요소이며, 표적시장, 제품, 서비스구색 믹스 및 경쟁과 관련해 결정되어야 한다. 모든 소매상들은 마진폭을 높이면서도 많은 양을 판매해 높은 수익을 올리길 원하지만 뜻대로 되진 않는다. 이에 대부분의 소매상들은 높은 마진에 저매출 집단(전문점) 또는 낮은 마진에 고판매 집단(양판점 및 할인점)으로 구분된다. 소매상들은 가격전술에도 주의를 기울여야 한다. 소매상들은 점포의 전 품목에 대해 할인판매를 단행할 수도 있고, 재고회전을 위해 마진폭을 인하하는 방침을 계획할 수도 있다.

(5) 서비스 결정

서비스는 다른 점포와의 차별화를 위한 중요한 수단이다. 소매상들은 고객들에게 전화주문 및 우편주문 접수 · 광고 · 진열 · 내부전시 · 피팅룸 · 쇼핑시간 · 패션쇼 · 중고품 교환 등의 구매 전 서비스, 선적 및 배달 · 선물포장 · 조정과 반환 · 교환과 맞춤

손질 · 설치 · 문자 등의 구매 후 서비스 그리고 일반적인 정보 · 수표 현금화 · 주차 · 식당 · 수선 · 내부장식 · 휴게소 · 유아보호 서비스 등의 보조서비스를 어떻게 제공할 것인지에 대해 결정해야 한다. 또한 점포의 특성에 맞는 잘 훈련된 직원들도 소매상의 상표를 차별화하고 위치화 하는 수단이 될 수 있다.

(6) 점포 분위기

점포 분위기는 점포가 가지는 또 다른 전략무기이다. 모든 점포는 전략상 고객이 쉽게 또는 어렵게 다니게끔 설비배치를 하고 있다. 또한 고객경험을 형성하는데 있어 벽의 색상, 조명, 표식, 바닥자재, 다양한 템포의 음악, 향기 등의 모든 감각을 고려하여 이러한 변화를 통해 고객들이 점포에 머무는 시간과 그들의 소비수준에 영향을 미치도록 한다.

(7) 점포행위와 경험

전자상거래의 성장에 맞서 오프라인 소매상들은 실제로 보고, 만지고, 시험할 수 있는 제품, 고객서비스 그리고 배송시간이 전혀 필요없는 것과 같은 우위성과 함께 강력한 차별화 요소를 내세워 고객들에게 쇼핑 시 체험할 수 있는 기회를 제공한다. 또한 체험 가능한 제품을 취급하는 소매상들은 즐겁고, 신나는 것을 원하는 고객들을 끌어들이기 위해 점포 내 오락(entertainment)을 제공하기도 한다.

(8) 커뮤니케이션 결정

소매상들은 거래와 구매를 조장하기 위해서 여러 다양한 커뮤니케이션을 이용한다. 소매상들은 광고를 하고, 특별 할인판매실시 및 할인쿠폰을 발행하기도 하며, 단골고객을 위한 프로그램과 점포 내 시식코너를 제공하기도 한다. 또한 제조업자의 브랜드 이미지 뿐만 아니라 점포의 이미지를 알리기 위해 서로 협력한다. 유명점포들은 고객을 접대하는 방법, 고객의 욕구를 감지하는 방법, 고객의 불평을 처리하는 방법 등을 판매원들에게 훈련시킨다. 이 밖에 소매상들은 정보를 제공하고, 자신의 점포주위에 공동체를 조성하기 위해 상호작용적 매체 및 사회적 매체를 이용하기도 한다.

(9) 장소결정

소매상들은 성공의 세 가지 요소가 '장소, 장소 그리고 장소' 라고 말한다. 소매상들은 점포를 개설할 나라, 특정 도시 그리고 특정 지역을 차례로 선정해야 하며, 도심상가지역, 교외지역 쇼핑센터, 지역사회 쇼핑센터 및 쇼핑가 또는 대형점포 내에 입점할 수 있는데 거리, 임대료, 교통문제, 소비자들의 구매습관조사, 경쟁적 지역분석 등을 고려해서 유리한 위치를 선정해야 한다.

결론적으로 교통비와 높은 임대료 간 관계의 관점에서 소매상들은 자신의 점포에 대해 교통량, 소비자의 구매습관에 대한 조사 및 경쟁적인 위치분석 등을 이용하여 가장 유리한 위치를 결정해야 한다.

(10) 마케팅 성과

소매상들은 평균적으로 매일 점포를 지나가는 고객의 수, 점포를 방문하는 고객의 수, 방문객 중 구매고객의 수 그리고 1건당 평균 구입액, 이 네 가지 지표를 살펴봄으로써 특정 점포의 판매효과성을 평가할 수 있다.

2) Kurtz의 소매점 마케팅믹스 요소

소매상은 목표와 전략적 계획에 기초하여 마케팅전략을 수립하는데, 중요한 의사결정을 하는 마케팅전략과정에서 표적시장 선정 및 선택한 시장을 만족시키기 위한 소매업 믹스를 수립하는 것에 기본적인 바탕을 두고 있다.

소매업 믹스(retailing mix)는 상품구색 전략, 고객서비스 전략, 가격결정지침, 표적시장분석, 촉진목표, 위치분배결정 그리고 점포분위기 선택 등을 구체화하는 역할을 한다([그림 9-1] 참조). 상기의 요소들이 결합되어 바람직한 점포 분위기를 표출하게 되는데 점포 이미지는 소비자들에게 그 점포의 주체성을 전달한다.

소매상은 표적시장을 선정함으로써 자신의 전략을 정의하며, 시장의 규모, 이익잠재력, 경쟁의 수준은 소매상의 선택에 영향을 미친다. 소매상들은 세분시장에 대한 인구통계적, 지리적 및 심리묘사적 프로파일을 상세하게 살핀다. 결국 대부분의 소매상들은 특정한 인구통계적 특성의 조건하에서 표적시장을 확인·규명한다. 그 후 소매상은 자기점포와 웹사이트에서 선정된 고객을 끌어들이기 위한 마케팅전략을 수립한다. 즉 차별적인 전략을 실행하기 위한 전술이 검토되고 수립되어야 하는 것이다.

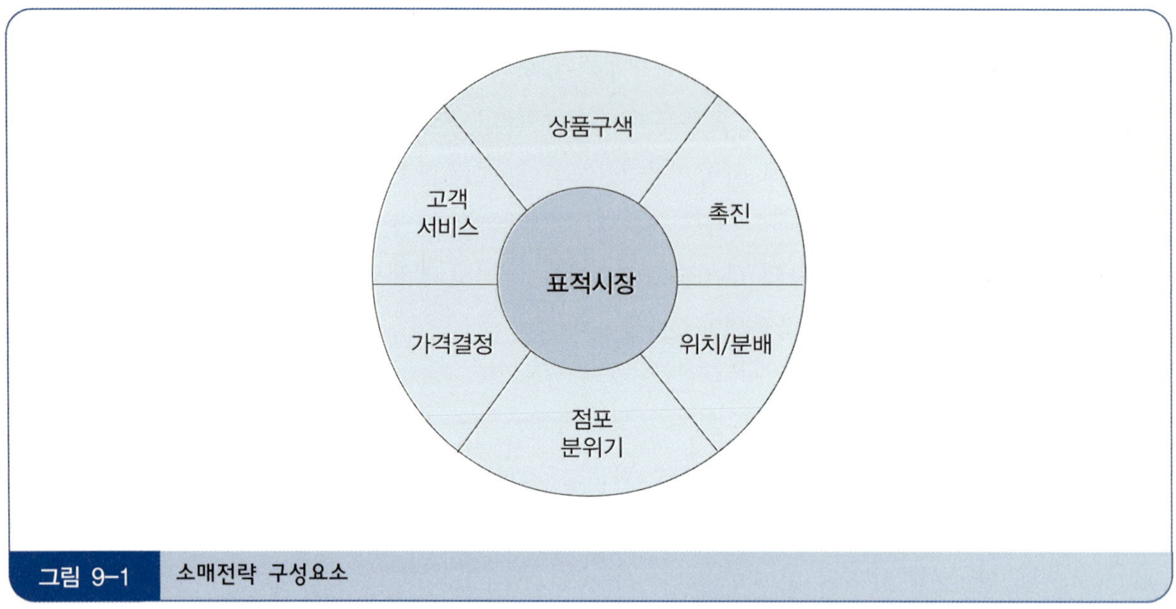

그림 9-1 소매전략 구성요소

출처 : David L. Kurtz, Principles of Contemporary Marketing, 14th, South-Western, 2010.

(1) 상품구색 전략

소매상의 상품구색 전략은 당 점포가 제공하는 품목에 관한 결정을 해야 한다. 즉 소매상은 일반적인 상품의 범주, 제품의 계열, 그 계열에서의 특별한 품목 그리고 그 구색의 깊이와 넓이를 결정해야 하는데, 성공적인 상품믹스를 수립하기 위해서 소매상은 우선순위를 정해야 한다. 첫째, 미리 정의한 표적시장의 선호성과 욕구를 고려해야 하며 둘째, 상기의 선택사항은 경쟁적 환경에 영향을 받는다는 사실을 명심해야 한다. 그리고 마지막으로 각 제품계열과 제품범주에 대한 수익성을 고려해야 한다.

상품구색 전략은 범주관리와 선반면적에 의해 관리되는데 범주관리란 경영자가 납품업체 및 소매상을 위한 전체적인 제품의 계열을 고려하고 그 제품의 수익성에 책임을 진다는 것이다. 즉 범주관리는 구입, 상품구색, 가격결정에 대한 조정을 통해 소매상의 제품범주의 판매성과를 향상시키기 위한 것이다. 그리고 선반면적에 대한 경쟁의 경우, 유명브랜드의 제조업체들은 소매상에 대해 우월한 힘을 가지고 있으며 재고확보단위(SKU : stock keeping item)라는 특별한 제품 제공물을 취급하도록 소매상에 압력을 가하고 있다. 이에 대해 소매점들은 상표제조 업체들에게 점포의 선반을 이용하는 것에 대한 수수료를 요구하기도 한다.

입점료(slotting allowance)란 소매상의 진열선반에 신제품을 진열하는 대가로 제조업체로부터 받는 수수료인데 통상 제조업체들은 전국의 소매상들에게 선반에 자사의 신제품을 진열케 하는 대가로 많은 금액을 지불한다. 그리고, 신제품이 판매예상액을 달성하지 못하였을 때 실패한 것에 대해 지급하는 수수료도 있다.

(2) 고객서비스 전략

점포들은 고객을 위해 더 향상된 수준의 고객서비스 전략을 수립, 제공하고 있다. 모든 고객서비스의 기본적인 목적은 표적고객을 끌어들이고, 유지하는 것에 집중하는 것인데 이에 따라 판매와 이익이 증가하게 된다.

소매상의 고객서비스 전략은 점포가 어떤 서비스를 제공할 것이며 또한 이 서비스에 대한 비용을 부가할 것인지에 대해 구체화하는 것이 포함된다. 이러한 결정은 점포의 규모, 유형, 위치, 상품구색, 경쟁사가 제공하는 서비스, 고객의 기대, 재무상태 등에 의해 좌우된다.

고객들의 쇼핑체험에 대한 가치를 부가시키는 서비스로는 선물포장, 대체제품, 반환보증, 결혼기념일 등록, 상담, 내부디자인 서비스, 배송 및 설치, 전자상거래 등이 있으며 어린이를 돌봐주는 서비스를 제공함으로써 고객에게 더 쉽고 빠른 쇼핑을 즐길 수 있도록 할 수도 있다. 또한 고객서비스 전략은 상품계열에 대한 수요를 구축하려는 노력을 지원할 수 있다.

(3) 가격결정 전략

가격은 소매점의 마케팅목표와 방침을 반영한다. 즉 가격은 소매점에 대한 소비자의 지각에 매우 중요한 역할을 하는데 소비자들은 저가격 소매점의 경우, 모든 상품이 저가격이라고 인식하게 된다.

점포는 최종 판매가격을 정하기 위해 제품의 비용에 어느 정도의 금액을 추가(markup)하는데 이 이윤폭은 점포가 제공하는 서비스와 재고순환률이라는 두 가지 마케팅의사결정에 의해서 결정된다.

소매점의 이윤폭(markup)은 현재의 고객 및 잠재고객의 점포에 대한 이미지에 크게 영향을 미친다. 또한 이 이윤폭은 쇼핑객을 끌어들이는 소매점포의 역량을 반영한다. 점포의 관리자는 특정제품에 대해 지출하고자 하는 금액에 대한 소비자의 판단을 잘 파악해 부분적으로 이윤폭을 결정할 수도, 이윤폭을 낮게(markdown)할 수도 있다.

(4) 위치/분배전략

소매 전문가들은 위치를 점포의 성공과 실패를 결정하는 잠재적인 요인이라고 주장한다. 점포는 멀리 떨어진 곳, 중심상가지역 또는 계획된 쇼핑센터에 위치할 수 있다. 점포의 위치는 상품의 유형, 점포의 재무상태, 표적시장의 특징, 장소의 이용가능성 등 많은 요인들에 의해 좌우된다. 최근에는 많은 지역들이 늘어난 점포들로 인해 포화상태에 있어 어떤 점포들은 자신의 위치전략을 재평가하기도 한다.

여기서는 계획된 쇼핑센터에 대해서만 설명하기로 하자면 계획된 쇼핑센터(planned shopping center)란 어떤 지역상권에 있는 쇼핑객(거주자)들에 맞도록 디자인되고, 조정될 수 있는 시장에 나와있는 소매점포의 집단이다. 계획된 쇼핑센터에는 근린쇼핑센터(neighborhood shopping center), 공동체 쇼핑센터(community shopping center), 지역쇼핑센터(regional shopping center), 파워센터(power center), 라이프스타일 센터(lifestyle center) 등이 있다.

근린쇼핑센터란 몇 분 거리에 거주하는 5,000~50,000명 상당의 쇼핑객을 위해 쇼핑을 제공하는 곳을 가리키며 보통 5~15개 정도의 점포들로 이루어진다.

제품믹스는 통상 편의품 및 몇몇 제한된 쇼핑품목으로 한정되며, 약국, 드라이크리닝, 선물가게, 이·미용실 등과 같은 소규모 점포들의 집단으로 구성된다. 공동체 쇼핑센터란 점포위치로부터 몇 킬로 떨어진 거리에 거주하는 10,000~100,000명 정도의 쇼핑객을 위한 곳이며 10~30개의 점포로 이루어진다. 지역백화점, 기타 대형점포 등이 포함되며 보통 선매품점, 전문직종의 사무실, 은행의 지점, 극장, 수퍼마켓 등이 입점한다. 넓은 주차장 시설을 갖추며 촉진비용도 공동으로 부담한다.

(5) 촉진전략

소매상들은 보다 많은 고객을 끌어들이고 점포의 이미지를 수립하기 위해 다양한 촉진전략을 이용한다. 이러한 촉진전략을 통해 소매상은 당 점포의 위치, 상품선택, 운영시간, 가격 등에 대한 정보를 소비자들에게 전달하려고 한다.

만약 고객의 상품선택이 자주 유행을 따른다면, 광고는 전체적으로 최신 유행하는 스타일을 효과적으로 촉진하기 위해 사용된다. 또한 촉진은 소매상들이 고객을 끌어들이고, 고객충성심을 구축하는데 도움을 준다. 판매원 역시 소매상의 효과적인 촉진전략을 위해 이용될 수 있는데 친근하며 잘 훈련되고, 지식이 풍부한 판매원은 소비자들에게 점포의 이미지를 전달하고 고객이 구매하도록 설득하는데 중요한 역할을 수행한다. 판매원은 많은 정보를 전달하기 위해 신용방침, 할인, 특별할인판매, 배송조건, 예약할부판매 유치, 반품 등에 관한 광범위한 지식을 갖고 있어야 하며, 판매율을 증가시키기 위해 점포는 고객들이 필요로 하는 것을 판매하고 있다는 것을 고객들에게 잘 설득시킬 줄 알아야 한다.

지식이 풍부하고, 도움을 주는 판매원들이 판매를 증대시키고, 경쟁점포와 차별화할 수 있는 원인이 될 수 있는 반면, 잘못된 서비스는 소매점에 대한 고객의 태도에도 영향을 미친다. 친절하지 않고, 집중하지 않으며, 정보를 잘 제공하지 못하는 판매원에 대한 고객들의 불평이 증가하고 있으므로 소매점들은 판매원을 훈련시키고, 동기를 부여하는데 주의를 기울여야 한다.

(6) 점포 분위기

점포위치, 상품선택, 고객서비스, 가격결정 및 촉진활동도 점포에 대한 소비자의 인식에 기여하는 중요한 역할을 하지만, 점포의 개성을 표출하는 점포 분위기 역시 중요한 역할을 한다.

점포 분위기란 고객을 끌어들이고, 고객들의 쇼핑욕구를 만족시키는 쾌적한 설비이자 물질적인 특징이다. 건축물디자인, 윈도우전시, 간판 및 출입구 등을 포함한 점포의 외관은 소매점포를 확인시키고, 표적시장 고객들을 끌어들이는데 도움을 준다. 점포의 내부장식 역시 중요한 역할을 하는데 이는 소매점포의 이미지를 보완해주고, 고객의 관심을 끌 수 있도록 유도한다. 그리고 고객들의 소비욕구를 자극해 구입하도록 독려하는 가장 중요한 역할을 한다. 내부분위기 구성요소에는 점포의 레이아웃, 상품제시, 조명, 색상, 음악, 향, 청결함이 포함된다.

점포의 내부 및 외부를 디자인하는 경우, 점포 관리자는 많은 사람들이 단순히 제품을 구입하는 것 외에 그 이상의 여러 가지 이유로 쇼핑을 한다는 사실을 잊지 말아야 하는데, 그 이유는 일상생활에서의 탈피, 궂은 날씨를 피하기 위해서 환상을 만끽하기 위해서, 가족 및 친구들과의 사회활동 등이 포함되기 때문이다.

3) Kerin의 소매업 믹스

소매상은 점포를 위치화하고, 특별한 소매업 믹스조치를 취함으로써 소매업전략을

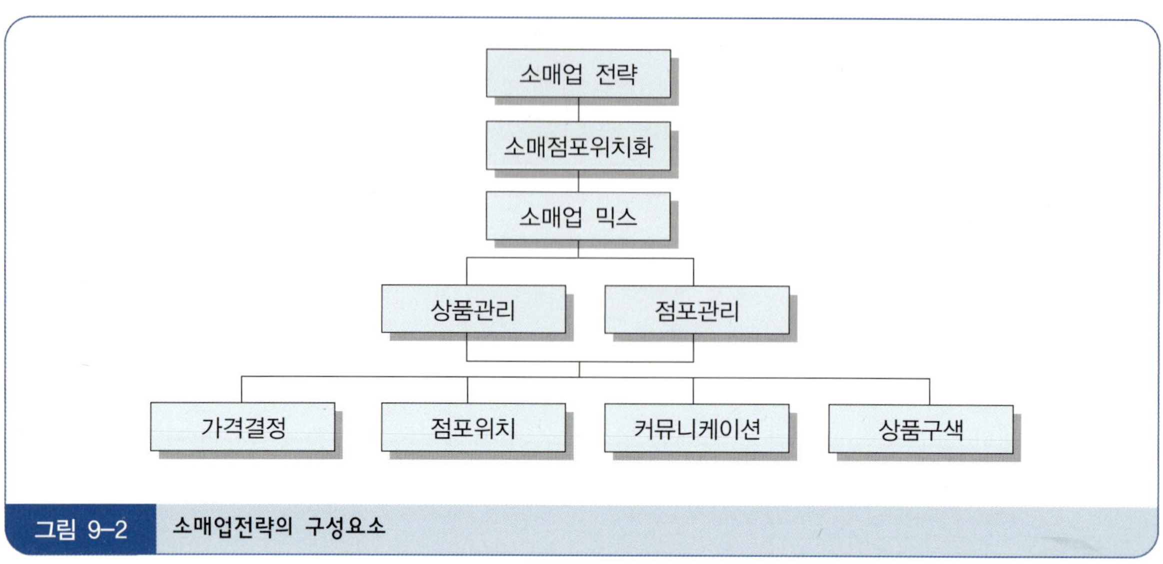

그림 9-2 소매업전략의 구성요소

출처 : Roger A. Kerin et al., Marketing in Asia, McGraw Hill, 2009.

수립하고 실행한다. 점포가 성공적으로 위치화하기 위해서는 소비자들이 인식하고 있는 경쟁사보다 어떤 우위성을 갖는 주체성을 보유해야 한다.

여기서 소매업 믹스(retailing mix)란 점포를 관리하는데 관련되는 모든 활동과 점포에 있는 상품이 포함되는데 소매가격결정, 점포위치, 소매 커뮤니케이션, 상품구색이 있다([그림 9-2] 참조).

(1) 소매가격 결정

소매상은 상품에 대한 가격을 결정하기 위해 이윤폭, 이윤폭인하, 이윤폭인하의 시기 등에 대해 결정해야 한다. 이윤폭(markup)은 최종 판매가격을 결정하기 위해 소매상이 그 제품에 대해 지급한 비용에 얼마나 많은 것을 추가할 것인가에 대한 것이며, 제품을 할인하거나 또는 이윤폭을 낮추는 것(markdown)은 그 제품이 원래의 가격으로 판매되지 않을 때 조정이 필요한 경우이다. 보통 할인은 현재 판매하고 있는 제품에 대한 수요를 증가시키기 위한 방법으로 이용된다.

이윤폭을 낮추는 시기는 매우 중요하다. 특히 가치있는 판매공간을 확보하거나 현금이 부족한 경우에 이윤폭을 낮춘다. 그러나 간혹 할인만을 찾는 고객을 원하지 않고 품질의 이미지를 유지하기 위해 굳이 이윤폭을 낮추지 않기도 한다. 하지만 대부분의 소매상들은 정상적인 상품구색화 방침에 따라 가격할인을 이용한다. 그 이유는 소비자들이 가격을 제품품질의 지표로 생각하는 경향이 있으며 또한 소비자들에게 제품의 상표명과 그 점포의 이미지는 중요한 의사결정요인이 되기 때문이다.

(2) 점포위치(store location)

점포위치 전략은 점포를 어디에 위치하느냐, 얼마나 많은 점포가 있어야 하느냐를 결정하는 것이다. 여러 가지 점포위치 유형들이 있는데, 공동체 쇼핑센터는 하나의 기본적인 점포(백화점의 지점) 그리고 20~40개의 소규모의 소매점포로 구성되며 대체로 10~20분 정도 자동차를 타고 다닐 수 있는 사람들이 이용한다.

(3) 소매 커뮤니케이션

소매상의 커뮤니케이션 활동은 정보를 위치화하고 이미지를 창조하는 중요한 역할을 한다. 광고, 판매촉진, 공중관계, 인적판매 등 전통적인 요소뿐만 아니라 소매믹스의 많은 다른 요소들에 의해 커뮤니케이트되는 메시지도 역시 중요하다.

소매매장에 대한 이미지를 결정하는 것은 중요한 소매업 믹스요소이다. 여기서 이미지란 쇼핑객의 마음속에 그 점포를 정의하는 방식으로서 쇼핑객들은 기능적 품질에 의해서 그리고 심리적인 속성에 대한 느낌에 의해서 매장에 대한 이미지를 정의한다.

위의 정의에서 기능적이란 것은 가격의 범위, 점포 레이아웃, 상품계열의 폭과 깊이와 같은 믹스요소에 대한 것이며 심리적 속성은 소속감, 흥분, 스타일, 온화함과 같은 무형적인 것이다. 따라서 이미지에는 점포 운영자, 범주 또는 점포의 유형, 그 점포에 있는 제품의 범주, 각 범주에 있는 상표, 상품과 서비스 품질, 그 점포의 마케팅활동에 대한 인상이 포함된다.

소매상들은 점포 내의 레이아웃(배치), 색상, 조명, 음악뿐만 아니라 상기의 것들이 어떻게 조화를 이루느냐가 판매에 영향을 미친다고 믿고 있으며 또한 이러한 것들이 고객뿐만 아니라 점포의 구성원들에게도 영향을 준다고 인지한다.

점포의 적절한 이미지와 분위기를 창조하는데 있어, 소매점포는 고객들이 구매경험으로부터 추구하려는 것을 제시하여 당 점포에 표적고객을 끌어오도록 시도하며 그로 인해 고객들이 추구하는 신념과 감정적인 반응을 강화하게 된다.

(4) 상품구색

제품계열의 폭과 깊이를 관리하기 위해서는 고객들의 표적시장의 욕구를 잘 알고 있어야 하며 점포에서 이용 가능한 제품을 확보하기 위해서 많은 제조업체들 중에 당 점포에서 이용할 수 있는 대안적인 제품을 가지고 있는 업체는 어디인지를 알아야만 가능하다.

오늘날 상품구색을 관리하는 가장 잘 알려진 방법은 범주관리(category management)인데 이 방법은 경영자가 세분표적시장의 고객들이 서로의 대체품으로 인식하는 모든 제품을 선택하는데 책임을 지는 것으로서 판매와 이익을 극대화하는 것이 목적이다.

많은 소매상들이 소매에 있어 소비자 마케팅(CMAR : consumer marketingat retail)이라고 하는 범주관리에 대한 발전된 형식을 개발하고 있다. 최근 조사결과 CMAR 프로그램의 일환으로 소매상들은 시장조사를 행하고 쇼핑객의 문제를 확인·규명하기 위해 자료를 분석하며, 그 자료를 소매믹스행동조치로 변환시킨다. 또한 쇼핑자 친화적인 점포 내 프로그램(sale, event 등)을 실행하며 그 상품의 성능·성과를 조사한다.

(5) 마케팅 성과

소매상들은 점포나 소매형식의 효과성을 평가하기 위해 여러 다양한 매트릭스를 확보하고 있다. 첫째, 고객 당 거래횟수·고객 당 평균거래규모·일 또는 시간당 고객의 수·점포 방문의 평균 소요시간과 같은 고객과 관련되는 측정치 둘째, 반품횟수·재고순환·재고처리비용·거래 당 평균품목 수와 같은 제품과 관련되는 측정치 셋째, 총 마진·종업원당 판매액·판매 당 수익률·이윤폭 인하비율과 같은 재무측정치 등이 있다. 그리고 소매상에 대한 가장 잘 알려진 측정치는 면적당 판매고와 점포 성장률이다.

4) Berman and Evans의 소매전략

버만과 에반스는 소매전략이 점포위치, 사업관리, 상품구색관리 및 가격 그리고 고객과의 커뮤니케이트로 통제 가능하다고 하였다.

점포위치는 경쟁자, 수송접근성, 인구밀도, 이웃의 유형, 공급업자와의 근접성, 교통수단, 점포구성체 등이 고려되며, 사업관리는 소매조직과 인적자원관리, 운영관리가 포함된다. 소매조직구조, 종업원에 대한 모든 것, 구성원의 과업, 요원이용성, 점포유지, 에너지관리, 점포안전과 보안, 보험, 신용관리, 컴퓨터화, 위기관리가 포함된다.

상품구색관리와 가격결정의 경우, 상품구색관리는 제공되는 제품과 서비스에 대한 품질, 구색(폭과 깊이), 신제품도입, 구매결정기준, 판매된 상품의 성공과 실패의 평가 등이 포함된다. 또한 가격결정은 가격범위, 점포 이미지 및 제공되는 제품, 서비스 질과의 일관성 등이 포함된다.

고객과의 커뮤니케이션은 점포의 이미지를 창조하고 유지하기 위한 것으로서 점포의 물질적인 속성과 분위기 그리고 주변지역이 소비자 지각에 영향을 미친다. 점포의 전면에 대한 영향이 저평가되어서는 안되는데, 그 이유는 고객이 처음 부딪치고 마주치게 되는 물질적 요소이기 때문이다. 내부, 레이아웃, 전시, 바닥 색상, 조명, 향기, 음악, 판매원의 유형도 소매점의 이미지 형성에 기여한 다. 고객서비스와 공동체와의 관계도 소매점에 대해 유리한 이미지를 조성한다.

(1) 점포위치

위치의 결정은 매우 복잡하며 많은 비용이 소요되지만 한 번 정해지면 거의 고정적이다. 소매점의 성공과 실패의 가장 중요한 요인이며 위치선정 속성은 다른 소매전략에도 크게 영향을 미친다. 위치선정을 위해서는 인구규모, 인구특성, 경쟁업체, 수송접근성, 주차의 용이성, 근처점포의 본질, 자산비용, 계약기간, 법적제약 등의 많은 기준이 고려된다. 또한 적절한 규모의 투자와 장기적인 몰입이 요구되고 장기적 · 단기적 계획수립이 필요하다.

점포위치의 유형은 크게 isolated store, unplanned business district, planned shopping center로 나눌 수 있는데 각 유형은 경쟁점포의 구성, 주차, 비점포기관(사무실 등)과의 근접성 및 기타 요인에 대한 자체적인 속성을 가지고 있다.

Planned shopping center는 한 단위로 디자인되고, 소유되거나 관리운영된다. 균형화된 임차(차용, 임대)에 바탕을 두며 주차공간이 수반된 위치에 통일된 상업적 시설물의 집단으로 구성된다. 점포들의 위치, 규모 및 믹스는 근처의 상권과 관련된다. 균형화된 임대(balanced tenancy)를 통해서 계획화된 쇼핑센터의 소매점포들은 제공되는 제품의 품질과 다양성으로 서로를 보완하는데 점포의 종류와 수는 전체적인 인구의 욕구와 연관되기도 한다.

균형화된 임대를 확보하기 위해 계획화된 쇼핑센터의 관리는 각각의 소매점포에 대한 총 공간의 비율을 구체화하고, 각 점포에서 판매되는 제품계열을 한정하며 확보한 임대가 파기되지 않도록 점포의 종류를 분명히 해야 한다.

계획된 쇼핑센터는 지역쇼핑센터, 공동체 쇼핑센터, 근린쇼핑센터 등 세 가지의 유형이 있다.

첫째, 지역쇼핑센터(regional shopping center)는 지역적으로 분산된 시장에 위치하는 계획된 대형 쇼핑시설이다. 한 두 개의 백화점과 50~150여개의 소형 소매점포가 있다.

둘째, 공동체 쇼핑센터(community shopping center)는 여러 소규모의 소매점포 뿐만 아니라 백화점의 지점, 단일제품 범주 만물상 등이 갖추어진 적당한 중간규모의 계획된 쇼핑시설이다.

셋째, 근린쇼핑센터(neighborhood shopping center)는 수퍼마켓 또는 약국이 갖추어진 계획된 쇼핑시설이며 빵집, 세탁소, 드라이클리닝, 문방구, 이·미용실, 철물점, 식당, 술집, 정류장, 주유소 등이 있다. 이 쇼핑센터는 인근에 거주하거나 근무하는 사람들을 위한 편의지향적인 제품과 서비스에 집중한다. 또한 이 쇼핑센터는 자동차로 10~15분 정도 소요되는 거리에 거주하는 3,000~50,000명 정도의 사람들을 상대로 영업한다. 근린센터는 통상 일렬로 정리되어 있는데, 원래 신중하게 계획되고, 임대의 형태로 유지되어 오다가 시간이 지남에 따라 계획화된 측면이 다소 느슨해지고 있는 추세이며 최근에 입주한 소매점들은 거의 이러한 제약을 받지 않고 있다. 균형을 유지하고자 하는 근린센터의 역량(능력)은 잠재적인 임대역량 즉 점포의 능력정도에 좌우된다.

현재 판매공간이나 판매량이 아닌 수적으로 볼 때 근린센터는 전체 쇼핑센터 중 상당부분을 차지하고 있다.

앞에서 언급했듯이 위치는 점포의 성공과 실패를 좌우하는 중요한 요인이며 주로 상권에 의해 좌우되므로 거주민의 속성들이 표적시장에 대한 소매상들의 정의에 얼마나 잘 일치되느냐에 대한 상권의 특징을 항시 연구·검토해야만 한다.

(2) 상품구색 관리

상품구색(assortment)이란 소매상이 취급할 상품을 선정하는 것으로서, 제품범주의 깊이와 각 범주내의 다양성이 포함된다. 먼저 소매점은 표적시장, 경쟁사, 소매상의 이미지, 점포위치, 재고순환율, 수익성, 제조업자 상표 또는 사적상표, 고객서비스, 점원, 지각되는 제품과 서비스의 이점 그리고 의사결정의 제약요인을 고려하여 상품구색의 품질을 계획해야 하며 최고급의 고가품목을 취급하여 고소득층에게 판매할 것인지, 중가의 품목을 취급하여 중간소득계층에게 판매할 것인지, 저가의 품목을 취급하여 저소득 계층에게 판매할 것인지, 아니면 다양한 소득세분시장에 맞도록 다양한 제품을 취급할 것인지에 대해 결정하여 상품구색의 품질을 선정해야 한다.

소매상은 적절한 제품구색을 갖추어 전반적인 전략에 일관된 방식으로 제품을 판매해야 한다. 상품구색화(merchandising)는 소매상이 자신의 목표를 달성할 수 있는 장소, 시기, 가격 및 수량으로 특별한 제품이나 서비스를 획득하는데 관련되는 모든 활동으로 구성된다. 따라서 상품구색화 결정은 성과에 크게 영향을 미치게 된다.

상품구색화 철학(merchandising philosophy)은 소매상이 결정하는 모든 상품에 지칭되는 원리와 원칙을 정하는 것으로 표적시장이 바라는 것, 소매상의 유형, 시장에서의 위치화, 정의된 가치의 연결, 공급업자의 능력, 비용(원가), 경쟁사, 제품의 추세 및 기타 요인 등을 반영해야 한다. 즉 소매상품 구색화 철학은 상이한 제품에 할당되는 매장공간(진열공간)에서 취급하는 제품계열로부터 재고순환 및 가격결정 등에 이르는 모든 제품결정을 추진한다. 이에 따라 소매상은 당 점포에서 취급하는 구색의 폭(좁고, 넓음)과 각 범주내의 구색의 깊이(깊고, 얕음)에 대해 결정해야 하며 상품구색 내에 있는 품목들의 품질(높고, 낮음) 그리고 전국상표, 점포상표 등을 선정해야 한다. 또한 제품범주 간 또는 제품범주 내에서 가격결정 방침을 결정해야 한다. 마지막으로 소매점은 시간이 지남에 따라 상품구색이 안정적이어야 되는지, 고객지향이 되어야 하는지를 결정해야만 한다.

상품구색화 철학을 지향하고 적용함으로써 소매점포의 구매담당자의 전문지식이 판매에 이용되기도 하며, 책임과 권한이 분명해지고, 품목이 적절하게 전시되었음을 확신할 뿐만 아니라 원가를 절감하기도 한다. 또한, 점포구매자가 직접 판매에 관여함으로써 소비자와 밀접하게 더 가까워질 수도 있다.

현재의 소매상들은 미시상품 구색화와 교차상품 구색화를 이용하기도 한다. 미시상품 구색화(micro-merchandising)란 소매상이 고객에게 맞도록 매장진열공간의 할당 그리고 지역 간의 차이점을 조정하는 것이며, 교차상품 구색화(cross-merchandising)란 소매상이 고객들로 하여금 더 많이 구입하도록 독려하기 위해 제품을 보충하고 더 나은 서비스를 취급하는 것을 말한다.

(3) 가격결정

제품 및 서비스는 소매상의 수익성을 성취하고, 고객을 만족시키는 방식으로 가격이 결정되어야 한다. 즉 가격결정전략은 소매점의 전반적인 이미지(위치화), 판매량, 이익 그리고 투자수익률과 일치되어야 한다.

Spotlight 잔인한 코로나19, 미국 오프라인 리테일러를 벼랑으로 몰다

"미국 최초의 백화점 본점입지에 아마존이 입성했다."

미국 유통업계에 상징적인 장면이다. 미국에서 오프라인 유통을 대표하는 백화점 산업의 상징적인 자리에 온라인 유통업계의 '공룡' 아마존이 들어섰기 때문이다.

아마존은 지난 3월 1826년 설립돼 올해로 창립 194년을 맞은 로드앤드테일러의 본점으로 쓰였던 뉴욕 맨해튼 5번가 424의 빌딩을 9억 7,800만 달러(약 1조 1,758억 원)에 인수했다.

이 빌딩은 작년에 공유 오피스 스타트업 위워크가 인수한 뒤 아마존이 입주하려고 했지만 최근 이 빌딩 리모델링 공사 대여금(약 7억 5,000만 달러)을 아마존이 부담하고 나머지 비용을 지불하는 조건으로 빌딩 소유권이 위워크에서 아마존으로 넘어갔다.

로드앤드테일러는 한때 미국에서 고급여성의류 백화점 체인으로 명성을 날렸지만 이제는 파산을 걱정해야 하는 처지가 됐다.

미국 오프라인 리테일러는 왜 한물갔나?

소매·기술분야 연구·자문회사 코어사이트리서치에 따르면 2019년 미국경제는 탄탄했지만 약 9300개의 오프라인 리테일매장이 문을 닫았다.

신종 코로나바이러스 감염증(코로나19)과 무관하게 이미 진작부터 소매업의 종말(retail apocalypse)이란 이야기까지 나오며 오프라인 리테일러의 미래가 암울할 것이란 예측이 줄을 이었다.

이 산업이 몰락하는데 이커머스(전자상거래) 발전때문이란 오해가 많다. 하지만 시장조사업체 이마케터에 따르면 정작 2019년 미국 이커머스의 매출 중 전체 소매업 매출비율은 10.7%에 불과한 5,995억 달러(약 721조 원)를 기록하는데 그쳤다. 뉴욕타임스는 오프라인 리테일러의 몰락에 대한 이유를 3가지로 분석했다.

첫째, 코스트코·월마트와 같은 독립형 창고형 매장의 성장 때문이다. 미국인들은 쇼핑몰에 있는 작은 소매점보다 외곽에 자리한 대형 창고형 매장에서 쇼핑하는 것을 선호한다는 분석이다.

실제로 코스트코는 미국에서 사회적 거리를 두며 매장에 입장해야 하는 코로나19 팬데믹(세계적 유행) 상황에도 긴 줄을 서며 입장하려는 모습을 보는 게 어렵지 않다.

둘째, 소득불평등의 심화로 중산층이 줄어들어 이들이 주로 이용하는 오프라인 리테일러의 매출이 줄어들었기 때문이다. 여론조사기관 퓨리서치센터에 따르면 1970년 62%에 달했던 미국 중산층의 비율은 현재 40% 수준으로 하락할 것으로 알려졌다.

셋째, 상품구매지출보다 서비스에 쓰는 돈이 더 많아졌기 때문이다. 미국 정부가 발표한 통계에 따르면 1960년대에 미국인들이 건강관리에 사용한 지출은 전체소득의 5% 정도였지만 지금은 약 18%에 육박한다.

또 지금 미국인들은 음식이나 의류에 지출하기보다 교육과 레저 등 서비스 지출이 급격히 늘었다. 2018년 기준 미국인들은 음식에 13%, 의류에 3%를 사용했다.

백화점으로 대표되는 오프라인 리테일러들이 실패한 요인에 변화하는 유통트렌드를 제대로 읽지 못했다는 평가도 많다.

이커머스의 가속화로 동일한 제품에 대한 가격비교를 하는 것이 쉬워졌고 온 디맨드형태의 주문의 활성화로 제품트렌드도 빠르게 변하기 때문에 가격도 저렴하지 않고 몇 개 시즌 전에 재고를 준비해야 해 트렌드에 맞는 흥미로운 제품들을 만나기 힘든 오프라인 리테일러를 굳이 이용할 이유가 많지 않았다.

심지어 명품업체들도 직영매장을 늘려가면서 점차 백화점을 이탈했다. 또한 미국 백화점들은 유통과정에서 수수료를 줄일 수 있는 직매입을 통해 물건을 판매하는데 재고부담도 백화점이 직접 떠안아야 하기 때문에 판매가 부진할 때는 신규투자는 꿈도 꿀 수 없다.

이커머스에 대한 투자는 말할 것도 없다. 118년의 역사를 지닌 미국 최대 백화점 체인 JC페니는 2012년부터 지금까지 매년 적자를 기록했다.

코로나19로 더 힘들어진 업계, 디지털가속화

아마존은 코로나19로 비대면 트렌드가 가속되자 주문이 폭주해 급기야 10만 명을 채용하겠다고 발표했다. 코로나19 사태 이전에도 '산소호흡기'로 연명하던 미국 오프라인 리테일러들은 진짜 위기가 오자 하나 둘씩 나가떨어지기 시작했다.

원래부터 '중증환자'였는데 코로나19로 미국 전역에 이동제한명령이 떨어지자 그마저 공급되던 '산소'도 끊긴 것이다. 미국의 명품백화점 니만마커스, 의류업체 제이크루와 브룩스브러더스, 중저가 백화점체인 JC페니 등이 줄줄이 파산보호신청(챕터11)을 했다.

하지만 전통적인 리테일러들이 코로나19를 핑계로 회생절차인 챕터11을 신청한 것을 배제할 수 없다. 어차피 그간 내부사정은 곪을 대로 곪고 거기에 정부의 조치로 판매조차 할 수 없으니 업체들은 현금을 조금이라도 더 확보할 필요가 있었을 것이다.

미국에서 챕터11을 신청하면 기업들은 임대를 거부하거나 매각할 기회도 얻게 돼 10년 이상 장기로 임대차 계약을 한 소매점도 일방적으로 임대거부 결정을 할 수 있다. 법률 서비스기업인 에픽글로벌에 따르면 올해 5월 챕터11 신청은 724건으로, 전년 동기의 487건보다 48%나 늘었다. 이러한 기회에 온라인과 오프라인을 연계해 고객에게 옴니채널 환경을 제공하고 이커머스에 대한 투자를 확충하는 업체도 있다.

미국 명품 백화점 노드스트롬은 코로나19의 여파로 미국 전역에 16개 지점을 영구폐쇄한다고 했지만 갑작스러운 디지털 매출증가로 이 분야에 투자를 늘리기로 결정했다.

2020년 1분기에 노드스트롬은 전체 매출이 전년 대비 약 40% 감소했지만 디지털매출은 약 5% 증가했고 이 매출이 전체매출에 54%를 차지했다. 1년 전 같은 기간엔 디지털매출이 전체매출 중 31%에 불과했다.

노드스트롬은 백화점에서 팔지 못한 재고나 반품되는 물건들을 계열 할인점인 노드스트롬 랙에서 판매하면 되기 때문에 다른 업체에 비해 다소 부담이 덜한 편이다. 하지만 바이러스에 대한 우려 때문에 사람들이 매장에 방문할 유인이 줄었고 기존에 비해 매장에서 한 번에 수용할 수 있는 사람도 적어지기 때문에 오프라인 리테일러들의 입지가 계속 줄어들 것으로 전망된다.

코어사이트리서치는 미국의 폐점매장 숫자가 전국 소매업의 55~60% 수준인 2만~2만 5,000개로 예상된다고 전망하며 더 이상 유명의류 브랜드 단독매장으로 거대한 쇼핑몰을 채우거나 역시 의류브랜드 위주로 백화점 공간을 채우던 방식의 대대적인 전환이 필요하다고 조언했다.

이마케터도 미국 총 소매판매량은 올해 10% 이상 감소할 것으로 예측하며 2022년까지는 코로나19 이전 수준으로 되돌아가기 어려울 것이라고 분석했다. 미국 오프라인 리테일러들은 근본부터 모두 바꿔고 미래를 준비해야 살아남을 수 있다.

출처: 2020년 7월 15일, 한경비즈니스

소매상은 가격결정을 위해 할인지향성, 시상지향성, 고가지향성 등 세 가지 방법 중 한 가지를 선택하게 되는데, 성공적인 소매업에서 가장 중요한 열쇠는 뭐니뭐니해도 고객의 마음속에 좋은 가치를 제공하는 것일 것이다.

오늘날 모든 소매상들의 가격결정환경에 영향을 미치는 또 다른 요인은 고객들의 웹을 통한 가격비교가 용이해졌다는 것이다. 소비자가 개별점포를 방문함으로써 가격비교를 할 수도 있지만 그 과정은 시간을 소비하는 것일 뿐만 아니라 쇼핑하려고 하는 사람들의 의지를 제한케 한다. 현재 소비자들은 몇 분 내에 몇 번의 컴퓨터마우스 클릭만으로 여러 소매상의 가격정보를 획득할 수 있다.

비교쇼핑 사이트의 성장으로 소매활동영역이 더욱 넓어졌으며, 결국 몇 분 내에 수십여 개의 소매점을 방문할 수 있게 되는 등 소비자들의 쇼핑하는 방법이 변경되었다.

(4) 커뮤니케이션

소매상은 고객들의 쇼핑행동을 성숙케 할 뿐만 아니라 고객의 마음속에 자신을 적절하게 위치화시키기 위한 월등한 커뮤니케이션 전략이 필요하다. 소매상은 고객을 끌어들인 후, 고객을 위한 적절한 쇼핑분위기를 창조하기 위해 노력해야 하는데 그렇게 하기 위해 여러 다양한 물질적·상징적인 단서들이 이용될 수 있다.

소비자와 소매점 간의 관계는 모든 지각에 대한 것으로서, 안락한 분위기, 여유, 저가격전략, 현대적인 것 등 이러한 차별화된 단서들에 대한 지각에 의해서 이루어진다.

이미지(image)란 소매상이 고객 및 기타 사람들에 의해 어떻게 지각되어지는가에 대한 것이며, 위치화(positioning)란 소매상이 자신의 소매범주 및 경쟁점포에 비교하여 어떤 이미지를 표출하기 위해 그리고 소비자의 긍정적인 반응을 불러 일으키기 위해 자신의 전략을 계획하는 방법에 대한 것이다.

따라서 소매상은 성공하기 위해 독특하며, 분명하고, 일관적인 이미지를 전달해야 한다. 소매점의 이미지가 소비자의 마음속에 수립되면 소매상은 경쟁점포에 비교하여 적소(틈새)에 자리를 잡게 된다. 이렇듯 소매점의 이미지에 기여하는 많은 요인들이 모여 전체적인 소매점의 이미지를 형성하게 된다([그림 9-3] 참조).

쇼핑객들은 대부분 3초 내에 점포에 대해서 점포 이름, 취급하는 점포계열, 점포에 대한 평판, 가격, 점포의 개성에 대해 결정하게 되므로 독특한 이미지가 없다면 그 점포는 소매하는 모든 것을 보여주거나 들려줄 수 있는 기회를 가질 수 없다.

■ 점포분위기

소매상의 이미지는 그 점포의 분위기에 크게 좌우되는데, 여기서 분위기란 소매점

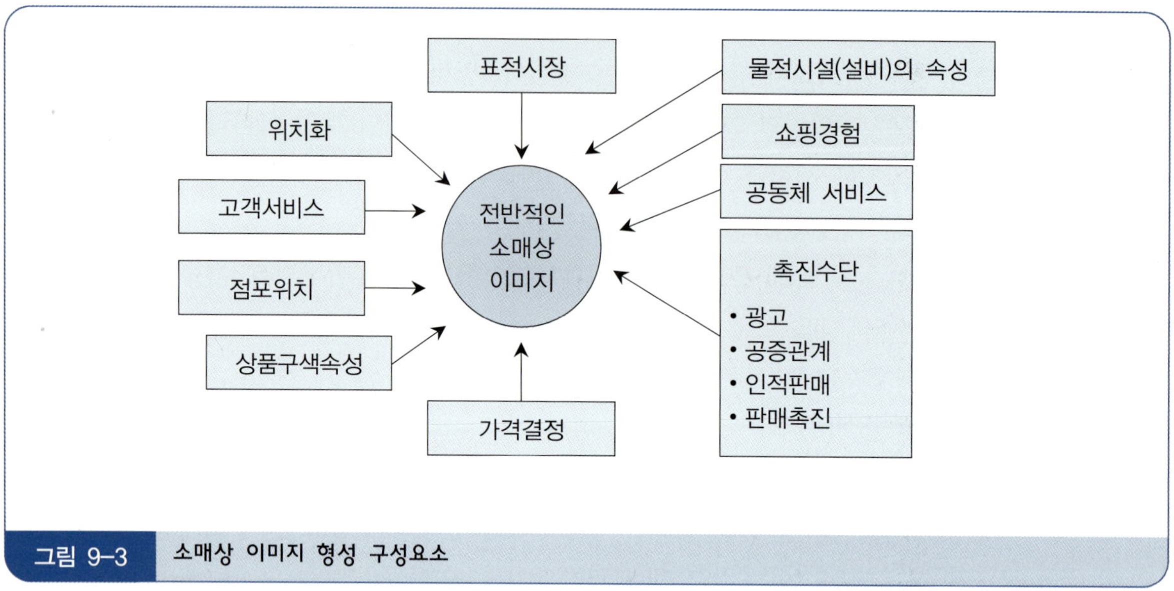

그림 9-3 소매상 이미지 형성 구성요소

출처 : Berman and Evans, Retail Management, 10th, Pearson, 2007.

을 방문했을 때 느끼게 되는 점포의 개성이라든지, 카탈로그나 자판기 또는 웹사이트를 처음 봤을 때의 느낌 등 고객이 갖게 되는 심리적인 느낌을 말한다. 따라서 소매상의 이미지는 소매상이 자신을 위치화하기 위해 사용하는 커뮤니케이션 도구(수단)에 비해 더 폭이 넓으며 모든 것이 포함된다.

소매점포의 경우 분위기(atmosphere)란 이미지를 표출하고, 고객을 끌어들이는 그 점포의 물질적인 특징에 대한 것으로, 소매점의 모습, 소리, 냄새 및 기타 물질적인 속성들 모두가 고객의 지각에 기여하게 되는데, 점포를 둘러보는 시간, 점원과의 대화, 원래의 계획보다 많이 구입하려는 경향, 점포의 평판에 대한 가능성 뿐만 아니라 고객의 쇼핑에 대한 즐거움에도 영향을 미친다.

많은 사람들은 그 점포에 들어오기 전 그 소매점에 대한 인상(점포위치, 점포의 전면, 기타 요인)을 형성하거나 또는 점포에 들어온 후(전시, 통로의 넓이, 기타)에 그 소매점에 대한 인상을 형성한다. 즉 사람들은 상품구색과 가격을 검토하기 전에 그 점포를 판단한다.

소매점포가 어떤 특정한 모습을 창조하고 제품을 적절하게 전시하고 쇼핑행동을 자극하고 또한 물질적인 환경을 향상하기 위해 적극적이고 통합적인 분위기의 접근방법을 취하는 경우 그 점포는 가시적인 상품 구색화에 몰두하고 있는 것이다.

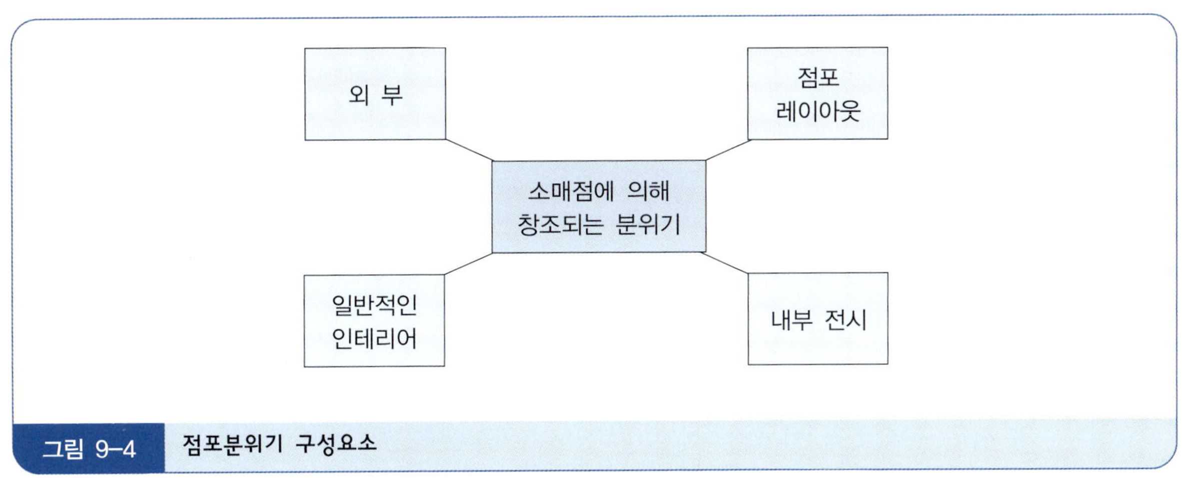

그림 9-4 점포분위기 구성요소

출처 : Berman and Evans, Retail Management, 10th, Pearson, 2007.

점포분위기는 외부, 일반적인 인테리어, 점포 레이아웃(배치), 전시라는 네 가지 중요한 요인으로 구성된다([그림 9-4] 참조).

첫째, 점포의 외부는 점포 이미지에 큰 영향을 미치므로 그에 걸맞게 계획되어야 하는데 점포정면(storefront)은 점포 그 자체에 대한 전체적인 이미지를 나타낼 수 있는 물질적인 것으로서, 차양(천막), 입구, 유리창, 조명, 건축자재 등이 포함된다. 이외에, 분위기는 점포앞에 있는 나무, 연못, 벤치 등에 의해서도 좋아질 수 있다. 이러한 것들은 느긋한 분위기를 조성함으로서 쇼핑에 대한 소비자의 느낌 그리고 그 점포에 대한 소비자의 느낌을 강화할 수 있다.

둘째, 일반적인 인테리어란 고객이 점포에 들어왔을 때 지각에 영향을 주는 요소를 말하며, 마룻바닥, 조명, 향기와 소리, 점포의 시설물, 벽지, 통로, 상품, 가격수준, 첨단기술장비, 청결수준 등으로서 점포분위기에 크게 영향을 미치게 된다.

셋째, 점포 레이아웃(store layout)은 보다 구체적으로 계획되어야 하는데 전체공간을 판매공간, 상품구색공간, 정원용공간, 고객공간으로 구분할 수 있으며 점포제공물의 분류는 대개 제품집단화로 분류된다. 이 밖에 이용흐름 패턴의 결정, 공간 필요성의 결정, 점포 내 위치에 대한 지도화 작성(mapping), 개별제품의 정리 등을 구체적으로 계획할 필요가 있다.

넷째, 내부(구매시점)전시(POP : point-of-purchase display)는 고객에게 정보를 제공하고 점포의 분위기에 영향을 미치며 실질적으로 촉진도구를 돕는 역할을 한다.

POP 광고는 고객을 설득하며, 판매원으로서의 역할을 할 뿐만 아니라 유연적이고 탄력적이다. 이에 POP광고는 더 신중해지고 있으며 고객의 쇼핑경험을 높이기 위해 점차 소매점에서의 이용이 증가하고 있다. 즉 POP는 점포 이미지를 쇄신하고, 점포이동통로를 재조정하며, 상품구색화 계획을 보강하는데 도움을 주기 위해 이용되고 있다.

쇼핑객이 점포에서 소비하는 시간은 쇼핑객이 얼마를 구입하느냐를 결정하는데 있어 가장 중요한 요인이다. 연구에 의하면, 전자제품 점포의 경우, 평균 5~6분을 소비하는 비구매자에 비해 구매자는 9분 정도를 소비하고, 장난감 점포의 경우, 평균적으로 비구매자가 10분 정도를 소비하는 반면 구매자는 17분을 소비하고 있으며, 어떤 점포의 경우, 구매자가 비구매자에 비해 3~4배의 시간을 더 소비한다는 결과가 나왔다.

■ 소매점 촉진수단

소매점 촉진에는 표적시장에 당 점포의 모든 정보를 전달하며 설득하고 상기시키기 위한 커뮤니케이션이 포함된다.

소매점 촉진요소에는 광고, 공중관계, 인적판매 및 판매촉진이 있으며 적합하고 알맞은 계획은 이들 네 가지 요소를 전부가지고 있어야 한다.

첫째, 광고란 광고주에 의해 대중매체를 통해서 전달되는 유료의 비인적 커뮤니케이션이라 할 수 있다. 소매점은 통상 표적시장을 지리적 조건에 의해 집중하는데 이것은 지역의 욕구, 습관 및 신뢰성에 잘 적응할 수 있다는 의미이다. 또한 소매점 광고는 즉시성을 강조하며, 가격에 가장 신경을 쓴다. 소매점은 단기간의 판매율 증가, 고객이동의 증가, 점포 이미지 수립 및 강화, 고객에게 제품과 서비스 및 기업의 속성에 대한 정보제공, 판매원의 직무만족, 점포(사적)상표에 대한 개발 및 수요책정 이렇게 6가지 목표 중 한 개 이상의 목표를 위해 광고에 대한 노력을 집중한다.

둘째, 공중관계(PR : public relation)는 대중들(소비자, 투자자, 정부, 경로구성원, 종업원, 일반인)간에 소매점포에 대한 우호적인 이미지를 강화하고 높이기 위한 커뮤니케이션을 뜻한다.

셋째, 인적판매(personal selling)는 판매원이 한 명 또는 그 이상의 잠재고객과 판매를 목적으로 구두적인 커뮤니케이션을 주고받는 것을 말한다. 소매점에 서 이용되는 인적판매의 수준은 소매점이 전달하고자 하는 이미지, 판매되는 제품, 셀프서비스의 양, 장기적인 고객과의 관계에 대한 관심, 고객의 소매점에 대한 기대에 의해 좌우되기도 한다.

넷째, 판매촉진(sale promotion)은 소비자구매 및 판매상의 효과를 조장하는 커뮤니케이션 활동으로서, 전시 · 콘테스트 · 경품 · 쿠폰 · 단골쇼핑객을 위한 프로그램 · 상품 · 견본제공 · 전시 · 추천용 선물 그리고 원래의 촉진방식 이외의 제한된 시간에 판매하기 위한 노력 등이 포함된다. 또한 소매상들은 판매증가 · 쇼핑충동조장 및 구매조장 · 고객이동증가 · 소매점의 이미지제시 및 보강 · 고객에게 제품과 서비스에 대한 정보제공 · 새로운 점포 및 웹사이트 광고 · 제조업체의 지원집중 · 고객과의 관계강화 · 고객충성심 유지 · 소비자들의 소매점에 대한 긍정적 정보전달(구전) 등의 목적으로 인해 활발한 촉진활동을 펼친다.

아마도 상기의 목적 중, 소매상을 위한 장기적으로 가장 중요한 촉진목표는 긍정적인 구전(WOM : word of mouth)일 것이다. 구전이란, 소비자가 어떤 다른 소비자와 대화하면서 이루어지는데, 만족한 고객이 그 주변 사람들에게 자신이 이용했던 소매점에 대해 추천한다면, 이것은 바로 고객연결고리(chain of customers)를 조성할 수 있는 기회가 생기는 것이기 때문에 매우 중요한 촉진활동이 된다고 할 수 있다.

(5) 마케팅 성과

소매상들이 자주 사용하는 측정수단에는 총 판매액, 평균판매액, 제품 서비스 범주의 판매액, 면적당 판매액, 총 마진, 투자수익율, 운영수익, 재고회전율, 할인율, 구성원 이직율, 재무비율, 수익성 등이 있다.

5) 기타 학자들의 소매점 마케팅전략 요인

상기에 제시한 Kotler 등의 학자 이외에 다른 학자들도 소매점 마케팅전략 요인을 주장하고 있다.

첫째, Mason과 Mayer는 소매믹스에 6P로 구성된 변수가 포함된다고 제시하였으며, 6P는 제품(Product), 사람(People), 제시(Presentation), 촉진(Promotion), 장소(Place), 가격(Price)으로서 이 구성요소들이 소매점의 경쟁전략을 성공케 하는 가장 중요한 것이라고 하였다.

둘째, McCarthy는 소매상에 대한 전략적 의사결정분야로 표적고객, 제품(구색, 고객서비스, 시간, 신용), 장소(위치, 시설, 규모, 레이아웃), 촉진, 가격 등을 제시하였다.

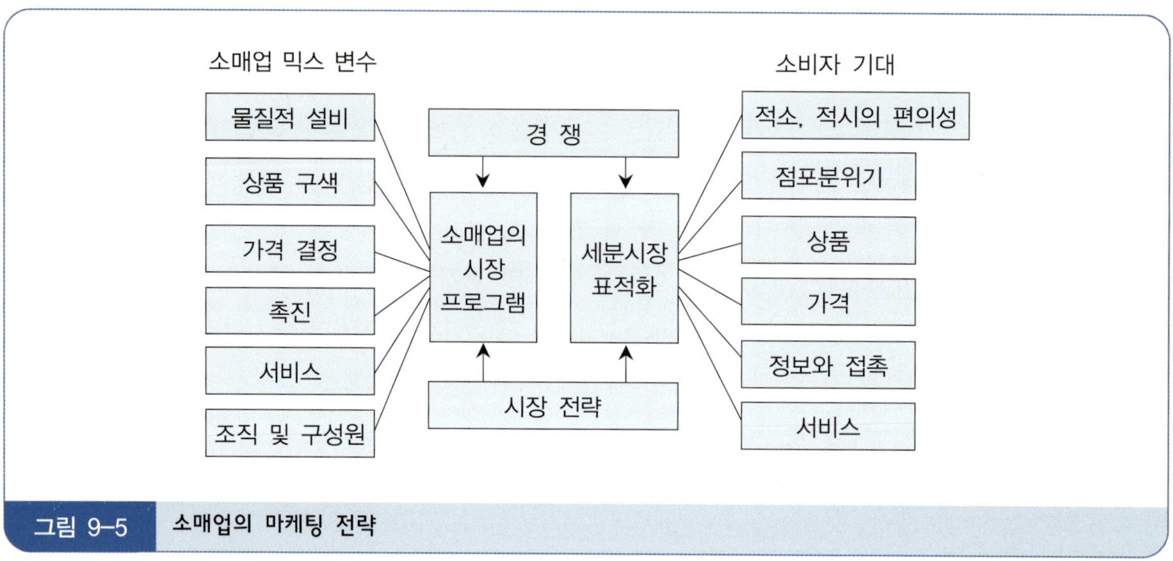

그림 9-5 소매업의 마케팅 전략

출처 : William R. Davidson et al., Retailing Management, 6th, Wiley, 1988.

셋째, Kinnear 등의 학자는 소매상은 성공하기 위해 효율적인 마케팅믹스를 개발해야 하며 가격, 제품, 장소 및 촉진이 당 점포의 소매상황에 맞도록 결정되어야 한다고 주장하였다.

넷째, Davidson 등의 학자는 [그림 9-5]와 같은 소매업의 마케팅전략을 제안하였고 소매업믹스 변수로는 물질적 설비, 상품구색, 가격결정, 촉진, 서비스 및 조직과 구성원을 제시하였다.

제2절 소매점 마케팅전략

1. 전략믹스 요인과 성과

앞서 설명된 다양한 학자들의 접근을 근거로 소매점의 마케팅전략 믹스요인(표적고객, 제품구색, 구매조달, 가격, 서비스결정, 점포분위기, 점포경험, 커뮤니케이션, 장소)이 소매점의 마케팅성과에 지대한 영향을 미치고 마케팅성과가 표적고객의 이용만족도에 영향을 미친다는 결과를 확인하였다. 다음은 내용을 요약하였다.

- 전체 소매점에서 볼 때 관련성은 선형적으로 영향을 미치고 있으나 표적시장, 구매조달, 가격, 장소 요인이 마케팅성과에 영향을 미치고 마케팅성과가 표적고객의 이용만족도에 영향을 주고 있으며 장소, 표적시장, 가격, 구매조달의 순으로 마케팅성과에 영향을 미치는 경향을 나타냈다.
- 소비자의 거주형태에 따라서도 장소, 가격, 커뮤니케이션 요인이 마케팅성과에 영향을 미치고 마케팅성과가 이용만족도에 영향을 미치는 것으로도 나타났다.
- 거주형태의 경우에도 장소, 표적시장, 점포행위, 서비스결정, 제품구색, 구매조달이 마케팅성과에 영향을 미치며 마케팅성과가 이용 만족도에 영향을 미치는 경향이 있다.
- 전체적으로 볼 때 상가의 마케팅성과에 가장 큰 영향을 미치는 요인은 장소, 가격, 표적시장이었다.

장소요인은 모든 상황에서 영향을 미치고, 표적시장은 전체 소매점 마케팅전략 믹스, 거주형태, 대도시지역에서 영향을 미치며, 가격은 전체 소매점 마케팅전략 믹스, 아파트, 대도시지역에서 영향을 미치는 것으로 나타났다.

또한 구매조달은 전체 소매점 마케팅전략 믹스와 거주형태에 영향을 미치고, 점포행위요인은 거주형태, 서비스 결정요인은 거주형태, 대도시지역에 영향을 미치고 있음이 나타났다. 제품구색 요인은 유일하게 거주형태에서 영향을 미치는 경향이 있다.

2. 소매점포 마케팅전략 믹스 제안

최근 우리 경제상황은 세계적인 COVID-19로 인해 전례에 없는 불경기를 맞이하고 있다. 이러한 불경기에는 마케팅전략 요인을 분석하여 점포상권을 관리함으로써 보다 효과적인 성과를 달성할 수 있을 것으로 생각한다. 즉 이것은 무엇보다도 고객중심적이며 고객지향적인 철학을 바탕으로 한 전략을 수립해야 함을 시사한다.

이에 근린상가를 구성하는 소매점의 마케팅전략 믹스요인, 마케팅성과, 표적고객의 이용만족도를 실증 분석하여 그 결과를 근거로 보다 효과적인 점포 근린상가를 관리하는데 필요한 마케팅전략 믹스요인을 제언하고자 한다.

1) 전반적인 마케팅전략 제언

소매점포 주변에 거주하는 소비자들의 근린상가 이용만족도에 가장 큰 영향을 미치고 있는 장소, 가격, 표적시장 요인을 중심으로 한 근린상가의 활성화를 위한 전체적인 측면에서의 개선해야 할 전략은 다음과 같다.

첫째, 소매점포 주변 근린상가를 개발하고자 하는 지역의 인구 통계적 조사와 체계적인 상권분석을 통해 그 장소와 범위를 설정해야 하며 주변 상권이 활성화되고 편리한 교통이 어우러져 있는 곳에 조성되어 표적고객들이 가능한 한 근거리에서 편리하게 이용 가능하도록 위치·배치하는 것이 중요하다.

또한 소매상권 형성 시 적절한 업종을 적절한 위치에 배치되도록 하는 것과 간판의 크기 및 위치 등을 표준화하는 것 역시 고객의 유입을 유도하기 위한 중요한 전략이 될 수 있다.

둘째, 소매점포를 이용하는 표적고객의 연령층, 소득, 가족 구성원의 수 등의 특성을 고려하여 필요로 하는 소매점포를 입점하도록 하는 전략이 필요하다. 반드시 필요로 하는 소매점포 외에도 표적고객의 라이프스타일, 평균지출금액 등의 특성에 맞게 점포의 수, 규모 등을 고려하고 인구통계적 특성에 적합한 점포와 편의시설이 마련되어야 한다.

셋째, 점포 분양가 및 임대가가 지나치게 높은 경우, 수익에 비해 높은 초기투자비가 소요됨에 따라 임차인들의 수익률이 낮아지게 되어 소매점포들은 더 저렴한 가격 및 할인가격전략을 구사할 수 없게 되고 결국 고객의 외면으로 인해 상가 활성화에 실패하는 사례가 많다. 이는 거주지 근처라는 가장 좋은 입지조건을 가지고 있음에도 불구하고 근린상가가 외면당할 수밖에 없는 가장 큰 이유이기도 하다. 따라서 적절한 분양가격 및 임대가격으로 사전 투자비용을 줄여줌으로써 점포의 업주들이 최종 소비자인 고객을 최우선으로 생각할 수 있도록 하여 고객의 이탈을 막는 것이 중요하다.

또한 이밖의 소매점 마케팅전략 믹스요인에 대해서도 필히 세부적인 검토와 대책을 마련하여 표적고객의 근린상가에 대한 전체적인 이용만족도를 높일 수 있는 마케팅 전략이 수립되어야 한다.

2) 소매점 마케팅전술

소매점의 활성화를 유도하기 위해서는 고객에게 근린상가에 대해 부정적인 영향을 미치는 요인인 서비스결정과 커뮤니케이션에 대한 기존 전략의 전환이 반드시 필요하다. 이에 따른 근린상가 내 소매점의 활성화 방안을 모색하기 위해 필요한 마케팅전술은 다음과 같다.

첫째, 사회활동이 활발하고 지출금액이 가장 많은 40대 고객이 상가 내 점포를 방문함으로써 더 오랜 시간 머무르며 더 많은 소비지출을 유도할 수 있는 다양한 대안이 모색되어야 하며 또한 고령화 사회로의 진입으로 인해 고연령층이 주 소비층으로 부상하고 있으므로 이에 따른 알맞은 점포유형 및 점포의 위치, 공용휴게시설 등의 전략이 마련되어야 할 것이다.

둘째, 상권의 범위가 넓은 지역에 위치한 상가의 경우, 인근의 인구수와 유동인구의 수 등 표적고객의 수가 어느 정도의 비율을 차지하는지 면밀히 파악하여 근린상가를 조성하는 전략이 요구된다. 또한 근린상가의 규모가 대형화되고 차량보유 고객의 증가로 인해 상권의 범위가 점점 넓어지고 있으며 먼 거리에서 이용하는 소위 원정고객들이 늘어나고 있는 추세이므로 이에 따라 고객의 접근성 및 편의성에 초점을 맞춘 신문이나 광고전단지 등에 의한 정보제공, 넓은 주차장, 공용휴식공간 등 고객의 유입을 위한 전략이 필요하다.

셋째, 고객의 여유있는 구매행위를 위한 분위기 조성을 위해 점포내부에 휴게공간을 마련하여야 하며, 인터넷을 통해 정보를 제공할 수 있는 시스템을 구축하고, 지나친 판매지향적 촉진전략으로 인해 고객의 반감을 사지 않도록 신문이나 전단지 등의 적절한 방법으로 정보를 제공하여 고객의 점포에 대한 관심을 고조시키고 접근성을 높일 수 있어야 한다.

넷째, 근린상가의 소매점포입점 시 획일화되지 않은 차별화된 제품구색을 갖출 수 있도록 표적고객에 대한 소득수준, 연령층 등의 상세한 정보를 조사·분석하여 그에 알맞은 다양한 제품구색을 갖추도록 하여야 한다.

다섯째, 표적시장의 인구통계적 및 라이프스타일 특성에 대한 철저한 분석을 통하여 인지도 있는 브랜드제품을 확보하고, 새로운 제품 및 서비스를 제공함으로써 타 상가와의 경쟁에서 유리한 위치를 선점하여야 하며 고객의 신뢰를 얻을 수 있도록 노력해야 한다.

여섯째, 점포의 규모결정 시 개발자의 분양성과 수익성만을 고려한 건축행태로 인해 공용공간의 면적이 줄어들어 좁은 복도, 쾌적하지 않은 실내환경 등 고객들의 불편함을 야기하는 경우가 비일비재하므로 점포의 수를 줄이더라도 공용공간 면적을 늘려 고객의 편의를 강화하여야 한다.

일곱째, 어린이용 휴식공간 및 공용휴식공간을 마련하여야 한다. 상기의 요인은 거의 모든 표적고객들이 부정적으로 인식하는 요인임을 명심하여야 하며, 근린상가 내 점포들의 주이용고객이 자녀를 가진 여성임을 감안했을 때 이는 여성고객의 유입과 매출로 이어지는 중요한 마케팅 수단이므로 충분한 휴식공간이 제공되어 더 오래 머무르며 구매행위로 이어질 수 있도록 분위기를 조성해야 한다.

여덟째, 외부형태 및 실내의 쾌적함, 안내서비스(정확한 안내배치도)를 관리 및 유지하고, 공동행사를 마련하여 상가 활성화를 위한 지속적인 사후관리에 힘써야 한다. 외부형태는 이용고객들이 항시 기억하고 주시할 수 있는 표준적인 형식이 조성될 수 있도록 사전에 마련되어야 하며 고객의 관심을 유도하기 위한 공동행사마련으로 경쟁력을 높여야 한다. 이러한 사후관리를 위해서는 준공 후 개발자의 수익만을 고려한 소유권의 개별분양방식이 아닌 임대방식으로 분양하여 개발자 또는 전문자산관리자에 의해 상가의 운영 및 관리가 이루어지도록 하는 것이 상가 활성화를 위한 효율적인 방안이 될 수 있다.

전체적으로 볼 때 개발자는 근린상가를 구성하는 소매점포분양 시 중요한 마케팅 전략요인인 장소, 가격, 표적시장에 대해 고려하고 거주민들에게 근린상가에 대한 부정적인 영향을 미치게 하는 요인인 서비스결정 및 커뮤니케이션에 대한 개선책을 마련하여야 한다. 또한 그 밖의 제품구색, 구매조달, 점포분위기, 점포경험 요인에 대해서도 그 효과를 충분히 발휘할 수 있도록 적극 지원하여 임차인들이 마케팅성과를 달성할 수 있도록 도와야 하며 소매점포를 이용하는 고객들의 만족도를 높일 수 있도록 항시 검토하여야 한다.

이에 따라 개발자는 표적시장의 여러 상이한 특징에 대해 차별적인 마케팅전략을 수립할 필요가 있으며 거주민들의 근린상가 내 소매점포의 이용만족도에 영향을 미치는 요인들을 분석하여 가장 적합한 마케팅전략을 수립·실행해야 한다.

3. 소매점포 서비스

고객서비스란 기업이 소비자로 하여금 구매하는 일을 더욱 보람있고 알차게 만들 수 있게 도와주는 일련의 활동과 프로그램을 말한다. 이러한 제반활동은 소비자들이 상품에서 느낄 수 있는 가치와 이들이 구매하는 서비스를 증진시키게 된다.

예를 들어 물류센터에 근무하고 있는 직원은 소비자가 찾고 있는 물품의 재고를 확보함으로써 고객이 매장에 가서 제품을 찾는데 편의를 제공할 수 있다. 기업은 목표와 초점에 따라 고객에게 제공하는 서비스의 질(quality)이 달라진다. 또한 고객들은 제공되는 서비스의 정도에 따라 기업과의 신뢰관계에 영향을 받기도 한다. 그렇다면 고객서비스는 어떻게 정의할 수 있는가?

고객서비스는 고객들의 욕구를 만족시키고 긍정적 결과를 만들기 위해 기업내부·외부의 고객에게 제품과 서비스를 전달하며 비즈니스로 연결하는 유능하며 열정적인 직원의 능력이라 말할 수 있다. 즉 고객서비스는 기업 내 직원들의 능력에 따라 달라질 수 있다는 것이다.

1) 소매점 고객서비스의 개념

소매점 고객서비스는 현대사회에 나타난 새로운 개념은 아니다. 아주 오래 전부터 고객과 공급자 사이에 존재해 온 전통적인 만족의 수단이었다. 단지 소규모형태의 기업에서는 경영자가 직접 고객과 만났다면 현대에 이르러서는 그 역할을 소매점 서비스 부서 혹은 영업부서 직원들이 하고 있다는 것이다.

또한 과거의 서비스가 단순한 생산중심의 물물교환 수준이었다면 급변하고 있는 현재의 기업환경에서는 적시에 질 좋은 서비스를 제공해야 하는 목표가 생기게 되었다. 이를 소매기업에서는 타임 투 마케팅(TTM : time to marketing)이라 한다. 대부분의 서비스는 기업이 제공하고 있는 서비스 관련 정보를 망라하고 있을 뿐만 아니라 소비자가 제품과 서비스를 쉽게 찾아 이를 구매하도록 도와주고 있다.

제품의 변경 및 조립과 같은 서비스는 해당 제품을 특정 고객에게 맞도록 조율해 주는 기능이다. 이러한 서비스의 일부는 웹사이트, 매장디자인 혹은 소매업체가 정한 방침에서 나오게 되지만 본장에서는 고객과 직접적으로 연계된 판매원이 제공하는 가장 중요한 개별서비스에 초점을 맞추도록 한다.

이처럼 고객이 원하는 수준의 서비스를 원하는 시기에 제공할 수 있다는 것은 쉬운 일이 아니다. 이를 위해 기업들은 어떻게 하면 더 고객에게 다가갈 수 있는가를 고민하기 시작하며 서서히 생산중심에서 고객중심으로 목표를 수정하기 시작했다. 소매분야에서 고객중심의 기업들은 몇 가지 공통의 특성을 가지고 있다.

- 고객의 욕구를 만족시키는데 초점이 있다.
- 고객이 쉽게 접근하여 많은 정보를 얻도록 한다.
- 고객에게 우수한 서비스제공을 위해 지속적으로 변화한다.
- 경영정책 및 시스템을 고객의 입장에서 세운다.

2) 고객서비스에 영향을 미치는 요소

소매점 고객의 서비스에 영향을 미치는 사회적 요소들은 많다. 이 중에서 몇 가지 중요한 요소들을 알아보자.

아마존 무인점포

(1) 기업의 규제완화

정부의 정책들이 변화하면서 기업에 대한 규제가 많이 완화되고 있는 것이 사실이다. 이러한 기업에 대한 정부의 규제완화는 더 많은 경쟁을 야기하게 되고 기업들 간의 서비스의 질적문제를 일으키기도 한다. 또한 정부의 규제완화는 기존 시장에 새로운 기업들이 더 나은 서비스제공을 무기로 시장진입기회를 만들기도 한다.

(2) 기술의 변화

통신의 발달과 기술혁신으로 인해 생산과 품질에 지대한 영향을 주고 있다. 또한 기술의 변화로 인해 기술을 관리하는 서비스산업도 증가하게 된다. 반면에 제조현장에서의 직업은 감소된 것도 사실이다. 기술의 변화가 직업을 감소시키기도 했지만 또한 자동화를 통한 새로운 서비스시장의 직종을 늘린 것도 사실이다. 예를 들면 컴퓨터와 전화, 텔레비전 등을 활용한 홈쇼핑시장이 나타나고 그 시장에 종사하는 직업들도 다양하게 등장하였다.

(3) 여성의 사회참여

노동인구 중 여성의 사회참여가 증가하면서 가정에서 이루어지는 일상적 일들을 다양한 서비스회사가 대신하고 있다. 또한 이 시장의 규모도 커지고 있으며 시장에서의 서비스수준도 점점 높아지고 있다.

(4) 여가에 대한 사회적 욕구

점점 생활이 윤택해지고 먹고사는 문제가 해결되면 사람들은 여가시간을 어떻게 보낼 것인가를 고민하게 된다. 이러한 여가에 대한 고민은 결국 사람들에게 서비스에 대한 새로운 일자리를 만들도록 한다. 예를 들어 세탁물수거배달 서비스, 쇼핑배달서비스 등 일상적으로 해오던 일들을 이제 여가시간 활용을 위해 서비스제공 직업에 서서히 맡기게 된다.

(5) 전자상거래의 성장

오프라인 방식의 상거래가 전통적이었다면 이제 전자상거래(온라인) 방식의 상거래도 폭발적으로 증가하고 있다. 인터넷의 발달로 자리잡게 된 전자상거래는 고객서비스의 방식도 바꾸었다. 직접 온라인 숍에 접속하여 원하는 상품과 서비스를 구매하기 이전에 상품과 서비스에 대한 가격과 정보를 비교할 수도 있다.

물론 시간투자도 오프라인 구매보다도 훨씬 적게 소요된다. 이는 시공간에 구애받지 않는 접촉을 통해 전세계상품과 서비스를 실시간 만날 수 있는 시스템으로 서비스의 방식을 변화시킨 것이다.

4. 고객의 서비스 평가

소비자는 기업들의 서비스를 평가하면서 서비스에 대해 자신이 가지고 있는 기대치와 실제로 받는 서비스의 질을 비교한다. 고객은 자신이 가지고 있는 기대치 이상의 서비스를 받으면 만족하지만 그 이하일 경우에는 불평을 하게 된다.

1) 서비스의 기대치

고객은 자신의 지식과 경험에 견주어 그 이상의 서비스를 기대한다. 어떤 소비자는 자신이 보낸 편지에 대한 답장이나 전화는 받을 기대도 하지 않지만 전자메일에 대한 답은 즉시 받아보기를 원한다.

또한 소비자가 거는 기대는 점포에 따라 다르다. 가령 수퍼마켓이라면 편리한 주차시설이 갖춰져 있어야 하고 아침 일찍부터 밤늦게까지 개점하는 동시에 다양하고 신선한 식료품은 찾기 쉬운 곳에 배치되어야 하며 계산은 빨리 끝낼 수 있는 곳이어야 한다.

반면에 통로마다 배치된 직원이 식료품이나 요리법에 대한 정보를 제공해 주는 일은 기대하지도 않는다. 그러나 이 고객이 백화점에 갔을 때는 제품에 대한 정보와 도움을 줄 수 있는 유능한 직원이 자신을 맞아줄 것을 기대하고 있을 것이다.

고객이 소매업체에게 거는 기대가 다양하기 때문에 고객의 서비스 만족도는 때와 장소에 따라 다를 수 있다. 보통의 소비자들은 할인점이나 수퍼마켓같은 곳에서 높은 수준의 서비스를 기대하지 않는다.

하지만 Wal-Mart의 경우에는 할인점이지만 양질의 서비스를 제공하고 있다. 직원들은 각 매장입구에 서서 고객들을 맞이하고 질문에 대해서 친절히 대답한다. 할인점에서의 이러한 서비스는 고객이 기대하는 것이 아니므로 백화점에서 제공하는 것보다 수준이 낮을 수 있겠지만 Wal-Mart의 서비스에 대해서는 긍정적인 평가가 따른다.

일반 백화점들은 Wal-Mart보다 고객의 질문에 친절히 답하고 이들에게 정보를 제공해 주는 판매원 수가 훨씬 많아서 백화점고객들은 의문사항이 있거나 물건을 사려고 할 때, 주위에 판매원이 없으면 그 백화점의 서비스에 대해 실망하는 경향이 있기 때문이다.

Stew Leonard 수퍼마켓 Policy Stone

또한 소매업체들은 예기치 않은 서비스를 제공하여 고객만족도를 높여야 한다. 다음과 같은 예를 살펴보자.

- 술에 만취한 고객에게 택시를 태워 집까지 보내주고 고객의 차는 그 다음날 고객의 집으로 보내 주는 레스토랑
- 옷마다 번호표를 달아서 고객에게 어울리는 옷을 체계적으로 찾게 해주는 남성 전문 의류점
- 고객의 기념일을 기록해 놓고 그 날짜가 되면 고객에게 적당한 선물을 제공해 주는 선물가게

고객의 서비스 기대치는 각 나라마다 다르다. 독일의 생산능력은 세계적으로 정평이 나 있지만 고객서비스는 열악한 상황이다. 몇 년씩이나 기다려야 전화가 개통되고, 레스토랑에서는 신용카드를 받지 않으며, 폐점이 가까운 시간에 들어오는 고객은 따가운 시선을 받기 십상이다. 또한 고객들은 자신이 구입한 물건은 자신이 담아가야 한다. 독일 사람들은 양질의 서비스에 익숙하지 않은 탓에 애초에 이를 요구하지도 않는다. 하지만 이제 소매경쟁이 치열해지고 외국 경쟁업체들도 발을 들여놓고 있기 때문에 이들의 걱정은 커져가고 있다.

이와는 대조적으로 일본인들은 우수한 서비스를 제공받기를 원한다. 미국에서는 "고객은 항상 옳다(The customer is always right)"라는 말을 쓰지만 일본에서는 "고객

은 신이다"라는 말을 쓴다. 일본에서는 손님이 점포에 와서 환불을 요구할 때 오히려 처음 방문때보다 더 친절히 대한다. 고객은 협상의 대상이 아니며 결코 틀리지 않는다. 고객이 제품을 잘못 사용하는 경우에도 업주들은 고객에게 그 제품사용법을 제대로 일러주지 않은 것에 대해 책임을 느낀다. 제품의 하자에 대해 처음으로 설명듣는 직원은 설령 제품상의 하자가 다른 부서와 관련되는 것이라 할지라도 끝까지 그 고객을 책임진다.

2) 지각된 서비스

고객은 자신의 지각을 토대로 서비스에 대한 평가를 내린다. 이러한 지각은 실제로 받는 서비스에 의해 이루어지지만 서비스는 무형물이라는 그 특유성 때문에 정확한 평가를 내리기 힘들다.

소매점포의 직원은 소비자의 서비스 지각에 있어서 중요한 역할을 한다. 일반적으로 서비스에 대한 고객평가는 그 결과가 아니라 서비스를 제공하는 매너에 기초하여 이루어진다. 다음과 같은 상황을 생각해 보자.

한 고객이 점포에 가서 작동이 제대로 되지 않는 전기칫솔을 반환하려 할 때의 두 가지 경우이다.

첫 번째 경우, 매장직원은 회사정책에 따라 고객에게 영수증을 요구하고, 그 영수증에 자기네 점포명이 찍혀있는지 그리고 칫솔이 정말 제대로 작동하지 않는지를 면밀히 살핀다. 그런 후에 매장매니저에게 환불이 가능한지를 확인하고, 서류작업을 마친 후 현금으로 환불조치한다.

두 번째 경우는 매장직원이 고객에게 제품의 금액만 묻고, 이를 현금으로 환불해 준다. 두 가지 경우는 고객이 제품에 대한 환불을 받는다는 것에 대해서는 그 결과가 동일하지만 첫 번째 경우의 고객은 매장직원이 자신을 믿지 못해서 그 환불절차가 까다롭다는 생각 때문에 그 점포의 서비스에 불만을 표할 것이다. 여러 상황에서 직원들은 서비스를 제공하는 과정에 많은 영향을 미치며 결국 고객의 서비스 만족에도 상당한 영향을 미치게 된다.

3) 만족과 불만을 만들어내는 상황

고객이 소매업체와 마주하면서 겪게 되는 대부분의 경험은 지극히 일상적인 것이다. 소비자들은 점포나 웹사이트를 방문하고 물건을 고르고 그 가격을 지불한 후, 이를 직접 가져가거나 배송을 요구한다. 보통 이런식의 무미건조한 서비스로는 소비자들이 서비스를 평가하는데 별다른 감응을 주지 못한다. 하지만 고객이 물건을 찾는데 어려움을 겪는다든지, 세심한 배려를 요구한다든지 혹은 매장직원이 자발적인 친절을 베풀어준다든지 하는 예기치 않은 상황에서는 긍정적으로 평가하게 된다.

CHAPTER 10

상권분석과 점포입지

B마트가 동네에 들어오면 편의점들이 긴장한다?

배송경쟁 격화로 배달 플랫폼 물류센터 도심으로 확장…
골목상권 수퍼 · 편의점 · 마트와 충돌불가피

배달의 민족 'B마트'와 요기요 '요마트' 등 국내 배달 플랫폼이 공격적으로 마이크로 풀필먼트센터 확대에 나선 와중에 기존 산업군과의 충돌이 가시화되고 있다. 업계에서는 라스트마일(소비자에게 도달하는 마지막 단계) 배송경쟁의 거스를 수 없는 흐름이라고 본다.

지난달 25일 한국편의점주협의회(협의회)는 배달플랫폼의 마이크로풀필먼트 서비스중단을 촉구하는 입장문을 냈다. 협의회는 "배달플랫폼 업체인 배달의 민족과 요기요가 상품을 대량 구매해 직접 배달하는 'B마트'와 '요마트'를 공격적으로 추진하고 있어 골목상권과 중간 유통망의 붕괴가 우려된다"고 밝혔다.

풀필먼트는 관리업체가 판매자들의 상품을 보관 · 입출고하는 것은 물론 고객주문 이후 일어나는 상품수거 · 포장 · 반품 및 재고관리까지 도맡는 형태를 말한다. 여기에 더 빠른 배송으로 경쟁하는 이커머스 시장의 팽창으로 인해 그동안 외곽지역에 자리했던 물류거점이 도심 안으로 들어오는 '마이크로 풀필먼트'가 주목받고 있다. 국내에선 공격적으로 도심지에 물류센터를 늘리고 있는 배달의 민족 'B마트'가 대표사례로 꼽힌다. B마트는 현재 서울시 전역과 인천, 부천, 성남 등 경기 일부지역에서 서비스되고 있으며 빠른 속도로 확장중이다. 업계관계자는 "마켓컬리가 새벽배송을 주도했다면 B마트는 한 단계 나아간 30분 배송을 이끌고 있다. 좋은 제품을 더 빨리 받으려는 소비자의 수요가 폭발하면서 물류업 전반에 변화가 찾아오고 있는 데다 코로나19가 이를 앞당겼다. 최근 도심 내 라스트마일 배송강화가 물류업계 핵심과제가 됐고, 여러 형태의 마이크로 풀필먼트센터가 생기고 있다"고 설명했다.

물류업체 · 대형마트 뛰어드는 풀필먼트 센터

쿠팡은 '로켓제휴'라는 이름을 붙인 풀필먼트 사업확장에 총력을 기울이고 있다. 이커머스 업체에서 오픈마켓 플랫폼으로의 도약을 위한 키로 풀필먼트를 꺼내든 것이다. 쿠팡은 이를 위해 지난해에만 로켓배송센터 83개를 신설했다. 현재 쿠팡이 만든 전체 물류센터는 총 168곳이며 대구에 초대형 물류센터를 짓는 등 엄청난 규모의 인프라를 구축 중이다.

네이버 · 카카오 등 포털에 기반한 플랫폼 업체들도 자체 배송시스템 구축에 공을 들이고 있다. 업계 관계자들은 '풀필먼트 센터의 핵심은 데이터'라고 입을 모았다. 물류업계 관계자는 "도심 깊이 들어간 작은 물류센터들에서 수익구조가 만들어지기 위해서는 데이터확보가 우선돼야 한다. 입지선정부터 배송네트워크 설계까지 효율성 있게 구조가 짜여지려면 오차범위가 크지 않은 데이터가 필요하다. 그렇다 보니 이미 데이터 축적에서 유리한 고지를 차지한 네이버도 풀필먼트 사업을 자체적으로 운영하기 위해 고민 중"이라고 전했다.

대형 물류업체들은 소비자의 수요가 확실히 형성됐는지 눈치를 보고 있다. CJ대한통운 내부 관계자는 "아직 마이크로풀필먼트 사업은 검토수준이다. 데이터 확보를 위해 자체역량과 스타트업이 함께 가는 모델을 고민하고 있는데, 이 또한 본격적으로 투자가 진행된 단계는 아니다. 물류업계는 철저히 고객사, 즉 화주의 요구를 따라간다. 따라서 소비층이 더 확실하게 형성되고 고객사들이 시장에 뛰어들면, 본격적으로 투자를 진행할 가능성이 높다"고 전했다.

홈플러스, 이마트, 롯데마트 등 유통 대형마트들은 이미 뛰어들었거나 준비 중이다. 도심지에 위치한 기존 점포를 자동화된 소형 물류센터로 전용하는 방식을 통해 비용을 아낄 수 있기 때문이다. 롯데마트의 '스마트스토어'와 '다크스토어'가 이를 실험 중이다. 롯데마트는 올해 초 서울 중계점과 경기도 수원 광교점에 점포기반의 B2C(기업과 소비자 간 거래) 물류거점화 실험을 시작했다. 온·오프라인을 통합해 점포 5km 반경의 핵심 상권에 30분 배송이 가능하게 했다. 또 기존 점포일부를 철저히 온라인주문에만 대응하는 물류센터인 다크스토어로 전환하는 방안도 준비 중이다. 롯데관계자는 "내년까지 스마트스토어 12개점, 다크스토어 29개점 확대를 목표로 하고 있다. 테스트단계이지만 풀필먼트 점포는 결국에 유통업체들이 나아갈 방향이라고 생각한다"고 밝혔다.

#기존 산업군과 충돌…어떻게 해결할까

한편에서는 기존 산업군과의 충돌에 대한 우려도 나온다. B마트, 요마트 등 플랫폼업체의 마이크로 풀필먼트 센터확장에 가장 큰 타격을 입는 건 편의점 업계다. 편의점 영업관리직으로 근무중인 A 씨는 "B마트가 동네에 들어온다고 하면 동네 편의점들이 바짝 긴장한다. 사업초기라 배달비무료에 3,000원, 5,000원 쿠폰을 뿌려대니 경쟁이 될 수가 없다. 배달의민족은 같은 영역이 아니라고 주장하지만 소비자들 입장에서는 같은 물건을 소량으로 빠르게 배달받을 수 있으니 같다고 느끼는 것"이라고 말했다.

실제 성적도 이를 증명한다. 이달 7일 국회 정무위원회 소속 홍성국 더불어민주당 의원이 배달의 민족 운영사인 우아한 형제들로부터 B마트 매출현황을 제출받아 분석한 자료에 따르면, B마트는 서울지역에서 서비스를 정식으로 선보인 작년 11월 이후 매출이 매달증가해 지난 8월 출범초기와 비교해 10배(963.3%)가량 증가한 것으로 나타났다.

같은 기간 서울지역 편의점의 배달매출은 급감했다. 한국편의점주협의회에 따르면 편의점 운영업체인 A사는 배달 서비스운영 점포가 지난해 11월 582곳에서 올 8월 942곳으로 늘었는데도 평균 주문액은 48% 줄었다. 편의점 업계는 배달의민족이 B마트 사업확대를 위해 편의점의 배달앱 입점을 거부하며, 요기요는 요마트를 편의점 카테고리 상단에 노출하는 등 플랫폼 업체의 불공정행위를 시정해달라고 주장하고 있다.

현재 플랫폼 사업자들은 수퍼마켓과 편의점, 중소형 마트가 취급하는 식자재와 생활용품, 애견용품을 집중적으로 공급하고 있어 골목상권과의 충돌이 불가피하다.

홍 의원은 "기존 대형마트나 편의점은 판매품목과 영업일수, 영업점 위치 등을 규제받고 있지만, 플랫폼업체는 아무런 규제를 받지 않는다"며 "공정거래위원회가 배달 플랫폼업체의 불공정행위를 조사해야 한다"고 주장했다.

앞서의 물류업계 관계자는 "쿠팡, 배달의 민족같은 플랫폼 메기의 등장으로 유통, 물류, 포털 등 각 영역의 경계가 점점 흐릿해지고 있으며 이는 이미 거스를 수 없는 흐름이다. 정부는 규제를 통해 영세사업자와 기존 사업자를 보호하는 게 역할이고 우리는 세계의 빠른 변화를 읽고 이를 따라가며 소비자의 요구에 맞추는 게 역할이다. 양쪽이 공동협의회를 구성해 상생에 관해 논의하는 게 대안이 될 수 있을 것 같다"고 말했다.

출처: 2020년 10월 14일, 비즈한국

제1절 상권의 형성

1. 상권의 의의

1) 상권의 정의

상권(trade area)이란 개별상점이 고객을 끌어들일 수 있는 지역적 범위(geographic area)를 말하며 고객이 흡인되는 지리적 범위, 즉 해당점포나 사무실을 이용하는 고객들의 거주지역이라고 말할 수 있다.

상권은 소비자를 중요한 측면으로 보는데, 이것은 판매자 측에서 일방적으로 상권을 형성하더라도 소비자가 따르지 않으면 그 상권은 의미가 없기 때문이다. 이러한 이유로 상권의 측정 및 설정은 소비자의 구매력을 기준으로 설정하는 것이 일반적이다.

미국마케팅협회(AMA)에서는 상권에 대한 정의를 그 상권을 보는 시각에 따라 다음과 같이 세 가지로 나누어서 정의하였다.

첫째, 판매자의 입장에서는 "상권이란 특정 마케팅단위 또는 집단이 재화나 용역을 판매 · 인도함에 있어서 비용과 취급규모 면에서 경제적이며, 그 규모가 어떤 경계에 의해 결정되어지는 범위"라고 하였다.

둘째, 구매자의 입장에서는 "적절한 재화 및 용역을 합리적으로 발견할 수 있는 것으로 기대되는 지역범위"이다.

셋째, 판매량의 측면에서는 "특정 소매업체가 전체 매출액의 90% 이상을 실현하는 지역범위로서 전체 매출액의 75%가 실현되는 지역을 1차상권, 추가로 15%의 매출이 실현되는 지역을 2차상권"으로 정의하고 있다.

따라서 상권은 장사를 계속해 나가는데 없어서는 안 될 고객이 살고있는 한정된 지역범위이며, 특정 소매업체 또는 집단에 의해 제시된 제품계열 및 서비스계열을 구매할 확률이 영(zero)이 아니며, 동일업태의 경쟁소매 업체에서 구매할 확률보다 특정 소매업체에서 구매할 확률이 더욱 높은 잠재고객들을 포함하고 있는 지리적으로 경계된 지역을 말한다.

한 지역의 상권은 단계적으로 이루어져 있다. 가장 큰 개념은 도시의 행정구역과 거의 일치하는 개념으로 도시내의 모든 유통기관들의 상권의 합인 지역상권(general trading area)이 있고 그 다음으로 지역상권 내에 후보입지가 속하는 상업지역이 가지는 상권으로 지구상권(district trading area)이 있으며, 대형백화점과 유명전문점의 존재여부 그리고 관련점포들 간의 집적여부에 따라 상권의 크기가 결정되며 가장 작은 상권을 구성하는 것으로 각각의 개별점포들의 상권인 점포상권(individual trading area)이다.

이와 같이 상권은 개별점포 입장에서 보면 상점을 개설하기 위한 입지조건이 되지만, 소비자의 입장에서 보면 상품을 구매할 수 있는 구매시점이 된다. 이 때문에 소매업이나 외식업 또는 유흥·오락산업은 입지산업으로 불려지며 특정 지점에서의 입지선정은 사업의 성공과 실패를 좌우하는 가장 중요한 전략적 과제가 된다.

2) 상권의 특징

(1) 소매점은 영업범위의 거리적 한계가 있다

소매점의 상권크기는 상품구색이나 가격, 서비스 등 상점 자체의 요인도 중요하지만 소비자와의 거리가 대단히 중요하다. 점포와의 거리가 멀어짐에 따라 일어나는 소비자들의 점포인지도 변화를 쉽게 알 수 있다. 즉 500m이내에서는 95%인지도를 갖는 상점이 1km이내에는 45%로, 2km 이내에서는 15%로 낮아지고 있음을 알 수 있다.

이러한 현상으로 보아 상품의 품질이 동일하면서 애프터서비스를 받아야 하는 상품일 경우에 소비자들은 되도록 가까운 곳에서 상품을 구입하려는 경향이 있다는 사실을 알 수 있다. 그렇지만 최근에는 자가용보유 가구의 증가로 소비자들의 구매이동범위가 점점 더 넓어지고 있다.

(2) 소매점의 영업범위는 입지조건에 따라 다르다

같은 상품을 취급하는 상점이라 하더라도 고립지역에 있는 상점보다는 시장이나 상점가에 있는 소매점은 상권이 넓고, 주택가에 위치한 소매점의 상권은 좁다. 또한 인근에 하천, 산, 도로 등이 있으면 이들 위치에 따라서도 상권은 크게 달라진다.

한때 지방도시에 위치한 대형제과점들은 제조한 과자를 아무런 계약없이 판매할 수 있었다. 그러나 도로여건이 발전함에 따라 냉동시설이 갖추어지지 않으면 쉽게 먹기 어렵던 아이스크림도 서울에서 만들어진 것을 산간벽지에서도 쉽게 먹을 수 있게 되었다.

이외에도 수도권 주변의 많은 재래시장들이 한결같이 고전을 면치 못하는 근본적인 요인도 교통의 발달로 상권이 크게 변경되었기 때문이다. 인구가 증가하면서 등장한 현대식 대형쇼핑센터들로 인해 급속히 세력을 잃고 있다.

(3) 소매점 상권은 취급하는 상품의 종류에 따라 범위가 다르다

같은 위치의 상점이라도 취급하는 상품이 무엇이냐에 따라 상권의 범위는 달라진다. 소비자들의 구매이동에 관한 분석에서 허친슨(Hutchinson)은 가정을 기점으로 발생하는 구매활동은 도시구조에 따라 거주지 부근, 부도심, 도심 등으로 구분된다고 밝혔다.

상품에 따라서 사람들의 이동거리가 다르다는 것은 상품에 따라서 소비자들의 구매패턴이 다르다는 것을 의미한다.

2. 상권설정과 전략적 유형

1) 상권의 설정

상권설정이란 특정 점포가 고객을 끌어들이는 지리적 범위가 어느 정도인지를 파악하는 것을 말한다. 상권의 개념에는 거래권이라는 개념과 판매권이라는 개념 두 가지가 있다.

거래권은 주로 도매업에서 사용되는 것으로 거래대상이 되는 고객의 거주지범위라고 할 수 있으며, 판매권은 소매점이 판매대상으로 삼고있는 지역을 말한다.

상권과 비슷한 개념으로 사용되는 상세권(商勢圈)이라는 말도 있다. 상세권이란 어느 특정 상업집단(시장 혹은 상점가)의 상업세력이 미치는 범위를 말한다. 경우에 따라서는 상권과 상세권은 동일한 의미로 사용되기도 하지만 상권은 개별상점이 고객을 끌어들일 수 있는 지역적 범위를 말하며 상세권은 상업집단이 고객을 끌어들일 수 있는 지역의 범위를 말하기도 한다.

아울러 상권을 설정할 때에는 일반적으로 1차 상권, 2차 상권, 3차 상권으로 구분하여 설정한다.

(1) 1차 상권

1차 상권은 상점고객의 60~70%가 거주하는 상권범위를 말하는데 고객들이 다른 상권의 고객들보다 상점에 가장 근접해 있으며 고객 수나 고객 1인당 판매액이 가장 높은 지역으로 해당지역의 소비수요 중 30% 이상을 흡입할 수 있는 지역이다.

1차 상권은 식료품과 같은 편의품의 경우, 걸어서 1,500m 이내가 되며, 의류, 화장품 등 선매품의 경우는 버스나 승용차로 15분내지 30분이 걸리는 지역이 된다.

(2) 2차 상권

이는 상점고객의 15~25%가 거주하는 상권범위로서 1차 상권의 외곽에 위치하며 고객의 분산도가 아주 높으며 고객의 접근성이 떨어진다. 해당지역의 소비수요 중 10% 이상을 수용할 수 있다.

편의품일 경우에는 2차 상권지역에서 약간의 고객밖에 흡인하지 못하지만 선매품의 경우에는 크게 보면 편의품의 2차 상권까지가 1차 상권일 수도 있다. 선매품의 2차 상권은 버스나 승용차로 30~60분 걸리는 지역이 포함된다.

(3) 3차 상권

1, 2차 상권에 포함되는 고객이외의 나머지 고객들이 거주하는 상권범위로 고객들의 거주지역은 매우 분산되어 있다. 편의품의 고객들은 거의 존재하지 않으며 선매품이나 전문품을 취급하는 점포의 고객들이 5~10% 거주하는 지역으로 점포에 미치는 영향은 미미하다.

2) 상권의 전략적 유형

상권의 설정은 업종의 영업특성과 상권분석 주체의 특성에 따라 다를 수 있으나 일반적으로 그 상권을 광역상권으로 설정할 것인지, 소상권으로 설정할 것인지는 상권설정의 주체가 되는 특정 소매점의 영업전략과 방향에 따라 정하게 되며 대체로 유통업에 있어서는 업종 및 취급상품에 따라 상권의 유형을 적용하는 것이 일반적이다.

표 10-1 상권의 구분

구 분	내 용	비 고
1차 상권	총매출의 70% 차지하는 지역 또는 고객의 내점빈도가 주 2회인 지역	도보 10분 1.5km이내
2차 상권	총매출의 15%를 차지하는 지역 또는 고객의 내점빈도가 주 1회인 지역	도보 20분 4km이내
3차 상권	2차 상권밖에서 가끔 내점하는 고객의 범위	

(1) 초대상권 전략

① 업태 : 특수전문점, 하이퍼마켓

② 취급상품 : 고급수입품, 고급브랜드 상품, 특수디자인 상품

③ 전략내용 : 초광역권 내의 계간성 및 년간성 수요를 대상으로 하는 초점유전략

(2) 대상권 전략

① 업태 : 도심형 백화점, 본격적인 전문점, 할인점

② 취급상품 : 고급유행용품, 고급음식점

③ 전략내용 : 10~20km권내의 주간성 및 월간성 수요를 대상으로 하는 저점유전략

(3) 준대상권 전략

① 업태 : 준도심형 백화점, 종합상품점(GMS)

② 취급상품 : 고급 유행용품, 고급 음식점

③ 전략내용 : 6~10km권내의 주간성 및 월간성 수요를 대상으로 하는 저점유전략

(4) 중상권 전략

① 업태 : 양판점, 대형전문점, 주니어 백화점, 일반전문점

② 취급상품 : 문화잡화, 가정잡화, 대중유행품

③ 전략내용 : 5~6km권내의 주간성 수요를 대상으로 하는 중점유전략

(5) 준중상권 전략

① 업태 : 복합점, 수퍼스토어

② 취급상품 : 문화잡화, 가정잡화, 대중유행품

③ 전략내용 : 2~4km권 내의 일상성 및 주간성 수요를 대상으로 하는 중점유전략

(6) 소상권 전략

① 업태: 수퍼마켓, 재래시장

② 취급상품: 식료품, 서비스계통, 일용잡화, 분식, 식용음료

③ 전략내용: 1~2km(편의권)내의 일상성 수요를 대상으로 하는 고점유전략

(7) 초소상권 전략

① 업태: 편의점, 일반점

② 취급상품: 식료품, 일용잡화, 서비스 계통

③ 전략내용: 500m~1km권내의 일상성 수요를 대상으로 하는 고점유전략

Spotlight "편의점, 이젠 집 · 골드바도 판다"… 유통채널 '경계 실종'

골드바, 150만원 상당의 한우세트, 이동형 주택.

온라인상에서나 볼 수 있는 상품이 아니다. 편의점에서 새해 설 선물세트로 선보인 깜짝품목이다.

편의점 판매 품목은 간단한 먹거리나 생필품 위주였지만 신종 코로나바이러스 감염증(코로나19) 장기화 속에 근거리 쇼핑채널로 급부상 중이다. 배송은 기본이고 진열대에 가전제품, 의류, 화장품까지 채운 편의점이 고가선물세트 시장까지 넘보고 있다.

9일 업계에 따르면 CU가 설 연휴를 겨냥해 준비한 상품은 600개인데, 이 중 가격이 10만원 넘는 제품이 30%다. 전년 설보다 비중이 5%포인트 늘었다.

CU에서 판매하는 이동형 주택 3종

가장 비싼 상품은 '집'이다. 코로나19로 가족끼리 이용할 수 있는 공간에 대한 수요가 커져 주말펜션처럼 이용할 수 있는 이동형 집을 설 선물로 내놨다. 19.8㎡(6평) 남짓한 허가된 공간이 있으면 전기와 수도 등 일부공사를 마친 뒤 바로 세울 수 있는데 △화장실, 거실, 침실, 주방으로 구성된 복층고급형(1,595만원) △주방, 화장실, 거실로 구성된 단층고급형(1,045만원) △단층실속형(935만원) 중 하나를 골라 결제하면 무료로 집이 배송된다.

100만 원대 기본… 최고급 먹거리 · 가전제품도~

한우, 안마의자 등 100만원이 넘는 고급상품도 편의점에서 살 수 있다.

GS25는 등심, 살치살, 치마살, 안심 등 8종의 한우와 송로버섯 소금, 화이트트러플 엑스트라 버진 올리브오일 등 명품 향신료 4종까지 묶은 선물세트를 150만원에 판매한다. 이마트24 판매품에는 코지마 안마의자 4종(168만~228만원)이 포함됐다.

금 관련 상품을 판매하는 것도 눈에 띄는 변화다. 이마트24는 한국금거래소와 같이 '소 문양 골드바' 10돈(37.5g, 20세트)과 1돈(3.75g, 400세트), 돌반지 1돈(200세트) 등 3종을 18~24일 판매한다. 가격은 17일 한국금거래소 시세보다 할인된 가격으로 책정할 예정이다. 이달 6일 기준 소 골드바 1돈 시세는 31만 9,000원이다.

GS25는 소 캐릭터와 복주머니가 함께 디자인된 황금소코인 3종을 출시했다. 금 중량에 따라 11.25g이 97만 2,000원, 18.75g이 161만 2,000원, 37.5g이 317만 6,000원이다. 각 100개씩 한정 판매한다.

'담배가게' 편의점의 무한확장

이번 제품들은 설 선물세트 판매기간에 맞춰 특별히 기획된 상품들이지만 편의점의 공격적인 품목확대는 코로나19를 계기로 더 가속이 붙고 있다. 외출을 자제하면서 이동거리가 집 근처로 좁아져 이른바 '동네상권'을 공략하는 만능플랫폼으로 전환하려는 전략이다.

실제 몇 년 전 편의점 매출의 절반을 담배가 차지하던 때에서 식품매출이 크게 늘며 웬만한 동네식당을 대체하기 시작했고, 코로나19 이후로는 대형마트에 몰렸던 장보기 수요까지 끌어오고 있다. 쌀, 야채, 조미료 등의 매출 신장률이 기존 대표상품 컵라면보다 높은 두 자리수를 기록 중이다.

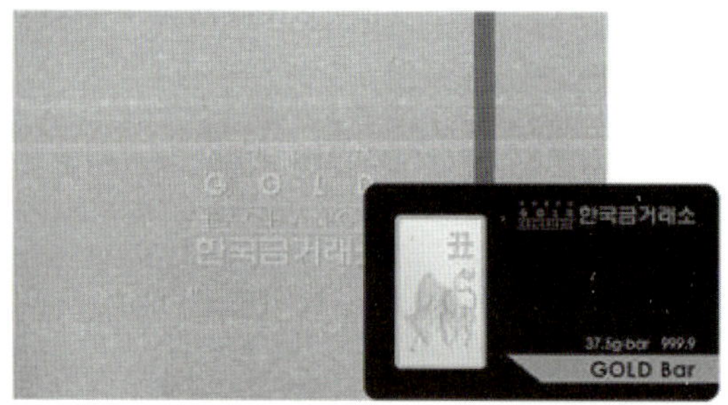

이마트24의 소 문양 골드 바

출처 : 2021년 1월 9일, 한국일보

제2절 상권의 특성과 조사방법

1. 상권의 특성

1) 상권구성과 업종

상권이란 고객들의 분포지역을 말하는 것으로 고객을 얼마나 끌어 모을 수 있는가가 중요하다. 고객들의 거주 및 활동지역을 거리로 따져서 가까운 곳을 1차 상권, 조금 먼 곳은 2차 상권, 더욱 더 먼 곳은 3차 상권이 된다.

또 고객이 왕래하는 숫자가 많으면 살아있는 상권, 유통인구가 뜸한 편에 속하면 일명 죽은상권으로 분류하는 것이다. 상권이 좋아야 좋은 상점들이 많이 모여들게 되고, 상점들이 많이 모여있어야 좋은 상권을 유지하게 된다.

상권의 선택이란 소매점포를 오픈(open)하고자 하는 지역의 통행량이라든가, 주변 상점에 대한 분석, 고객들이 찾기 쉬운 위치인가, 상점은 눈에 잘 띠는지, 접근이 용이한지, 상품의 구색을 고루 갖춘 지역인지를 고려하여 결정한다. 또한 취급하는 품목이 다양하고 가격면에서 다른 지역에 비해 저렴한 편인지 등에 대해서도 점검해 보는 것이 좋다.

상권을 입지별 특성으로 나눠보면 주택가, 아파트단지, 대로변 중심상권, 대학가, 번화가 등으로 구분할 수 있다. 따라서 입지별 특징과 점포를 구입하는 요령을 연계지어 살펴보면 초보자도 점포입지 분석에 도움을 얻게 될 것이다.

업종을 선택하고 나서 점포입지를 고르다 보면 다른 점포들이 이미 좋은 자리를 차지하고 있는 것을 알 수 있다. 따라서 어떻게 경쟁업자와 시장쟁탈전을 벌여야 하는가 하는 고민이 생긴다. 중요한 것은 업종과 상권 즉 입지 간의 관계를 살펴야 한다는 점이다. 내가하려는 업종과 기존의 상권에 형성된 업종들과 호혜관계인가 혹은 상극관계인가를 정확히 파악하여 결정하면 사업실패율을 낮출 수 있다.

2) 업종과 상권

일반적으로 전자제품, 의류취급점, 가구점 등은 모여야 잘 되는 업종이다. 고객들이 공통점을 가진 업체들이 모인 쇼핑몰을 방문하여 여러 가지 시장정보를 입수하는 쇼핑 자체로 즐거움을 추구한다는 점이 특징이다. 이는 구입시 물품가격이 비교적 비싸고 다소 전문적인 성격을 가진 상품들이다. 그렇기 때문에 이들 업종과 상권은 전국적으로 명성이 자자하다.

또한 서점은 문구점과 완구점, 주점과 노래방은 서로 간에 보완, 호혜업종인 반면에 서점과 의류점, 주점 등의 유흥업종은 서로 상극, 경합업종이라 할 수 있다. 그러나 상권이 작은 동네상권에서는 일정한 고객을 놓고 치열한 경쟁을 벌이게 되므로 호혜업종도 경합업종이 되기 쉽다. 그리고 상권이 커지면서 경합업종이 호혜업종으로 변화할 수도 있다.

한편 상권의 성격과 업종의 연관성에 따라 사업이 잘되는 업종과 그렇지 못한 업종이 있다. 그래서 장사가 잘되는 상권이라 하더라도 낭패를 보기도 하며, 좋지 않은 상권이더라도 업종의 성격에 따라 사업이 잘되기도 한다.

3) 상품별 상권

현실적으로 입지를 생각할 경우 어떤 의미에서건 집적지를 지향하는 것이 일반적이다. 특히 상업시설의 경우, 이러한 집적의 장점을 어떻게 살릴 것인지가 입지전략의 생명이다.

입지전략에 따른 상권을 검토할 때 가장 먼저 생각할 것은 상품에 따라 상권의 크기가 다르다는 것이다. 다시 말해서 상권의 형태에 따라서 상품의 형태가 다르게 대응한다.

일반상품은 상권의 크기에 따라 상급품, 중급품, 하급품으로 구분된다. 이처럼 상권의 크고 작음은 소비자의 행동에 따라 결정되는 것으로 어떤 상품에 대해 단가가 큰 상품일수록, 단위기간 내의 구매횟수가 적은 상품일수록, 인구에 따른 판매점 수가 적은 상품일수록, 대도시 지향성이 큰 상품일수록 상급품으로 부른다.

상급품으로는 보석, 귀금속, 고급신사복, 양장, 고급가구 등이 있고 중급품은 부인복, 아동복, 화장품, 가정용 전기기구 등 하급품은 식료품, 일용잡화 등이 전형적이다. 하급품은 구매빈도가 큰 것으로 해당지역의 주민의 구매력을 전제로 하는 것이다. 따라서 대부분 주택지역 색채가 강한 곳에 입지한다.

상급품은 구매빈도가 적은 것으로 해당지역 주민보다는 다른 지구에서 오는 고객의 구매를 끌어내야 한다. 많은 고객의 흐름을 끌어들이기 위해 중심성이 강한 지역에 입지하는 것이 좋다.

4) NEW 상권의 등장

최근 미국에서는 도심의 중심부형 지구에서 떨어진 교외에 상급품을 중심으로 판매를 하는 대규모 소매입지, 이른바 교외형 쇼핑몰이 활성화 또는 일반화되고 있다. 교외입지는 기존 집적지에서 떨어져 상권의 범위가 넓다는 사고를 바탕으로 활성화되고 있으며 이는 기존 집적지를 포함한 그 곳에서의 고객흡인도가 가능하다는 관점이다.

이런 입지방식의 배경은 도심부의 과밀화, 인구의 외연화, 자동차 사회로의 이행이라는 배경에서 소비자의 구매행동이 극단적인 도심부 구심형에서 벗어나는 것이라고 볼 수 있다. 이런 배경하에 교외입지전략에서의 유의할 점은 다음과 같다.

- 아무리 상권이 넓어도 기존 집적지에 흘러들어간 정상적 인구흐름을 무시할 수 없다.
- 교통조건에 대한 재검토가 필요하다. 상업입지는 어느 정도 교통이 편리하면 성공한다. 지하철, 철도, 버스 등 공공 교통기관은 개별이동의 자유성을 방해하는 면도 있으나 상업입지로 대량고객을 운반해오므로 점포에 따라서 유리할 수 있다. 반면에 자동차 등의 개별 교통기관을 이용하면 그 반대의 특징을 갖게 된다. 자가용의 경우에는 주차장의 완비가 필수적이다.
- 도시가 외연화하는 지역으로 공공 교통터미널 지점에 대규모입지를 선택한다. 이런 지구의 성격이 주택지형에서 중심부형으로 바뀌는 경우에는 선행입지를 하는 것이 유리하다.

2. 지역시장 후보지역에 대한 매력도 분석

기업은 최종 입지후보지의 상권규모를 추정하기 전에 진출가능한 지역시장후보지역의 시장잠재력을 평가하여야 한다.

각 시장 후보지역의 소매잠재력(또는 시장매력도)을 추정하는 데 있어 기업은 수요요인과 공급요인을 함께 고려하여야 한다. 최적의 시장후보지역이 되기 위해서는 먼저 충분한 시장의 수요가 존재해야 한다. 이는 가구들이 밀집되어 있고 소득수준이 높아야 할 것이다. 또한 주민들의 인구통계적 · 사회경제적 특성이 소매점포의 표적고객과 부합되어야 한다. 그러나 수요측면에서 이러한 조건들이 충족되더라도 공급측면에서 너무 많은 기존점포들이 이미 자리잡고 있다면 신규점포 후보지로의 매력도는 낮아진다.

기업은 지역시장의 매력도를 결정하는 수요요인, 공급요인과 함께 그 지역의 경제적 기반에 대해서도 평가가 이루어져야 한다. 소매업체는 지역시장의 소매잠재력을 분석하기 위해 다양한 2차 자료를 활용할 수 있다. 기획재정부의 통계연감이나 대한상공회의소의 도 · 소매업체에 관련된 각종 통계자료들은 쉽게 이용할 수 있는 2차 자료원이다.

1) 수요의 측정

특정 후보지역의 소매수요를 측정하는 방법은 다양하다. 가장 쉬운 수요측정방법은 그 지역에 거주하는 인구수 또는 가구 수를 조사하는 것이다. 그러나 소매업체는 보다 정확한 수요추정을 위해 그 지역의 소매구매력을 조사하여야 한다. 왜냐하면 소매구매력은 거주 인구수 뿐만 아니라 그들의 가처분소득에 의해서도 영향을 받기 때문이다.

물론 소매업체는 특정 지역시장의 소매잠재력을 측정하기 위해 반드시 그 지역의 전체 인구수 또는 가구 수와 그들의 소득수준을 조사해야 하는 것은 아니다. 자신의 표적시장이 이미 결정된 소매업체는 특정 인구집단을 중점적으로 조사하는 것이 보다 적절할 것이다. 예를 들어, 아동복 전문점에 대한 수요를 측정하기 위해서는 한 지역시장의 전체 가구 수를 조사하는 것보다는 어린 자녀를 가진 가구 수만을 측정하는 것이 바람직하다. 마찬가지로 고소득층을 표적시장으로 하는 소매업체는 고소득층 가구의 수만을 조사하는 것이 적절하다. 따라서 소매업자는 ① 인구통계적 특성(나이, 성별 등), ② 가구의 특성(가족구성원의 수), ③ 사회경제적 특성(연간 가구소득, 주거유형)에 따라 나누어진 세분시장들 중에서 선정된 표적세분시장의 수요를 측정하는 것이 보다 합리적이다.

인구수와 가구의 소득수준 외에 수요추정을 위해 고려해야 할 요인들에는 가구 구성원들의 나이분포, 가구구성원 수, 인구밀도, 유동성정도 등이 있다.

가구구성원들의 나이구성에 따라 소매점포에 대한 수요가 달라질 수 있다. 예를 들어 나이가 젊은 가구들이 많이 거주하는 지역에는 패스트푸드점에 대한 수요가 많을 것이다. 가구점, 보석상, 의류점에 대한 수요추정에도 후보지역 내 가구들의 나이분포가 조사되어야 할 것이다. 가구 구성원들의 수도 소매업체에 대한 전반적인 수요와 특정 소매업종에 대한 수요에 영향을 미친다. 가구 구성원들의 수가 많을수록 가구당 가처분소득의 구매력이 낮아지게 된다. 한 지역시장의 인구밀도는 단위면적당 인구수로 정의되며 인구밀도가 높을수록 점포의 평균면적이 커지고 따라서 그 지역에 필요한 점포의 수가 적어진다.

거주자들의 유동성도 소매수요에 영향을 미치게 된다. 유동성이 높아질수록 보다 먼 거리에 위치한 점포를 방문할 가능성이 높아지므로 교통이 편리한 위치에 다수의 소형점포들이 입지하는 것보다 소수의 대형점포들이 입지할 가능성이 높다. 가구의 유동성은 가구당 자동차 수, 편리한 대중교통수단의 이용가능성, 거주지역의 교통 혼잡도를 이용하여 측정된다.

한편 지역시장의 수요잠재력을 총체적으로 측정할 수 있는 지표로서 많이 이용되는 것이 소매포화지수(IRS : index of retail saturation)이다.

한 지역시장의 점포포화(store saturation)란 기존의 점포만으로 고객의 욕구를 충분히 충족시킬 수 있는 상태로 정의된다. 따라서 소매수요가 매우 높다고 하더라도 기존 점포들 간의 경쟁이 매우 치열한 상황이라면 지역시장의 매력도는 낮아질 것이다.

소매포화지수는 한 시장지역 내에서 특정 소매업태(식료품점, 의류점, 패스트푸드점 등)의 단위 매장면적당 잠재수요를 나타낸다. 구체적으로 소매포화지수(IRS)는 다음과 같은 식으로 측정된다.

$$\text{IRS} = \text{수요/특정업체의 총 매장면적}$$
$$= \frac{\text{지역시장의 총 가구수} \times \text{가구당 특정업태에 대한 지출비}}{\text{특정업태의 총 매장면적}}$$

소매포화지수는 신규점포에 대한 시장잠재력을 측정하는데 유용하며 IRS 값이 클수록 공급보다 수요가 상대적으로 많음(시장의 포화정도가 아직 낮음)을 의미하므로 신규점포를 개설할 시장기회는 커진다.

한편 IRS의 값이 작아질수록 점포가 초과공급되었다는 것을 의미하기 때문에 신규점포에 대한 시장잠재력이 상대적으로 낮아진다.

2) 시장 성장잠재력 지수(MEP : market expansion potential)

지역시장의 매력도를 측정하는 소매포화지수(IRS)는 한 지역시장에서의 수요와 공급의 현 수준을 반영하는 척도이다. 그러나 지역시장의 매력도는 이러한 기존의 수요와 공급뿐 아니라 미래의 시장 성장잠재력에 의해서도 좌우되기도 한다.

시장 성장잠재력(MEP)이란 지역시장이 미래에 신규 수요를 창출할 수 있는 잠재력을 반영하는 지표이다. IRS는 특정 지역시장의 시장 성장 잠재력(MEP)을 반영하지 못한다는 단점이 있다. 가령 시장 성장잠재력이 높은 지역시장임에도 불구하고 그 지역에 위치한 기존 소매점포들의 마케팅능력이 부족하여 IRS값이 낮을 수 있다. 즉 IRS값이 낮은 것은(가구당 소매지출수준이 낮은 것은) 기존점포들이 소비자 욕구를 충분히 충족시키지 못하기 때문일 수 있는 것이다. 소비자들은 자신들의 거주지역에서 상당히 떨어진 다른 지역의 점포들이 보다 나은 상품구색, 가격, 서비스를 제공한다면 먼 거리임에도 불구하고 그곳에서 기꺼이 쇼핑을 할 가능성이 높다. 지역시장의 기존 시장매력도를 나타내는 IRS는 이처럼 기존 소매점포들의 마케팅능력의 부족으로 인해 많은 소비자들이 거주지역밖의 다른 지역에서 쇼핑하는 상황을 반영하지 못하는 문제점이 있다. 만약 거주지역 밖에서의 쇼핑으로 인해 IRS값이 낮다면, 마케터는 매력적인 점포를 개설함으로써 타 지역에서의 쇼핑을 줄이고 새로운 수요를 거주지역 내에서 창출할 수 있을 것이다.

시장 성장잠재력(MEP)은 지역시장 매력도의 평가에서 IRS의 문제점을 보완하는 지표로서 구체적으로 거주자들이 지역시장 이외의 다른 지역에서의 쇼핑지출액을 추정하여 계산될 수 있다. MEP값이 크다는 것은 거주자들의 타 지역에서의 쇼핑정도가 높다는 것을 의미한다. 타 지역쇼핑의 정도가 높을수록(즉 MEP값이 클수록) 시장 성장잠재력이 커지는 것이다. 따라서 마케터는 신규점포가 입지할 지역시장의 매력도를 평가할 때 기존점포들에 의한 시장포화정도뿐 아니라 시장 성장잠재력(MEP)을 함께 고려해야 한다.

3) 경제적 기반

특정 지역시장의 매력도는 주로 IRS와 MEP에 의해 평가되지만 가능하다면 마케터는 그 지역의 경제적 기반(economic base)도 평가해야 한다. 지역시장의 경제적 기반의 평가에 이용되는 주요 요인들은 다음과 같다.

- 앞으로의 경제활성화 정도
- 광고매체의 이용가능성과 비용
- 근로자의 이용가능성과 비용
- 지역정부기관의 지역경제 활성화 노력
- 지역시장에 대한 정부의 법적규제

3. 신규점포에 대한 상권조사

1) 상권조사 모형

인구통계, 도시가계연보, 도·소매업 센서스 등 공개자료에 의한 조사, 내점객을 조사하는 방법, 상권지도를 작성하는 방법 등 보통 이론적 방법과 조사방법을 절충하여 상권을 설정한다.

그러나 여러 가지 통계들에는 최신정보가 누락될 수 있으므로 실제적으로는 비교법을 사용하는 경우가 많다. 비교법이란 내가 선택한 점포와 비슷한 입지·상권을 가진 다른 상점들은 어떻게 상권을 설정하고 분석하며 전략을 짜는지 알아보는 방법이다. 이외에도 다음과 같은 다양한 분석방법들이 있다.

(1) 체크리스트(checklist) 방법

체크리스트 방법은 상권의 규모에 영향을 미치는 요인들을 수집하여 이들에 대한 평가를 통해 시장잠재력을 측정하는 방법이다. 상권의 범위에 영향을 미치는 요인 중 상권내의 제반입지 특성, 상권고객 특성, 상권경쟁구조 등에 관한 정보를 수집하여 상권의 시장잠재력을 평가한다.

(2) 유추법(analog method)

새로운 점포가 위치할 지역에 대한 판매예측에 많이 활용되는 방법들 중의 하나가 애플바움(Applebaum)이 개발한 유추법이다.

유추법은 자사의 신규점포와 특성이 비슷한 유사점포를 선정하여 그 점포의 상권범위를 추정한 결과를 자사점포의 신규입지에서의 매출액(상권규모)을 측정하는데 이용하는 방법이다.

(3) 크리스텔러(Christaller)의 중심지 모형

중심지 이론의 창시자인 독일의 크리스텔러에 의해서 1930년대에 개발된 중심지 이론은 한 지역 내에서 취락들 간의 공간구조를 연구하는데 기초이론을 제공하였다.

이 이론에 의하면 상업중심지로부터 중심기능(또는 상업서비스 기능)을 제공받을 수 있는 가장 이상적인 배후상권의 모양은 정육각형이며, 정육각형의 형상을 가진 배후상권은 중심지 기능의 최대 도달거리와 최소 수요충족거리가 일치하는 공간구조가 된다.

크리스텔러는 중심지의 최대 도달거리가 최소 수요충족거리보다 커야 상업시설이 입지할 수 있다고 주장하였다.

크리스텔러의 중심지 이론에 의하면 한 지역내 거주자들이 모든 상업중심지로부터 중심기능(최적 구입가격으로 상품을 구입하는 것)을 제공받을 수 있고 상업중심지들 간에 안정적인 시장균형을 얻을 수 있는 이상적인 상권모형은 원형대신에 정육각형의 형상을 가질 때이며 정육각형의 상권모형에서는 최대도달 거리와 최소수요 충족거리가 일치하게 된다는 것이다.

(4) 로쉬(Losch)의 수정중심지 모형

크리스텔러의 중심지 이론에 몇 가지 수정을 가한 것이 로쉬(Losch)의 K체계의 비고정 모형이다. 그는 가장 이상적인 중심지 배후모형이 육각형이라고 가정한 점에서 크리스텔러의 모형과 유사하나 그는 중심지 계층의 공간구조를 K=3, K=4, K=7의 3개의 경우에 대한 중심지 간의 포함원리에 국한하지 않고 K값을 확대함으로써 보다 융통성 있는 상권구조 이론을 전개하였다.

로쉬는 인구의 분포가 연속적 균등분포가 아니라 불연속 인구분포를 이루기 때문에 각 중심지의 상권규모(육각형의 크기)가 다르다고 가정하여 비고정 K값 모형을 제시하였다. 로쉬의 중심지 이론은 크리스텔러의 모형보다 대도시 지역의 공간구조를 보다 잘 설명해주고 있다.

(5) 라일리(Railly)의 소매중력법칙

크리스탤러와 로쉬가 제안한 중심지 이론의 최근거리 가설에 의하면, 소비자는 유사점포들 중의 한 점포를 선택할 때 그 중에서 가장 가까운 점포를 선택한다. 따라서 특정점포의 상권은 그 점포에 제일 가까운 소비자들을 포괄한 범위를 경계로 추정할 수 있게 된다.

라일리(Railly)의 소매중력법칙은 두 경쟁도시가 그 중간에 위치한 소도시로부터 끌어들일 수 있는 상권규모(proportion of retail trade)는 그들의 인구에 비례하고, 각 도시와 중간(위성)도시 간의 거리제곱에 반비례한다는 것이다.

소매중력법칙은 개별점포의 상권경계보다는 이웃도시들 간의 상권경계를 결정하는데 주로 이용되고 있다.

(6) 하프(Huff)모형

소비자들의 점포선택과 소매상권을 예측하는데 가장 널리 이용되어 온 확률적 점포선택모형 중 대표적인 것이 바로 하프모형이다.

하프가 1960년대 초 처음으로 점포의 상권을 추정하기 위한 확률적 모형을 소개한 이후 하프모형은 이론적 및 실제적용 측면에서의 이점 때문에 소매기관 연구자들 및 소매업체들에 의해 상권분석에 폭넓게 활용되어 왔다.

하프모델이 개별점포에 대한 선택확률을 예측하는 데는 한계가 있지만, 소비자들의 점포선택행동에 대한 여러 실증연구결과 하프모델의 중요변수인 점포까지의 여행시간과 점포크기가 점포선택에 있어 여전히 중요한 변수로 밝혀져 있다. 그러나 점포의 위치와 크기가 점포선택의 중요한 변수이지만 취급제품의 특성에 따라 점포속성들의 중요도가 달라질 수 있다.

(7) MNL모형

1980년대 이후 소비자의 점포선택 행위와 특정점포의 시장점유율을 예측하는데 많이 이용되고 있는 하프모형 이외의 또 다른 확률적 선택모형이 MNL(multinominal logit)모형이다.

MNL모형은 상권 내 소비자들의 각 점포에 대한 개별적인 쇼핑여행에 대한 관측자료를 이용하여 각 점포에 대한 선택확률의 예측은 물론 각 점포의 시장점유율 및 상권의 크기를 추정할 수 있다.

2) 상권조사자료수집

상권분석은 여러 가지 데이터를 확보하여 상점관리, 기본운영, 고객 및 시장정보에 관한 분석을 하는 것을 말한다. 상권분석은 사업을 하려는 업종이 그 상권에 맞도록 운영목표를 세우고 전략을 수립하기 때문에 가장 기본적인 조사방법이다. 이러한 상권분석은 여러 가지 자료들을 통해서 획득하게 되고 조사된 자료는 집계하여 분석을 실시한다.

- 인구통계학적 자료 : 상권조사 대상영역은 세대수, 가구수, 연령, 취업구조, 소득, 주택구조, 소비행정 등
- 유통구조자료 : 경쟁점, 대형점, 교통, 주변빌딩, 주택 등
- 사회문화 구조자료 : 병원, 학교, 관공서 등
- 고객설문 조사자료 : 교통통행량, 주민의 구매력과 경쟁점포 등에 관한 조사자료

3) 상권지도 작성

점포 주변의 광역상권을 알기 위한 '광역지도'와 점포 주변의 세부사항을 파악하기 위한 '세부지도' 두 종류를 작성한다.

상권지도를 작성하는 목적은 상권으로 설정된 범위의 지리적 조건을 파악하고 고객이 유입되는 지역을 파악하기 위해서이다. 작성순서는 먼저 시중에 판매되는 1/15,000, 1/20,000 지도를 준비한 후 점포주위 세부지도의 작성을 위한 주택지도를 준비한다. 지도는 부동산사무소나 도서관을 방문하여 구할 수 있다. 광역지도는 지도에 반경 0.5km^2, 1km^2, 1.5km^2, 2km^{2}의 원을 그리고 반경 2km^{2}부분이 중앙에 위치하도록 B4사이즈로 복사한 다음, 소매점포를 중심으로 해서 500m반경 내의 세부지도를 준비하고 희망하는 업종과 관계있는 각종 시설은 굵은 사인펜으로 표시한다.

소매업종의 매출액에 영향을 미치는 경쟁점은 굵은 사인펜으로 표시하며 점포 앞 보행자 및 차량의 통행량을 통행방향별로 구분하여 기입하고 유동인구의 흐름 또는 성격을 선의 굵기, 색 등으로 표시한다.

- 거주인구, 세대수 조사
- 사무실, 종업원 수 조사
- 각종 시설(교육기간, 쇼핑센터, 레저시설, 정류장 등) 조사
- 각종 단체활동조사
- 경쟁소매점 조사
- 점포 앞의 통행량 조사
- 상권 내 소비지출의 금액조사
- 상권조사방법

상권조사는 포괄적인 주위환경 및 시장의 배경과 특성을 조사하는 시장조사와 상권 내 인구의 동태분석조사 및 자기점포의 상권세력의 강약도를 작성하고, 이를 판단하고 평가하여 고객개척의 기본방향을 결정하는 상권의 보유범위를 조사하는 것이라고 할 수 있다.

(1) 제1단계 : 상권 내 지역정보수집

- 관공서의 인구통계자료
- 상업통계자료
- 특정기관 조사정보(방송사, 신문사, 조사업체자료 등)
- 지역관련 점포조사(점포수, 위치 등)

(2) 제2단계 : 지역상권 지도작성

각 업체의 상호를 구체적이고 정확하게 기입한다. 상권중심부를 기분으로 최소반경 500m의 지도를 작성한다. 소상권분석인 경우는 해당점포를 중심으로 그 점포에 상권세력이 미치는 범위까지 작성하도록 한다. 지하철역 출입구, 버스노선, 건널목, 고가도로, 육교 등도 표기한다(버스노선도 기록한다). 지도작성을 통해 파악된 업종들은 음식업, 의류 및 잡화점, 기타 서비스업 등으로 분류집계하고 경쟁점도 표시한다.

- 지구별 세대수, 인구수
- 소매업종별 점포표시
- 교통기관별 표시(역, 정류장 등)
- 관련 소매점 표시

- 지형적인 특성
- 집객력이 있는 지역시설(체육관, 금융기관, 관공서 등)
- 경쟁소매점 표시

(3) 제3단계 : 상권 내 지역도보관찰

- 연령별로 구분하여 생활방식표시
- 거주지, 주거형태, 거주연수, 차량소유 등을 통해 소득수준파악
- 교통이용 현황을 통한 상권의 넓이파악
- 혼잡한 점포, 인기있는 점포파악
- 쇼핑도로파악
- 고객들의 생활방식 및 상품의 구매행동파악

(4) 제4단계 : 주요시설 하루 이용객수 조사

해당상권 내의 위치하여 상권에 직접적인 영향을 미치는 유통시설, 은행, 관공서, 학교 등의 이용객 수를 조사한다. 해당업체 관계자(주로 홍보실 등)나 업체 종사자와의 접촉을 통해서 조사한다.

(5) 제5단계 : 유동인구조사

요일별, 시간대별로 2~3곳에서 연령별로 유동인구를 직접 세어본다. 평일은 08~9시, 12~13시, 17~18시, 19~20시를 조사하고, 주말은 13~14시, 17~18시, 19~20시를 체크한다.

표 10-2 유동인구 조사표

구분 / 연령대	8~9시		12~13시		17~18시		19~20시	
	남	여	남	여	남	여	남	여
10대								
20대								
30대								
40대								
50대 이상								
합계								

(6) 제6단계 : 해당상권의 개발계획조사

해당상권을 관할하는 지자체에서 개발계획을 조사한다. 지자체 홍보자료를 중심으로 체크하며 아파트 신축, 아파트재개발 등 건축계획, 도로정비, 지자체 건축계획 등을 조사한다.

- 대규모 개발계획 : 지하철역건설, 아파트재개발, 백화점 및 할인점 건설, 도시계획 변경 등(각 지방자치단체로부터 확인가능)
- 소규모 개발계획 : 근린 주거상권인 경우 대규모계획보다는 소규모계획이 주류(횡단보도설치, 오피스텔이나 스포츠센터건설, 도로포장 등)

(7) 제7단계 : 상권의 급지구분과 점포임대 시세조사

해당 상권에서 최소한 3년 이상 부동산중개업을 운영한 업체 2~3곳을 대상으로 상권의 상, 중, 하급지구분과 급지별로 1층, 2층, 지하의 점포보증금, 권리금, 월임대료의 시세를 조사한다. 기준은 1층은 10평, 2층과 지하는 20평으로 잡는다. 그리고 급지의 구분은 지도에 표시한다.

4. 소매상권별 권장아이템

소매점포 예비창업자들은 창업을 준비할 때 누구든지 어떤 아이템을 선택할지를 놓고 고민하게 된다. 아이템선정을 잘하면 창업에 성공할 것으로 기대하는 경우가 많다. 그러나 소자본창업에 성공하려면 아이템 선택만으로 충분하지 않다. 창업하려는 아이템을 동네에서 해야 하는지 시내중심가로 나가야 할지를 잘 판단해야 한다.

소매점포창업은 입지산업으로 목을 잘 잡아야 성공한다. 그만큼 아이템선택 이상으로 입지선정이 성공과 실패를 판가름한다. 소자본창업에서 '점포의 입지는 성공의 80% 이상을 좌우한다'는 말에서도 알 수 있듯이 입지선정은 무엇보다도 중요한 부분이다. 그것은 목이 좋은 점포를 얻어야 창업에 성공할 가능성이 있다는 것이다. 하지만 그 중요성만큼이나 실제 입지가 좋은 점포를 구하는 일이 쉽지는 않다. 그렇다면 입지선정을 할 때 먼저 해야 할 일은 무엇일까?

무엇보다 먼저 점포입지가 좋은지를 판단하려면 먼저 상권을 제대로 이해해야 된다.

상권이란 물자거래가 이뤄지는 상업중심지로 크게 6개 권역으로 나누어진다.

아파트 단지상가, 주택가, 학교주변, 사무실 밀집지역, 지하철상가, 도심번화가 등이다. 재래시장, 백화점과 대형쇼핑센터 등도 단독상권을 형성할 수 있으나 자본이 많이 들고 점포를 구하기도 어렵다.

상권에 따라 성별, 연령별 유동인구의 특징이 있고 배후지 고객의 소비성향이 다르기 때문에 어느 상권에 어떤 아이템이 좋을지를 철저하게 분석해야 한다. 그래야 창업의 실패가능성을 줄일 수 있다. 아무리 좋은 상권에 좋은 입지라 하더라도 자신이 하고자 하는 아이템과 자본규모에 맞지 않는 곳을 선택한다면 결과는 성공보다는 실패할 확률이 높다. 반대로 별로 좋지 않은 상권이라 하더라도 유난히 잘되는 아이템이 있다. 상권을 선택할 때 아이템과의 연관성에 특히 주의를 기울여야 하는 이유가 바로 여기에 있다.

따라서 아이템에 적합한 상권을 선택하기 위해서는 몇 가지 판단기준이 필요하다. 즉 주요고객은 누구인가, 고가품인가 저가품인가, 편의품인가 전문품인가, 모여있어야 좋은 아이템인가, 필요한 자본규모는 얼마인가 등이다. 이러한 것을 종합적으로 판단해 보면 자신의 아이템이 입지하기에 좋은 상권을 구별해내는 안목도 생기게 된다.

1) 아파트 단지상가

아파트 단지상가는 초기자본금이 많이 들지 않아 초보창업자에게 유리한 상권이다. 소비자들이 점포와 가까운 거리에 거주하기 때문에 아이템이 안정적이고 예상수익을 보장받을 수 있는 장점이 있다. 따라서 점포의 입지는 가능한 단지주민과 유동인구를 흡수할 수 있는 점포이어야 한다.

아파트상가는 대부분 6백~1천 가구를 대상으로 지하 1층, 지상 3층 규모로 형성돼 있다. 개점 후 6개월 정도면 손익분기점에 도달하고 1년이면 영업목표를 달성할 가능

표 10-3 아파트단지 상권

구분	업종
음식업	배달전문 피자점, 치킨점, 중국집, 떡커리방, 족발전문점
서비스업	노래방, 미용실, 사우나 클리닝센터, 독서실, 탁아텔, 사진전문점, 부동산, 책대여점, 만화대여점, 컴퓨터게임장, 완구렌탈 및 판매
도 · 소매업	냉장과일점, 정육점, 슈퍼, 편의점, 문방구, 팬시점, 약국, 화장품

성이 높다.

배후지 아파트는 20~30평형으로 상가 1층에 10평 규모로 문을 열면 안정적이다. 아파트 상권은 생활패턴이 유사하여 구매형태가 거의 일정하다. 따라서 취급하는 상품은 가격면에서는 고가품이나 사치품이 아닌 일상 생활용품을 취급해야 한다.

2) 주택가 상권

주택가는 배후지 세력이 다소 유동적이어서 생활수준정도를 반드시 관찰하여야 하며 소비형태가 도보로 이루어지기 때문에 입지가 대단히 중요하다. 상가의 위치는 가능한 집적상가 내 위치하고 있어 업종 간 협력을 고려해야 한다. 큰돈을 벌기는 어렵지만 생계유지를 위한 고정적인 매출확보에는 적당한 상권이다. 평균 3천만~4천만 원 규모의 초기자본금으로 월 평균 150만 원의 순이익을 기대할 수 있다. 이 지역의 상권은 버스정류장을 중심으로 형성되어 있어 점포를 얻을 때 주변 1백m이내 1층에 10평형 점포나 2층의 30평형 점포가 유리하다.

표 10-4 주택가 상권

구분	업종
음식업	중저가 횟집, 족발전문점, 치킨점, 만두전문점, 베이커리, 떡집, 호프집, 커리떡방, 분식집
서비스업	중고용품전문점, 사진관, 클리닝센터, 부동산, 미용실, 만화대여점, 컴퓨터게임장, 카센터
도 · 소매업	유기농산물전문점, 즉석식품전문점, 정육점, 냉장과일전문점, 생선전문점, 유제품전문점, 반찬전문점, 생화용품 할인매장, 지물포, 문구점, 서점, 화장품, 귀금속전문점, 꽃집, 편의점, 노브랜드 의류점, 언더웨어점, 약국

3) 학교 주변상권

학교 주변의 상권은 학생들의 취향과 구매형태를 고려한 전문점이 필요하다. 가격면에서 중저가품을 취급하고 학교의 성격과 잘 부합해야 하며 학생들이 선택의 폭이 한정적이어서 고객관리가 우선되어야 한다. 특히 업종의 선택에 있어서 인 · 허가사항을 사전체크해야 한다. 무엇보다도 가격에 예민한 점을 감안하여 고가품은 피하는 것이 좋다.

표 10-5 학교 주변상권

구분	업종
음식업	치킨호프, 소주방, 떡커리방, 직영편의점, 김밥전문점, 호프집, 종합분식점, 중국집, 막걸리전문점, 라면전문점, 주점, 와플전문점, 떡볶이문점, 커피전문점
서비스업	클리닝센터, 복사전문점, 미용실, 사진관, 월셋방 임대업, 포켓볼당구장, 사격장, 인터넷PC게임방, 노래방, 스티커포토샵, 화상미팅 커피방, 사주관상커피점, 비디오방, 사이버만화텔, 미니오피스텔, 학원
도 · 소매업	서점, 문구점, 멀티팬시점, 편의점, 꽃집, 안경점, 보세의류점, 패션신발점, 향수전문점, 액세사리전문점, 화장품할인점

4) 사무실 밀집지역

사무실 밀집지역은 주로 외식업분야가 50% 이상을 차지한다. 특징적으로 토요일, 일요일에 판매대상이 전혀없다는 사실도 인지해야 한다. 또 주간업무인구가 대부분이므로 퇴근시간에 영업을 맞춰야 하며 지속적으로 변화를 추구하면서 영업을 전개하여야 한다.

5층 이상 건물이 10개 또는 10층 이상 건물 5개 이상이 3백m 주변에 있으면 된다. 이 상권은 점심식사 음식점, 술을 판매하는 서비스업, 놀이문화 서비스업이 제격이다. 이곳에서 소매업을 창업할 때는 토요일과 휴일에 영업을 하지 않는다는 사실을 반드시 고려해야 한다.

5) 지하철 상가

도심의 교통체증현상이 지하철역 상권을 강화시킨다. 지하상가는 화려하게 노면점포는 청결과 친절을 생명으로 한다. 그리고 통행인구의 습성과 특징을 고려하여 중·저가품을 취급한다.

점포의 크기는 5평 규모로 패션관련 판매업이 주종이다. 요즘은 생활필수품을 파는 점포도 늘고 있다. 이웃나라 일본의 경우 지하철역 상권은 성업중이다. 지하철역을 끼고 있는 5백m 주변상권도 좋다. 음식점보다는 판매업종이 유리하고 연령대로는 20대를 겨냥하는 게 좋다.

6) 번화가 상권

번화가는 도시의 핵심 상권지역이다. 이 상권은 간판, 상품, 진열 등에서 사업장의 특색을 최대한 개성화시킨다. 고객층은 고정고객보다는 유동고객이 대부분이므로 친절을 중요시 한다. 10~20대를 겨냥해 대형극장, 패스트푸드점, 패션용품점 등이 즐비하게 늘어서 있다.

초보창업자는 이런 상권에 입점해서는 안 된다. 경험부족으로 실패할 위험성이 크다. 사업경험이 많아야 이 지역에서 뿌리내리기 좋다.

서울의 경우 종로, 명동, 신촌, 마포, 영등포, 강남, 잠실, 청량리 정도를 꼽을 수 있다. 물건을 구입하고 먹고 마시며 즐기는 상권으로 볼 수 있다.

제3절 점포입지의 조건과 선정

1. 점포입지조건

점포입지에도 명당이라는 곳이 있다. 일반적인 명당이라는 상권은 잠재고객이 밀집되어 있고 또 가깝고 오기쉬워 많은 고객을 확보할 수 있는 상업의 중심지를 의미한다. 그러나 좋은 상권의 조건은 이런 외적요인보다는 내적요인이 더 크다는 사실을 명심할 필요가 있다. 즉 좋은 상권은 일반적인 상권의 의미보다는 실제경영하려고 하는 업종과 연관지어 생각해야 한다는 것이다.

이런 의미에서 명당이라는 상권선택의 전제조건을 다음과 같이 정리해 볼 수 있다.

첫째, 점포입지를 먼저 선택하고 그 입지에 맞는 업종을 선택하는 것이 현실적으로 안전한 개점의 비결이다.

물론 업종을 선택하고 거기에 맞는 점포를 선택하는 것이 일반적이지만, 그럴 경우 경제적 요인 때문에 오히려 사업시작의 장애요인이 될 수도 있기 때문이다.

둘째, 상권선택은 장기적인 안목이 필요하다.

사업을 시작해서 1~2년 내에 승부를 내보려는 생각처럼 위험한 발상은 없다. 그런 의미에서 아주 외진곳이 아니라면 신설상권 또는 신축건물도 좋은 상권으로 가꾸어갈 수 있다.

우선 신축건물이나 새롭게 형성된 상권내의 점포는 권리금이 없기 때문에 자금을 개점기념품 준비 등 홍보비에 투자한다면 단골고객 확보가 용이하고 단골고객이 늘어나면 자동적으로 좋은 상권이 형성될 수 있다는 것이다.

셋째, 업종에 맞는 상권선택이 중요하다.

업종선택을 하기 전에 점포를 먼저 구하는 것이 현실적이라는 점은 이미 언급한 바와 같다. 그러나 이런 경우도 결과적으로는 업종과 상권이 일치하지 않으면 안 된다. 어떤 과정에서든 결국 업종에 맞지 않는 상권은 실패하기 쉽다.

넷째, 소매점을 개설하기 위해서는 점포 자체의 영업능력도 중요하지만, 전체적인 시장세력에도 관심을 갖지 않으면 안 된다.

동일업종이 밀집되어 있는 지역에서 장사가 잘되는 것은 그곳에 바로 전체적인 시장세력이 있기 때문이다. 음식점의 경우에도 동떨어진 곳에 개점하기보다는 같은 업종이 밀집해 있는 곳이 적합하다. 고객의 입맛은 천차만별이기 때문에 '그 곳에 가면 누구나 입맛에 맞는 음식을 골라 먹을 수 있다'는 인식을 심어줄 수 있기 때문이다.

다섯째, 상권에 못지않게 중요한 것은 영업전략이다.

고객이 가장 원하는 것은 값이 싸면서도 우수한 품질의 상품과 서비스이다. 따라서 높은 품질, 친절한 상품의 구색, 저렴한 가격, 그리고 차별화된 영업전략이 점포입지의 취약성을 보완해 주는 최고의 방법임을 명심할 필요가 있다.

1) 입지조건의 구성요소

입지조건의 구성요소는 '그 곳에 입점하면 얼마 정도 매출을 올릴 수 있을까?' 혹은 '그 점포가 계획사업을 수행하는 데 적합한가?' 등의 의문에 대한 답은 다음과 같은 입지조건의 구성요소에 따라 결정된다.

(1) 인 구

인구는 그 지역의 행정인구를 가리킨다. 나이리와 콘바스라는 두 명의 학자와 하프 등이 주창한 '중심지 이론'에 의하면 거리의 흡입력은 인구와 매장면적의 합계에 의해 결정된다. 거리의 흡입력도 인구에 비례해서 커진다.

따라서 보다 넓은 면적을 가진 매장일수록 점포운영에 적당한 인구를 유도할 수 있다. 예를 들어 상권인구 5만명을 예상하고 있는 점포라면 그 지역에서 5만명 규모의 상권을 형성하는 곳을 찾을 필요가 있다.

(2) 교통수단

교통수단은 고객이 점포까지 오기위한 도로망 및 전철, 버스 등을 말한다. '보다 쉽게, 빠르게 도착가능한 곳일수록 내점율이 높아진다는 중심지 이론에 따라 교통수단이 편리할수록 고객흡입력이 높아지게 된다.

(3) 상업중심성

상업중심성은 인구와 그 지역 내 점포의 매장면적에 좌우된다. 다시 말해 동일한 조건을 가지고 있을 때 점포면적의 합계가 5천평인 상권보다 1만평인 상권이 흡입력이 더 높다고 할 수 있다. 따라서 그 상권인구도 주변 지역일부를 포함하여 보다 더 크게 형성된다. 계획입지의 조건은 이상 세 가지 요소에 좌우된다.

즉 '어느 정도의 상권인구가 형성되는가?' '얼마나 많은 수의 사람이 점포를 찾아올까?' 등의 문제는 기본적으로 위의 세 가지 요소에 따라 정해진다고 할 수 있다. 그리고 필요에 따라 소비자 지표인 소득수준, 연령 및 자동차보유율 등을 추가해서 조사하면 좀 더 자세하게 예측할 수 있다.

2) 적정한 상권인구

적정한 상권인구란 이미 영업중인 기존 점포의 상권인구가 아니라 미래에 전개될 최신 표준형 및 새로운 유형점에 필요한 상권인구이다. 이것은 물론 기존점의 상권과 유사하거나 제약을 받아서는 안 된다. 어디까지나 이후 새롭게 전개하는 형태에 맞는 이상적인 상권인구여야 한다.

입지는 상권인구에 따라 정해진다. 인구가 10만명인가, 5만명인가, 3만명인가에 따라 구하는 입지의 위치와 성격이 크게 달라진다. 따라서 입지선정은 상권에 맞는 적정한 상권인구를 정하는 것으로부터 시작된다. 그런데 이를 모두 무시하고 입지를 찾으려고 하는 소매업 예비창업자가 의외로 많다. 표준화가 되지 않는 것은 전략적으로 경합을 피할 수 없다.

적정한 상권인구를 정할 때에는 상대적으로 작은 상권이 점포수를 늘리기 쉽고 경합을 회피할 수 있다는 점에서 큰 상권보다 유리하다. 소상권은 대상권을 포위하는 형태가 된다. 따라서 대상권을 설정하고자 하는 기업은 소상권점을 뛰어넘어 대상권의 고객을 흡입하기 위한 전략을 가질 필요가 있다. 그렇게 하지 않으면 소상권점에 포위당해서 점차 고객을 빼앗겨 결국 쇠퇴의 길로 접어들게 된다.

3) 입지선정의 8원칙

(1) 현재 상권 잠재력의 타당성

한 지역을 설정해서 자신의 점포가 취급하려는 상품의 상권 내 소비지출 총액과 다른 점포가 점하는 비율을 검토한다.

(2) 상권접근 가능성

상권내의 잠재력을 자기점포에 어느 정도 흡인할 수 있느냐 하는 것은 점포주변을 통과하는 가능성에 의존하게 되는데 그에 따라 소매업의 업태를 세 가지로 나눌 수 있다.

- 고객 창출형 : 광고, 상품의 독자성 평가, 판매촉진수단에 의해서 독자적인 고객을 흡인하는 형태로써 백화점, 대형수퍼마켓, 특수한 전문점 등이다.
- 근린점 고객의존형 : 가까운 점포에 의해 흡인된 고객이 주변의 점포로 구매하러 가는 점포의 형태를 말한다.
- 통행량 의존형 : 쇼핑을 목적으로 하지 않는 통근자나 교통기관 이용자 등이 구매하는 경우, 대부분 소매점포의 매출액은 이러한 세 가지 성격의 고객이 혼재되어 있으므로 전체를 고려해야 한다.

(3) 성장 가능성

입지 주변의 인구증가와 소득수준, 집객시설, 도시계획변경 등 성장이 기대될 수 있는 상권이냐를 살펴봐야 한다.

(4) 중간 저지성

주거지 또는 근무지가 기존부터 있던 경쟁점포, 상점가의 중간에 입지하여 고객을 중간에서 저지할 수 있는 입지인가를 살펴보아야 한다.

(5) 누적 흡인력

같은 종류의 상품을 취급하는 일정 수의 점포는 흩어져 있는 것보다 모여 있는 것이 좋다. 따라서 중간 저지성의 입지를 선택할 것인가, 누적성을 선택할 것인가를 판단해야 한다.

(6) 양립성 · 보완성

보완관계에 있는 상품을 취급하는 두 개의 점포가 근접해 있는 경우 두 점포를 이용하는 고객수도 늘고 판매액도 늘어난다.

(7) 경쟁회피

경쟁점의 입지, 성격, 규모, 형태를 감안하여 입지를 선택하고 매출액을 예측한다. 또한 장래 경쟁점이 들어설 여지도 검토해봐야 한다. 경쟁을 피하기 위해서는 다른 조건이 같다면 다음의 조건이 되도록 하여야 한다.

- 될 수 있는 한 경쟁점이 작은 규모로 들어설만한 입지를 선택한다.
- 입지를 경쟁점이 이용하는 것을 사전에 막을 수 있도록 해야 한다.
- 경쟁입지가 중간 저지적인 입지가 되지 않는 입지를 선택해야 한다.

(8) 입지의 경제성

점포의 입지에 투자된 비용을 생산성과 관련해서 경제성이 있는가를 분석한다.

2. 입지선정단계

입지선정은 특정상점의 입지를 선정하기 위해 행하는 조사작업으로 특히 유통기업의 경우 입지요인은 판매액에 절대적인 영향을 미치기 때문에 가장 중요한 고려요인이 된다.

입지의 중요성과 선택의 기준은 업종과 영업의 방법에 따라 다르다. 나아가 준비할 수 있는 자금과의 균형이 필요하다. 소매업이나 외식업처럼 점포판매가 중심인 경우, '입지산업'이라 불릴만큼 사람의 능력보다 입지가 더 많은 영향을 미친다. 왜냐하면

도·소매업의 판매방식은 소비자의 직접적인 접촉 즉 소비자가 점포에 직접 찾아오지 않으면 상품을 팔 수 없기 때문이다.

1) 입지대안의 확인

사업을 전개할 입지를 결정하기 위해서는 우선 가능한 입지대안들을 확인해야 한다. 소매입지의 대안은 크게 두 가지 종류로 나누어 볼 수 있는데 독립입지와 군집입지이다.

독립입지는 다른 소매입지들과 지리적으로 격리되어 있는 장소를, 군집입지는 다른 소매입지들과 지리적으로 인접해 있는 장소를 의미한다. 따라서 예비창업자는 우선 이에 대한 의사결정을 통해 점포입지선정에 따르는 노력을 줄여야 한다.

2) 입지대안의 평가

(1) 기본원칙

이는 입지선정시 반드시 검토되어야 하는 필수원칙들로 어느 하나라도 충족되지 않으면 그 입지는 선정될 가능성이 없어지게 된다. 이에는 다음과 같은 것들이 있다.

- 이용 가능성: 고려중인 장소를 실제로 임대 또는 매입할 수 있는가
- 적합성: 장소의 규모 또는 구조 등이 적합한가
- 수용 가능성: 그 장소를 예비창업자가 임대 또는 매입할만한 충분한 자원이 있는가

(2) 매력도 평가원칙

이는 각 입지의 상대적인 매력도를 평가하는 원칙들로 다음과 같은 것들이 있다.

- 고객차단원칙: 입지가 고객이 특정지역에서 다른 지역으로 이동할 때에 고객으로 하여금 점포를 방문하도록 하는 입지적 특성으로 사무실 밀집지역, 상업지역, 쇼핑센터 등이 이에 속한다.
- 동반유인원칙: 유사하거나 보충적인 소매업들이 함께 군집하고 있는 경우가 독립되어 있는 경우보다 더 큰 유인잠재력을 가질 수 있다.
- 보충 가능성의 원칙: 두 개의 사업이 고객을 서로 교환할 수 있는 정도로 인접한 지역에 위치한 사업들 간에 보충 가능성이 높으면 높을수록 점포의 매출액이 높

아진다.

- 점포밀집의 원칙 : 지나치게 유사한 점포나 보충할 수 있는 점포들이 밀집되어 있어서 고객의 유인효과와 매출액을 감소시키는 현상을 말한다.
- 접근 가능성의 원칙 : 고객의 입장에서 점포를 방문할 수 있는 심리적, 물리적 특성을 의미한다. 즉 지리적으로 인접해 있다든가 교통이 편리하다든가 등의 요인들이 점포의 매출을 증대시키는 요인이 될 수 있다.

3. 입지선정시 체크포인트

1) 점포선정시 체크포인트

(1) 지역체크

- 하고자 하는 소매업종의 일반적 조건이 맞는가?
- 사람들이 얼마나 모이며 유동인구는 얼마나 되는가?
- 인근의 상점가나 동종업종, 대형점포 등의 영업상태는 어떤가?
- 상권내의 주거상황과 소득수준, 세대수와 인구수 등은 어떤가?
- 해당지역의 상권이 성장기인지, 쇠퇴기인지?

(2) 채산성관계 체크

- 경쟁점포는 어디에 위치하고 있으며 영업상태는 어떠한가?
- 경쟁점포와 경쟁해서 이길 수 있는가 혹은 공존할 수 있는가?
- 예상매출은 어느 정도인가, 이익을 낼 수 있겠는가?
- 앞으로 고객수가 증가되리라고 기대할 수 있는가?

(3) 점포조건체크

- 점포의 폭과 넓이, 형태는 적당한가?
- 도로에 접해있는가?
- 주차장은 있는가?
- 상품의 배송에는 문제가 없겠는가?

- 설비에 문제가 없는가?

(4) 가격체크

- 점포의 수준과 비교해서 비싸지는 않은가?
- 준비자금과 부합하는가?
- 관리비, 공과금 등이 높지 않은가?

2) 우수점포의 일반적인 입지조건

- 10층 이상 대형건물이 5개 이상 밀집된 지역
- 2천세대 이상의 대규모 아파트단지나 주택단지
- 지하철역에서 300m 이내인 지역
- 버스정류장에서 100m 이내인 지역
- 버스정류장에 정하는 버스노선이 5개 이상인 지역
- 버스종착역 반경 500m 이내
- 버스, 지하철역에서 주택으로 들어오는 입구모퉁이
- 편도2차선, 삼거리 이상 가로의 200m 이내인 지역
- 동일 가로 200m 이내에 동일업종이 없는 지역
- 반경 500m 이내에 동일업종이 3개 이상 없는 지역

3) 기존 점포인수시 체크포인트

- 인수하고자 하는 점포가 장래 시장성은 있는가?
- 권리금이 주변시세에 비교해서 적당한가?
- 주위에 너무 많은 경쟁점포가 있지는 않은가?
- 상권의 변화가능성은 없는가?
- 주위에 대형점포가 들어설 가능성은 없는가?
- 매도인이 제시하는 매출액과 수익은 믿을 만한가?
- 판매시설에 하자는 없는가?

4) 조심해야 할 점포유형

(1) 주인이 자주 바뀌는 점포

장사가 잘 되는 점포는 주인이 자주 바뀌지 않으므로 주변 사람들에게 확인하여 해당 점포의 주인이 자주 바뀌는지 조사해야 한다.

(2) 점포 임대료가 유난히 싼 점포

점포의 임대료가 싸면서도 매출이 높은 점포는 애당초 기대하지 않는 것이 좋다. 임대시세가 낮다면 목이 안 좋거나 틀림없이 이유가 있고, 별다른 이유도 없이 싸다면 더욱 신중이 결정해야 한다.

(3) 맞은편에 상권이 형성되지 않은 점포

맞은편에 점포가 형성되지 않은 지역은 대개 대중교통이 비껴가는 지점이거나 상권의 끝지점일 경우가 많다. 맞은편에 점포가 형성되지 않았다면 사람들을 흡인하는 힘이 약해서 상권의 세력이 약하다.

(4) 주변에 대형점포가 있는 점포

경쟁점포를 이기려면 경쟁점포보다 더 큰 규모로 더 풍부한 상품을 확보해야 한다. 따라서 주변에 대형점포가 있다면 점포계약에 신중해야 한다.

(5) 주인이 유사업종에 종사하고 있는 점포

점포를 임차해서 사업하는 사람들은 주인이 갑작스레 점포를 비워달라고 하지 않도록 주인과의 관계를 평소에 잘 관리해야 한다.

CHAPTER 11

소매믹스 전략

두 유통 '공룡' 손잡을까

정용진 신세계그룹 부회장과 이해진 네이버 글로벌투자책임자(GIO)가 28일 양사의 협력방안을 논의했다. 온·오프라인 유통분야 강자인 두 기업의 협업이 이루어질지 관심이 모아진다.

신세계그룹과 네이버에 따르면 정 부회장은 이날 경기도 성남시 분당 네이버 사옥을 방문해 이 GIO를 만났다. 이 자리에는 강희석 이마트 대표와 한성숙 네이버대표도 배석했다.

정 부회장과 이 GIO는 향후 두 회사가 발전적인 관계를 맺고 포괄적인 협력방안을 논의한 것으로 알려졌다.

신세계그룹 측은 "양사가 유통과 온라인 비즈니스를 한다는 공통점이 있는 만큼 시너지를 낼 분야가 있는지 포괄적인 대화를 하는 자리였다"고 전했다.

아직 구체적으로 논의가 진행된 사안은 없지만 두 사람의 만남에 업계는 긴장하는 분위기다. 두 기업이 협업을 통해 서로 부족한 부분을 보완하고 시너지를 낸다면 유통시장에 영향을 줄 수밖에 없기 때문이다.

오프라인 매장의 위기 속에 SSG닷컴을 강화하고 있는 신세계그룹은 네이버와의 제휴를 통해 막강한 온라인 유통플랫폼을 확보할 수 있다. 네이버 스마트스토어를 통한 판로확대를 추진할 가능성도 제기된다.

거래 중개업체인 네이버는 신세계그룹의 상품 등 유통분야 콘텐츠를 대거 확보할 수 있다. 네이버는 지난 21일 편의점 CU를 운영하는 BGF리테일과 온·오프라인 연계(O2O) 플랫폼

정용진 신세계 부회장(왼쪽)과 이해진 네이버 글로벌투자책임자

사업추진을 위한 업무제휴를 맺는 등 보폭을 넓히고 있다.

기술협력을 통해 네이버의 클라우드, 인공지능(AI) 등 첨단기술을 신세계의 유통채널에 이식하거나 양사가 함께 O2O 플랫폼사업을 꾸려갈 가능성도 점쳐진다.

출처: 2021년 1월 28일, 경향비즈

유통경로에 대한 설계 및 관리는 다른 마케팅믹스와의 연계성을 고려하여 실행해야 한다. 제조업자는 마케팅전략에 의해 선택된 표적시장을 효과적으로 공략할 수 있게 마케팅믹스 요소들 간의 상호관련성, 일관성, 그리고 시너지효과를 고려하여 유통경로 전략을 수립해야 한다. 그런 의미에서 이번 장에서는 제품전략, 촉진전략, 가격전략과 유통전략과의 관계에 대해 접근해보고자 한다.

제1절 마케팅믹스와 유통

일반적으로 마케팅믹스전략 중에서 제품전략은 유통경로설계에 있어 아주 중요한 역할을 한다. 그것은 제품특성 및 전략에 따라 적합한 유통경로가 설계되기 때문이다.

1. 제품 관여도에 따른 유통원리

기업이 어떤 유통전략을 추구할 것인지는 소비자의 제품구매습관과 쇼핑패턴에 따라 달라진다. 제품을 소비자구매습관의 관점에서 분류하면 저관여 제품(생필품)과 고관여 제품(전문품)으로 크게 나누어 볼 수 있다.

관여도란 어떤 제품의 구매결정에 투입하는 소비자의 시간 및 정보수집노력을 말한다. 자동차와 같은 고관여 제품의 경우, 특정모델의 구매결정까지 오랜 시간과 많은 정보를 필요로 하는 반면, 식료품과 같은 저관여 제품의 구매는 짧은 시간 내에 적은 정보로도 구매결정을 한다. 제품 관여도의 차이에 따른 소비자행동의 차이는 마케팅전략의 차이를 가져오고 유통전략에도 큰 차이를 가져온다.

생필품은 제품의 유사성은 없지만 소비자의 '동반구매욕구'가 강하다. 따라서 자주 구매되고 단가가 저렴하고 셀프서비스로 판매될 수 있는 생필품은 제품의 유사성과는 상관없이 한 점포에 모아서 판매함으로써(통합의 원리), 소비자의 one-stop-shopping 욕구를 충족시킬 수 있다. 미국의 Wal-Mart, 프랑스의 Carrefour, 우리나라의 이마트는 주로 생필품을 통합하여 고객의 이러한 욕구를 충족시킴으로써 경쟁력을 확보하고 있다.

하지만 전문품은 구매가 빈번히 일어나지 않고, 고가이며 목적구매를 하는 경우가 많기 때문에 생필품유통에서 중요한 '동반구매'는 중요요소가 아니다. 가령 자동차, 컴퓨터 등의 전문품을 한꺼번에 구매하는 경우는 거의 없다. 대신 이런 제품들은 여러 상표와 모델을 동시에 비교하고자 하는 소비자의 '동시 비교욕구'가 강하다. 예를 들어 소비자는 하나의 상표만을 취급하는 나이키 대리점보다는 여러 개의 브랜드를 모아서 판매하는 ABC마트를 더 선호한다.

우리가 흔히 쓰는 용어인 one-stop-shopping의 의미는 제품 관여도에 따라 달라지며 각 제품의 관여도에 따라 유통업의 발전방향이 결정된다.

생필품은 품목 간의 동반구매가 중시되며 모든 생필품을 전부취급하는(통합의 원리) 대형할인점이 주 유통업태가 되고, 전문품은 품목 간의 동반구매보다는 한 품목에 대한 다양한 모델의 동시비교가 중시되어 각 품목은 분리되며(분리의 원칙), 한정된 품목의 다양성을 갖춘 대형할인전문점(category killer)이 주 유통업태가 된다. 유통선진국에서 발달한 가전전문점, 가구전문점, 사무용품 전문점, 스포츠용품 전문점 등이 그 예이다.

생필품과 전문품의 경우 각각 상이한 논리가 지배하여(통합과 분리의 원칙) 생필품은 주로 대형마트, 전문품은 주로 카테고리 킬러가 주 유통경로가 되는 현상을 '유통의 양극화'라고 한다. 이에 따른 전략적 시사점으로는 생필품의 주요 유통업인 대형마트나 전문품소매업인 카테고리 킬러의 경우, 대형 점포일수록 경쟁력을 가진다는 점이다. 이는 소비자의 동반구매욕구와 동시 비교욕구를 충족시키기 위해서 많은 품목이나 다양한 모델을 취급하여야 하며 이를 위해서는 점포규모가 대형화되어야 하기 때문이다.

1) 저관여 제품의 유통원리

저관여 제품의 유통원리은 통합의 논리의 지배를 받는다. 미국의 생필품 유통업태의 역사를 살펴보면 1930년 재래시장에서 각각 따로 판매되던 식품을 한 매장 내에 통합하여 판매하는 수퍼마켓 개념이 등장했다. Wal-Mart는 discount store로 비식품의 통합을 완성하였다. discount store는 비식품만을 취급하는 소매업태로 식품과 비식품을 함께 판매하는 우리나라의 할인점과 구별된다. 그 후 1980년대까지 미국의 생필품 유통은 크게 수퍼마켓과 discount store가 식품과 비식품을 나누어 담당하고 있었다.

따라서 이때까지는 생필품구매의 '통합의 원리'가 완성된 단계는 아니었다. 각 업태가 취급하는 품목의 제한이 있었기 때문에 점포규모가 그다지 크지 않아서 수퍼의 경우 평균 4,000m², 할인점의 경우 평균 6,000m²의 크기를 유지하였다. 그 후 1970년대 들어 membership wholesale club(MWC, 회원제 도매클럽)이 부분통합의 성공사례라 할 수 있다.

Costco, Sam's Club 등으로 대표되는 MWC업태는 기본적으로는 초저가 비식품 유통업태지만 포장식품과 냉동식품을 추가함으로써 생필품의 부분통합을 시도하여 큰 성공을 거두었다. 이러한 품목의 통합에 따라 MWC의 평균 점포크기는 9,000m²정도로 대형화되었다.

1990년대 들어서 Super Center 업태가 나타나면서 생필품의 통합이 더욱 가속화된다. 평균 15,000m² 정도의 규모를 갖춘 이 업태는 식품을 취급하는 수퍼마켓과 비식품을 취급하는 디스카운트 스토어를 완전통합한 것이다.

저관여 제품의 통합관점에서 보면 1930년대에 나타난 수퍼에 의한 식품의 통합이 약 60년 간의 진화과정을 거치면서 Super Center에 의해 식품과 비식품의 완전통합으로 완성된 것이다.

유럽의 생필품유통의 경우에서도 그 예를 찾아볼 수 있다. 미국과는 달리 유럽은 1960년대에 이미 생필품의 통합판매를 이룩하였다. 유럽의 대표적 생필품 유통형태인 Hyper Market(평균 매장크기, 20,000m²)이 바로 그러한데 60년이 지난 지금까지도 이를 대체하는 더욱 규모가 큰 유통업태가 나타나지 않고 있다.

우리나라의 경우에도 한국형 수퍼센터의 효시라 할 수 있는 이마트는 1990년대 초반 3,000m² 정도의 규모로 수퍼센터로서는 소형으로 출발하였으나 시행착오를 거치면서 최근에 개점하는 점포들은 15,000m² 이상의 규모를 갖추고 있다. 이러한 매장의 대형화는 취급 품목수를 늘린 데에 기인하는 것이다. 영업경험을 쌓으면서 '통합의 원리'를 터득한 결과 2000년대 중반들어 우리나라도 이제 질적으로나 양적으로 생필품유통에 한해서는 유통선진국이라고 할 수 있다.

2) 고관여 제품의 유통원리

고관여 제품의 유통원리는 각 카테고리는 분리되지만 한정된 품목의 다양한 브랜드와 모델이 동시비교 가능한 카테고리 킬러가 주 유통업태가 된다는 점이다. 전문품은 주로 대리점, 백화점, 카테고리 킬러를 통해 유통된다.

대리점이나 백화점은 독자들에게 익숙한 형태이지만 카테고리 킬러는 다소 생소할 수 있다. 카테고리 킬러란 특정 품목(category)에 특화되어 모든 브랜드와 모델을 구비하여 저가에 판매하는 선진국형 유통업태다.

우리나라에는 가전 카테고리 킬러인 하이마트와 신발 카테고리 킬러인 ABC마트가 그 예이다. 유통선진국에서 1970대부터 발달한 이 업태는 미국의 경우 장난감(Toys 'R' Us), 가전(Best Buy), home improvement center(Home Depot), 가구(Jordan's), 사무용품(Staples)등 거의 모든 분야에서 전문품유통의 주류를 형성하고 있다. 그러나 우리나라는 유통선진국과 달리 카테고리 킬러의 출현을 저해하는 유통관행이 많이 남아 있어 전문품의 유통선진화가 이루어지지 않고 있다.

표 11-1 관여도별 소비자 구매특징 및 유통전략

관여도	저관여상품	고관여상품
빈도	높음	낮음
단가	낮음	높음
주요상품	생필품	전문점
구매행위	습관적, 충동적 구매	계획구매
판매방식	self-service	대인판매(판매원 보조)
one-stop shopping의 의미	여러 품목의 동반구매	단일 품목의 다양한 model의 동시비교
merchandising 원칙	여러 category의 통합	각 category의 분리
대표적 업태	대형 할인점 (super center, hyper market)	대형전문점 (category killer)
주 성공요인	데형화, 원가우위, 상품통합정도	model의 다양화, 원가우위
예	E-Mart, Home Plus	하이마트, ABC마트

2. 우리나라 전문품 유통구조의 주요 특징 : 전속대리점과 위탁판매제도

1) 선진외국과 우리나라의 전문품 유통의 차이

유통선진국과 우리나라의 전문품 유통구조에는 커다란 차이가 있다. 유통선진국에서는 공동소매상인 카테고리 킬러가 여러 생산자로부터 자유롭게 제품을 구매하여 다양한 상표를 저가에 판매한다. 그러나 우리나라에서는 아직 소매상이 특정 제조업체의 제품만을 대행해서 판매하는 관행이 남아 있다.

이렇게 특정 제조업체는 전속계약을 맺은 소매상에게만 또한 전속소매상은 전속제조 업체만의 제품을 판매하는 형태를 전속대리점 제도라고 한다. 독자들도 경험하였듯이 우리나라의 가전대리점, 의류대리점, 신발대리점, 가구대리점 등에서는 대체로 한 제조업체의 제품만을 취급하고 판매한다. 우리나라 유통의 또 다른 특징은 위탁판매제도이다. 다음에서는 전속대리점과 위탁판매제도의 장 · 단점에 관해 접근해보자.

2) 공동소매상과 전속대리점

공동소매상이란 소매상이 여러 제조업체의 상품을 구비하여 판매하므로 여러 제조업체들이 공동으로 사용하는 소매상이고, 전속대리점은 소매상이 특정 제조업체의 제품만을 전속으로 판매하는 소매상이다.

소비자가 전문품구매 시 여러 브랜드의 동시비교 욕구를 가지고 있다는 점을 감안할 때 이 제도는 소비자 지향적이지 않다. 가령 가전제품을 구입할 때 외국의 경우처럼 삼성, LG, 기타 외국제품까지 한 곳에 모아 놓은 점포와 삼성의 제품만을 판매하는 점포가 인접해 있다면 소비자는 어떤 점포를 선호할 것인가? 물론 one-stop-shopping (여러 브랜드나 모델의 동시비교 욕구)이 가능한 공동소매점을 선호할 것이다.

고객지향적 마케팅적 관점에서 소비자가 선호하고 소비자에게 이득이 되는 제도는 발전하고 그렇지 않은 제도는 도태되기 마련이다. 따라서 선진외국의 유통역사에서도 볼 수 있듯이 우리나라의 전문품유통의 주 소매업태인 전속대리점 제도는 과도기적 현상이며 궁극적으로는 소비자의 동시비교 욕구를 충족시키는 공동소매점인 카테고리 킬러로 발전할 것으로 예측된다.

3) 매입판매제도와 위탁판매제도

대리점제도와 더불어 우리나라의 유통구조의 또 다른 문제점으로 지적되는 것이 위탁판매제도이다. 제조업체와 중간상 간의 거래형태에는 매입과 위탁이 있다.

매입이란 제품의 소유권과 재고에 대한 책임이 중간상에게 이전되는 제도이고, 위탁은 이러한 기능을 제조업체가 수행하는 제도이다.

위탁제도의 문제점은 제조업체에게 과도한 유통기능 특히 재고부담기능이 부과된다는 것이다. 소매상입장에서는 팔다 남은 재고를 확보하려 하고 또한 재고부담을 지지 않기 때문에 판매에 최선을 다하지 않을 수도 있다.

우리나라에서 상업은 중시되지 않았기 때문에 소매업에서 가장 중요한 머천다이징 노하우(merchandising know-how)가 발달되지 않았다. 머천다이징 노하우란 소매상이 자기의 주요 목표고객이 선호하는 제품을 예측하여 최적 제품구색을 갖추는 능력이다. 계절성이 있고 수명이 짧은 패션산업의 경우, 매입의 노하우가 없는 소매상들이 재고를 부담하는 것을 꺼리게되었고 제조업체는 소매상을 확보하기 위해 위탁판매제도를 이용하게 되었다. 이 제도는 제조와 유통이 미분리라는 측면에서 전근대적인 제도라 할 수 있으며 유통선진국에서는 위탁판매의 예를 찾아보기가 어렵다.

4) 전문품 유통업태의 유형

소매업은 공동소매점과 전속대리점의 여부, 매입판매제도와 위탁판매제도의 여부에 따라 네 가지 유형으로 대별될 수 있다. 즉 매입전속대리점, 위탁전속대리점, 매입공동소매점, 위탁공동소매점으로 구분할 수 있다.

매입전속대리점은 우리나라에서 흔히 볼 수 있는 유형으로 가전대리점, 운동화대리점, 속옷대리점 등이 그 예다. 위탁전속대리점은 주로 계절성이 있는 패션용품을 판매하는 유통업체가 대표적인 예다. 매입공동소매점은 대형마트나 수퍼마켓과 같이 다양한 생필품을 판매하는 유통업체이다. 위탁공동소매점은 우리나라의 수수료 백화점이 그 예다.

3. 전속대리점, 카테고리 킬러, 백화점의 관계

다양한 유통업태의 성장과 쇠퇴는 상호연관성을 가지고 있다. 지금까지 나타난 모든 소매업태는 도입, 성장, 성숙, 쇠퇴의 사이클을 보여 왔다. 한 업태의 쇠퇴는 한 업태가 성장한 후 소비자의 욕구를 더욱 충실히 충족시켜서 이를 대체하는 새로운 경쟁업태가 출현하기 때문에 나타난다.

대표적인 예로 미국의 경우 백화점은 할인점과 카테고리 킬러에 의해 쇠퇴하였고 수퍼마켓과 할인점은 수퍼센터에 의해 성장이 정체되었다.

우리나라 유통업의 미래에 커다란 영향을 미치는 가장 중요한 변수 중의 하나는 위탁전속 대리점제도의 존속 여부이다. 현재 진행되고 있는 유통업의 발달은 주로 전속대리점 체제를 갖고 있지 않은 생필품 분야에 국한되어 있고 전문품을 취급하는 고관여 제품의 유통에서는 상대적으로 느리게 진행되고 있다.

미국 등 선진국에서는 100여 년 전부터 전속대리점이 산업집중화 문제와 반경쟁적 효과가 있다고 판단하여 공정거래법에 의해 강력히 규제됨으로써 공동소매점의 발달을 촉진하였다.

유통업의 발전 및 진화 측면에서 보면 전문점을 취급하는 전속대리점 제도는 다양한 상표를 취급하는 공동 소매상의 출현을 가로막고 있다. 공동소매상이 여러 상표를 동시에 취급하려 해도 제조업체와 상호 전속관계에 있는 전속대리점에게만 제품을 공급해야 하기 때문이다. 선진국에서 대형할인점과 함께 유통업의 양대산맥을 이루는 카테고리 킬러의 발전은 우리나라의 균형있는 유통업의 발전을 위해 필요하다.

경제적 효율성 측면이나 동시 비교구매를 원하는 소비자의 욕구를 고려할 때 우리나라에 만연해 있는 전속대리점 제도는 조만간 쇠퇴할 가능성이 높다. 전술한 바와 같이 의류유통의 주요 소매상인 백화점의 발달로 인해 의류 전속대리점 사업이 쇠퇴하였다.

그렇다면 거의 모든 국가에서 사양화되고 있는 백화점사업이 우리나라에서만 지속적으로 성장하고 있는 이유는 무엇일까? 이는 앞에서 소개된 매입공동 소매상 (카테고리 킬러나 매입백화점)이 우리나라에서 발달하지 않았기 때문이다.

특정 제품 카테고리에 전문화하여 백화점보다 다양한 제품을 구비하고 할인판매하는 카테고리 킬러가 나타나면 동시비교 욕구를 충족시키는 백화점이라 할지라도 브랜드나 모델의 다양성, 가격면에서 열세인 백화점은 이 업체들과 경쟁할 수 없다. 실제로 서양에서 카테고리 킬러가 발달하면서 백화점산업이 급속히 사양화되었다. 또한 이러한 현상은 우리나라에 가전 카테고리 킬러(예 : 하이마트)가 등장하면서 가전제품의 백화점 매출비중이 급속히 줄어든 사례에서도 찾아볼 수 있다.

이러한 현상은 유통선진국에서 이미 진행되어서 1980년대 카테고리킬러의 발달로 인하여 전통적인 백화점사업이 사양화되었다. 현재 선진국의 백화점은 우리나라의 백화점과 같이 모든 품목을 파는 general department store의 개념에서 타 품목은 각각의 카테고리 킬러(가령, 전자전문점, 스포츠전문점, 가구전문점, 장난감전문점 등)에 의해 쇠퇴하고 패션품목(고급의류, 구두, 화장품, 액세서리 등)만을 취급하는 fashion specialty department store 개념으로 변모하고 있다.

General department store개념의 대표적 기업인 Sears백화점이 쇠락한 반면, fashion specialty department store인 Nordstrom 백화점 등은 아직 명맥을 유지하고 있는 것을 볼 수 있다. 우리나라에서도 카테고리 킬러가 발달한 가전, 신발 등의 부문에서의 백화점매출 비중이 크게 감소하고 있는 것을 살펴볼 수 있다.

이렇듯 카테고리 킬러의 발달은 백화점의 미래에 지대한 영향을 끼친다. 백화점의 상품구성은 생필품을 제외하면 여러 전문품이 통합된 것이라 할 수 있다. 다시 말해서 백화점의 각 층은 하나하나의 전문점이다. 그러나 선진국에서와 같이 카테고리 킬러가 발전하면 백화점의 성장은 정체내지 쇠퇴할 것으로 예상된다. 카테고리 킬러는 백화점에 비해 전문성, 특정품목의 다양성의 측면에서 one-stop-shopping(동시비교)을 더욱 충실히 실현하고 가격면에서 경쟁우위를 가지기 때문이다. 이러한 현상은 선진국에서 이미 진행되어서 백화점의 쇠퇴를 가져왔다.

결론적으로 우리나라 전문품유통의 구조변화에 가장 중요한 변수는 전속대리점, 특히 위탁전속 대리점의 존속여부이며 이 부문에 대한 변화없이는 전문품 유통업의 선진화는 기대하기 어렵다. 또한 이 변화는 카테고리 킬러와 백화점의 미래를 좌우할 커다란 변수이다.

Nordstrom 백화점

4. 고관여 제품 유통문제점의 해결방안

유통선진국에서 고관여 제품의 유통은 대체로 전속대리점, 백화점, 카테고리 킬러의 순으로 발달하여 왔다. 우리나라의 경우 이 같은 시행착오를 거치면 많은 사회적 비용이 수반될 것이다.

이에 대한 대안으로 제안할 수 있는 것이 거대복합쇼핑몰이다. 백화점과 전속대리점이 한 지붕아래 병존하게 되면 소비자의 동시 비교욕구를 충실히 만족시키면서 경쟁이 촉진되어 소비자 이익이 증대될 수 있다. 이러한 환경 하에서는 전속대리점의 가장 큰 약점인 동시 비교기능이 강화되어 백화점 대비 경쟁력을 가질 수 있다. 1970년대에 미국에서 나타나기 시작한 쇼핑몰은 최근에는 쇼핑, 식사, 오락, leisure 등의 요소를 두루 갖추고 대형화, 복합화된 시설로 one-stop-service를 실현하고 있다. 우리나라에도 COEX몰, 여주 outlet몰, 스타필드 등 복합쇼핑몰이 등장하고 있다. 복합쇼핑몰의 가장 큰 장점은 주차가 편리하고 동시 비교가 쉽다는 점이다. 의류를 구입하는 경우를 생각해 보자. 재래시장 안의 여러 곳의 대리점을 둘러보려면 주차도 불편하고 여러 매장을 둘러보기가 용이하지 않지만 한 지붕아래 쾌적한 공간에서의 점포방문은 매우 용이하다. 즉, 쇼핑몰에서는 대리점이라 할지라도 동시 비교욕구가 쉽게 충족될 수 있다. 이러한 쇼핑환경의 변화로 인해 미국에서는 대부분의 의류유통에 대리점제도를 허용하고 있다. 의류를 포함한 패션의 매출이 대부분인 우리나라 백화점을 대체할 유통형태는 복합쇼핑몰이라고 할 수 있다. 이러한 유통기반을 조성하는 데에 중앙 및 지방정부가 관심을 가져야 할 것이다.

온라인, 모바일유통도 고관여 제품유통의 문제점의 개선책이 될 수 있다. 우리나라 백화점이 해외 백화점보다 월등히 높은 이익을 창출함에도 불구하고 새로운 경쟁자가 출현하지 않는 이유는 기존의 백화점이 좋은 입지를 선점하였으므로 새로운 진입자가 기존 백화점과 경쟁할만한 매력적인 입지를 확보하기가 어렵기 때문이다. 오프라인에서는 매력적인 입지가 제한적인 것에 반해 온라인에서는 무한한 사이버공간이 창출된다. 실제로 온라인유통의 선두주자인 Amazon의 등장은 오프라인 소매업체에게는 커다란 위협이 되고 있고 우리나라에서도 G market, 11번가와 같은 오픈마켓도 무한한 공간을 창출하여 다수의 소매업체를 소비자에게 연결시켜 준다는 점에서 전문품유통의 대안이 될 수 있다.

5. 제품특성과 유통경로의 설계

제품이란 여러 가지 속성의 집합체라고 볼 수 있으며 제품속성은 유통경로설계에 중요한 의미를 갖는다. 제품의 단가, 제품의 구매주기, 부패가능성, 취급방법, 기술적 복잡성, 표준화 정도 등이 경로설계 시 고려해야 할 중요한 제품특성 변수들이다.

1) 제품의 특성과 유통전략

(1) 제품의 단가

단가가 낮은 제품은 일반적으로 긴 유통경로(여러 가지 형태의 중간상이 많이 개입하는 경로)를 갖는다. 왜냐하면 제조업자가 수많은 소매상과의 직접 거래방식을 택할 경우 많은 비용이 투자되어야 하므로 이들 소매상을 지역적으로 관리하는 도매상의 개입을 필요로 한다. 가령 수퍼마켓에서 주로 판매되는 단가가 낮은 제품들은 상대적으로 긴 유통경로를 통해서 판매되고 있다. 반면에 고가제품은 직접 판매를 통해서 충분한 마진을 확보할 수 있기 때문에 대체로 짧은 유통경로를 갖는다. 한편 같은 제품유형이라 할지라도 고가·고품질의 제품은 일반적으로 직매장을 통해 판매되므로 유통경로가 짧은 반면, 저가의류나 대중가전제품은 긴 유통경로를 갖는다.

(2) 제품의 구매주기

자주 구매되는 제품은 여러 소매점에 반드시 비치되어야 하기 때문에 제조업체와 직접 거래하는 것보다는 지역적으로 가까이 위치한 도매상에게 공급받는 것이 충분한 물량을 확보하기가 용이하다. 따라서 구매주기가 짧을수록 유통경로가 길어지는 경향이 있다.

(3) 부패 가능성

제품의 부패 가능성은 유통경로 설계에 영향을 미치는 또 다른 요인이다. 채소와 생선같은 제품은 운반이나 취급도중에 부패될 가능성이 높기 때문에 유통경로가 짧을수록 좋다. 부패 가능성은 물리적인 질의 저하를 의미하는 것뿐만 아니라 유행에 민감한 의류처럼 소비자의 수요가 매우 단기적이어서 상품가치가 제한을 받는 제품에도 적용된다.

(4) 취급방법

무게가 무겁고 부피가 커서 다루기가 힘든 제품들은 유통경로길이가 길수록 취급관련비용이 증가하므로 일반적으로 직접 유통경로를 통해 판매된다. 또한 깨지기 쉬운 제품인 경우에도 취급에 따르는 비용을 감소시키기 위해서 제품의 거래횟수를 최소화하는 직접 유통경로를 사용하는 것이 바람직하다.

(5) 기술적 복잡성

기술적으로 복잡한 제품은 기술적 서비스를 요하거나 제품에 대해 많은 지식을 가진 판매원을 필요로 하므로 직접 유통경로를 사용하거나 제조업자가 요구하는 조건들을 충족시킬 수 있는 점포들에게만 판매된다. 이러한 경우는 소비재보다 산업재에서 많이 찾아볼 수 있다.

(6) 표준화 정도

표준화 정도가 낮은 제품들은 각 소비자 집단의 독특한 욕구를 충족시키기 위해 직접 유통경로가 더욱 바람직하다. 가령 고객 각자의 욕구에 맞춘 제품생산을 해야 하는 산업재나 주문주택 등은 구매자와의 직접적인 거래를 통해 판매된다. 그러나 보다 표준화된 제품은 간접 유통경로를 통해 판매되는 것이 일반적이다.

6. 제품수명주기와 유통전략

제품수명주기(product life cycle)는 시간의 경과에 따라 제품의 매출과 이익이 어떻게 변하는가를 보여준다. 전형적인 제품수명주기는 S자형을 가지며 제품판매량의 변화과정을 단계별로 분류할 경우 제품은 도입기, 성장기, 성숙기, 쇠퇴기의 4단계를 거치게 된다.

유통경로 전략은 제품수명주기의 각 단계에 따라 달라진다. 제품수명주기의 단계별 유통경로 전략수립시 주요 결정사항에는 중간상의 수(경로집중도), 중간상의 유통기능에 대한 영향력 정도(수직적 통합의 정도), 신제품에 대한 기존 경로활용여부 등이 있다.

1) 중간상의 수(경로집중도)

중간상의 수는 제품수명주기의 단계에 따라 달라진다. 제품수명주기 초기에는 수요가 불확실하기 때문에 중간상들로 하여금 자사 제품을 취급하도록 하는 데 어려움이 있을 것이다. 그러므로 자사 제품을 적극적으로 취급하고자 하는 소수의 중간상들에게만 제품을 공급하는 선택적 경로전략(selective distribution)이 바람직하다.

제품수명주기의 성장단계에는 제품을 널리 보급하기 위해 집중적 유통경로(intensive distribution)를 이용하는 것이 바람직하다. 제조업자는 표적소비자가 편리하게 제품을 구입할 수 있도록 가능한 한 많은 점포에 제품을 공급해야 한다.

성숙단계에서의 기본적인 유통목표는 경로집중도를 계속 강화·유지하는 것이다. 즉 성숙기에는 적극적인 거래공제, 매출실적이 우수한 중간상의 지원, 중간상 광고, 협동광고를 통해 기존의 자사제품취급 중간상들을 지속적으로 지원하여야 한다. 제조업자는 성숙기에서의 중간상 확보의 어려움에 대처하기 위해 새로운 유통경로를 개발하기도 한다. 예를 들어, 미국의 스타킹제조업체인 Hanes사는 새로운 유통경로의 개발을 통해 그 제품수명을 연장시킬 수 있었다. Hanes사는 수퍼마켓을 통해 L'eggs란 상표의 여성용 팬티스타킹을 판매함으로써 양품점과 백화점에서 판매됐던 여성용내의의 유통경로를 확대시켰다. 또한 국내 화장품업체들이 대형마트, 편의점, 드럭스토어를 이용한 유통경로의 개발을 시도하고 있는 것도 한 예라 할 수 있다.

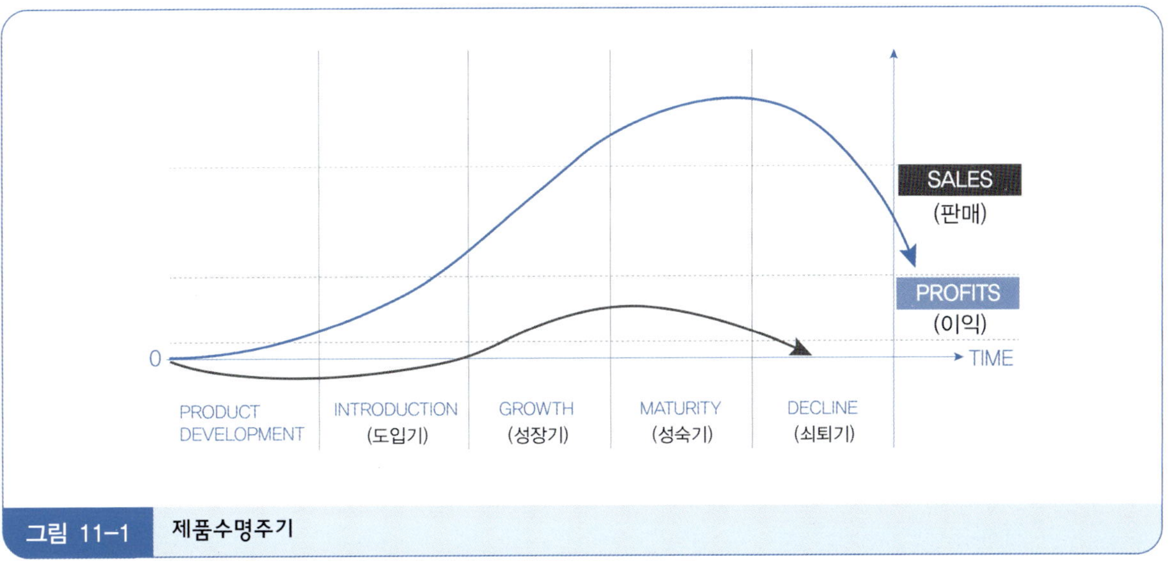

그림 11-1 제품수명주기

쇠퇴기가 되면 제조업체는 매출이 거의 이루어지지 않거나 불량채권을 많이 가진 중간상들과의 거래를 중단함으로써 자사 제품을 취급하는 중간상의 수를 줄여 나간다. 이 단계에서는 중간상 지원프로그램과 중간상 할인은 급격히 줄어든다.

2) 수직적 통합

경로구성원은 유통기능을 원활히 수행하기 위해서 때로는 유통기능 등을 수직적으로 통합한다. 즉 다른 경로구성원들이 수행했던 기능을 내부화하며 자체적으로 수행하는 것이다. 예를 들어 미국의 남성복 제조업체인 Hartmax사는 양복제품라인에 따라 다른 유통경로를 이용하였다. 이 회사의 Kuppenheimer 양복제품라인은 Kuppenheimer 직매점을 통해 판매하였고 Johnny Carson 제품라인은 백화점을 통하여 판매되었다. 즉 Hartmax사는 Kuppenheimer 라인에 대해서는 소매기능을 수직적으로 통합하였으며 Johnny Carson 라인에 대해서는 비통합적 방법을 택하였다.

수직적 통합의 정도는 제품수명주기 단계에 따라 달라질 수 있다. 대체로 제품도입기에는 기업은 마케팅기능을 수직적으로 통합하지 않는다. 왜냐하면 수직적 통합을 수행하기에는 아직 규모의 경제가 이루어지지 않았기 때문이다. 예를 들어 새로운 소규모 컴퓨터제조업자는 매출량이 적은 도입기에 기술자를 고용하여 애프터서비스를 직접 수행하는 것보다 오히려 외부 전문업체에 의뢰하는 것이 보다 비용이 저렴할 것이다. 그러나 제품수명주기의 도입기에도 수직적 통합을 고려해야 할 경우도 있다. 가령 제조업자가 신제품을 유통시키는데 있어 도・소매업자를 설득시키지 못하면 소비자에게 직접 판매를 해야 할 것이다.

매출량이 급격히 증가하는 성장기에는 기업은 마케팅기능을 직접 수행함으로써 규모의 경제를 실현할 수 있으므로 수직적 통합이 매력적인 대안이 될 수 있다. 한편 경쟁이 심화되고 매출성장률이 둔화되는 성숙기에도 제조업자들은 유통을 통제하고 규모의 경제를 실현하기 위해 수직적 통합을 이용하는 경우가 많다. 예를 들어 미국의 의약품 제조업체들은 대부분 자체 판매원을 통해 병원과 소매점포에 제품을 판매한다. 그러나 같은 의약품산업 내에서도 기업들의 유통전략에 따라 수직적 통합을 하지 않는 경우도 있다. 가령 Lilly사는 독립적인 도매업자들을 이용하는데 이는 도매상들이 전산화된 약품재고시스템을 통해서 제약회사들보다 저렴하게 재고관리를 할 수 있기 때문이다.

매출액과 수익성이 지속적으로 감소되는 쇠퇴기에는 유통경로를 수직적으로 통합한 기업들은 유통환경변화에 대한 조직의 비탄력성과 과잉투자로 인해 비수직적 통합의 기업보다 경쟁력이 떨어지게 된다.

수직적 통합정도의 결정에서 유의해야 할 것은 제품수명주기의 단계와 함께 제품의 특성과 산업의 유통구조의 특성도 감안되어야 한다는 점이다. 일반적으로 산업재나 전문품의 경우에는 고객의 수가 적고 중간상 기능에 대한 통제가 요구되므로 수직적 통합이 효과적일 수 있다. 그러나 편의품의 경우에는 시장범위가 넓고 소비자의 수가 많기 때문에 유통기능을 통합하기가 사실상 불가능하다.

우리나라 전문품유통의 경우 독립적인 대형 도·소매업이 발달되어 있지 않기 때문에 제품수명주기의 단계와 상관없이 제조업자가 유통기능을 완전히 또는 부분적으로 수직통합하는 예가 많다.

3) 신제품에 대한 기존 경로활용여부

제조업자는 신제품개발 시 기존의 유통경로를 고려해야 한다. 대체로 기존의 유통경로를 활용할 수 있는 제품개념이 선호되며 기존의 유통경로와 다른 형태의 유통경로를 이용해야 하는 제품개념은 개발의 초기단계에서 제거될 가능성이 크다. 가령 식품사업에만 전문화되었던 CJ의 생활용품 사업에의 진입은 수퍼마켓이란 기존 유통의 활용이라는 측면에서 이해될 수 있다. 그러나 기존의 유통경로를 이용한 신제품판매가 갈수록 어려워지고 있다. 특히 소비재용품의 경우, 신제품의 개발이 급증하면서 제한된 진열공간을 쟁취하려는 제조업체 간의 경쟁이 심화되고 있다. 이러한 현상의 결과로 소매업자의 상품선택에 관한 파워가 강화되면서 미국의 경우 사전지불금(slotting allowance)의 요구가 일반화되고 있다. 사전지불금 제도란 소매업체가 신제품을 취급하는 대가로 제조업자에게 요수하는 일종의 위험부담금이다. 또한 어떤 경우에는 신제품을 진열하는 대신 기존 제품을 거둬갈 것을 요구하기도 한다.

한편 새로운 유통경로를 통해 신제품을 판매할 때 제조업자는 단기적인 희생을 감수해야한다. 한 예로 미국의 P&G사가 일본시장에 진입했을 때 겪었던 어려움을 상기해 볼 수 있다. 미국과 일본의 유통경로상에서 최종 경로구성원이 수퍼마켓인 점은 같지만 거기에 도달할 때까지의 유통경로가 매우 상이하였으므로 P&G사가 일본의 유통경로를 이해하고 이에 대한 적절한 대응을 강구하기까지는 많은 시간과 노력이 소요되었다.

제조업체는 중간상들이 자신들과 상이한 입장에서 신제품개발을 보고 있음에 유의할 필요가 있다. 제조업체는 자신들의 신제품이 많은 중간상에 의해 취급되기를 바라는 반면 중간상은 다수의 제조업체들로부터 제공되는 제품들 중에서 자신들의 점포개념에 가장 적합한 제품포트폴리오(product portfolio)를 구성한다. 따라서 중간상들은 자신의 점포개념에 부합되지 않는 신제품들을 취급하지 않을 가능성이 높다. 우리나라에서 많이 사용되는 대리점 체제는 이러한 가능성을 사전방지하기 위한 제조업체의 유통전략의 일환이다. 즉 제조업자들은 중간상으로 하여금 자사제품만을 판매하게 함으로써 중간상들을 통제하고자 하는 것이다.

제2절 촉진과 유통경로관리

제조업자의 경로구성원들에 대한 촉진전략 또한 경로성과에 큰 영향을 미친다. 미국의 경우 제조업체가 지출하는 촉진비용 중 중간상 촉진(trade promotion)이 소비자 촉진(consumer promotion)을 능가하고 있다. 최근 할인점을 비롯한 다양한 소매업태가 등장함에 따라 소매업자들 간의 경쟁이 과거보다 치열해지게 되었다. 소매업자들은 매출액증대를 위해 고객을 상대로 다양한 소매상 촉진(retailer promotion)을 실시하게 되었으며 이는 제조업자들에게 추가적인 가격인하 및 수량할인의 압박을 주는 계기가 되었다.

다음에서는 유통경로 내에서 각 경로구성원이 수행하는 촉진활동에 관해 설명하고자 한다. 먼저 촉진전략의 두 가지 상반되는 개념인 풀(pull)전략과 푸쉬(push)전략에 관해 이야기하고 제조업자 및 중간상의 촉진유형을 살펴보자.

1. 풀(pull)전략과 푸쉬(push)전략

제조업체들이 이용할 수 있는 기본적인 촉진전략은 풀과 푸쉬의 두 가지이다(그림 11-2 참조).

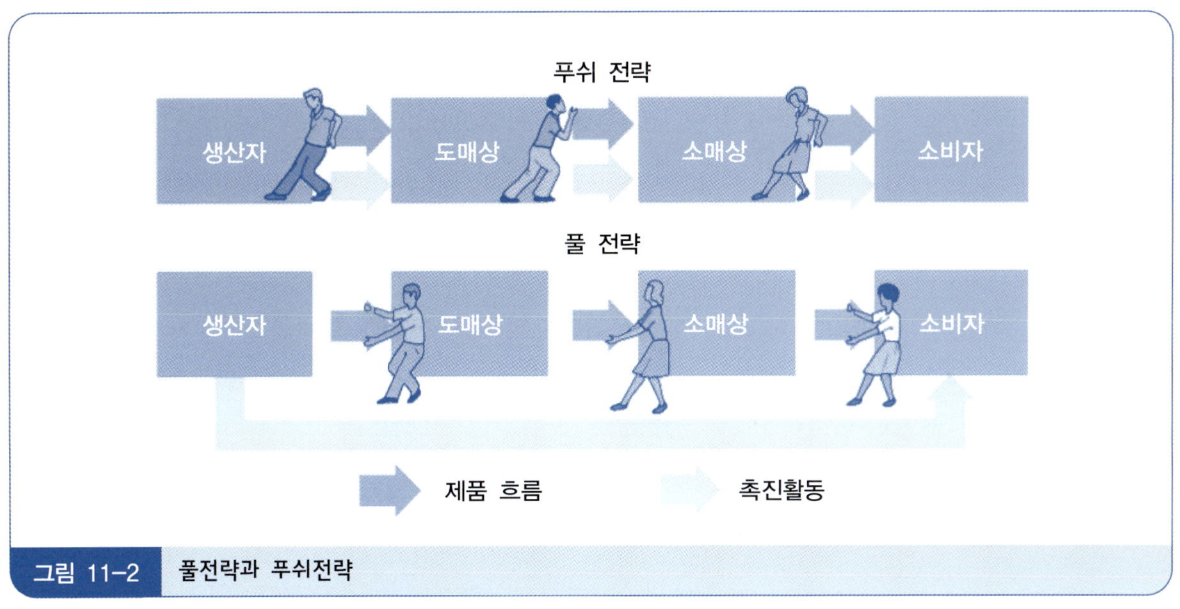

그림 11-2 풀전략과 푸쉬전략

제조업체가 최종소비자들을 상대로 촉진활동을 하여 이 소비자들로 하여금 중간상(특히 소매상)에게 자사제품을 요구하도록 하는 전략을 풀전략이라고 한다. 즉 제조업체가 중간상들로부터 자발적으로 주문을 받는 경우를 말한다. 예를 들어 농심라면은 자사제품의 상표인지도와 애호도를 높이기 위해서 TV를 통해 소비자를 대상으로 광고를 한다. 광고의 목표는 소비자로 하여금 수퍼마켓, 편의점, 백화점 등에서 자사상표를 찾게끔 하는 것이다. 만일 어떤 점포가 농심라면의 특정상표를 취급하지 않는데 많은 소비자들이 그 상표를 찾게된다면 그 점포는 어쩔 수 없이 그 상표를 주문하여 취급하여야 할 것이다.

반면 어떤 제조업체들은 중간상들을 대상으로 하여 판매촉진활동을 하여 그들이 최종 소비자에게 적극적인 판매를 하도록 유도하는 유통전략을 사용하는데 이를 푸쉬전략이라고 한다. 푸쉬전략을 사용하는 제조업체들은 소비자를 상대로 한 촉진보다는 중간상을 상대로 가격할인, 수량할인, 인적판매, 협동광고, 구매시점 디스플레이, 점포판매원 훈련프로그램의 제공 등에 더 치중한다. 많은 소규모 제조업체는 소비자를 대상으로 촉진활동을 수행할 만큼 충분한 자원을 가지고 있지 못하기 때문에 푸쉬전략에 의존하는 경우가 많다. 대형제조업체라 하더라도 중간상의 역할에 많은 비중을 둔다면 푸쉬전략을 택하는 경우가 흔히 있다. 가령 미국 가전제품시장에서 대부분의 제조업체들은 가전 카테고리 킬러의 등장으로 인해 이들을 상대로 촉진전략을 주로 실행하는 푸쉬전략을 사용하고 있다.

일반적으로 편의품의 경우에는 풀전략이, 전문품의 경우 푸쉬전략이 중요시 된다. 그 이유는 편의품의 경우에는 최종소비자의 구매상표결정에 중간상, 특히 소매상의 영향이 적고 전문품의 경우에는 판매원의 영향이 커지게 되므로 중간상의 협조가 필요하기 때문이다. 그러나 실제로 많은 제조업체들이 풀전략과 푸쉬전략을 병행해서 사용하고 있다.

제조업체의 판매촉진노력은 표적집단으로부터 긍정적 결과를 얻을 수 있도록 상호보완적이어야 한다. 소매상(중간상)에 대한 거래할인과 협동광고지원 등은 자사상표의 진열과 판촉을 원활히 한다. 그리고 소비자에 대한 쿠폰, 무료샘플, 프리미엄, 가격할인 등의 제공은 사용구매 및 반복구매를 자극한다. 또한 중간상 및 소비자촉진은 영업사원들로 하여금 도매업자와 소매업자들에게 자사상표를 적극적으로 판매하는 데 보조역할을 한다.

이하에서는 경로구성원들의 촉진활동을 제조업체의 중간상에 대한 촉진과 중간상의 최종소비자에 대한 촉진으로 나누어 살펴보기로 하자. 제조업체의 풀전략에 관한 내용은 마케팅관리, 촉진관리론 등의 관련서적을 참조하기 바란다.

2. 제조업체의 중간상 촉진

제조업체가 중간상을 대상으로 행하는 모든 촉진활동들은 제조업체와 중간상의 경로성과 및 중간상의 협조의지에 직접적으로 영향을 미치게 된다. 제조업체가 사용하는 촉진도구로는 광고, 판매촉진, 인적판매 등이 있다.

1) 중간상 광고(trade advertising)

중간상 광고는 제조업체가 최종소비자를 대상으로 하는 소비자 광고와는 달리 유통경로구성원들에게 자사 제품을 인지시키기 위해 행하는 광고이다. 따라서 중간상 광고는 TV나 일간지 등의 대중매체보다는 산업전문지를 통해 이루어진다. 예를 들어 유통저널이나 매스 머천다이저와 같은 정기간행물은 생필품 제조업자가 도매상이나 소매상을 대상으로 제품광고를 하고자 할 때 많이 사용하는 매체이다.

중간상 광고는 일반적으로 소비자 광고보다 제품관련정보를 자세히 제공한다. 또한 중간상 광고에서는 일반적으로 감성적인 소구방법보다는 이성적인 소구방법이 사용된다. 제조업자들은 표적중간상들에게 자사 제품을 소개하고 그 취급방법과 판매방법 그리고 자사의 제품을 취급함으로써 얻는 이점에 대해서 설명을 한다. 또한 중간상 광고는 중간상들에게 좋은 기업이미지를 구축하기 위해서도 사용될 수 있다.

2) 협동광고(cooperative advertising)

일반적으로 협동광고는 기업들 간에 공동으로 광고비용을 부담하는 형태의 광고이다. 여기에는 수평적 협동광고와 수직적 협동광고의 두 가지 유형이 있다.

수평적 협동광고는 소매업자들이 한 상표에 대한 매출액을 증대시킬 목적으로 공동으로 광고하는 것을 말한다. 그러나 일반적으로 소매업자들은 치열한 경쟁을 하며 다양한 상표들을 취급하므로 수평적 협동광고는 현실적으로 잘 사용되지 않는다.

수직적 협동광고는 소매업자가 어떤 상표에 대해 광고를 하고 제조업자가 그 비용을 전적으로 부담하든지 또는 소매업자들과 분담하는 광고이다. 예를 들어, 미국의 가전생산 업체인 Whirlpool사는 그들의 거래처에 자료를 제공하여 지역광고, 홍보, 그리고 점포진열 등에 이용할 수 있게 한다. Whirlpool사는 거래처가 실시한 협동광고에 대해 광고비의 50%선까지 그들의 거래처에게 지원하여 준다.

이와 같이 외국의 경우에는 제조업체와 소매업체 간의 협동광고가 일반화되어 있으나 현재 우리나라의 경우 외국만큼 활발하지는 않다. 이는 우리나라의 소매상들이 규모의 영세성으로 인해 자체광고를 수행하는 경우가 적은 데에 기인한다.

협동광고는 다양한 상황하에서 사용될 수 있는데, 특히, 제조업체들이 푸쉬전략을 채택하여 중간상에게 많이 의존하고 있는 경우에 협동광고는 중요한 촉진수단이 된다. [표 11-2]는 협동광고의 상대적 중요도에 영향을 미칠 수 있는 여러 가지 조건들을 보여준다.

제조업체가 시행하는 소비자 광고(일반적으로 전국광고)와 협동광고(일반적으로 지역광고)는 상호보완적 역할을 한다. 소비자 광고는 소비자들의 자사상표에 대한 인지도 및 제품속성에 대한 지식을 높이며 실제 구매상황이 발생했을 때 소비자가 자사상표를 고려상표군(evoked set)속에 포함시키는 것을 목표로 한다. 반면에 협동광고는 자사상표가 어느 점포에서 취급되며 얼마의 가격에 판매되고 있는지에 대한 정보를 제

표 11-2 협동광고의 상대적 중요도에 영향을 미치는 조건들

협동광고가 중요한 경우: 소매상 의존형 마케팅	협동광고가 덜 중요한 경우: 제조업체주도의 마케팅
전문점	편의점
낮은 구매빈도	높은 구매빈도
고가품	저가품
고관여 제품	충동구매
제품속성 파악이 쉽지 않은 경우	제품속성 파악이 쉬운 경우
낮은 상표애호도	높은 상표애호도
인적 서비스가 중요한 경우	셀프서비스
제한적 경로전략	집중적 경로전략

공하는 보조적인 역할을 한다.

이와 같이 협동광고는 소비자 광고를 보완하는 기능을 수행하지만 제조업자는 협동광고수행과 관련하여 다음과 같은 문제에 직면한다.

첫째, 제조업체와 소매상은 각자 협동광고로부터 기대하는 바가 다를 수 있다. 소매상들은 협동광고를 통해 자신의 점포에 대한 좋은 이미지를 만들어 내고 어떤 상표가 판매되든 제품군 전체의 판매가 증대되기를 원한다. 반면에 제조업체들은 자사상표의 이미지를 강화시키는 광고를 하고자 한다. 이러한 이해관계의 상충은 광고구성, 사용되는 카피, 광고에 등장하는 경쟁상표의 수를 결정하는 데 있어 서로 다른 견해를 갖게 한다.

둘째, 소매점 간의 경쟁이 치열할수록 소매상은 더 많은 협동광고를 실시하게 되며 소매상들은 협동광고예산의 많은 부분을 제조업체의 지원으로 충당하려 할 것이다. 그러므로 제조업자의 촉진비 부담이 가중된다. 이러한 문제점에도 불구하고 제조업체들은 자사제품에 대한 소매상들의 지원을 얻기 위한 방안으로 협동광고에 의존하며 소매상들은 광고비의 일정액을 제조업체로부터 보조받을 수 있으므로 협동광고를 선호하게 된다.

3) 중간상 촉진(trade promotion)

중간상 촉진은 도매상이나 소매상으로 하여금 어떤 특별한 제품을 구매, 촉진, 전시하게끔 하는 제조업자의 노력을 의미한다. 대부분의 중간상 촉진에는 소매상들을 유인하기 위한 여러 형태의 가격할인 수단들이 사용된다. 가격할인은 구매 시 할인(off-invoice deduction)의 형태를 띨 수도 있고 할인기간 중 구입한 금액을 환불(rebate)해

주는 형태를 띨 수도 있다. 일반적으로 제조업자는 중간상 촉진을 제공할 때 소매상에게 일정한 조건을 제시한다. 예를 들어 소매상들은 최소한도의 양 이상을 구매해야 한다든지 자사 제품에 대한 점포 내 특별전시나 제품촉진의 노력을 기울이거나 소비자들에 대해서 할인액의 일부를 공제해 주는 조건을 부과하는 경우 등이다.

이러한 촉진수단들은 소비재산업에 있어서 경쟁전략의 일환으로 일반화되고 있지만 다음과 같은 문제를 야기한다.

첫째, 어떤 제조업체들은 전체 매출액의 거의 90~95%를 판촉기간 동안에 판매하는 경우가 발생된다. 이러한 현상이 발생되는 가장 근본적인 이유로는 선물구매(forward buying)라고 불리는 유통관행을 들 수 있다. 즉 소매상과 도매상은 판매촉진기간 동안에 판매할 수 있는 양보다 더 많은 양을 저렴한 원가로 구매하여 판촉기간 후에 판매함으로써 높은 이익을 얻으려 한다. 중간상들은 판촉기간 중의 할인율, 주문비용, 재고비용 등을 고려하여 선물구매여부와 구매량을 결정한다. 즉 판매촉진 할인율이 높고 주문비와 재고비가 상대적으로 저렴한 경우에 선물구매를 하는 것이다.

둘째, 중간상 촉진의 또 다른 문제는 전매(diversion)이다. 지역적으로 거래조건이 상이할 때 중간상은 어떤 한 지역에서 촉진활동의 일환으로 저렴하게 거래되는 제품을 구입하여 다른 지역에 있는 도매상이나 소매상에게 재판매할 수가 있다.

셋째, 일부 소매업자들은 제조업자의 가격할인에 상응하는 서비스를 수행하지 않는 등의 기회주의적 행동을 취하는 경우가 흔히 있다. 한 조사에 의하면 일부 대형소매체인들이 최종소비자들에게 가격할인 혜택을 제공하지 않고 제조업자의 중간상 할인을 자신의 이득으로 취하는 경향이 종종 있는 것으로 나타났다.

중간상 촉진의 유형에는 가격할인 이외에 촉진공제(promotional allowances), 트레이드 쇼(trade show), 판매 컨테스트(trade contest) 등이 있다.

촉진공제란 중간상의 촉진활동을 보조해주는 것을 말한다. 예를 들어 판촉물제작을 보조해 주거나 판매요원을 제공해 주는 것 등이다.

트레이드 쇼는 일종의 제품전시회로 여기서 유통업자와 구매상담이 이루어지기도 한다. 트레이드 쇼는 제조업자가 기존 및 예상고객에게 자사제품을 보여주고 실연하기 위해 한정적으로 사용되는 중간상 촉진수단이다. 트레이드 쇼에는 산업 내 제조업자들과 주요고객들 대부분이 참가하므로, 트레이드 쇼는 신제품소개에 특히 효과적인 촉진수단이다. 제조업자는 트레이드 쇼에 참가한 중요 예상고객들과의 대면과정에서 자사제품에 대한 호의적 또는 부정적 정보를 수집할 수 있다. 호의적 정보는 나중에 판매 제안이나 광고에 활용될 수 있으며, 부정적 정보는 제품개선이나 마케팅 프로그램 변경의 기초자료로 활용될 수 있다.

판매 컨테스트는 일정기간 동안 높은 판매액을 기록한 중간상이나 판매원에게 상품을 지급함으로써 단기매출을 증대시키기 위한 판촉수단인데 우리나라의 경우 대리점이나 개별 판매원을 대상으로 한 경품행사를 자주 개최하고 있다.

4) 인적판매(personal selling)

거의 모든 회사가 어떤 형태로든지 인적판매를 이용하고 있다. 제조업체는 자사상품을 중간상에게 판매하기 위한 판매원조직을 갖추어야 하며 소매상 수준에서는 전문점은 물론 셀프서비스(self service)형의 소매상들조차도 최소한의 판매사원을 고용하여야 한다.

산업재의 유통에 있어서 인적판매의 중요성은 매우 크다. 일반적으로 기술적으로 복잡한 제품은 제품지식을 갖춘 숙련된 판매원을 필요로 한다. 즉 기술적으로 복잡하고 전문성을 요하는 산업재의 특성상 불특정다수를 향한 매체광고보다는 영업사원들이 직접 고객사를 방문하여 판매촉진 활동을 벌이게 된다. 또한 중간상의 지원을 얻기 위해 푸쉬전략을 사용하는 제조업자에게도 인적판매가 매우 중요해진다.

인적판매에서 판매원 훈련 프로그램과 보조판매(missionary selling)는 제조업체에 의해 빈번히 사용되는 인적판매기법들이다.

(1) 교육훈련 프로그램

제조업체는 도매상과 소매상에게 판매원의 교육을 지원하기도 한다. 교육훈련 프로그램이 중요한 이유는 중간상 판매원들은 일반적으로 자신들이 가장 잘 알고 있는 제품을 소비자에게 권하기 때문이다.

많은 소비재용품들은 제조업자의 집중적 광고에 의한 높은 소비자 인지도 때문에 소매점포 판매사원의 큰 도움없이 구매된다. 그러나 고급의류, 가전, 가구 등과 같은 전문품들은 제품지식을 갖춘 점포판매원들의 도움을 필요로 한다. 즉 판매사원은 소비자에게 제품성능, 경쟁제품과 비교한 상대적 이점과 같은 관련정보를 제공해야 하는 것이다. 따라서 제조업자는 자사 제품의 원활한 판매를 위해 소매점포 판매원들에 대한 교육훈련을 제공하기도 한다. 제조업자는 자사의 영업담당자를 이용하여 직접 교육훈련을 실시하거나, 소매점포 판매사원들에게 필요한 제품정보제공, 제품용도에 대한 실연 그리고 판매자원(selling tips) 등을 상세히 설명할 수 있다.

방문판매에서 점포판매로 바뀐 유통구조 하에서 화장품 회사들은 소매상을 대상으로 한 교육프로그램에 많은 투자를 하고 있다. 국내 화장품 회사들은 흔히 신제품이 도입될 경우 전국 고급호텔에서 소매상을 대상으로 신제품설명회를 갖는다.

(2) 보조판매(missionary selling)

보조판매는 직접적으로 주문을 받기 위한 목적보다는 중간상의 의사결정에 영향을 미치고 유통경로 내에서 제품의 흐름을 돕는 것을 주목적으로 한다. 보조판매는 산업재와 소비재시장에서 모두 사용된다. 제조업자가 파견한 보조판매원은 중간상들의 판매원들을 교육·훈련시키며 경우에 따라서는 중간상의 판매원과 함께 혹은 단독적으로 중간상의 고객에 대한 판매활동을 지원하기도 한다.

제조업자는 보조판매원(missionary sales people)을 운영하는 데 있어서 세심한 주의를 요한다. 도매상의 판매원들은 제조업체의 보조판매원들이 자신들의 거래처를 방문하는 것을 꺼려할 수 있는데 그 이유는 그러한 활동들이 유통경로 내에서 도매상을 배제시키기 위한 준비단계로 보일 수 있기 때문이다.

3. 중간상의 촉진활동

촉진기능은 제조업체만이 수행하는 것은 아니다. 최근 다양한 소매업태가 등장하여 소매점들 간의 경쟁이 치열해짐에 따라 소비자에 대한 중간상의 촉진활동이 점차 증대되고 있는 실정이다. 이하에서는 중간상이 수행하는 촉진활동 중 중요한 것들을 살펴보기로 한다.

1) 광고(advertising)

도매상과 소매상 모두가 광고를 수행한다. 도매상의 광고는 두 가지 기능을 수행한다. 즉 도매상 광고는 도매판매원의 판매활동을 도와주고 소매상에게 신제품에 관한 정보를 제공하는 기능을 한다. 도매상 광고의 내용은 어떤 특정 제품군에 대한 광고보다는 일반적으로 도매점포 자체를 대상으로 하는 경우가 많다. 도매상 광고의 주 매체수단은 업계전문잡지, DM과 카탈로그 등이다. 카탈로그는 그 점포에서 취급하는 제품들을 소개하고 각 제품의 특징들을 설명하지만 가격의 유연성을 유지하기 위해 제품의 가격을 제시하지 않는 경우가 많다.

소매광고는 기업광고와 판촉광고로 대별되는데, 기업광고는 점포의 차별화된 특징, 예를 들면 점포의 분위기, 구색의 다양성, 편리성, 고객서비스 등을 알림으로써 점포이미지를 제고시키는 것을 목적으로 한다. 기업광고는 TV나 라디오 등의 전파매체를 이용하는 것이 일반적이며 인터넷도 중요한 수단이 되고 있다.

소매상의 판촉광고는 특정 이벤트(어린이날, 추석, 설날, 세일행사 등)를 홍보하거나 특정제품의 낮은 가격을 알림으로써 단기간 내에 고객을 끌어들이기 위한 촉진방법이다. 판촉광고는 주로 인쇄매체를 이용한다.

2) 인적판매(personal selling)

중간상의 인적판매는 도매상과 소매상으로 나누어 설명될 수 있다. 도매상의 판매원들은 자신들의 고객 즉 소매상들의 적정재고 수준과 상품진열 방법에 대한 조언을 하며 광고자료와 카탈로그, 기타 촉진지원책을 제공하여 준다. 또한 소매상들의 불평사항 처리, 계절상품에 대한 제안과 기술적인 부분들에 대한 조언 등을 수행한다.

한편 소매점의 판매원들은 제품과 점포에 대한 정보를 최종소비자에게 제공하고 이들로부터 주문을 받는다. 소매상의 판매원이 정보를 제공하는 정도는 점포의 성격에 따라서 매우 다양하다. 전문적인 상품지식을 요하는 제품을 주로 취급하는 점포의 경우(전자제품, 고급의류, 컴퓨터 등), 소비자는 판매원으로부터 많은 상품지식을 제공받기를 원한다. 반면에 일용품을 주로 취급하는 셀프서비스 형태의 소매점은 제조업체가 촉진활동을 통해 이미 충분한 상품지식을 제공했다고 가정하고 점포 내에서의 정보제공기능을 거의 수행하지 않는다.

3) 샘플(sample)과 디스플레이(display)

중간상의 판매원들은 샘플을 제시함으로써 보다 효과적으로 제품을 판매할 수 있다. 샘플은 실제 제품이나 사진 등이 사용될 수 있는데 제품속성에 대한 객관적인 평가가 어렵고 제품의 품질이 중요한 경우에 특히 효과적이다.

점포 디스플레이는 점포 내에서 취급하고 있는 상품을 효과적으로 전시하여 고객의 구매를 유발하는 것이다. 제조업자와 도매상에 의해 제공되는 판매촉진 제공물들은 효과적인 디스플레이에 도움이 된다. 효과적인 디스플레이가 되기 위해서는 소매상의 요구와 제조업자의 요구가 균형적으로 반영되도록 하여야 한다.

4) 쿠폰(coupon)

쿠폰은 정형적으로 신문, 잡지, 우편물, 쇼핑백 등에 인쇄된 증서로서 일반적으로 정해진 특정 기간 내에 그것의 소지인에게 약속된 가격만큼 할인해 주거나 또는 특정제품에서의 부가적인 가치를 부여하는 것이다. 쿠폰은 소비자에게 특정시간에 제품가격을 할인하여 제공함으로써 소비자의 지각된 위험을 줄여 줄 수 있고 사용 후 재구매를 장려할 수 있다. 저렴한 쿠폰발행 비용과 소비자들에게 금전적 혜택의 제공으로 쿠폰발행은 증가되고 있지만 얼마나 많은 소비자들이 언제 어떻게 쿠폰을 사용하는지에 대해 추정하기가 어렵고 쿠폰을 사용하는 소비자들은 특정브랜드나 제품에 대한 충성심이 낮아 쿠폰만으로 계속적인 제품구매를 유도하기 어렵다.

5) 경품(sweepstakes)

경품은 소비자들에게 점포에 비치된 유효한 양식을 채움으로써 특정한 부상을 받을 수 있는 선택권을 부여하는 촉진방법이다.

제품의 구매와 상관없이 누구나 참여할 수 있으며 기준에 의해 부상을 주는 것이 아니라 행운에 의해 결정된다. 참여가 쉽고 시간이 덜 소요되기 때문에 강한 소구력을 가진다. 직접적이고 단기적인 매출증대효과를 얻기 위한 판촉수단으로 이용되나 장기적으로는 소비자 관여도를 증가시켜 제품의 이미지 향상에 기여한다. 주로 백화점을 비롯한 유통업체에서 효과적인 마케팅수단으로 활용되어 왔으며 최근 저성장기 불황 타개책의 하나로 업종의 구분없이 보편화된 마케팅이다.

경품판촉은 신상품을 홍보하고 잠재고객을 확보하며 브랜드 및 제품의 인지도를 높이기 위해 또는 경쟁기업의 적극적인 판매촉진에 대응하고 기존 고객의 유지 및 관리를 목적으로 한다.

6) 프리미엄(premium)

프리미엄은 소비자가 구매하도록 격려하기 위해 무상 또는 할인된 가격으로 주어지는 사은형식의 보상제도이다.

프리미엄은 제품의 이미지를 향상하고, 호감을 심어주며, 고객기반을 넓히고 신속한 판매가 이루어지도록 하기 위해 시도된다. 소비자에게 보상이 이루어지도록 하기 위해 포장지 내에 쿠폰 또는 구매 증거물을 오려내도록 하는 프리미엄은 소비자 충성을 자아낼 수 있다. 제품속성 간의 차이가 구매에 큰 영향을 주지 않는 저관여 제품의 판매에 효과가 있다. 프리미엄의 종류는 다음과 같다.

(1) 비용지불 프리미엄

소비자에게 프리미엄 구입 시 비용을 지불하도록 한다. 예를 들면 컴퓨터프로그램 패키지를 구입하면 버전업된 상품이 출시될 때, 정상가격보다 싸게구입할 수 있도록 하거나 롯데리아에서 햄버거를 구입하면 캐릭터제품을 매우 싸게 구입할 수 있게 하는 경우이다.

(2) 직접 프리미엄

제품을 구매한 소비자게에 무료로 사은품을 제공한다. 화장품을 구입하면 티슈를 준다든지 선풍기구입 시 보호망을 제공한다.

(3) 우편 프리미엄

영수증 등과 같은 구입증명서를 보내면 무료선물을 보내주는 방식이다.

(4) 우수고객 보상 프로그램(mileage program)

계속적으로 상품이나 서비스를 구매한 고객들에게 그들의 구매정도와 기간에 따라 종류를 달리하는 선물을 무료로 제공하거나 부수적인 혜택을 주는 방식이다. 상품이나 서비스를 구입할 때마다 정해진 보너스점수를 더해준 뒤 점수에 따라 무료선물을 증정하거나 혜택을 주는 방식이 최근에 많이 사용되고 있다. 이 방식은 기존 고객유지에 도움을 준다.

4. 촉진과 유통관리상의 한계점

유통산업이 활성화되면서 유통경로상의 경쟁은 날로 치열해지고 있다. 점차 경쟁점들이 늘어나면서 서로 촉진활동에 중점을 두는 경향이 있으며 인플레이션이나 경기불황의 위험이 상존하는 경제환경에서 소비자들은 가격에 민감한 반응을 보이고 있다. 따라서 각 유통경로구성원들은 촉진활동을 통하여 보다 많은 매출을 증대시키기 위한 노력을 기울이고 있다. 하지만 촉진활동은 판매를 자극하는 데 도움을 줄 수는 있지만 부정적인 결과를 가져올 수 있다.

첫째, 촉진활동은 경쟁기업에 의해 쉽게 모방될 수 있으며 한 점포에 대한 판매촉진이 경쟁기업의 촉진활동을 야기하여 소모적 가격경쟁이 될 수 있다.

둘째, 촉진경쟁은 소비자에게 편익을 가져다 주지만, 한정된 시장에서 선두위치의 고수를 위해 경쟁하고 있는 기업과 추격해 오는 기업 모두에게 시장유지비용을 증가시켜 이익을 감소하게 만든다.

셋째, 단기적으로 매출액을 증대할 수 있게 하지만 이익을 희생할 수 있다. 촉진활동은 소비자의 미래구매를 앞당긴다. 즉 소비자들은 판매촉진에 의한 충동구매로 욕구 이상을 구매한다. 소비자가 미래에 사용할 수 있을 정도의 구매를 하기 때문에 전체적으로 이익이 감소할 수 있다.

Spotlight 먹방에 채팅에…홈쇼핑도 '유튜브처럼'

현대홈쇼핑, 라이브방송 전문 쇼호스트 육성…매출 5배로 '껑충'
'코로나 타격' 지자체도 특산물 판로 삼아…함양군은 곶감 '완판'

시청자와 실시간으로 소통하며 상품을 판매하는 '라이브커머스'가 온라인쇼핑의 중심에 자리 잡고 있다. 코로나19 사태 장기화로 비대면 문화가 일상화된 가운데 모바일에 익숙한 밀레니얼·Z세대의 취향을 저격하면서 매출을 끌어올리고 있다. 코로나19로 축제 등 각종 행사를 접어야 했던 지방자치단체들도 라이브커머스로 특산물 판로를 뚫고 있다.

현대홈쇼핑은 지난해 라이브커머스 사업에서 285억원의 매출을 올렸다고 26일 밝혔다. 전년(50억원)과 비교하면 5배가 넘는 규모다. 현대홈쇼핑이 라이브커머스에 뛰어든 건 2018년 11월. 현대H몰 모바일 애플리케이션 내 '쇼(Show)핑 라이브' 코너를 출시하면서다. 지난해 현대H몰 쇼핑라이브 누적 시청자 수는 2500만명에 달한다.

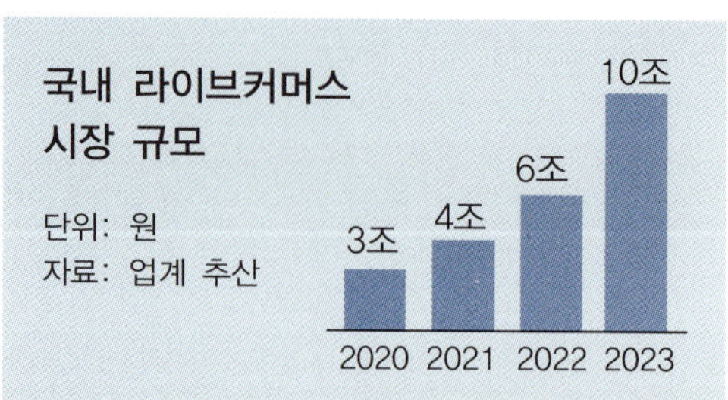

방송 1회당 시청자 수는 평균 2만~3만명으로 전년(1만명 수준)보다 2배가량 늘었다. 방송 1회당 매출은 평균 3000만원으로, 전년(1500만원)보다 2배 늘었다. TV홈쇼핑의 전문성을 접목하고, 라이브커머스 전문 쇼호스트(쇼라맨 · 쇼라걸)를 육성한 게 주효했다.

현대홈쇼핑 관계자는 "이들 쇼호스트는 '먹방' '언박싱(제품 개봉기)' 등 2030세대가 원하는 콘텐츠 진행에 능한 데다 실시간으로 채팅창에 올라오는 고객들의 다양한 요구사항에 순발력 있게 대응하고 있다"고 말했다. 현대홈쇼핑은 올해 쇼호스트 등 운영인력과 프로그램 수를 대폭 늘려 쇼핑라이브를 TV홈쇼핑, 현대H몰, 현대홈쇼핑플러스샵(T커머스)에 버금가는 '제4의 채널'로 키운다는 계획이다. 올해 라이브커머스 매출 목표치를 1000억원으로 잡았다.

'라방(라이브 방송)'으로 불리는 라이브커머스는 스마트폰만 있으면 실시간 소통이 가능하다. 댓글로 상품에 대한 궁금증을 곧바로 해소하다 보니 반품률도 낮다. 중국은 이미 2017년 시장 규모가 9,610억위안(약 191조원)에 달했다. 후발주자인 국내시장도 백화점이나 대형마트 등 기존 유통기업을 비롯해 네이버 · 카카오, 통신사까지 업종을 불문하고 '라방'에 뛰어들면서 경쟁이 치열해졌다. 지난해 3조원이던 시장규모는 2023년이면 10조원에 이를 전망이다.

코로나19로 해외여행길이 막히면서 직격탄을 맞은 면세업계도 라이브커머스에서 활로를 찾고 있다. 롯데면세점은 다음달 4일 '럭스몰 라이브' 방송으로 지미추 등 해외 패션브랜드의 구두와 가방, 의류 등 880여 개 상품을 최대 70% 할인해 판매한다. 이들 면세품은 수입통관절차를 거친 제품이다. 롯데면세점은 최근 라이브커머스 전담조직까지 신설했다. 이갑 롯데면세점 대표는 "비대면 소비가 급부상함에 따라 라이브커머스 시장공략은 면세업계에서도 필수 불가결한 사업분야"라고 말했다.

지자체들도 라이브커머스에 적극적이다. 강원도는 매년 산천어축제가 열렸던 화천군 북한강 변에서 라이브 방송으로 롯데백화점과 공동개발한 밀키트(매운탕 · 조림)와 구이용 선어를 판매했다. 이강덕 포항시장은 지난 25일 구룡포 일원에서 개그맨 김원효씨와 과메기를 시식하면서 홍보 · 판매방송을 했다. 경남 함양군은 고종시 곶감축제를 네이버 쇼핑라이브 등 라이브커머스 플랫폼으로 진행했다. 곶감은 첫날부터 '완판'을 기록했다.

출처 : 2021년 1월 26일, 경향비즈

제3절 가격결정과 유통경로관리

할인점시대의 도래와 함께 소매점포의 가격경쟁력이 소매시장에서의 핵심 성공요인으로 대두되고 있다. 따라서 제조업자가 중간상들에게 제시하는 제품가격은 중간상의 판매성과와 최종소비자의 구매량에 큰 영향을 미치게 된다. 본절에서는 소비자 가격 및 할인가격의 의미, 가격의 경쟁적 측면, 경로구성원의 지원을 위한 가격전략, 가격변화가 경로구성원에 미치는 효과 등을 설명하기로 한다.

1. 가격의 개념

가격은 "판매자가 제공하는 제품과 부대서비스의 패키지에 대해 구매자가 지불하는 화폐량"이라고 정의될 수 있지만 각 경로구성원이 부과하는 제품가격은 그들이 수행하는 경로기능과 관련이 있다. 경로구성원 간에는 많은 유형의 거래가 이루어지며(예: 제조업자와 도매업자, 도매업자와 소매업자, 소매업자와 소비자 간의 거래) 거래과정에서 다양한 경로기능이 수행되므로 가격수준은 경로구성원(소비자 포함)이 얼마나 많은 경로기능을 수행하느냐에 달려 있는 것이다.

우리나라는 가격정보를 제공함으로써 소비자를 보호하고 나아가 경로구성원들의 적정 마진설정을 유도할 목적으로 1973년 5월 소매가격 표시제를 도입하였고 1979년에 공장도 가격표시제, 1990년에 수입가격 표시제가 추가되었고 최근에는 권장 소비자가격이 없어지고 'open price'제가 시행되면서 유통업전반에 상당한 영향을 미치고 있다.

외국의 경우 가격표시제는 소매가격 표시제와 단위가격 표시제를 주축으로 발전되어 왔다. 반면 우리나라의 경우 비교적 다양한 종류의 가격표시들이 제도적으로 시행되어져 왔다. 가령 공장도가격 표시제나 수입가격 표시제는 외국의 경우 찾아보기 힘든 제도이며 단위가격 표시제는 미국과 일본 등에서는 일반화되어 있으나 우리나라의 경우 이제 도입초기에 있다.

대부분의 제조업체가 정상가격이란 것을 제시하지만 이것이 그대로 지켜지는 경우는 매우 드물다. 즉 제조업체는 좀 더 좋은 매장위치를 점유하거나 도·소매업자들의 재고부담을 덜어주기 위해서 가격할인이나 지원금 등을 사용하는 것이다.

2. 가격할인의 유형

1) 현금할인

제조업자와 중간상 간의 거래는 대부분 현금구매가 아닌 어음 등을 이용한 외상거래에 의해 이루어지는데 물량이 많은 경우 이는 제조업자에게 자금압박을 가져온다. 이를 해소하기 위해 중간상이 제품을 현금으로 구매하거나 대금을 만기일 전에 지불하는 경우 제조업자는 판매대금의 일부를 할인해 주는 것을 현금할인이라고 한다.

2) 거래할인

거래할인은 중간상이 제조업자가 일반적으로 수행해야 할 업무(마케팅 기능)의 일부를 수행할 경우 이에 대한 보상으로 경비의 일부를 제조업자가 부담하는 것이다. 일반적으로 유통마진은 유통경로 내에서 각 경로구성원이 수행하는 기능에 따라 주어진다. 유통마진은 대체로 %형식으로 주어진다.

각 중간상에게 주어지는 할인율(마진율)은 대체로 수행하는 경로기능에 따라 정해지지만 경우에 따라서는 경로구성원의 시장파워에 의해 결정되는 경우도 있다. 예를 들어 우리나라 백화점의 경우 점포임대 외에는 수행하는 기능이 거의 없지만 강한 고객흡인력 때문에 높은 마진율을 요구하고 있다. 이와 같이 각 경로구성원의 마진에는 경로기능을 수행할 때 발생되는 비용이 포함되어 있으므로 실제 순이익은 전체 마진에서 이 비용을 제외한 잔여분이 된다.

3) 판매촉진지원금

판매촉진지원금은 중간상이 제조업자를 위해 지역광고를 하거나 판촉을 실시할 경우 이를 지원하기 위해서 지급되는 보조금이다.

지원금은 중간상이 제조업자에게 물품대금을 지불할 때 그 금액만큼을 공제하는 것이 보통이다. 판촉지원금의 형태에는 물량비례보조금, 머천다이징보조금, 리스팅보조금, 재고보호보조금, 리베이트 등 여러 가지가 있다. 물량비례보조금(case allowance)은 특정기간 내에 구매하는 상품의 양에 따라 지원금을 지급하는 형태이며, 머천다이징보조금(merchandising allowance)은 점포내에 판촉물을 전시하거나 소매점광고에 자사상품을 소개하는 경우에 지급되는 형태이다.

또한 신제품을 구매하거나 특별전시하는 경우에 지급되는 리스팅보조금(listing allowance), 제조업자의 판촉기간 동안 소매업자가 구입한 상품의 재고위험성을 보상하기 위한 소매점 재고보호보상금(floor stock protection allowance) 등의 형태가 있다. 리베이트(rebate)는 소매업자의 구매량을 늘리고 소비자가의 할인을 유도하기 위해서 사용되는데 판매 후 구매영수증을 비롯한 증명서를 제조업자에게 보내면 제조업자가 판매가격의 일정률에 해당하는 현금을 반환해 주는 것을 말한다.

4) 수량할인

수량할인은 중간상들이 일시에 대량구매를 하는 경우 현금할인을 해주는 것이다. 예를 들면 운반단위별 구매(예를 들면, 한 트럭분, 한 컨테이너분)에 대한 할인, 연간 총 구매량에 따라 주어지는 연간구매량 사후할인(annual volume rebate) 등이 있다. 대체로 할인율은 구매량에 따라 증가한다.

5) 계절할인

계절할인은 제품판매에 있어 계절성이 있는 경우(예를 들어, 에어컨과 난방기기 등) 비수기에 제품을 구매하는 고객에게 할인을 해주는 것이다. 제조업자는 계절할인을 통해 적정수준의 조업도를 유지할 수 있으며 자금흐름과 제품보관에 따른 자금부담을 해소할 수 있는 것이다.

6) 상품지원금

상품지원금은 중간상이 하자있는 제품, 생산된 지 오래된 제품, 질이 떨어지는 제품 등을 구매할 때 이를 보상하기 위해 지급되는 지원금이다. 의류산업에서 재고품이나 하자품을 처분하기 위해서 자주 사용되고 있다.

3. 가격전략의 경쟁적 측면과 유통경로전략

경로구성원들은 대체로 두 가지 형태의 경쟁환경에 처해있다. 첫 번째 형태는 상표(제조업체) 간 경쟁으로 농심라면과 삼양라면과의 경쟁과 같은 것이고, 두 번째 형태는 동종상표를 취급하는 소매점 간의 경쟁으로(상표 내 경쟁), 농심라면판매를 둘러싼 CU와 GS25 간의 경쟁을 예로 들 수 있다.

상표 간의 경쟁은 경쟁상표의 대체성이 얼마나 높으냐에 따라 결정되며 대체성이 높을수록 경쟁은 치열해진다. 상표 간 경쟁이 심한 경우 제조업자는 중간상들에게 경쟁업체에 비해 경쟁력 있는 가격을 제공할 수 있어야 한다. 또한 경쟁사들의 가격변화를 늘 주시해야 하며 자사 제품의 가격변화에 대한 경쟁사의 대응책을 예상할 수 있어야 한다.

서로 다른 유통경로를 통해 동일제품이 판매될 경우에는 동일상표에 대한 유통경로 구성원 간의 가격경쟁력이 달라질 수 있다. 예를 들어, 코카콜라의 경우 대형마트, 편의점, 수퍼마켓, 식당, 자판기 등을 통해서 유통되고 있다. 대형마트나 수퍼마켓체인 같은 대형 소매업체는 도매상을 통하지 않고 직접 제조업체로부터 상품을 구매하는 경우가 흔하다. 따라서 이들은 도매상에게서 상품을 구매하는 것보다 싼 가격에 공급을 받을 수가 있으므로 동일상표를 둘러싼 중간상들 간의 경쟁에서 우위를 점할 수 있다.

4. 가격변화가 경로구성원에게 미치는 효과

경로구성원들은 여러 가지 이유로 가격을 변화시킨다. 원가상승에 의한 가격상승, 경쟁에 의한 가격인하, 재고처분을 위한 세일, 신제품 판촉을 위한 저가격적용 등이 그 이유 중의 일부다. 우리나라의 경우 제조업체나 중간상 모두 가격변화의 단기적·장기적 영향을 고려하지 않은 채 가격변화를 시도하는 경우가 많다. 이하에서는 제조업자의 장기적 가격변화와 단기적 가격변화가 시사하는 바를 살펴보자.

1) 장기적 가격변화

인건비, 재료비, 재고비, 기타 비용의 상승은 결국 제조업자의 가격인상 요인이 되고 이는 궁극적으로 소비자의 부담으로 이전된다. 제조업자가 가격을 인상할 때 중간상들은 인상된 제품을 계속 취급할 것인지, 도소매가격을 얼마에 책정할 것인지 그리고 자신들의 마진이 얼마나 될 것인지 등을 재평가해 볼 것이다. 따라서 제조업자가 가격인상을 결정할 때는 수요감소 외에도 도소매업자들의 지원이 약화될 가능성 등을 고려하여야 한다. 물론 이와 같은 경우는 중간상이 여러 공급업체와 거래하고 있는 경우이고 단일 공급원과 거래하는 중간상은 다른 관점을 가질 수 있다. 가령 우리나라의 대리점 체제하에서는 가격상승은 절대마진의 증가를 가져오므로 단기적인 이익을 추구하는 중간상의 입장에서는 이를 바람직하게 받아들일 수도 있는 것이다. 그러나 장기적으로 본다면 가격인상은 결국 최종소비자의 구매감소를 가져오므로 중간상의 이익에 부정적인 영향을 준다고 봐야 할 것이다.

제조업체가 가격인상을 단행하기에 앞서 현재의 가격에서 중간상의 추가 구매기회를 주기 위해 가격인상을 사전에 공고하는 경우가 종종 있다. 이러한 관행은 단기간안에 주문이 쇄도하여 이를 효율적으로 처리하지 못하거나 가격인상후에 오랜 기간 동안 주문이 없기 때문에 재고부담, 생산스케줄 조정의 어려움 등의 결과를 초래할 수 있다.

2) 단기적 가격변화

가격결정과 관련하여 경로구성원이 당면하게 되는 가장 어려운 문제는 단기적 가격변화(세일, 가격인하)의 효율적 사용일 것이다. 전략적으로 잘 고안된 세일이나 가격인하는 단기적 매출증대를 가져올 수 있고 재고처분 등의 효과가 있지만 이의 남용은 수요의 집중화, 소비자의 가격에 대한 불신 등을 초래하게 된다.

빈번한 세일의 대안으로 개발된 전략이 상시저가전략(everyday low pricing)이다. 우리나라에서도 할인점들에 의해 일반화된 가격정책인데 미국의 할인점인 Wal-Mart에서 처음 사용된 이 전략의 핵심은 모든 제품의 가격을 경쟁소매점보다 항상 싼 값에 판매한다는 것이다. 그러나 제조업자의 잦은 공급가격변화는 이 전략의 실행에 커다란 장애가 된다. 잦은 지원금 제도의 실시와 단기간의 가격인하 등은 상시 저가전략을 구사하는 소매업체로 하여금 상시 저가를 유지할 수 있는 비용산정을 매우 어렵게 하고 있다. 그러나 이러한 소매업체들의 규모가 증대되고 시장지배력이 커지게 되면 이들 업체가 제조업체에 대해 일관성 있는 가격정책을 요구하게 될 것이며 이러한 요구에 부응하지 못하는 제조업체의 제품을 점포에서 철수하게 할 가능성도 있다.

잦은 단기적 가격변화는 장기적으로 부정적 결과를 초래할 가능성이 크다. 즉 중간상들은 가격촉진에 습관화가 되어 제조업자의 지원없이는 움직이지 않으려는 수동적 자세를 보이며 소비자들도 가격할인없이는 상품을 구입하지 않으려 할 것이다. 따라서 경로구성원들은 전략적 · 논리적 근거 하에서 가격변화를 구사해야 할 것이다. 다음과 같은 단기적 가격변화는 전략적 근거를 갖는다고 볼 수 있다.

- 계절성이 있는 상품의 시즌 말 재고처분을 위한 가격인하
- 신제품도입시 의구심을 갖는 소비자들의 수용을 촉진하기 위한 특별 도입가격
- 생산스케줄의 조정을 위한 재고처분목적의 가격인하
- 제품개량이 이루어진 경우 소비자에게 이를 설득시키기 위한 보조수단으로서의 단기적 가격인하
- 소매점의 내점고객빈도를 높이기 위해서 몇 개의 특정제품들을 파격적인 가격에 판매하는 것(loss leading product)

PART

05

미래유통

PRINCIPLES OF DISTRIBUTION

CHAPTER 12

유통산업의 미래

'쇼핑 과학' 창시자 언더힐
"더 나은 아날로그를 찾아라"

"리테일(소매업) 매장은 새롭게 태어나 번성하고, 생명을 다한 뒤 새로운 모델탄생의 밑거름역할을 하는 순환의 역사를 반복해 왔다. 20년 전의 '좋은 매장'과 지금의 좋은 매장은 다를 수밖에 없다. '우리'가 달라졌기 때문이다."

신종 코로나바이러스 감염증(코로나19)의 세계적인 대유행은 리테일산업의 얼굴도 바꿔놓았다. 온라인과 모바일쇼핑의 확산으로 코로나사태 이전부터 어려움을 겪은 '브릭 앤드 모르타르(brick and mortar · 오프라인 유통매장) 매장들의 고통은 한층 깊어졌다.

영국의 유명 백화점 데버넘스와 미국의 대표적 고급백화점 니먼 마커스, 1902년에 문을 연 '가성비 좋은 백화점'의 대명사 J.C.페니(Penney) 등이 모두 지난해 역사 속으로 사라졌다. 그렇다고 그늘만 있던 것은 아니다.

파코 언더힐 인바이로셀 창업자 겸 CEO

대표적인 브릭 앤드 모르타르 업체인 코스트코는 독특한 회원제시스템으로 '저(低)마진 고(高)수익'구조를 유지하면서 2008년부터 지난해까지 11년 연속으로 매출을 끌어올렸다. 봉쇄

조치와 재택근무확산으로 집에서 보내는 시간이 길어지면서 홈디포로 대표되는 미국집수리용품 판매업체들도 톡톡히 재미를 봤다.

팬데믹이전까지 쇼핑의 중심에 섰던 여성들의 가사부담이 재택근무하는 남편과 화상수업하는 아이들로 인해 크게 늘어난 것도 리테일산업에 악재로 작용했다. 바이러스 감염우려가 없는 '안전한 쇼핑'에 대한 관심이 크게 늘면서 빅데이터 기반의 인공지능(AI) 기술과 가상현실(VR)・증강현실(AR) 등 첨단기술접목에도 가속도가 붙었다.

'쇼핑과학'의 창시자로 불리는 파코 언더힐 인바이로셀(Envirosell) 창업자 겸 최고경영자(CEO)는 코로나19 사태가 리테일산업에 미친 영향을 시간과 부(富)의 변화, 여성의 역할변화, 기술변화 등을 중심으로 설명한다.

인바이로셀은 미국 뉴욕 맨해튼 브로드웨이에 본사를 둔 컨설팅업체다. 우리나라를 비롯해 중국과 일본, 브라질과 멕시코에 지사를 두고 있으며, 맥도날드와 스타벅스, 씨티은행, 삼성전자 등 세계적인 글로벌기업을 비롯해 46개국의 크고 작은 프로젝트에 관여해 왔다.

인바이로셀은 분석의뢰를 받은 매장에 '추적자(tracker)'라고 부르는 조사원들을 배치한다. 이들은 특정 쇼핑객과 일정한 거리를 유지하며 매장을 어느 경로로 돌아다니고 어떤 제품에 관심을 보이는지, 집어든 제품의 정보(디자인・가격・성분・유통기한 등) 가운데 무엇을 눈여겨보는지, 얼마나 오래 매장에 머무는지 등을 세밀하게 기록한다. 장을 나서는 쇼핑객을 붙잡고 행동의 의미를 묻기도 한다. "쇼핑의 과학은 '관찰'에서 출발한다"는 언더힐의 신념이 반영된 것이다.

언더힐이 1999년 펴낸 "쇼핑의 과학(Why We Buy : The Science of Shopping)"은 지금까지 28개 언어로 번역된 리테일 분야의 필독서다. 책을 한줄로 요약하면 '소비자를 매장에 오래 붙잡아 놓고 물건 하나라도 더 팔기위한 고찰'이다. 22년의 시간이 흘러도 널리 읽히는 건 '변하지 않는 것'에 초점을 맞췄기 때문이라는 설명이다. 미국 코네티컷주 매디슨의 자택에 머물고 있는 언더힐을 구글 미트로 화상인터뷰했다.

코로나19 팬데믹이 리테일 산업에 미친 영향을 간단히 설명한다면

"팬데믹으로 전에 없던 현상이 나타났다기 보다는 이전에 있던 움직임이 가속화됐다고 보는 것이 맞다. 변화의 많은 부분은 집에서 보내는 시간이 늘어난 것과 관련이 있다. 전 세계 어디나 마찬가지다. 가족과 많은 시간을 보내면서 삶의 우선 순위에 대해서도 많은 생각을 했을 것이고, 가족이 함께하는 식사자리나 가족을 위한 요리의 기회도 늘었을 것이다. 이같은 변화는 결국 소비패턴의 변화로 이어졌다. 팬데믹 기간 중 미국에서 제빵요리책과 와플믹스 등의 판매가 급증한 것이 대표적인 예다."

마케터 입장에서 특별히 관심을 갖고 지켜봐야 할 변화가 있을까

"원격 커뮤니케이션의 확산으로 연령대에 따른 '디지털 리터러시(디지털정보이해·표현능력)' 격차가 중요한 이슈가 될 것이다. 새로운 디지털기술에 관해서 만큼은 50대에게 20대 만큼의 적응능력을 기대하기는 어렵다. 여성의 위상변화도 중요한 변화다. 팬데믹이전까지 소비에서 여성의 영향력은 압도적이었다. 화장품이나 음식, 의류는 물론 정보기술(IT) 기기에 이르기까지 모든 분야에서 그랬다. IT 기기의 경우 남성들은 자신을 위해 구입하지만, 여성들은 본인은 물론 아이들과 부모를 위해서도 구입하기 때문이다."

그건 팬데믹 이후에도 마찬가지 아닌가

"팬데믹 이후 집에서 재택근무와 화상수업을 하는 경우가 늘어나면서 여성들이 집에서 남편과 아이들을 돌봐야 하는 부담까지 떠안게 됐다는 것이 문제다. 미국의 상황도 심각하다. 많은 학교들이 열었다 닫았다를 반복하고 있고, 15세 이하 아이들은 특히 손이 많이 가기 때문이다."

또 어떤 부분에 주목해야 할까

"시간사용에도 변화가 생겼다. 우리가 지하철에서 이동중에도 모바일쇼핑을 즐길 수 있는 건 동시에 여러 일을 하는 '멀티태스킹'이 가능해졌기 때문이다. 그런데 팬데믹 기간 동안 우리의 멀티태스킹 능력에도 일정 부분 제약이 불가피해졌다. 재택근무하는 남편과 화상수업을 듣는 자녀를 돌보며 가사일까지 해야 하는 전업주부의 경우나 집에서 화상회의 중 택배기사가 초인종을 누르는 경우를 생각해 보면 이해가 될 것이다."

기술변화의 영향은 어떤가

"옷감을 위생적으로 관리하는 기술이나 매장의 CCTV와 고객 스마트폰을 연동해 적절한 거리를 두지 않을 경우 알림을 보내는 기술, VR 기술을 접목한 가상(virtual) 드레싱룸 등 다양한 안전한 쇼핑을 위한 다양한 기술접목이 시도되고 있다. 나는 전 세계 여러 기술기업의 이사회에도 참여하고 있다. 리테일산업에서 첨단기술의 접목방향을 지켜보는 것은 흥미로운 일이다. 20세기의 기술이 대형화를 지향한 반면 21세기의 기술은 반대로 더 작아지는 쪽으로 움직인다는 것도 주목할 필요가 있다."

무슨 뜻인가

"집에서 김치를 만들어 먹는 것과 서울에서 수입한 것을 먹는 것 중 어느 편이 더 건강에 좋을까. 당연히 집에서 만든 쪽이 건강에 좋을 것이다. 적어도 그렇게 생각하는 사람이 훨씬 많다. 건강과 환경에 대한 관심이 커지면서 텃밭에서 채소를 직접 재배하거나 태양열발전기를 설치하는 사람이 늘어난 것 등이 모두 '소형화' 추세의 예다."

기술변화로 전 세계적인 부의 지형도 또한 바뀌고 있는 것 같다

"그렇다. 상하이의 쇼핑몰에서 각각 30대와 60대의 중국인 여성이 나란히 걷고있다면 확률적으로 30대 여성의 자산이 더 많을 가능성이 크다. 하지만 미국이나 서유럽의 경우에는 그 반대일 확률이 훨씬 크다. 한국과 중국 등 아시아 국가에서는 젊은이들의 손에 부가 쥐어져 있다. 기술의 진보를 적극적으로 끌어안은 덕분이다. 기술의 미래가 궁금하다면 이제는 뉴욕이 아닌 서울에 가야 한다."

VR 기술을 접목한 가상 드레싱룸의 이용 모습

미국에는 실리콘밸리가 있지 않나.

"실리콘밸리를 이끄는 힘은 다양한 인종과 문화에서 나온다는 것을 잊어서는 안 된다. 전 세계적인 BTS(방탄소년단) 열풍과 한류 드라마의 인기에서 알 수 있듯이 한국은 대중문화를 새롭게 창조했다. 이제는 한국도 다른 나라의 문화를 폭넓게 수용할 때가 됐다."

코로나 사태로 오프라인 쇼핑의 위기를 가속화했다. 앞으로는 어떨까

"우리가 사는 디지털 세상에는 아날로그의 자리도 사라지지 않을 것이다. 리테일 산업의 중요한 역할 중 하나는 '더 나은 아날로그'가 무엇인지 찾아내는 것이다."

구체적인 예를 부탁한다

"난 브라질의 한 쇼핑몰 기업 이사회멤버다. 요즘 중요한 프로젝트 중 하나는 공항에 쇼핑몰을 입점시키는 것이다. 인천공항에서 비행기를 기다리며 얼마나 많은 시간을 보내는지 생각해 보라. 오프라인 쇼핑이 비집고 들어갈 틈은 충분히 있다. 오프라인 매장의 역할은 그저 물건을 쌓아두고 보관하는 것이 아니라 보고, 느끼고, 경험하게 만드는 것이다. 간호사나 건설현장의 관리자, 의사와 경찰처럼 사무실에서 온라인쇼핑으로 물건을 전해받기 어려운 이들이 많이 있다는 것도 '더 나은 아날로그'를 찾아야 하는 이유다. 사실 우리 시대의 디지털기술은 아날로그에 상당부분 의존하고 있다. 스마트폰에 문제가 생기면 통신사매장에 가는 것 외에 달리 방법이 없지 않겠나."

리테일 업계의 경영방식도 달라져야 할 부분이 있을까

"리테일기업의 사무실이나 식음료 매장에서 관리자들의 자리는 출입구에서 가장 먼 곳에 있는 경우가 많다. 이제는 출입구에서 가장 가까운 곳으로 자리를 옮겨야 한다. 눈에 띄지 않는 곳에서 스마트기기의 화면을 보며 생각에 몰두하기 보다는 밖으로 나가 매장에서 시간을 더 보내야 한다. 내가 제프 베이조스(아마존 최고경영자)라면 매달 일주일은 물류창고에서 시간을 보낼 것이다."

출처 : 2021년 2월 1일, 조선비즈

제1절 국내 유통산업

1. 국내 유통산업의 현황

유통산업은 농·임·축·수산업 및 공산품의 도매·소매·보관·포장 및 이와 관련된 정보·용역의 제공을 목적으로 하는 산업을 말한다.

국가마다 유통산업의 발달상황과 구조적 특성, 정책 등이 매우 상이하지만 유통산업은 몇 가지 공통된 특성을 가지고 있다.

첫째, 유통산업을 구성하는 대부분의 소매점은 자영 단독점포인 경우가 대부분이다. 그러나 이러한 독립점포는 고용면에서 차지하는 비중에 비해 전체 소매 매출액에서 차지하는 비중은 크지 않다.

둘째, 대부분의 국가에서 유통산업에 종사하는 기업의 수나 매출액 등이 식음료산업에 크게 치중되어 있다. 이외에 매출액이 큰 다른 상품군은 직물, 의류, 가전제품, 자동차 관련 제품 등이다.

셋째, 유통산업은 비교적 낮은 임금과 상대적으로 높은 미숙련 노동자 고용률을 갖고 있고 파트타임 근로자와 여성근로자가 많은 특징을 지닌다. 그러나 제품의 다양화에 따른 소비자선호와 기술의 변화로 높은 서비스품질이 요구됨에 따라 숙련노동자에 대한 수요가 매년 증가하고 있는 추세이다.

국민경제적 관점에서 볼 때 유통산업은 생산자와 소비자 간에 상품과 정보의 흐름을 원활히 이루어지게 하고 나아가 생산과 소비를 효율적으로 연결시켜 국가경제활동이 활성화 되도록 하는 역할을 담당한다.

국내의 경우 [표 12-1]에서 보듯이 유통산업은 2017년의 경우 GDP의 10%, 전체 고용인구의 20%를 차지하는 대표적인 산업이다. 2016년 말 기준으로 전국 유통업에 종사하는 인구는 약 1148만명이며 총 거래규모는 1900조 원을 넘고 있다([표 12-2] 참조).

국내의 경우 국가 총생산에서 유통산업이 차지하는 비중은 주요 선진국과 비교해 볼 때 비슷하거나 조금 낮은 수준이지만 총 고용면에서 유통산업이 차지하고 있는 비중은 매우 높다. 이러한 사실은 국내 유통산업의 생산성과 효율성이 주요 선진국에 비

표 12-1 유통산업의 비중

연도	유통산업		제조업		서비스업	
	GDP	고용비중	GDP	고용비중	GDP	고용비중
2013	9.5	19.0	31.0	8.5	59.3	23.5
2014	9.7	19.7	30.2	8.2	59.6	24.0
2015	10.0	19.8	29.8	8.7	59.4	23.7
2016	9.9	19.9	29.5	8.5	59.2	24.1
2017	10.2	20.1	30.4	7.8	58.3	25.3

출처 : 통계청 경제활동인구조사.

표 12-2 국내 도·소매업 현황

구분(단위)	2012	2013	2015	2016
사업체수(개)	2,501,468	2,545,159	2,753,402	2,816,663
종사자수(명)	9,244,783	9,658,938	11,172,626	11,480,129
매출액(백만원)	1,371,473,212	1,381,864,999	1,818,840,006	1,908,545,958
점포당 종사자수(명)	3.70	3.80	4.06	4.08
업체당 매출액(백만원)	548	543	661	678
1인당 매출액(백원만)	148	143	163	166

출처 : 통계청 도소매업조사.

해 낮다는 의미이다. 국내 유통산업 종사자의 일인당 부가가치는 OECD 국가들 가운데 매우 낮은 편으로 그 이유는 영세한 생계유지형태의 중소유통업체가 전국 유통업체의 대부분을 차지하고 있기 때문이다.

과거 국내에서 오랜 기간 유통산업의 중요성이 저평가되고 그 발달이 지체되어 온 원인으로는 사농공상의 위계에 따른 상업천시 의식이 팽배해 있었다는 점, 일제통치기에 일본의 상업자본이 국내 상업계를 장악·독점하여 우리 스스로 상업자본을 축적할 수 있는 기회를 상실했다는 점 그리고 1970년대 이후 본격 성장한 제조업 중심의 재벌들이 유통채널을 독점적으로 지배함으로써 기업형 유통기업의 성장이 제한받아 왔다는 점들을 지적할 수 있다.

그러나 1980년대 이후 서비스산업의 세계화를 촉진시킨 우루과이 라운드(UR)협상의 영향으로 정부는 3단계 개방일정을 거쳐 1996년 1월 유통시장을 전면 개방하였다.

이에 따라 외국 유통업체의 국내진출이 가속화되고 2000년대 들어서 정보기술을 활용하는 고효율 소매업태인 할인점과 온라인 소매업체의 폭발적인 증가로 기업형 대형 유통업체의 성장세가 뚜렷해지면서 이제는 유통산업이 21세기 미래성장을 주도할 신산업으로 인식되기에 이르렀다.

2. 국내 및 글로벌 유통환경의 변화

1996년 유통시장이 전면개방된 이후 2000년대로 들어서면서 국내 및 글로벌 유통산업은 유통업태 전 분야에 걸쳐 큰 변화가 일어나고 있다. 유통산업의 주요한 환경변화를 살펴보자.

1) 시장개방의 가속화

1996년 이전 우리나라 유통산업의 가장 큰 이슈는 국내 유통시장의 전면적인 대외개방에 관한 문제였다. 그 당시 우리와 경제여건이 비슷한 홍콩이나 대만 등이 이미 오래전에 유통시장을 개방하였고 서비스산업 자유화의 확산과 UR협상의 결과 우리의 유통시장개방은 불가피한 선택이었다.

따라서 1989년 도·소매업 진흥 5개년 계획수립 시 단계적인 유통시장개방계획을 발표하면서 본격적인 대외개방정책을 추진하게 되었던 것이다. 이후 1993년 12월에 UR타결을 위한 최종 양허안을 제출하면서 1996년 1월 1일 이후 우리나라 유통시장은 완전히 개방되었다.

아울러 1996년부터 해외의 유통업체와 제조업체는 도·소매업에 단독 또는 프랜차이징 형태로 국내에 진출할 경우 매장면적과 점포수의 제한을 받지 않게 되었다. 이러한 유통시장의 전면개방은 국내 유통산업에 커다란 변화를 가져왔다. 1996년 유통시장개방 이후 외국 유통업체들이 기술제휴 등 그 동안의 간접적 진출방식에서 직접투자방식으로 전환하여 국내진출을 본격화했고 이에 대응해 국내 대형유통업체들도 중국 등 해외 유통시장에 진출하는 등 국제화를 적극적으로 추구하고 있다.

기업형 수퍼마켓 emart everyday

2) 유통업체의 대형화 및 다점포화의 가속화

롯데, 신세계, 현대백화점 등 주요한 기존 대형 유통업체들은 대형마트 및 백화점 영역에서 유망상권을 선점하기 위해 공격적인 다점포화를 추진하면서 수도권 중심의 확장전략에서 벗어나 지방출점을 가속화해오고 있다.

또한 기업형 수퍼마켓(SSU : super supermarket), TV 홈쇼핑, 온라인쇼핑 등에도 활발히 진출하여 소매재벌(retail conglomerate)의 형태를 띠고 있다.

3) 소비자의 변화

국내의 경우 핵가족화에 따른 가구수의 증가가 지속적으로 이루어지고 있다. 이러한 가구수의 증가는 주로 도시에 집중되어 대규모 소매점의 성장을 촉진하고 높아진 구매력은 소매점이 규모의 경제를 실현할 수 있는 토대를 제공하였다.

경제성장으로 인한 소득수준의 향상으로 소비자들은 고급화 · 다양화된 상품과 서비스를 요구하고 문화 · 교육 · 오락 · 여가활동에 대한 관심을 증대시키게 되었다. 이는 전근대적인 유통업체인 재래시장과 구멍가게의 쇠퇴를 초래하였고 현대화된 시스템을 갖춘 백화점, 편의점, 대형마트 등과 같은 업태가 성장하는 계기가 되었다. 급속한 자동차의 보급으로 소비자들의 쇼핑이 주거지에서 탈피하는 경향을 보이고 있다.

이는 대형 소매점의 교외입지를 가능하게 만들었으며 도심지역의 대형 소매점들은 다른 성장방향을 모색하게 되었다. 도시화초기에는 인구집중에 따라 상권의 도심집중 현상을 야기했으나 급속한 도시화의 진전에 따라 상권이 부도심, 교외주거지역, 위성도시 등으로 분산되고 있다. 20~30대 신세대 연령층이 사회활동에 본격참여함으로써 품질 · 고감각상품에 대한 선호가 증가하고 있으며 60세 이상 인구의 비중이 증가함에 따라 실버시장이 성장하고 있다. 또한 핵가족화 현상과 맞벌이 부부의 증가로 야간 및 휴일쇼핑이 증가하고 있는 추세이다.

가계소득이 꾸준히 증가함에 따라 생활필수품에 대한 지출비중은 감소한 반면 문화 · 통신 · 레저 등에 대한 소비의 비중이 상대적으로 증가하였으며 감성을 중시하는 경향으로 인해 브랜드 · 디자인 · 색상 등이 제품 선택의 주요 고려요인이 되었다. 그러나 1997년 IMF 관리체제와 2008년 글로벌 금융위기로 인해 절약과 경제성을 추구하는 소비자가 늘어남에 따라 할인점 주도의 가격경쟁이 심화되었다. 이러한 가격파괴 현상과 오픈 프라이스(판매자 가격표시) 제도의 영향으로 제조업체가 유통시장을 지배하고 있던 전통적 상품가격 결정체제가 무너지고 시장의 가격결정권이 강력한 구매력(buying power)을 가진 소매유통업체로 이전되는 결과를 초래했다.

4) 옴니채널에 기반한 업태 간 경쟁격화

제품과 같이 소매상도 도입, 성장, 성숙, 쇠퇴기의 수명주기를 갖는다. 이러한 소매수명주기 현상의 근본적 원인은 무엇일까? 가장 중요한 이유로는 소비자의 니즈변화 등 환경변화와 이러한 소비자 니즈를 더욱 충실히 충족하는 새로운 유통업태의 등장을 꼽을 수 있다. 한때 세계 유통사업을 제패했던 Sears는 대형 할인전문점(카테고리 킬러)의 제품 다양성과 저가공세에 의해 몰락하였고 Wal-Mart보다 우세한 경쟁력을 가지고 있었던 K-Mart도 Wal-Mart가 정보기술을 조기에 도입하여 저가실현을 함으로써 가격경쟁력에서 열세를 보이면서 파산하게 된다. 최근 들어 온라인 유통서비스 지향적으로 고객욕구가 변화함에 따라 Wal-Mart는 가격 및 개별욕구충족에서 아마존의 경쟁우위로 인해 유통시장에서의 선도적 지위에 위협을 받고 있다.

소비자 요구의 다양화 및 시장의 세분화, 정보기술의 발달과 같은 유통환경의 급속한 변화로 인해 끊임없이 새로운 업태의 소매상이 등장하고 있고 기본 소매상들 간의 경쟁 역시 보다 격렬해지고 있다. 소매시장에서의 경쟁은 이미 동종업태 내 소매상들 간의 경쟁에서 벗어나 상이한 소매업태들 간의 경쟁으로까지 확산되고 있다. 이에 따

옴니채널의 정의

매장 · PC · 모바일 · TV · 카탈로그 등 여러 개의 쇼핑채널을 소비자 중심의 관점에서 각 채널을 빈틈없이 유기적으로 결합, 일괄된 쇼핑경험을 끊김없이 제공함.

그림 12-1 옴니채널의 정의

라 소매상의 경영이 혁신 지향적이지 않고는 생존하기조차 어렵게 되었다. 이러한 업태 간 경쟁은 지속될 것으로 보인다. 정보화 · 대형화 · 전략적 제휴 등에 기반을 둔 업체 간 · 업태 간의 치열한 경쟁은 유통산업을 보다 효율적이고 고객지향적으로 변화시킬 것이다.

최근 들어 온라인의 공세와 오프라인의 수성으로 특징지어졌던 유통시장의 경쟁구도는 이제 구분이 무의미한 온 · 오프 융합시대로 접어들고 있다. 바로 탈경계화다. 실제로 2013년 초 영국 전자제품 유통소매업체 코메트, 카메라 전문업체 제솝, 음반유통업체 HMV 등 오프라인에서 각 부문을 선도하던 오프라인 유통기업들이 연쇄적으로 도산했다. 하나의 판매망을 고집해선 생존할 수 없다는 우려가 현실화되면서 세계 유통업계가 이러한 추세에 적극 대응하고 있다. 세계3위의 유통그룹 영국 테스코는 일반매장규모를 뛰어넘는 초대형매장을 운영하면서도 온라인으로만 주문을 받아 배송을 전담하는 매장인 닷컴 온리 스토어를 열었다. 미국 아마존닷컴은 반대로 온라인에서 출발해 아마존 프레시라는 신선식품 배송서비스로 온 · 오프 융합시장에 진출함으로써 사업을 확장하고 있다. 테스코와 아마존의 이 같은 선택은 글로벌 유통시장의 핵심성공요인으로 부각되고 있는 옴니채널(Omni Channel; 온라인-오프라인 채널결합)전략의 일환이다.

옴니채널전략이란 인터넷, 모바일, 오프라인 매장 등 여러 채널의 결합을 통해 고객의 편의와 기업의 실적을 극대화시키는 유통전략이다.

국내 유통업체들도 고객의 점포 애호도를 구축하기 위해 경쟁적으로 옴니채널전략을 추구하고 있다. 롯데백화점은 백화점 애플리케이션(앱)을 다운로드받은 고객이 매장에 들어서면 앱이 자동으로 실행되면서 스마트폰으로 해당 매장의 주요 신상품과 할인·가격정보를 알려주는 서비스를 도입했다.

5) 첨단기술의 중요성 증가

첨단기술은 경쟁도구로서 그 중요성이 갈수록 커지고 있다. 혁신적인 유통업체와 제조업체들은 첨단 정보통신기술과 소프트웨어 시스템을 기반으로 보다 정확하게 고객수요를 예측하고, 재고비용을 효율적으로 통제하고, 상품공급 업체들에게 전자식주문을 하고 점포들 간에 거래정보를 공유한다.

미국의 Wal-Mart는 컴퓨터네트워크, POS, EDI시스템, 위성통신망, 무선바코드(RFID)를 활용한 매장운영시스템 등 첨단 유통정보기술에 대한 투자를 통해 거대 소매업체로 성장하였다. 국내의 경우 대형마트, 편의점, 창고형 도·소매점 등의 신유통업태의 성공은 첨단 유통정보시스템에 기인하는 바가 크다.

소매기술에서 가장 눈부신 발전이 이루어진 분야는 소매점들이 오프라인 매장만으로는 실현하기 힘든 고객들과 관계를 맺는 방법이다. 오늘날 소비자들은 온라인구매의 속도와 편리함 그리고 인터넷이 제공하는 구매과정에 대한 높은 통제에 익숙해져 있다. 웹은 소비자로 하여금 원하는 시점에 원하는 어느 곳에서나, 경쟁상품 및 이들의 가격에 관한 정보에 즉시 접근할 수 있도록 해준다. 소매점들은 웹 형태의 기술을 매장에 적용하려고 경쟁적으로 노력한다. 많은 소매점이 터치스크린 키오스크, 손바닥 크기의 휴대형 쇼핑보조기기, 고객로열티 앱(customer royalty apps)에서부터 상호작용방식의 드레스 룸 거울(interactive dressing room mirrors), 가상판매사원(virtual sales associates)에 이르기까지 다양한 첨단기술을 도입하고 있다.

가령 미국의 Macy's 백화점은 디지털방식을 활용해 매장 내에서 쇼핑하고 있는 소비자들의 주의를 유발한다. 선택된 소비자가 Macy's 에 들어오면 블루투스 신호를 통해 그들의 태블릿이나 스마트폰에 있는 shopBeacon 앱이 작동되는데 이 앱은 고객을 맞이하고 점포 내 상품을 추천하며 고객의 위치에 맞추어 보상, 취급상품, 할인정보를 제공한다. 이 앱은 상점내부와 집에서 모두 사용할 수 있다. 소비자가 온라인에 있는 특정 상품에 대해 "좋아요"라고 표시하면 shopBeacon은 그 상품이 상점 어디에 있는

지 알려주고, 당신만을 shopBeacon은 최신기술에 능통한 Macy's 고객들을 믿음직한 파트너로 만들고 그들의 상점쇼핑경험을 개인화하는 데 그 목표를 둔다. 그러나 소매기술의 미래는 온라인과 오프라인 쇼핑경험을 결합해 완벽한 쇼핑경험을 제공하는 데 있다. 온라인 소매업이 빠르게 성장하고 오프라인 소매업이 쇠퇴하는 것이 문제가 아니라 이 둘을 어떻게 통합할 것인가가 소매업체들의 전략적 과제이다.

Macy's 백화점 shopBeacon 앱 활용모습 위한 고객화 된 상품을 알려줄 수도 있다.

예를 들어 Wal-Mart 의 목표는 소비자들에게 "언제나, 어디서나"라는 쇼핑경험을 주기 위해 온라인, 소셜미디어 혁신을 오프라인 상점과 융합시키는 것이다. 매장 내 쇼핑을 증가시키기 위해 Wal-Mart는 @WalmartLabs를 만들었으며 이는 쇼핑을 좀 더 편리하고 다가가기 쉽고, 즐겁게 만드는 모바일 및 소셜미디어 플랫폼이다. 예를 들어 Walmart Gifts 선물 찾기 앱은 사용자의 페이스북에 있는 좋아요, 댓글, 상태 업데이트 그리고 다른 데이터들을 이용해 소비자들에게 최상의 상품과 친구를 위한 선물을 추천한다. 풍부한 기능의 모바일 앱들은 소비자가 스마트한 구매목록을 작성할 수 있도록 하며 바코드를 읽고, 가격을 체크하고, 상품정보에 접근하고, 실시간으로 쿠폰을 스캔할 수 있도록 한다. 이 모든 것은 스마트폰이나 태블릿으로 집에서, 직장에서, 상점에서, 또는 그 사이 어떤 곳에서나 이루어진다. 소비자들은 곧 셀프계산대에서 스마트폰을 이용해 결제하게 될 것이다. @WalmartLabs의 Walmart SocialStore 팀은 매장 내에 적용할 소셜미디어, 모바일, 키오스크 기술을 연구하고 있는데 이는 고객들의 쇼핑에 보조적 역할을 할 뿐 아니라 상점이 소비자들을 더 잘 알고 더 나은 서비스를 제공할 수 있도록 할 것이다.

Spotlight "리테일의 미래, 오프라인에 있다"

오프라인 매장은 미래에도 중요한 채널…
디지털화 진행될수록 '실재적 경험' 욕구커질 것
'리테일 레거시' 버리고 새로운 시각으로 공간 재구성해야

"디지털화가 진행될수록 실재적 경험과 직접 소통에 대한 소비자들의 욕구는 더 커질 것이다. 오프라인 매장은 미래에도 중요한 채널로 존재할 것이다." 황지영 노스캐롤라이나대학 교수는 이렇게 말했다.

오프라인 유통이 절체절명의 위기를 맞았다. 온라인쇼핑의 부상과 코로나바이러스 감염증(코로나19) 장기화로 오프라인 매장은 폐점공포가 가속화되고 있다.

황지영 노스캐롤라이나대 교수

코어사이트 리서치에 따르면 미국에선 2019년에 9,800여개의 점포가 문을 닫았고, 지난해엔 2만 5,000여개의 소매점이 폐점한 것으로 추정된다. 여기엔 토이저러스, 시어스, 니만마커스 등 오랜 역사를 지닌 점포도 대거 포함됐다. 국내에서도 롯데를 비롯한 유통업체들이 구조조정과 온라인전환을 골자로 한 강도 높은 체질개선을 진행 중이다.

하지만 황 교수는 "코로나19 이후 비대면 소비가 확산하면서 온라인으로 유통판도가 바뀐 건 분명하지만, 여전히 오프라인은 중요한 채널"이라며 "지금은 오프라인의 종말이 아닌 오프라인의 재탄생을 준비할 시기"라고 강조했다.

황 교수는 미국 노스캐롤라이나대학교 마케팅전공 부교수로 재직하며 삼성전자, 신세계푸드, LG상사, GS리테일 등 국내외 유통기업을 대상으로 강연과 자문을 하고 있다. 그에게 오프라인 유통의 미래를 들어 봤다.

오프라인은 미래에도 중요한 채널로 존재할 것이라고 했다. 그 근거는?

개인적으로 스타벅스 창가에 앉아서 커피 한 잔을 마시며 일하고 친구들과 만나는 걸 좋아한다. 이사할 때도 집 근처에 스타벅스 매장이 있는지를 먼저 본다. 코로나19로 도시가 폐쇄된 후 재택근무를 하면서 그 공간이 무척 그리웠고, 인간의 본성은 디지털만으로는 채울 수 없다는 걸 실감했다.

비대면 쇼핑시대에도 오프라인 매장이 중요한 이유는 '실재적 경험'이라는 인간의 욕구를 충족시키기 때문이다. 이는 디지털세상에서는 채울 수 없는 가치이다. 지난해 국내에서 젊은 등산인구가 부쩍 증가한 것도 억눌린 실재적 경험에 대한 인간의 본성이 표출된 까닭이다.

특히 소비시장의 중심으로 떠오른 Z세대(1995년 이후 출생자)는 실재적 경험에 대한 욕구가 크다. 디지털이 일상인 이들에게 오프라인 매장은 기분전환과 안정감, 멋을 찾는 공간이다. 글로벌 컨설팅기업 커니의 조사에 따르면 Z세대 응답자의 91%가 오프라인 쇼핑을 선호하고, 73%가 매장에서 새로운 상품을 발견하기를 원했다.

디지털화가 가속화될수록 실재적 경험과 직접 소통에 대한 욕구는 더 커질 것이다. 이에 따라 오프라인 매장은 쇼핑을 넘어 재미와 정체성을 발견하는 공간으로 소비될 것이다. 아마존을 비롯해 안경 브랜드 와비파커, 남성복 보노보스 등 온라인 기반 직접 판매(D2C · Direct To Consumer) 브랜드들이 오프라인 매장을 적극적으로 여는 것도 바로 이런 이유에서다.

코로나19 이전에도 오프라인 유통은 쇠퇴하고 있었다. '소매업의 종말(리테일 아포칼립스)'라는 말까지 나왔을 정도다. 몰락의 근본적인 원인은 무엇일까?

오프라인 기반업체들이 파산했기에 '오프라인 유통의 종말'이라 표현하는 것이 더 정확할 거 같다. 오프라인 유통사들이 위기를 맞은 이유는 오프라인 레거시(유산 · 자산)에 묶여 변화에 제대로 대응하지 못했기 때문이다.

'붉은 여왕 이론(Red Queen's Theory)'라는 진화론적 관점에서 설명할 수 있다. 어떤 생물이 적자생존에서 뒤처지거나 소멸하는 이유는 그 생물이 변화를 시도해도 주변환경이나 경쟁대상도 같이 변화하기 때문이다.

온라인 유통사들이 적극적으로 변화를 시도할 때 상대적으로 기반이 탄탄한 오프라인 유통사들은 안일한 자세를 취했다. 온라인으로 주도권이 넘어간 후 뒤늦게 변화를 추진했지만, 이미 온라인 유통사는 기술, 빅데이터, 물류 등 모든 면에서 전통 유통사를 앞질러 버렸다. 아무리 투자하고 변화를 시도해도 저 멀리 앞서간 온라인업체와 변화한 소비자를 따라잡기엔 역부족이다. 여기에 코로나19 사태가 발생하고 비대면 쇼핑이 일상화하면서 오프라인의 위기는 더 심화하고 있다.

전통 유통기업들이 '리테일 레거시'적 관점에 함몰됐다고 짚었다. 신사업에 진출해도 고객 수나 매출에 매달리다 보니 가치는 뒷순위로 밀렸다고 지적했다. 하지만 사업자로서는 리테일 레거시를 무시할 수 없다.

좋은 지적이다. 기존의 비즈니스 방식을 버려야 한다는 뜻이 아니라, 새로운 시각이 필요하다는 걸 강조하고 싶다. 최근 온라인 기반의 D2C 브랜드들이 오프라인 매장을 여는 경우가 많은데, 그 이유는 체험중심의 매장으로 소비자들에게 좋은 인상을 남겨 온라인매출을 늘리기 위해서다. 바로 '후광효과'다. 반면, 오프라인 기반의 유통사들은 매장을 자산으로 보고, 매장에서 상품이 얼마나 많이 팔리는지에 집중한다. 이런 시각의 차이가 오프라인 유통의 위기로 이어졌다고 본다.

물론 브랜드 인지도 면에서 리테일 레거시는 좋은 유산이다. 가령 신사업을 할 때 이마트와 신세계가 만들고 추천하면 고객들은 신뢰한다. 하지만 그 내용이 고객들에게 기대만큼 만족을 주지 못하면 실망할 수도 있다.

소비자는 변했다. "우리가 이만큼 투자를 했으니 고객들이 좋아할 거야"라는 생각으로는 실패할 수밖에 없다. 고객이 어떻게 변하는지를 보고, 외부고객의 시각으로 생각하고 의사를 결정하는 '아웃사이드 인(Outside-in)' 경영이 필요하다.

D2C 남성복 브랜드 보노보스 매장

앞으로 오프라인 매장은 어떤 역할을 하게 될까?

상품구매의 주 채널이 온라인으로 넘어감에 따라 오프라인 매장의 역할은 변할 것이다. 이미 오프라인은 경험이나 브랜드 이미지 구축, 소통채널로 활용되고, 온라인은 구매가 이뤄지는 장소로 나뉘고 있다. 코로나19 이후 이런 경향은 더 뚜렷해지고 있다. 그 과정에서 오프라인 매장의 축소도 부정할 수 없다.

온라인으로 간 소비자들을 오프라인으로 되돌리는 방법은?

'다시 방문하고 싶은 매장' 만들기. 즉, 그 매장만이 줄 수 있는 가치를 구현해야 한다. 뉴욕 소호에 위치한 쇼필즈는 온라인 브랜드를 숍인숍(Shop in Shop · 매장 내 매장) 형태로 구성해 새로운 브랜드를 발견하는 재미를 주고, 맨해튼 5번가의 나이키 플래그십스토어(대표 매장)는 각종 기술을 탑재한 인테리어로 미래에 온 것 같은 짜릿함을 준다.

또 파리 쁘렝땅 백화점은 식품코너를 7층에 배치해 식품쇼핑에 시각적 가치를 더했다. 국내 백화점들도 화장품과 명품이 있던 1층을 맛집과 카페, 식품코너로 바꾸고 있다. 오프라인에서만 가능한 경험을 보다 세련되고 자극적으로 제공해 매장을 찾을 이유를 제시한 것이다.

코로나19로 비대면 소비가 가속화되는 걸 고려할 때, 오프라인 매장 수는 줄이되 매장의 뚜렷한 정체성과 고객의 시간을 점령하는 특별한 경험을 제공하는 방향을 큰 틀로 세워야 한다. 지속가능한 매장으로의 성공여부는 고객에게 전달하는 감성과 경험, 영감 등을 얼마나 구체적으로 구현하느냐에 달렸다.

아마존의 알고리즘을 활용한 추천서비스를 오프라인에서도 실현할 수 있을까?

인공지능, 머신러닝, 빅데이터 등을 이용하면 가능하다. 이미 오프라인 매장에서 데이터를 축적하고 분석하는 기술은 상당수준 발전해 있다. 아마존고와 아마존 프레시는 알렉사 키오스크(무인 정보단말기)와 스마트 쇼핑카트 등으로 데이터를 모으고, 이를 오프라인 쇼핑에 적용한다. 알리바바의 허마셴셩은 알고리즘으로 수요를 예측하고 재고를 확보해 30분 배달을 시행한다.

앞으로는 오프라인 매장에서도 점원의 기억과 경험에 의한 추천이 아니라, 데이터를 가지고 점원이 태블렛에서 추천되는 상품을 소비자에게 권하는 방식이 보편화될 것이다.

한국에서 좋은 영감을 받은 매장이 있다면?

아이웨어 젠틀몬스터의 매장은 설치미술을 결합한 인테리어가 색달랐고, 아모레퍼시픽이 운영하는 아리따움 메이크업 프로 스튜디오는 내가 사는 지역의 메이크업 전문가가 나만을 위한 스타일을 제안한다는 콘셉트가 인상적이었다. 신사동 카페 청수당 갤러리에서는 자연친화적인 인테리어로 휴식과 치유를 소비하는 리테일 테라피 경험을 얻을 수 있었다.

유통의 미래는 어떤 모습일까?

미래의 유통은 '연결성(connectivity)'이 화두가 될 것이다. 언제 어디서든 스마트폰없이도 얼굴과 손금, 음성으로 쇼핑이 가능하고, 증강현실(AR) · 가상현실(VR)로 판매자와 소비자가 소통하며 상품구매와 결제까지 하게 될 것이다. 또 땅에서는 로봇이, 하늘에는 드론이 상품을 배송할 것이다.

오프라인 매장은 소통하고 마실가는 공간으로서의 성격이 강해질 것이다. 무인매장 같은 디지털매장부터 아날로그 감성이 강한 공간까지, 다양한 형태의 매장이 존재할 것으로 보인다.

설치 미술 작품으로 꾸민 안경 브랜드 젠틀몬스터 홍대 매장

출처: 2021년 1월 17일, 조선비즈

제2절 소매상과 도매상, 물류부문의 변화

1. 소매상의 변화

2000년대 이후 국내 소매상들은 과거 어느 때보다 빠르게 변화하고 있다. 편의점, 할인점, 회원제 창고형 도·소매점, 인터넷쇼핑몰 등의 신업태들이 급성장하였고 재래시장과 더불어 국내 소매업을 양분하던 백화점 업계의 적극적인 변신이 이루어지고 있다. 또한 유통시장개방에 따른 외국 유통업체의 국내진출과 국내 대기업의 유통업진출로 소매업계의 경쟁이 보다 치열해지고 있다.

이러한 국내 소매업계의 변화가 부분적으로 미국, 일본 등의 선진국의 추세를 뒤따르고 있고 이들 선진국에서 개발된 신업태들이 국내에 도입되고 있는 실정을 감안할 때 세계 각국의 소매업계의 주요한 변화를 살펴봄으로써 국내 소매업계의 변화를 전망할 수 있다.

1) 강력한 소매상의 등장

1980년대~1990년대에 미국의 유통경로에서 강력한 파워를 행사하는 소매상들이 등장하기 시작하였다. 이들 강력한 소매상들은 효과적인 경쟁전략의 사용으로 소비자에게 만족을 제공하는 소매상으로 그들의 소비자가 누구인지를 정확하게 이해하고 있다. 즉 고객을 명확하게 정의하고 고객의 욕구를 이해하고 있고 강한 시장 지향성을 지니고 있으며 시장추세를 비교적 정확하게 미리 포착한다. 또한 시장조사와 추세예측을 통해 과감한 의사결정을 할 수 있고 유통정보기술(information technology)에 막대한 투자를 하는 특성을 보이고 있다.

강력한 소매상은 특정 업태를 지칭하거나 특정한 하나의 소매상을 지칭하는 것은 아니다. 미국에서 전문점의 경우 최근에 파산했지만 오랫동안 최대의 장난감 전문매장이었던 Toys “R” Us(장난감 소매점), 할인점의 경우 Wal-Mart와 Target, 창고형 도·소매점은 Price Club과 Sam’s Club, 백화점은 Nordstrom과 Nieman Marcus, 온라인 유통을 장악한 Amazon 등이 이에 해당된다. 국내소매상의 경우 롯데, 현대, 신세계 등이 power retailer의 예라 볼 수 있다.

2) 소매업의 양극화 현상

국내 유통산업은 재래시장과 백화점으로 양분되어 발전되어 왔다. 그러나 1990년대에 들어서면서 편의점, 할인점, 아웃렛, 회원제 창고형 도·소매점 등의 새로운 업태들이 지속적으로 성장하여 왔다. 그 과정에서 재래시장을 중심으로 구멍가게·수퍼마켓 등의 업태들은 쇠퇴기에 접어들었고 최근에는 유통업의 중심축이 온라인으로 점차 옮겨가고 있는 실정이다.

이러한 상황에서 국내 소매업은 기존 재래시장과 백화점의 양극화와는 또 다른 형태의 양극화 현상이 발생될 가능성을 지니고 있다. 전통적인 오프라인 점포유통과 온라인 및 모바일유통이 서로 경쟁과 보완관계를 이루며 소매업의 미래를 주도할 것으로 보인다.

표준화된 제품인 포장 소비재시장(consumer packaged goods market)은 전통적인 제조업자 우위에서 유통업자우위로 바뀌어 가고 있는 추세이다. 이러한 파워의 변화는 다음과 같은 요인에 의해 이루어지고 있다.

(1) 소비재 시장의 정체로 인해 소매상들은 다른 소매상들과 시장점유율 경쟁을 하지 않을 수 없는 상황이 되었다.

이미 표준화되어 있는 포장 소비재의 경우, 소매점 간 경쟁에서 가장 강력한 경쟁의 원천은 가격이다. 따라서 소매상들은 제조업자에게 더 많은 구매가격할인을 받으려고 압력을 가하게 된다.

제조업자 입장에서는 이러한 압력을 뿌리치기가 쉽지 않다. 왜냐하면 다른 제조업체와 뚜렷한 차별성이 없는 경우 소비자와 직접 접촉하는 소매상의 판매노력여부에 따라 그들의 매출이 달라지기 때문이다.

(2) 대규모 소매상의 등장으로 제조업자들의 판로의 수가 제한되고 단일 소매상의 구매량이 증대됨에 따라 소매상의 파워가 점점 더 강력해지고 있다.

대형마트, 백화점, 온라인쇼핑몰 등의 지속적인 출점으로 인해 소규모 전문점과 소형수퍼 등이 도태되고 있는 추세이다. 이러한 소형소매상의 감소는 제조업자 입장에서 판로의 수가 감소하고 있음을 의미한다. 따라서 제조업자들은 대량구매를 추구하는 소수의 대규모 소매점들에게 자신들의 매출상당부분을 의지할 수밖에 없는 상황이다.

(3) 소매상이 제조업자에 비해 더 많은 정보력을 보유하게 된다.

소매상은 각종 정보기술, 무인계산대, 모바일 앱 등의 유통정보시스템에 대한 투자를 증대함에 따라 소비자, 시장, 제품에 관한 정보를 대량보유하게 되어 제조업자에 비해 정보력 측면에서 우위를 갖게 된다. 따라서 제조업자는 보다 양질의 정보를 얻기 위해 소매상에게 의존할 수밖에 없다.

3) 유통업체 상표의 새로운 전략적 용도

유통업체 상표(PB : private brand)의 원래용도는 점포 애호도와 보다 높은 수익을 획득하기 위한 것으로 막대한 광고비를 투자하는 유명제조업자 상표(NB : national brand)의 대안으로 고려되지는 않았다. 그러나 미국에서는 소매상들의 자체 상표개발이 증가하고 소매업체에 따라서는 점포에서 가장 많이 팔리는 상표가 되고 있는 추세이다. 이로 인해 제조업자 상표의 매출이 감소되고 유통경로상에서 유통업체 상표를 근거로 하여 소매업체의 파워가 증대되고 있다.

최근 국내시장의 경우에도 백화점, 할인점, 편의점 등을 중심으로 유통업체 상표의 사용이 급격히 늘어가고 있다.

4) 편의성의 중요성 증대

편의성은 소비자가 제품구매에 소요되는 시간(여행시간, 쇼핑시간, 배달시간 포함)과 관련된 개념이다. 1990년대에 들어서면서부터 여성의 사회활동증가, 레저시간의 증대, 러시아워 등으로 시간압박을 받고 있는 소비자집단들은 제품구매시간에 할애할 수 있는 시간이 점점 감소되고 있다. 따라서 소비자들의 시간효용이 커짐에 따라 편의성을 위해 보다 높은 가격을 지불할 용의가 있는 소비자집단이 증대되고 있다.

이러한 소비자의 편의성 중시로 인해 24시간 영업을 하는 편의점, 일괄구매가 가능한 대형마트, 코엑스 몰이나 스타필드 몰같은 대형복합쇼핑몰 그리고 온라인쇼핑몰 등에 대한 소비자의 지속적인 선호가 꾸준히 증가하고 있다.

최근 전통적으로 인터넷에서 구매를 주저하던 신선식품까지 새벽배송서비스를 통해 편리하게 구매할 수 있게 되면서 온라인구매를 통한 신선식품 새벽배송서비스가 다양한 브랜드로 급속히 확산되고 있다.

5) 소매상 포지셔닝의 중요성

소매상이 성공하기 위해서는 입지가 가장 중요한 요인으로 간주되어 왔으나 최근 소매상 역시 제조업체와 마찬가지로 명확한 표적시장을 선정하고 이에 따른 최적의 포지셔닝을 하는 것이 소매시장에서의 핵심 성공요인이 되고 있다.

이는 제조업체와 마찬가지로 소매상 역시 소득, 나이, 연령, 라이프스타일 등과 같은 세분화 기준을 사용하여 소매시장을 세분화 한 후에 여러 세분시장 중에서 자신의 능력에 적합한 표적시장을 선정하고 적절한 포지셔닝을 해야 하는 것이다.

국내에서는 일반 백화점에서 패션전문 백화점으로 탈바꿈한 명동 롯데 영플라자 백화점과 갤러리아 백화점 명품관 등이 한정된 세분시장을 겨냥한 재포지셔닝 전략의 한 예로 볼 수 있다.

2. 도매업의 변화

오늘날 도매상은 상당히 도전적인 문제에 직면하고 있다. 도매산업은 지난 10년 동안 고객의 가격인상에 대한 강력한 저항, 원가와 품질에 기초하여 부가가치를 창출하지 못하는 공급업자들을 제외시키려는 것 등의 추세에 취약하게 노출되어 왔다.

1) 혁신적인 도매상은 표적고객과 공급업자들의 변화하는 욕구를 충족시키기 위해 더 새로운 방법을 끊임없이 모색한다.

혁신적인 도매상은 장기적으로 그들이 존재할 수 있는 유일한 길은 마케팅경로 전체의 효율성을 높임으로써 가치를 부가해야 한다는 사실을 인식하고 있다. 예를 들어 그레인저(Grainger)는 기업 및 단체고객의 삶을 좀 더 쉽게, 좀 더 효율적으로 만들어 줌으로써 성공했다.

그레인저는 고객이 원하는 제품을 찾는 것을 용이하게 하는 것을 넘어 고객의 제품취득과정을 능률적으로 하도록 도와 준다. 대부분의 기업에게 있어 MRO 자재를 구입하는 것은 상당한 비용이 소요되는 일이다. 실제로 40%에 달하는 MRO 비용은 구매, 제품탐색 및 선정, 거래를 위한 협상, 주문, 주문품도착, 결제 등의 과정에서 발생한다.

그레인저는 MRO 자재를 구입하는 데 소요되는 비용들을 줄이기 위한 방법을 내외부적으로 찾는다. 한 기업은 그레인저와 거래하는 것이 MRO 자재 요청시간을 60% 이상 줄여준다는 것을 알게 되었다(리드타임이 하루에서 한 시간으로 줄었다). 이들의 공급망은 12,000여 개의 공급자에서 560개로 줄어들면서 비용을 절감했다. 비슷하게 큰 목재와 용지제품을 생산하는 한 기업은 그레인저의 상품구성과 간소화된 주문과정에 감사하고 있다. 이 회사는 MRO 자재의 3분의 2를 그레인저의 웹사이트에서 주문하는데 연간획득비용은 30만 달러에 불과하다. 이에 비해 이 회사는 나머지 MRO 자재를 구입하기 위해 1,300여 개의 소규모 유통업체와 거래하고 있으며 연간 240만 달러의 취득비용이 들었다. 이는 그레인저와 거래하는 양의 절반밖에 안 되는 거래량에 드는 비용이 그레인저에 비해 8배나 많은 것이다. 이 기업은 앞으로 모든 MRO 자재를 그레인저로부터 구입하는 방안을 모색하고 있는 중이다. 그레인저의 한 지점관리자는 "고객이 우리에게 올 때마다 시간과 비용을 절약해 주지 않는다면 그들은 다시는 우리에게 오지 않을 것이다"고 말했다.

의약품, 건강 및 미용설비, 건강보조제품에서 선두를 달리고 있는 미국 도매상 매케슨(McKesson)은 혁신적이고 가치를 부가하는 도매업의 또 다른 예를 보여준다.

매케슨은 생존을 위해 의료용품 제조업체의 판매지점보다 낮은 원가를 유지해야만 한다. 따라서 매케슨은 효율적인 자동화 창고를 세우고, 제약회사와 연결하는 다이렉트 컴퓨터를 설치하고, 대규모의 온라인 공급관리와 외상매출시스템을 구축했다. 매케슨은 소매약사에게 약품재고관리지원, 카탈로그 검색, 실시간 주문추적, 회계관리시스템 등의 폭넓은 온라인 서비스를 제공한다. 또한 조제사들의 비용을 절감하고 조제의 정확도를 높여 줄 수 있는 자동화된 제약조제기 등의 솔루션을 개발하기도 한다. 의료용품 소매업자들도 그들 고객의 의료정보를 보존하기 위해 매케슨시스템을 활용한다. 매케슨의 수술용 의료소모품과 장비를 구매하는 고객들은 다양한 온라인 문제해결방안과 공급관리도구들을 지원받는다. 여기에는 온라인 주문관리체계, 제품과 가격에 대한 실시간 정보, 재고여부 그리고 주문상태에 관한 것들이 포함되어 있다. 매케슨은 이 시스템이 "공급정보 그리고 의료보험의 비용은 줄이고 품질은 향상시키는 의료보험관리 제품과 서비스"를 제공한다고 본다. 그리고 이것은 유통체계에서 전체적으로 가치를 더해 준다.

주문상태에 관한 것들이 포함되어 있다. 매케슨은 이 시스템이 "공급정보 그리고 의료보험의 비용은 줄이고 품질은 향상시키는 의료보험 관리제품과 서비스를 제공한다"고 본다. 그리고 이것은 유통체계에서 전체적으로 가치를 더해 준다.

2) 최근 대형 도매상과 대형 소매상의 구분이 점점 애매해지고 있다.

많은 소매상이 여러 도매기능을 수행하는 도매클럽이나 하이퍼마켓의 형태로 운영되기 때문이며 많은 대형 도매상은 그들 소유의 소매점을 별도로 운영하기 시작했다.

도매상은 소매상에게 제공하고 있는 서비스, 즉 소매가격결정, 협동광고, 마케팅 및 경영보고서, 회계서비스, 온라인거래 및 기타 서비스를 향상시키기 위한 노력을 계속하고 있다. 한편으로 원가상승과 소매상들의 서비스향상요구는 도매상의 이익을 크게 떨어뜨릴 것이다. 거래고객에게 가치를 효과적으로 창출·전달하는 방법을 발견하지 못하는 도매상은 곧 도태될 상황이 오게 될 것이다. 그러나 자동화, 전산화, 웹기반시스템의 사용이 증가함에 따라 도매상은 주문, 운송 및 재고처리에 소요되는 비용을 줄일 수 있으며 이에 따라 생산성도 높아지게 될 것이다.

3. 물류부문의 변화

1) 최근 기업물류관리의 추세는 시스템적 관점에서 물류활동을 전개해 나가는 통합물류시스템을 도입하고 있다.

통합물류는 기업 내의 물류활동인 판매물류, 생산물류, 조달물류를 연결하여 하나로 통합하는 것에서 더 나아가 납품사, 고객, 물류관련 제3자와의 전략적 제휴를 통해 물류의 효율성을 통해 총물류비용의 최소화, 최고의 물류서비스 제공 등을 실현하는 단계로 발전하고 있다. 통합물류의 실현을 위해 기업들은 공급사슬관리 혹은 유통공급망 관리(SCM : supply chain management)를 추진하고 있다.

유통공급망 관리는 제조업체, 납품사, 소매업체, 운송회사 등 상품의 유통과정에 관여하는 모든 업체들이 공동으로 데이터베이스를 구축하여 상품흐름에 관한 정보를 공유하여 제반 물류비용절감에 의한 가격인하, 고가치 물류서비스(재고의 최적화와 적기의 상품공급)를 달성하려는 전략을 말한다.

의류산업의 QRS(quick response system), 식품잡화산업의 ECR(efficient consumer response : 효율적 소비자반응시스템)은 SCM의 대표적인 예들이다.

SCM은 1980년대 후반 미국 섬유산업 분야에서 추진된 QRS에서 기원을 찾을 수 있다. 미국이나 유럽 등 선진국에서는 SCM추진을 통해 전체 유통과정에서 41%의 재고감축, 5.7%의 소비자 가격인하효과를 거둔 것으로 보고되고 있다. SCM의 이 같은 효과는 정보의 흐름이 신속하고 정확해 공급업체와 유통업체가 안전재고량을 줄이고 유통·공급과정상에서의 배송시간을 단축할 수 있었다.

패션물류 선진국에서는 통합물류시스템의 실행을 위해 QRS의 도입을 적극 추진하고 있다. QRS란 적절한 패션상품과 서비스를 소비자가 원하는 시간과 장소에 적정한 가격으로 공급하기 위해 의류제조업체와 패션소매상들이 공동으로 실시하는 물류정보시스템이다.

QRS는 미국내 소비자의 취향변화나 재주문에 대해 신속한 대응을 함으로써 수입의류에 대한 경쟁적 우위를 구축하게 해주었다. 특히 QRS는 이미 시장에 나와있는 패션상품을 재주문할 경우 보충사이클(replenishment cycle)을 과거의 25주에서 6주로 단축시켜 고객이 원하는 다양한 상품을 소량으로 주문할 수 있게 되었다. 그러므로 QRS의 핵심은 공급자와 고객기업 간의 커뮤티케이션을 활성화시킴으로 판매시점에 가장 가까운 지점(real time)에서 수요를 예측하여 소비자의 욕구를 최대한 반영하는 것이다. QRS가 공급연쇄(원부자재 조달 → 생산 → 배송) 전체에 걸쳐 채택된다면 공급사슬상의 모든 경로구성원들은 많은 이익을 얻을 수 있게 된다.

패션 소매상은 QRS를 통해 제품을 주문한 시점에서 상품인도 시점까지의 리드타임을 단축함으로써 재고감소를 실현할 수 있다. 또한 예상치 못한 유행품목에 대해 신속한 재주문이 가능하기 때문에 제품이 품절되어 추가판매를 하지 못하는 기회손실의 발생을 적게 해준다. 따라서 소매상 단계에 있어서 QRS는 매출·수익증대, 물류비용절감, 고객서비스 개선, 높은 상품회전율과 같은 이점을 제공해 준다.

제조업자의 경우 QRS는 주문량에 따른 생산과 수요예측이 용이하고 원가절감과 납품기일의 단축으로 재고율감소에 도움을 준다. 따라서 QRS는 최종 소비자에게 다양한 상품구색과 낮은 가격, 서비스향상 등을 제공하고 이는 소비자만족으로 이어진다. 이에 따라 최근 국내 의류업체들도 재고를 최소화하고 시장에서 좋은 반응을 얻는 제품만을 재생산하기 위해 QR(quick response, 반응생산)시스템을 도입하고 있다. 상당수 기업들이 종전에 계절단위로 하던 제품생산기획을 월 단위로 바꾸는 방식으로 즉시 대응체계를 구축하고 있는 것이다.

정보기술의 발전에 따라 최근에는 무선통신과 결합한 무선바코드시스템이 등장하면서 물류관리의 혁신적 변화를 예고하고 있다.

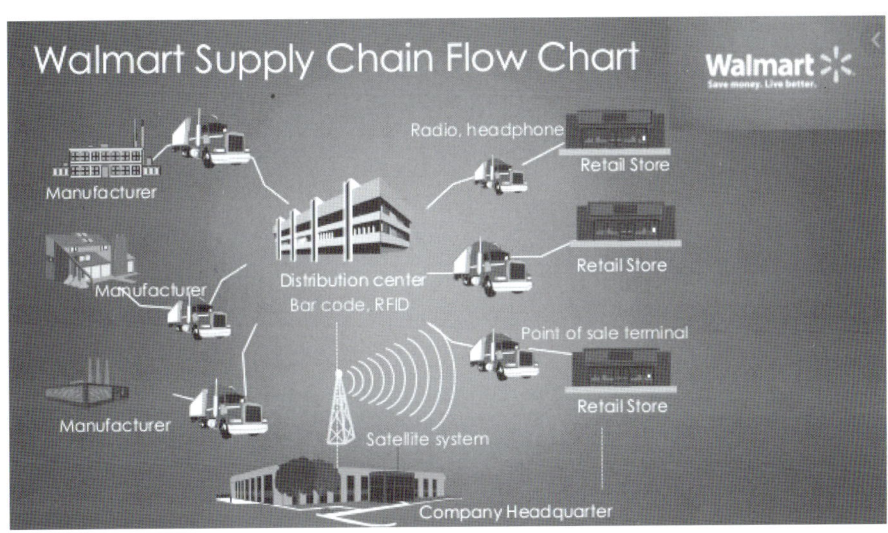

그림 12-2 Wal-Mart SCM Flow Chart

흔히 RFID(radio frequency identification)라고 불리는 이 전자바코드는 이미 미국의 Wal-Mart에서 2005년부터 본격적으로 사용하고 있으며 각국의 유통 및 물류분야의 가장 큰 이슈로 등장하고 있다.

제조회사에서 주문제품을 실은 차량이 유통점의 물류창고앞에 도착하면 차량에 적재된 화장지, 음료수 등의 제품이 팔레트에 실려 창고로 옮겨진다. 주문제품이 물류창고앞에 설치된 전파식별(RFID) 게이트웨이를 거치는 순간 제품정보가 곧바로 모니터의 재고관리시스템 화면에 표시된다. 제품을 실은 팔레트에는 RFID태그가 부착돼 있어 태그에 담긴 상품정보가 게이트웨이의 리더기를 통해 인식되면서 자동으로 재고관리 시스템에 입력되는 것이다.

화면에는 상품의 일련번호, 품목, 수량, 상품코드, 제조회사 등이 표기된다. 물류창고에서 매장으로 상품이 이동할 때도 같은 형태로 정보가 처리된다. 이에 따라 물류창고 재고와 매장 내 재고수치가 즉각적으로 변환된다. 이 재고관리시스템은 각 상품에 대한 상세정보도 제공한다.

유통물류 분야에서 RFID의 도입은 제조업체가 제품의 제조단계부터 팔레트와 박스 단위에 RFID태그를 부착해 홈플러스, 이마트 같은 유통업체의 유통망에서 이를 추적관리(tracking)할 수 있게 한다. 미국 월마트는 공급망관리(SCM) 효율화차원에서 물류창고 입고와 재고관리를 위해 주요제품을 공급하는 제조업체들에게 RFID 부착을 권유한다. 월마트창고 등에 RFID게이트를 설치해 창고입고정보와 판매정보를 결합해 실시간으로 재고를 관리하기 위해서이다. 이에 따라 삼성전자 · LG전자는 월마트에 납품하는 TV · 오디오 등 제품과 포장박스에 RFID를 붙여 납품해야 한다.

2) 모바일, 클라우드 컴퓨팅 같은 IT도입이 활성화되고 있다.

IT도입이 활성화되면서 물류업무의 속도가 빨라지고 물류활동의 효율성도 높아지고 있다. 최근 들어 소셜네트워크 서비스(SNS)를 이용해 구매와 물류활동을 수행하는 기업도 생겨났다. 스마트폰, SNS 등 정보통신기술을 물류활동에 접목해 고객과 직접 소통을 함으로써 고객 만족도를 한층 높일 수 있다. 미국 소모성 자재구매대행(MRO) 업체인 엔투비는 SNS를 기술적으로 접목시킨 SCM을 도입했다. 엔투비가 운영하는 물류시스템은 모바일과의 연동을 통해 실시간 커뮤니케이션이 가능하다. 트위터로 공급업체와 구매업체 간에 주문관리, 정보검색이 가능하고 게시판 트위터 연동기능을 활용해 게시판내용을 팔로우어들과 공유할 수 있다. 엔투비는 모바일로 고객들의 주문내역과 각종 이력을 실시간으로 확인하고 교환요청 등 돌발상황에 즉각 대응할 수 있게 됨에 따라 업무효율이 한층 높아졌다.

제3절 유통업의 미래

최근 들어 유통환경을 둘러싸고 있는 공통된 화두는 바로 4차 산업혁명의 확산과 이로 인해 변화하는 미래의 유통모습이라고 할 수 있고 우리의 생활은 과거에는 상상하지 못했던 모습으로 바뀌고 있다.

정보통신과 인공지능 및 로봇이 주도하는 4차 산업혁명의 핵심은 사람과 사물을 포함한 모든 것들이 순식간에 연결되는 초연결사회(hyper-connected society)라고 할 수 있다. 이제는 음성을 인식하는 인공지능비서가 나를 대신해 쇼핑을 하고 궁금한 것을 알려주고 아픈 곳을 진단해 주는 시대가 올 것으로 예측하고 있다. 그렇다면 우리 생활의 가장 중요한 부분중의 하나를 차지하는 쇼핑환경 즉 유통분야는 어떻게 변화될 것인가? 최근 들어 유통환경은 첨단 정보통신기술의 발달과 사물인터넷(IoT)의 일상화 및 4차 산업혁명의 확산으로 인해 혁신적으로 바뀌고 있고 소비자들의 생활양식 또한 엄청나게 변화하고 있다.

사물인터넷(IoT)가 가상현실(VR) 및 증강현실(AR)의 확산 그리고 로봇과 인공지능(AI)의 등장 등 4차 산업혁명의 진화는 우리가 이전에는 상상도 못했던 새로운 유통환경을 만들고 있다. 바로 이러한 변화를 바탕으로 이동성(mobility)과 연결성(connectivity)을 완성시켜 사람과 사물 및 서비스가 서로 간에 언제 어디서건 유기적으로 연결되는 초연결사회가 도래하고 있다. 초연결사회가 도래하면서 기업과 소비자 모두에게 많은 변화가 일어나고 있으며 이러한 시장환경의 변화는 그에 따른 새로운 비즈니스 기회를 만들어 내고 있는 것이다.

이렇게 변화하는 시장환경에서 최근 소비자들의 구매행동과 유통서비스의 혁신을 보여주는 가장 대표적인 사례는 바로 옴니채널(Omni-channel)의 등장이라고 할 수 있을 것이다.

옴니채널은 '모든 것'을 의미하는 Omni와 유통경로를 뜻하는 Channel이 합쳐진 신조어로 결국 소비자들이 백화점, 마트, 편의점과 같은 전통적인 오프라인 환경과 온라인, 모바일 및 가상현실 등 다양한 정보기술이 결합되어 모든 유통경로가 밀접하게 연결되는 통합된 환경에서 쇼핑하는 것을 의미한다. 오늘날의 초연결사회에서는 전통적인 오프라인 유통에 온라인과 모바일 그리고 첨단 가상현실과 증강현실 및 인공지능까지 결합된 새로운 옴니채널이 유통환경으로 변화하고 있다.

이미 많은 기업들이 이러한 유통 및 서비스환경의 변화와 소비자행동의 변화를 예측하고 혁신적인 유통서비스 환경에 많은 투자를 하고 있으며 이를 기반으로 더 많은 고객을 끌어들이고 나아가 시장의 변화를 주도하려는 시도를 하고 있다. 예를 들어 어느 세계적인 패스트패션 유통기업의 경우, 첨단 가상현실기법을 활용해 매장에 들른 고객이 옷을 직접 입어보지 않고도 현실과 거의 똑같아 보이는 화면상에서 다양한 배경(예 : 사무실, 길거리, 해변, 산 등)을 바탕으로 자신에게 가장 잘 어울리는 옷을 선택할 수 있는 쇼핑환경(Smart 거울과 Smart 탈의실 등)을 만들고 있다. 가상현실매장에서는 직접 만지지 않고도 제품을 손으로 잡아서 다양한 각도에서 확인이 가능하며 가격 및 색깔 등을 확인할 수 있고 결제도 가능해지고 있다.

마이크로소프트사의 CEO인 사트야 나델라는 '이제 앱의 시대는 지나가고 기계와 인간이 직접 커뮤니케이션하는 인공지능의 시대가 오고 있다'라고 하면서 새로운 세상의 도래를 예고하고 있다. 전 세계 IT관련 기업들이 출시하고 있는 다양한 인공지능 디바이스들은 이제 우리가 필요로 하는 제품이나 서비스들을 소비자가 인공지능 비서에게 말만하면 알아서 최적의 조건으로 구매할 수 있는 혁신적인 유통환경이 다가오고 있음을 제시해 주고 있다.

1. 공유경제(shared economy)

공동소비(collaborative consumption)라고도 불리는 공유경제는 타인이 소유한 자산을 빌리거나 렌트하는 경제모델로 정의될 수 있다. 공유경제는 수 천년 전부터 존재하였으나 인터넷의 발달은 개인 간 거래(peer-to-peer transaction) 렌탈마켓을 가능하게 하였으며 2011년 Time지는 공유경제를 세계를 변화시킬 10대 아이디어 중 하나라고 지적하였다.

공유경제를 이용한 5대 비즈니스 분야는, 숙박, 차량공유, 자금조달(financing), 인력수급(staffing), 음악, 비디오 스트리밍 분야 등이다. 세계적 컨설팅 회사인 PricewaterhouseCoopers사는 이 다섯 분야에서의 매출이 2015년 17조에서 2025년 350조로 성장할 것이라고 예측하고 있다.

공유경제는 제품이나 자원, 서비스 등을 소유하는 대신 이를 공유함으로써 자원의 효율성을 높인다는 측면에서 전통적인 경제모델을 대체할 것으로 예상된다. 이러한 새로운 경제모델은 제공자는 유휴자원으로부터 수익을 창출할 수 있고 상용자는 저렴한 가격에 이를 활용할 수 있다는 점에서 전통적 사업모델에 비해 많은 장점을 지닌다. 결국 공유경제는 자원의 활용을 극대화함으로써 제공자나 사용자 모두에게 시간과 돈을 절약해 준다.

1) 공유경제발전의 원동력

다음은 공유경제에 기반한 서비스산업이 빠르게 성장하는 데 영향을 미친 주요요인들이다.

(1) 정보기술의 발달

정보기술의 발달은 공유경제의 획기적 발전에 크게 공헌하였다. 스마트폰과 소셜네트워크 서비스의 발달은 사용자에게 정보를 지속적이고도 즉각적으로 제공해 줌으로써 원하는 제품과 서비스를 신속하게 선택하는 것을 가능하게 하였다. 공유경제는 과거에도 존재하였으나 인터넷과 스마트 기기의 발달은 공유경제가 발달할 수 있는 새로운 형태의 플랫폼을 창출하였다.

(2) 2008년의 금융위기

2008년 글로벌 금융위기는 오랫동안 자본주의의 한 축을 지탱해 온 금융권에 대한 신뢰가 한순간에 무너진 사건으로 기업과 정부, 전문가집단 등에 대한 신뢰가 가족과 친구, 동료, 나아가 낯선 이들에게로 옮겨가 공유경제가 활성화되는 한 계기가 되었다.

(3) 문화적 변화

문화적 변화는 공유경제의 발달에 이바지하였다. 미국의 경우 자동차는 전통적으로 독립의 상징물이었으며 자동차없이는 삶이 불가능하다고 여겨졌으나 이는 더 이상 젊은층의 문화가 아니다. 리서치기업인 Gartner사에 따르면 자동차에 비해 인터넷을 더 선호한다고 응답한 인구비중이 2차 세계대전 이후 세대인 베이비부머는 15%인 반면, 18세에서 24세 사이의 연령층에서는 46%로 조사되었다.

(4) 지속가능성

지속가능성이란 제품을 최대로 사용함으로써 자원낭비를 최소화하는 것을 말한다. 공유경제 옹호론자들은 공유경제를 통해 탄소배출을 억제할 수 있다고 주장한다. 예를 들어 혁신을 연구하는 Fast Company에 따르면 호텔을 사용하는 것에 비해 Airbnb를 활용하면 탄소배출량을 66% 감소시킬 수 있고, Uber 등의 차량공유를 통해 40%를 절감할 수 있다고 전한다. 이처럼 공유경제는 지속가능소비를 통해 경제성장을 이룰 수 있으며 동시에 자원의 효율적 사용과 자원낭비의 최소화를 통해 환경문제를 완화시켜 줄 수 있다.

(5) 사회적 교감

공유경제는 개인 간 사회적 교감을 통해 지역사회의 발전에 이바지한다. 일반적으로 공유경제는 지역사회의 스타트업 기업에게 기회를 제공함으로써 지역사회의 발전에 공헌한다. 또한 공유경제는 일반인이 거래에 참여함으로써 개인 간 교류를 통해 심리적, 정서적 안정감을 취하게 하고 글로벌시각을 가지게 하는 장점이 있다.

(6) 신뢰와 투명성

공유경제의 성공은 신뢰와 투명성에 따라 크게 좌우된다. 공유경제의 플랫폼을 제공하는 기업들은 서비스 제공자들이 좋은 명성을 쌓을 것과 사용자와 굳건한 관계를 형성할 것을 강조한다. 공유경제가 원만히 운영되기 위해서는 서비스 제공자는 약속한 품질을 보장하여야 하며 사용자는 미래고객을 위하여 제품이나 서비스를 신중하게 사용하여야 한다. 따라서 공유경제가 성공하기 위해서는 상호신뢰가 필수적이다.

(7) 기술적 혁신

공유경제 이론의 대가인 Botsman 교수는 기술발전이 사회적 연결을 촉진시키고 소유와 공유에 대한 관점을 크게 바꾸고 있다고 주장하였다.

2) 공유경제의 과제

이러한 공유경제의 확산에도 불구하고 공유경제가 해결해야 할 과제는 매우 많다. 공유경제는 지역경제수준에서는 잘 운영되고 있는 경우가 많으나 전 세계적인 차원에서 제대로 작동할 수 있게 하기 위해서는 아직도 해결해야 할 과제가 많다.

(1) 법적, 제도적 규제

법적, 제도적 규제는 공유경제의 성공에 가장 큰 걸림돌이다. 정책입안자측 입장에서는 Airbnb, Uber, 야놀자, 카카오카풀과 같은 혁신적 공유모델이 가지는 반경쟁적 측면, 소비자보호, 운영의 합법성에 관심을 가지고 정책을 입안한다. 정부나 시민단체는 이러한 공유경제의 부정적 측면과 더불어 혁신적 기업들이 저렴한 가격에 서비스를 제공함에 따라 호텔이나 택시와 같은 전통적 산업기반이 붕괴되고 많은 실업자가 양산되는 것을 우려한다.

예를 들어 Uber는 기존의 택시나 기타 운송수단과 같은 수준의 안전을 보장하지 못하고 낮은 비율의 세금을 납부한다. 나아가 이러한 공유경제플랫폼 기업의 사업영역의 정의는 애매할 수 있다. Uber는 자신들을 운송기업이 아닌 기술플랫폼 기업으로 정의한다. 이러한 사업정의는 많은 문제점을 야기하는데 미국에서 장애인보호법(Americans with Disabilities Act)과 같은 법망을 피할 수 있다. Uber는 장애인차량을 더 많이 제공하라는 법적 경고를 여러 번 받은 바 있다. 따라서 정부의 규제나 공유경제 기업의 자발적 규제는 이러한 공유경제기업의 성패를 결정하는 데 매우 중요하다.

(2) 서비스품질에 대한 불신

신뢰성의 문제 또한 공유경제에 있어서 중요한 이슈이다. Carbonview Research사의 조사에서 공유경제기업의 서비스를 이용하지 않는 이유 중 67%는 신뢰성의 문제때문인 것으로 나타났다.

2. 플랫폼 비즈니스(platform business)

플랫폼이라는 용어의 비즈니스적 의의는 사람과 사람, 사람과 사물을 연결함으로써 새로운 유형의 서비스가 창출된다는 것이다. 일상적으로는 사람들이 만나서 소식, 물건, 서비스 등 다양한 유형의 컨텐츠의 교류를 가능하게 해주는 '장터'이며 플랫폼 비즈니스 사업자는 이 '장터'를 제공해 주는 대가로 직접적으로 수수료를 취하거나 광고 등을 통해 간접적으로 수익을 올리는 비즈니스 모델이다.

예를 들어 Amazon은 소매상과 소비자를 연결하는 e-commerce이며 Netflix는 컨텐츠 제작자와 시청자를 연결하는 video streaming service 업체이다. MicroSoft 사는 Windows 운영체제를 통해 컴퓨터 소프트웨어 개발자와 컴퓨터 사용자 간의 거래를 연결하고 Facebook은 인터넷상에서 사람과 사람을 연결하여 소식, 사진, 교류를 가능하게 해주는 새로운 서비스를 제공하며 Apple은 Itunes를 통해 음반제조업자와 음악을 듣는 고객을 연결하는 획기적인 서비스를 고안하여 큰 성공을 거두고 있으며 이들 비즈니스 모델의 공통점은 모두 플랫폼 비즈니스라는 점이다.

1) 플랫폼 비즈니스의 조건

플랫폼 비즈니스가 성공하기 위해서는 빠른 시간 안에 플랫폼 사용자를 참여시키는 선순환구조를 만들어 내야 한다. 매력적인 플랫폼이 되기 위해서는 양질의 컨텐츠를 거래시킬 수 있는 능력을 가져야 하며 이 경우 플랫폼 사용자는 적극적으로 그 생태계에 참여하게 된다. 사용자가 늘어나면서 더 매력적인 컨텐츠가 개발되고 이는 또 사용자를 증가시킨다.

이러한 선순환을 네트워크효과라고 하며 네트워크효과를 빠른 시간 안에 확산시키기 위해서 초기에 화학적 반응을 일으키는 전략이 필요하다. 예를 들면 Apple은 Itunes 서비스를 빠르게 확산시키기 위해 초기에 무료음원 다운로드 서비스를 제공하였고 Google의 경우, 초기에 검색서비스를 무료로 제공하였다. 이러한 선순환이 일어나면 플랫폼구축자는 높은 수익을 올릴 수 있다.

또한 일단 네트워크효과가 나타나면 사용자는 다른 플랫폼으로 이동하기에는 높은 전환비용(switching cost)이 수반되므로 사용하는 플랫폼에 계속 잔류하게 된다. Windows

보다 성능이 우수하고 사용료가 무료인 Renux 운영체제가 성공하지 못한 것도 이 때문이다.

그러나 품질을 관리할 수 없을 정도로 너무 많은 사용자가 집중하는 것도 해가 될 수 있다. 백화점 세일기간 중 너무 많은 고객이 몰려들어 서비스의 질이 저하되는 경우가 그 예이다.

2) 플랫폼 비즈니스의 영향

새로운 플랫폼 서비스는 위기이자 기회이다. 예를 들어 재래시장은 수퍼마켓과 백화점이라는 새로운 플랫폼 비즈니스에 의해 사양화되고 있고 Amazon과 같은 온라인 서점은 오프라인 서점들에게 커다란 위협이 되었다. 반면 새로이 개발되는 정보통신기술(click이라고 불림)과 전통적 오프라인 플랫폼 비즈니스(brick and mortar라고 불림)의 융합은(click and motar라고 불림) 많은 창조적인 사업자에게 새로운 사업기회를 제공하고 있다.

최근 브랜드파워 측정조사에 의하면 Amazon, Apple, Google, MicroSoft, Facebook, Netflix등의 정보통신기업이 최상위권에 올라 있다. 이러한 기업의 사업성격은 새로이 창조되었다기보다는 오프라인 사업을 정보통신기술을 활용하여 향상시킨 click and mortar 사업이라고 보아야 할 것이다.

3) 플랫폼 비즈니스의 구성

플랫폼 비즈니스의 구성원은 플랫폼구축자와 플랫폼 사용자로 구분된다. Apple은 음원거래의 플랫폼을 제공하는 플랫폼구축자이고 Google은 스마트폰 운영체제인 Android 플랫폼을 구축한 사업자이다.

Android의 경우, 플랫폼 사용자는 스마트폰 제조업체, 통신사, 앱 개발자, 스마트폰을 사용하는 소비자들이다. 플랫폼 사용자는 플랫폼구축자에게 의존하게 된다. 따라서 플랫폼 비즈니스 구축자는 사용자보다 더 많은 수익을 올린다. 또한 플랫폼 구축자는 생산을 하지 않기 때문에 수반되는 초기투자비가 적다.

4) 온라인 플랫폼 비즈니스의 특징

오프라인 플랫폼 비즈니스에 비해 온라인, 모바일 플랫폼 비즈니스의 차별적 특징은 다음과 같다.

- 물리적 공간에서 사업이 이루어지는 것이 아니라 사이버공간을 이용하므로 무한의 공간이 창출된다.
- 비즈니스 거래에 시간적, 공간적 제약이 없다.
- 사용자가 단지 로그온만하면 되므로 물리적 이동을 하지 않고도 쉽게 찾아 올 수 있다.
- 일단 네트워크효과가 일어나면 광고없이도 빠른 구전(word of mouth)에 의해 인지도 및 선호도가 형성된다.
- 제품뿐만 아니라 어떤 유형의 컨텐츠도 거래될 수 있다. Amazon은 서적유통 사업으로 시작하였으나 다른 카테고리의 제품과 서비스를 판매하는 사업으로 범위를 확장하였다.
- 온라인 플랫폼 비즈니스의 성공요소는 오프라인 플랫폼 비즈니스의 성공요소와 다르다. 가령 오프라인 가전제품 소매점의 성공요소는 매력적인 입지의 선정, 영업사원의 고객응대 서비스, 물류체계 등인데 비해, 온라인 소매상의 성공요인은 빠르고 편리하게 원하는 제품을 검색할 수 있는 검색엔진의 성능, 브랜드파워 등이 더 중요하다.

많은 오프라인 소매업체가 온라인영역으로 사업방식을 다양화하였으나 성공사례가 거의 없는 이유도 이러한 사업성격의 차이에 기인한다. 이를 경험한 많은 오프라인 소매상들은 온라인 사업부문을 Amazon에 의뢰(fulfillment 대행업이라고 함)하게 되었다.

기업은 플랫폼 비즈니스 구축자가 될 것인지 아니면 플랫폼 사용자가 될지를 결정해야 한다. 기본방향은 플랫폼이 기업의 핵심가치와 연결되어 있다면 플랫폼 비즈니스 구축자가 되는 것이 바람직하다. 가령 자동차제조업체가 광고플랫폼을 구축할 필요는 없지만 내장 소프트웨어, 엔터테인먼트 등을 통합하는 플랫폼은 향후 핵심 경쟁요소이므로 플랫폼을 구축할 필요가 있다.

5) 플랫폼 비즈니스의 핵심 성공요인

이상의 다양한 접근을 종합하여 볼 때 플랫폼 비즈니스의 성공요인은 다음과 같다.

■ 양질의 컨텐츠를 확보하는 것이 중요하다.

모든 음원을 유통한 Itunes는 성공하였고 좋은 입지에도 불구하고 경쟁력 있는 상인을 유치하는 데 실패한 복합몰 Garden 5는 성공하지 못하였다.

■ 반드시 선두주자가 성공적인 것은 아니다.

Facebook의 출범 시 My Space는 이미 1억 명이 넘는 회원을 확보하고 있었다. 그러나 너무 늦어지면 안 된다(예: 삼성의 바다운영체제).

■ 초기에 사용자를 확보하기 위하여 화학적 반응을 일으켜 빠른 시간 내에 네트워크 효과가 나타나게 하는 것이 중요하다(예: Itunes의 초기의 음원무료 다운로드 서비스, Google의 초기의 무료광고).

■ 유연성을 가지는 것이 중요하다.

Amazon은 전자책유통을 위해 Android 운영체제와 Apple 운영체제를 이용하면서도 Kindle을 개발, 사용하는 양면(two track)전략을 구사하였다.

■ 독점적 지위를 이용하여 사용자에게 과다한 부담을 강요하는 것은 장기적으로 해가 될 수 있다.

과거 Windows의 횡포를 경험한 모바일폰 하드웨어, 소프트웨어 개발업자는 오픈소스(open source) 전략을 취한 Android 운영체제를 선택함으로써 Microsoft사는 모바일 폰 시장 진입에 실패하였다.

■ 가장 중요한 성공요인은 컨텐츠품질을 관리하는 것이다.

오픈마켓 사이트인 Gmarket은 상인들(vendor)이 판매하는 제품의 품질을 철저히 관리하지 못했기 때문에 고급스런 이미지를 창출하는 데 실패하였다.

결론적으로 향후 플랫폼 비즈니스는 더욱 중요해지고 성공적인 플랫폼구축자의 영향력은 보다 커질 것이다. 향후 사물과 사물을 연결하는 기술(IoT), 삼성의 웨어러블(wearable) 워치(기어), Google의 웨어러블 안경(Google Glass)과 같은 혁신적인 기술이 상용화되면서 새로운 플랫폼 비즈니스들이 출현할 것이다. 성공적인 플랫폼 비즈니스 구축을 위해서는 오프라인 플랫폼 비즈니스 본연의 특징을 파악한 후 정보통신기술을 활용하여 이를 보다 효율적인 방법으로 향상시키는 방안을 고안하여야 할 것이다.

CHAPTER 13

글로벌 소매업

주셉페 스틸리아노 "리테일 4.0, 인간관계구축이 핵심"

온라인 가속화되며 매장은 '경험'하는 장소로…
사람과 관계구축하며 공동체 중심으로 거듭나고
서비스 · 사회성 · 지속가능성 통해 고객마음얻어야

코로나바이러스 감염증(코로나19)으로 오프라인 유통업계가 벼랑끝에 몰렸다. 제품을 제공하면 고객이 알아서 방문해 구매하던 과거와 달리 온라인이 발달하며 이제는 기업이 고객을 모셔가는 시대가 됐다.

주셉페 스틸리아노 글로벌 마케팅그룹 WWP 운영자는 "유통의 미래는 B2B(기업 간 거래), B2C(기업과 소비자 간 거래)를 넘어 H2H(사람 간 거래)에 있다"고 설명했다.

결국 매장은 경험을 통해 사람과 관계를 구축하는 곳이 되며 공동체의 중심으로 거듭나야 한다는 것이다. 그는 이탈리아의 여러 대학에서 리테일 · 마케팅을 강의하며 최근 저서 '리테일 4.0'을 출간했다. 그에게 코로나19 이후 유통업계의 미래에 대해 들어봤다. 다음은 일문일답이다.

주셉페 스틸리아노 글로벌 마케팅 그룹 WWP 운영자.
이탈리아의 여러 대학에서 리테일 · 마케팅을 강의하며 최근 저서 '리테일 4.0'을 출간했다.
그는 "유통의 미래는 H2H(사람 간 거래)에 있다"고 주장한다.

현재 유통을 '리테일 4.0'이라 정의했다. 리테일 4.0이란 무엇인가

"리테일 1.0은 1800년대 후반 가게에서 유니폼을 입은 직원이 단순히 제품을 판매하던 때다. 리테일 2.0은 1960년대 쇼핑몰을 의미한다. 레스토랑 · 볼링장 · 영화관이 들어서며 백화점은 제품구매에 대한 부담없이 가족 · 친구와 시간을 보내는 장소가 됐다.

1990년대 아마존 등 전자상거래가 등장하며 리테일 3.0 시대가 됐다. 리뷰가 고객의 구매에 영향을 미쳤고 기술이 발달하며 고객이 좋아할 만한 제품을 추천하기 시작했다. 리테일 4.0은 온라인 가속화와 민주화다. 고객은 매장에 방문하지 않아도 온라인으로 제품 · 서비스에 대한 정보에 쉽게 접근할 수 있다. 소셜미디어에서 직접 소통도 가능하다. 결국 B2B, B2C를 넘어 H2H 시대가 열렸다."

H2H에 대해 구체적으로 설명해 달라

"H2H는 모든 기업뒤에 살아 숨쉬는 사람이 존재한다는 개념이다. 우리는 인공지능과 머신러닝이 만연한 사회에 살고 있다. 그럴 때일수록 사람 냄새나는 요소를 구현하는 것이 중요하다. 인간미가 느껴지는 유통마케팅으로 고객의 감정과 구매에 영향을 미쳐야 한다.

서비스 · 사회성 · 지속가능성(service · sociality · sustainability)으로 사람과 관계를 맺고 신뢰를 쌓아야 하는 것이다. 서비스는 기업보다 사람의 관점을 우선하는 것이다. 이케아는 매장을 가정이나 사무실처럼 꾸미고 어울리는 제품을 추천해 준다. 자연스럽게 구매를 제안하며 고객의 선택과정을 단순화했다.

사회성은 매장이 지역공동체의 중심이 되는 것이다. 단순히 제품을 판매하는 장소에서 벗어나 만남의 장소가 돼야 한다. 2016년 샌프란시스코의 유니언 스퀘어에 애플이 플래그십 스토어(브랜드 이미지를 극대화한 매장)를 열었다. 영업시간이 끝나도 사람들이 이용할 수 있는 야외공간(plaza)을 마련했다. 무료와이파이와 의자가 있어 매주 어쿠스틱 공연이 열린다. 애플이 사람을 끌어 모으며 지역공동체 역할을 하는 것이다.

지속가능성은 미래 세대를 고려하며 자원을 활용하는 것이다. 의류기업 파타고니아는 승합차를 타고 미국전역을 다니며 의류수선 서비스를 제공한다. 총매출의 1%나 수익의 10%를 환경보호단체에 기부한다. 고객들이 공정무역브랜드나 환경보호에 기여한 제품을 선호하는 상황에서 환경에 대해 지속적으로 관심 갖는다."

서울 현대백화점 천호점에 입점한 이케아의 국내 첫 도심형 매장 이케아 플래닝 스튜디오 천호

매장에서 제품을 경험하고 구매는 온라인에서 하는 고객이 늘고 있다. 온오프라인 통합을 위해 무엇이 가장 중요한가

"고객이 꼭 구매를 위해 매장에 방문하는 것은 아니다. 이미 고객은 온라인에서 다양한 방법으로 제품을 발견하고 구매할 수 있다. 매장은 제품을 구매하는 곳이 아니라 재밌게 경험하고 배우고 소속감을 느끼는 장소로 인식돼야 한다.

전 세계 소비자의 85% 이상이 제품과 관련해 기억할만한 경험을 얻는 대가로 제품가격의 4분의 1을 더 지불할 용의가 있다는 조사가 있다. 제과점에서 영업시간이 끝나고 쿠킹 클래스를 열거나 생선가게에서 생선을 다듬는 수업을 진행할 수도 있다. 이제는 생활방식을 팔아야 한다."

유통기업들은 온라인이 가속화된다는 것을 잘 알고 있지만, 온라인전환을 성공적으로 해내는 기업은 드물다. 혁신을 주도하는 최고경영자(CEO)에게 필요한 덕목은 무엇일까

"모든 유통경영자의 역할은 비전을 제시하고 에너지를 불어넣는 것이다. 리더로 서 책임감을 갖고 권한을 행사하는 것도 중요하다. 한편으로는 조직이 감당할 수 있고 흡수할 수 있는 변화의 정도를 이해해야 한다. 야망과 함께 겸손함도 갖춰야 한다. 우리는 앞으로 유통업계가 어떻게 변화할지 모르기 때문이다."

한국은 홈쇼핑과 편의점이 합병하고 IT 기업과 물류업체가 손잡는 등 온라인혁신을 위한 합종연횡이 활발하다.

"코로나로 우리는 '통합의 계절'에 접어들었다. 서로 다른 산업을 영위하는 기업들이 합병하며 (유통사에) 중요한 발자국을 남기고 있다. 민첩하게 기회를 잡고 균형있게 사업을 관리하는 것은 필수적이다. 서로 다른 산업이 상호 의존한다면 변화하는 환경에 유연하게 대처할 수 있다."

고객은 언제나 불만족한다. 고객을 만족시키고 끝까지 살아남기 위해서는 무엇이 필요할까?

"그동안 유통업계는 부동산과 위치를 중요하게 생각했다. 가장 좋은 장소에서 가게를 열면 모든 게 해결된다는 방식이었다. 온라인시대에는 이런 접근이 논리를 잃고 있다. 최근 몇 년간 많은 유통기업이 폐업했고 일부 전문가들은 '종말론', '아마겟돈(최후의 전쟁)'까지 말하고 있다.

코로나시대 고객들은 여러 기업의 제품을 아주 불규칙한 경로로 구매한다. 구매패턴도 좀처럼 파악하기 어렵다. 언제 어디서나 쇼핑할 수 있게 되며 고객의 기대감은 점점 높아지고 있다. 온오프라인 콘텐츠를 통합해 매력적이고 의미있는 경험으로 브랜드 인지도를 높이고 팬을 확보해야 한다. 성공하기 위해서는 결국 다른 기업이 복제할 수 없는 '특별한 경험'을 제공하는 수밖에 없다."

출처 : 2021년 1월 31일, 조선비즈

제1절 소매업의 글로벌화

1. 세계 유통시장의 글로벌화

글로벌화는 국제시장의 통합화를 높인다는 의미로 경제활동이 한나라의 국경을 벗어나 확대되는 현상을 의미하기도 한다. 2000년 이후 유통시장의 트렌드(trend)를 말할 때 역시 글로벌화를 빼놓을 수 없다.

세계 1위 유통업체 월마트는 멕시코에 1991년 첫 해외점포를 개설한 후 1996년 7개국에서 2009년 15개국으로 시장을 확대했다. 월마트는 2008년 약 3,615개의 점포를 해외에 두어, 해외 매출비중이 약 24.6%를 차지하고 있다. 매출기준 세계 20대 소매업체 중 해외에 진출하지 않은 미국업체는 불과 4개 업체(Kroger, Target, CVS, EDEKA) 뿐이다.

또한 매출규모로 세계 2위인 까르푸는 1969년 벨기에에 첫 해외점포를 개설한 이후 해외 32개국에 진출하여 해외매출 비중은 56.6%로 해외진출에 매우 적극적이다. 전 세계 운영점포는 11,000여 개를 두고 있으며 주력업태인 하이퍼마켓은 947개이고 그 중 755개 점포를 해외에 두고 있어서 매장 수 기준으로 해외비중이 80%에 이르고 있다.

까르푸의 해외진출 시장을 보면 자국시장인 프랑스를 제외한 유럽시장은 360개 점포로 프랑스 국내시장을 포함한 전체에서 차지하는 비중이 38.1%로 까르푸의 해외시장 중 가장 큰 비중을 차지하고 있다. 다음으로 중남미를 중심으로 하는 아메리카 시장으로 21.2%의 비중을 보이고 있다. 그리고 중국을 포함하는 아시아 시장이 194개 점포로 20.1%를 차지하고 있으나 중국토종 업체인 알리바바의 공격적인 비즈니스로 인해 2019년 중국에서는 사실상 철수수순을 밟고 있다.

1996년 유통시장 전면개방과 함께 국내시장에도 주요 해외 글로벌 유통업체들이 진출했다. 까르푸(프), 월마트(미), 테스코(영), 코스트코(미) 등이 국내시장에 진입한 주요 해외 글로벌 유통업체들이다.

한편 국내 유통업체들도 해외시장으로 눈을 돌리면서 중국을 중심으로 서서히 해외시장진출을 확대해 나가고 있다.

국내에서 해외진출이 가장 활발한 업체는 롯데마트이다. 롯데마트는 해외진출 4년여 만에 중국(92개), 인도네시아(28개), 베트남(2개) 등에서 총 122개 해외점포를 열었으나 현재는 중국에서는 철수를 하고 인도네시아(50개)와 베트남(14개)에서만 운영 중이다.

국내 유통업체의 해외진출은 주로 중국시장을 중심으로 이루어져 왔고 그 외 러시아와 베트남과 같은 시장을 주목하고 있다. 그렇다면 왜 이러한 시장들이 해외진출의 주 대상이 되고 있는가. 그 이유는 시장잠재성 때문이다.

세계적으로 유통의 글로벌화 트렌드와 글로벌화의 동기로 볼 때 국내 유통업체들의 글로벌화는 앞으로 불가피할 것으로 보인다. 유통시장의 글로벌화는 우리가 선택하는 것이 아닌 주어진 유통환경이 되고 있다. 이러한 유통시장의 글로벌화 트렌드에서 국내 유통업계는 국내시장에서 규모화를 통한 경쟁에서 벗어나 해외시장으로 진출하는 능동적 글로벌화에 앞장서야 할 것이다. 따라서 국내에서의 글로벌 유통업체들과의 치열한 경쟁경험을 발판으로 해외시장에서 그 경쟁력을 인정받아야만 한다.

2. 유통업계의 글로벌화 동기

세계적으로 대형 유통업체들은 해외시장 진출확대를 통해 성장을 도모하고 있다. 국제시장의 통합화를 높인다는 의미의 글로벌화는 경제활동이 한 국민경제의 국경을 벗어나 전 세계적으로 확대되는 현상을 의미하는데 21세기의 유통시장의 트렌드를 말할 때 글로벌화는 빼놓을 수 없는 화두이다.

세계적으로 유통의 글로벌화는 불가피한 문제이다. 국내 유통업체들만 보아도 중국시장을 중심으로 러시아, 베트남 그리고 인도네시아 등의 동남아 시장을 주목하고 있는데 그 가장 큰 이유는 시장의 잠재성 때문이다. 그 밖에도 다음과 같이 우리는 유통시장의 글로벌화 동기를 찾아볼 수 있을 것이다.

유통업계의 글로벌화 동기는 국내시장의 포화, 국내시장의 정부규제, 규모의 경제를 위한 성장의 불가피, WTO 체제하에서의 자유화확대 그리고 신규시장의 시장잠재성을 들 수 있다.

1) Push 요인

1996년 국내 유통시장의 전면개방 이래 국내 대형 유통점포 수가 500개에 달하고 시장은 포화되고 경쟁은 더욱 치열해지고 있다. 국내 시장규모를 감안할 때 적정 대형점포 수에 대한 논란은 많지만 이제 시장포화에 다다른 것만은 분명하다. 이제 대형 유통업체들이 대도시의 신규개설보다는 지방 중소도시로 눈을 돌리고 더불어 그 동안 신규시장 개척을 통해 성장을 주도하여 온 유통업계가 새로운 시장창출의 과제에 고민하고 있음을 알 수 있다. 이러한 국내시장의 포화는 결국 해외시장으로의 진출을 불가피하게 만든다.

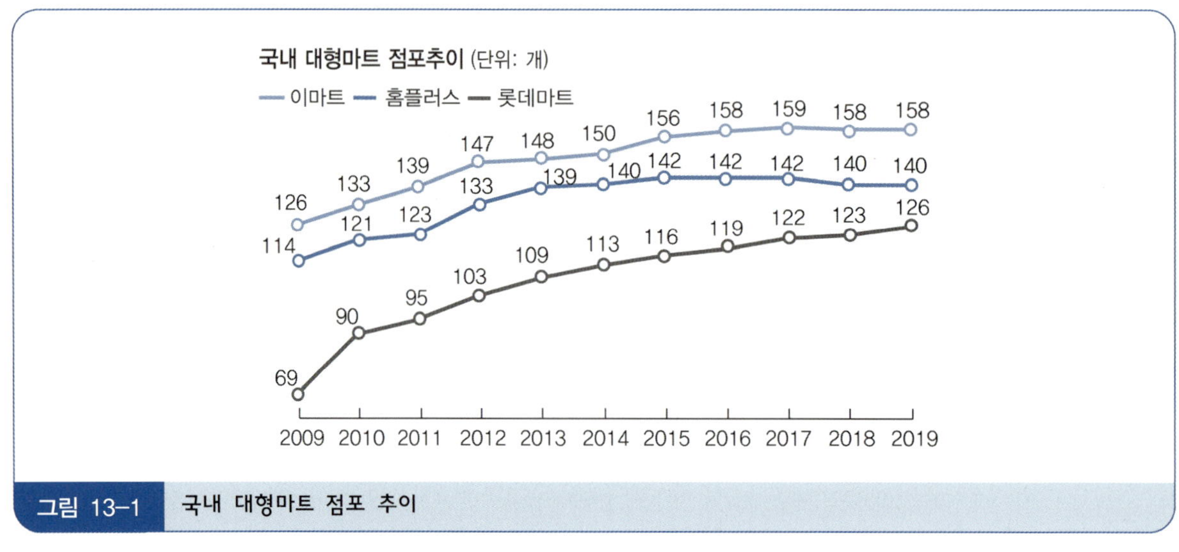

그림 13-1 국내 대형마트 점포 추이

출처 : 머니투데이.

(1) 국내시장의 규제

세계적으로 유럽과 일본은 정부규제가 대체로 강하고 미국은 자유시장원칙에 입각하여 규제가 약한 국가로 알려져 있다. 독일과 프랑스를 중심으로 한 유럽유통업계가 해외시장진출에 보다 적극적이었던 것은 자국시장의 정부규제가 강한 것이 주된 이유 중 하나라고 할 수 있다.

유럽에서는 1980년대 규제완화가 급속히 진행되었으나 이에 따른 결과로 중소유통업체의 영업활동이 크게 위축되어 실업이 증가하고 대형매장의 난립에 따른 교통혼잡과 차량이용의 증대에 따른 공해발생 등에 따라 국가별로 차이가 있지만 1990년대 중반부터 대형매장설립에 대한 규제가 보다 강화되었다.

독일의 경우, 유럽에서 가장 규제가 강한 것으로 알려져 있으며 점포크기나 영업시간 등에 대한 규제가 실질적으로 대형점포의 확산이 어려운 실정이다. 이러한 정부규제가 독일과 프랑스를 중심으로 한 유럽유통업계가 해외시장진출에 보다 적극적인 주된 이유인 것이다.

한편 미국은 근본적으로 시장의 자유를 강조하는 정책기조를 유지하고 있다. 유통업체는 철저한 시장경제의 법칙에 의해 경쟁력이 있는 업체는 생존하고 그렇지 못한 업체는 퇴출되는 것이다.

국내시장을 보면 유통시장개방과 함께 유통시장의 규제완화가 꾸준히 이루어져왔으나 그 결과로 중소유통업계의 위기감이 고조되며 다시 정부규제가 강화되었다. 정부의 영세 자영업보호의 일환으로 대형 할인점의 영업시간과 출점에 대한 규제입법 등 향후 정부의 규제는 유지될 것으로 보이며 이 또한 유통업계가 해외시장으로의 진출을 서두르는 이유이다.

(2) 규모의 경제

세계의 주요 소매업체들은 신규 출점증대 및 M&A를 통해 초대형화를 추진하고 있다. 각 국가별 상위 소매업체의 시장점유율이 지속적으로 상승하고 있고 국내에서도 대형 유통업체의 시장점유가 지속적으로 증대하고 있다. 국내에서 이제 백화점 빅3, 대형마트 빅3 체제가 보다 강해지고 있고 앞으로 얼마후에는 상위 소수업체의 시장점유 비중이 더욱 커질 것으로 전망되고 있다.

세계적으로 합병을 통한 대규모화는 프랑스의 까르푸와 프로모데스, 미국 시어스와 K마트의 합병과 합병을 통한 중국 최대의 유통업체 상해 백련그룹(Bailian Group) 탄생 등을 들 수 있다. 그리고 또한 월마트의 일본 세이유 인수와 영국 아스다 인수, 네덜란드 아홀드의 미국지역 수퍼마켓 체인 인수와 같이 글로벌 유통업체들의 로컬 유통업체의 지분 인수를 통한 해외시장진출 역시 세계 유통업계의 대규모화를 통한 경쟁력 강화 노력이라 할 수 있다.

2) Pull 요인

(1) 자유무역협정(FTA) 확산

세계 무역시장의 지배구조였던 WTO체제의 문제를 해결하고자 지역주의가 확산되면서 전 세계적으로 FTA가 빠르게 확산되고 있다. EU와 NAFTA를 중심으로 상호지역협정이 증가하면서 지역협정을 맺은 국가끼리의 무역거래가 50% 이상을 차지하게 되며 FTA가 더 집중을 받고 있다.

세계무역의 선도국가인 미국(34.1%), 중국(19.2%), EU(독일 73.6%, 프랑스 75.1%, 네덜란드 71.0%, 영국 62.7%, 이탈리아 70.5%, 벨기에 79.2%) 국가들의 FTA교역 비중은 모두 우리를 앞서고 있다. 한국은 2017년 기준으로 52개국 15개의 FTA를 맺고 있으며 칠레(2004년), 싱가포르(2006년), EFTA(2006년), ASEAN(2007년), 미국(2012) 그리고 2010년 이후에는 인도, EU, 페루, 터키, 캐나다, 호주등과 협상이 발효되었다. 특히 EU와 미국 등 선진 거대경제권과의 FTA는 역사적 사건으로 다루어지는 만큼 국내유통시장에 미칠 영향력에 대해서는 지속적인 관심이 필요하다.

FTA를 포함하는 자유무역협정은 국내 유통업체의 해외진출에 보다 크게 영향을 미칠 것으로 전망되고 있다. 국내 유통업체의 해외진출 대상지역으로는 선진국보다는 개발도상국이 주요 목표시장이 될 것이다.

(2) 신규시장의 매력

선진국 시장이 점차 포화되어감에 따라 세계 유통업계는 시장 잠재성이 높은 신규시장 발굴에 노력하고 있다. 이미 남미최대의 시장인 브라질에서 미국과 유럽계 유통업체들의 경쟁이 치열하고 세계의 모든 관심이 모아져 있는 중국은 세계 글로벌 유통업체들의 각축전으로 그 경쟁이 더욱 치열해지고 있다는 것은 우리 모두가 잘 알고 있다. 아시아시장은 1990년대 후반 금융위기를 계기로 글로벌 유통업체들의 시장진출이 보다 활발해졌고, 동유럽시장은 유럽유통업계의 시장확대를 위한 동진(東進)정책으로 유통시장의 글로벌화가 이루어져 가고 있다. 2005년 3월부터 인도정부가 소매유통시장에 대한 외국인 직접 투자허가를 시작하면서 월마트를 포함한 세계적 유통업체들의 발빠른 행보가 이어지고 있다. 우리 유통업계도 중국 이외에 새로운 해외 신규시장 개척을 위해 중장기적인 진출계획을 만들어 가야 할 것이다. 유통기업들은 신규시장으로 진입하며 자국시장에서 활동하던 것과는 달리 생성되는 기회요인과 위협요인들이 존재하며 다음과 같이 요약할 수 있다.

기회요인

- 해외시장은 국내시장 판매를 보충하는 곳이기도 하다.
- 포화된 국내시장에 대한 새로운 성장기회이다.
- 해외시장에서는 아직 실용화되지 않은 재화, 용역 및 기술을 제공할 수 있다.
- 경쟁자가 적다.
- 세금이익과 투자의 기회가 있다.
- 글로벌화에 따라 많은 국가의 해외기업에 대한 오픈 마인드가 존재한다.
- 인터넷을 이용한 커뮤니케이션이 용이하다.

위협요인

- 문화적 차이가 존재한다.
- 경영방식의 차이로 해외에서 수용이 어려울 수 있다.
- 해외정부의 제약조건이 있다.
- 유통시스템과 기술이 부재(ex.후진국 진출 시)하다.
- 통화의 차이가 발생한다.

3. 글로벌 소매기업의 성공요소

유통시장의 글로벌화에 따라 해외에서 성공하는 소매업체가 되기 위해서는 다음의 요소들을 고려하여야 한다.

1) 상품 차별성

경쟁사와 차별성 없이 자사의 제품이 좋다고만 강조하는 것은 이제 더 이상 안 된다. 가격 이외의 다른 요소들을 이용하여 경쟁사로부터 차별성을 두어야 한다. 특히 현지 로컬고객들의 라이프스타일에 맞는 상품을 구비해야 한다.

2) 옴니채널 구현

최고의 소매업체는 옴니채널을 통해서 표적고객들에게 자신의 브랜드경험을 강화시킨다. 예를 들어 이들은 웹사이트를 오직 판매만을 위한 공간으로 활용하는 것이 아니라 고객과의 소통을 통해 자신의 브랜드 정체성을 공유할 수 있는 수단으로 활용한다.

3) 고객경험 중시

소매업체가 경쟁업체와 차별화할 수 있는 한 방법이 매장 내에서 고객들에게 다양한 경험을 하도록 유도하는 것이다. 이는 매장 레이아웃, 간판, 서비스 등 고객과 거래되는 모든 측면에서 충분히 경쟁력 있는 부분이다.

4) 롱테일법칙

롱테일법칙은 틈새시장이 가져다주는 기회를 이야기한다. 이는 기존의 파레토법칙을 뒤집는 이야기로 80%의 사소한 다수였던 것이 장기간에 걸쳐 이윤을 내어준다는 것으로, 전자상거래가 활성화되면서 나타난 현상이다. 예를 들어 아마존의 경우 꾸준한 이윤을 창출하는 것이 오프라인 서점의 베스트셀러가 아니라, 기존에 오프라인 서점에서 판매되지 않고 재고로 쌓여있던 사람들이 집중하지 않았던 도서들이었다.

5) 사회적 책임

이제 많은 소비자들은 기업의 사회적 책임과 영향력에 대해 지켜보고 그것을 구매결정 요인으로 고려하기도 한다. 즉, 제품을 구매하는 소비자는 그 제품이 제공되는

표 13-1 전 세계 소매시장 및 온라인 시장규모

구분	2015년	2016년	2017년	2018년	2019년(F)	2020년(F)	2021년(F)
전체 소매시장	20,795	21,453	22,974	23,956	25,038	26,074	27,243
온라인 거래	1,548	1,845	2,382	2,928	3,535	4,206	4,927
온라인거래 비중	7.4	8.6	10.4	12.2	14.1	16.1	18.1

출처 : 중소기업연구원, 2019~2021년 데이터는 추정치임.

기업의 다양한 노동환경과 일련의 문제에 대해서도 주시한다는 것이다.

6) 글로벌 소비시장에 대한 인식변화

최대의 글로벌시장이 더 이상 미국이 아니며 아시아 시장이 급부상하고 있다. 인도, 인도네시아, 말레이시아 등 무슬림시장이 가장 빠른 속도로 성장하는 유통시장이다. 신흥국가 혹은 개발도상국들에서 초과수요가 발생하고 있기 때문에 소매업체들은 목표국가를 잘 찾아내야 하며 지속적 투자가 필요하다.

Spotlight 경기호황 속 파산한 126년 역사 '시어스'

지난 4일(현지시간) 오후 3시, 미국 로스앤젤레스(LA) 공항에서 차로 한 시간 가량을 달리자 대형쇼핑몰 '빌리지 앳 오렌지(The Village at Orange)'가 모습을 드러냈다. 핵심상권인 오렌지카운티에 위치한 이곳은 2년 전만 해도 부촌(富村) 어바인 주민들이 즐겨찾던 곳이다.

하지만 이날 찾은 빌리지 앳 오렌지 쇼핑몰은 입구부터 사람이 거의없어 썰렁했다. 쇼핑몰 안의 JC페니 백화점 문은 굳게 닫혀 있었다. 도넛매장 직원 클라이레 앨렌씨는 "JC페니가 폐점한 후 1년 넘게 공실이 계속됐다"며 "바로 앞 점포라 찾아오는 손님도 없고 우리 매장매출도 타격이 크다"고 했다.

이 쇼핑몰에 있는 또 다른 백화점 시어스도 개점휴업상태였다. 3층으로 이뤄진 시어스 백화점엔 손님이 거의 보이지 않았다. 직원이 쇼핑객보다 많았다. 매장에서 일하는 존 플러너씨는 "JC페니가 문닫고 나서 몰을 찾는 사람들 수가 확 줄었고, 그 영향으로 시어스에도 손님이 끊겼다"며 "직원들은 실직을 걱정하고 있다"고 말했다.

아마존 공격에 생존기로 선 美 유통…작년 오프라인 6400개 폐점

미국 최대 소매기업으로 한 시대를 풍미한 주요 백화점들이 파산하거나 점포 수를 줄이고 있다. 전국 오프라인 유통매장 중 작년 한 해만 6400여개가 폐점했다.

아마존이 주도하는 전자상거래 바람에 제때 올라타지 못한 전통 오프라인 업체들의 위기를 보여준다.

대표적인 업체가 미국 최초 백화점 '시어스(Sears)'다. 시어스는 최근 파산보호를 신청했다. 126년의 역사와 '유통 공룡'으로서의 명성을 자랑했던 시어스 파산은 미국에 큰 충격을 줬다.

캘리포니아주 어바인에 거주하는 박정은씨는 "경기가 호황인데 100년 넘은 회사가 어떻게 무너질 수 있느냐며 우려하는 미국인이 많다"면서 "시어스 파산은 미국인들에게 상당히 충격적"이라고 했다.

시어스는 1886년 리처드 시어스가 우편망을 통해 시계와 보석을 파는 것으로 시작해 세계적 유통기업으로 자랐다. 우편망을 통한 쇼핑을 처음 시도한 점은 지금의 아마존과 닮았다.

시어스는 1906년 주식을 상장하고 1945년까지 연 10억달러(약 1조원)의 매출을 올렸다. 시어스백화점과 대형마트인 K마트 등 3700여개 매장과 30만명의 직원을 거느렸다.

1955년 '포천 500지수' 도입당시에는 보잉, 제너럴모터스(GM) 등과 어깨를 나란히 했다. 1973년에는 당시 세계 최고 높이(108층 · 442m) 건물인 '시어스 타워'(현 윌리스 타워)를 세우는 등 미국 최대 유통업체로 군림했다.

하지만 100년 성공신화도 무너지는 건 한순간이었다. 월마트 등 대형 할인매장에 손님을 빼앗기면서 2010년 이후 줄곧 적자에 시달렸다. 작년 초부터 1250개 매장 중 400여곳을 폐점했고 올 7월에는 본사가 있는 시카고의 마지막 점포 문을 닫았다. 앞으로 최소 150개 매장을 추가로 더 폐점할 예정이다. 시어스 주가는 올해만 85% 넘게 추락했다.

전문가들은 변화하는 소비패턴, 온라인발달에 제때 대응하지 못한 점을 실패의 원인으로 꼽는다.

시어스는 지난해 아마존과 손잡고 가전제품 온라인유통에 나섰지만, 월마트나 타깃 등 경쟁사에 비해 디지털혁신에 뒤떨어졌다는 지적을 받는다.

정동섭 딜로이트안진 부동산 인프라자문그룹 전무는 "시어스는 고객들의 쇼핑환경과 트렌드가 계속 변하는데도 과거 성공에 취해 혁신하지 않았다"며 "이 탓에 아마존 등 온라인 유통시장과의 경쟁에 밀려 고객 유출이 지속됐다"고 진단했다.

무너지는 메이시스 · JC페니…구조조정 · 온라인강화에도 이익 30% '뚝'

미국 1, 2위 백화점 메이시스와 JC페니도 상황이 좋지 않다. 메이시스는 2013년 매출이 279억달러(약 31조 원)에서 지난해 248억달러(약 28조 원)로 11% 감소했다. 영업이익도 27억달러(약 3조 원)에서 18억달러(약 2조 원)로 33% 줄었다.

줄곧 적자였던 JC페니는 구조조정을 통해 2016년부터 흑자로 전환했으나 여전히 어렵다. JC페니의 지난해 매출은 125억달러(14조 원), 영업이익은 1억달러(1124억 원)에 그쳤다.

오프라인 유통업체의 위기는 고용시장에도 적지않은 후폭풍을 몰고 온다. 시어스는 약 7만 명의 직원을 고용하고 있는데, 이번에 파산을 신청하면서 직원들이 일자리를 잃을 위기에 처했다.

BMO프라이빗 뱅크 통계에 따르면 올해 미국 백화점을 포함한 대형 판매점의 매출은 3.3% 감소할 것으로 전망된다. 전통적인 오프라인 매장은 입지가 좋은 곳에 직원을 고용해야 하기 때문에 비용이 많이 든다. 반면 아마존처럼 온라인을 기반으로 한 매장은 기존 소매점에 비해 고객들에 저렴한 가격에 상품을 팔 수 있다.

'어바인 스펙트럼' 내 메이시스백화점. 문을 닫은 후 공실이었다가 내년 세포라가 입점할 계획이다.

백화점과 할인점은 프로모션 등 공격적인 마케팅에 나서고 있지만 올해 영업이익률은 2.6%에 그쳤다. 이는 2013년(5.4%)에 비해 반토막 난 수치다. 지난 5년간 미국 대형판매점 수는 연평균 1.4% 감소했다. 이는 7535개의 점포가 사라졌다는 것을 의미한다.

급격한 소비 트렌드변화는 미국 유통업계에 큰 파장을 일으키고 있다. '명품'이라는 굳건한 입지에 기반을 둔 고급 백화점인 바니스 뉴욕 · 샥스앤피프스 · 노드스트롬 등은 아마존의 공격에 따른 타격을 상대적으로 덜 받았다. 하지만 중저가 상품을 판매하는 백화점은 온라인 쇼핑몰로의 고객이탈이 가속화됐다.

출처 : 2018년 11월 8일, 조선비즈

제2절 디지털시대의 아마존

1. 아마존 효과

아마존 효과(Amazon Effect)라는 말이 주목받고 있다. 이 의미는 원래 아마존이 전자상거래와 소매업계에 영향을 미치는 현상을 의미했던 말이다. 그러나 최근 다양한 산업 및 정부의 금융, 경제정책에도 영향을 미치고 있다는 의미로 발전했다.

아마존은 현재 지구상에 존재하는 기업 중에서 가장 영향력이 큰 기업 중 하나이다. 미국 전체 기업중에서 가장 큰 돈(연간 24조원 이상)을 R&D에 투자하고 있다. 주요 플랫폼 기업(페이스북, 애플, 구글, 아마존) 중에서도 성장성이 가장 큰 것으로 평가받고 있다.

그렇다면 "아마존은 도대체 어떤 생각을 하고 있는가?", "아마존의 영향력은 어디까지인가?"가 최근 거의 모든 유통분야 사람들의 궁금증이다. 이 궁금증을 확실히 해소시켜준 책이 바로 <아마존이 그리는 2022년의 세계>이다.

우리가 아마존 비즈니스 모델을 이해해야 하는 이유는 아마존으로부터 비즈니스의 상당부분을 벤치마킹해야 하기 때문이다. 더불어 최근 아마존이 유통, 물류혁신기업을 넘어 세계 최고의 빅 데이터 기업으로 성장하고 있는 상황에서 아마존에 대한 이해는 디지털시대 비즈니스의 미래성패가 갈릴 수 있기 때문이다.

2. 아마존 vs 알리바바

아마존과 알리바바는 매우 유사한 비즈니스 모델을 가지고 있지만 차이점도 매우 크다. 전자상거래에서 파생된 광범위한 서비스군, 카리스마 넘치는 경영자, 인터넷에서 현실로의 진출, 놀라울 만큼 빠른 성장속도 등 아마존과 알리바바의 유사점이다.

전자상거래 사이트사업을 비교하면 주로 자신이 사들여 자신이 파는 직판형 기업의 전형적인 사례인 아마존에 비해 알리바바는 주로 마켓플레이스형 기업으로 중소기업과 개인을 지원하는 비즈니스 모델이라고 생각할 수 있다.

오프라인 점포의 전개에서는 알리바바가 질과 양 모두 크게 앞서고 있고 아마존은 2017년에 홀푸드를 인수하고 무인편의점을 도입중이지만 알리바바는 몇 년전부터 스마트폰 앱으로 지불할 수 있는 신개념매장인 허마 신선식품 수퍼마켓을 전개해 베이징과 상하이를 중심으로 점포를 13곳까지 확대했다. 지방거점인 농촌 타오바오는 전국에 점포가 3만 곳 이상이며 무인 편의점도 정식영업을 개시했다.

물류는 아마존이 가장 강점으로 삼는 부분이다. 독자적으로 물류망과 창고를 구축해 FBA로서 사업을 전개하고 있다. 하지만 알리바바 또한 지금까지 50조원을 들여 24

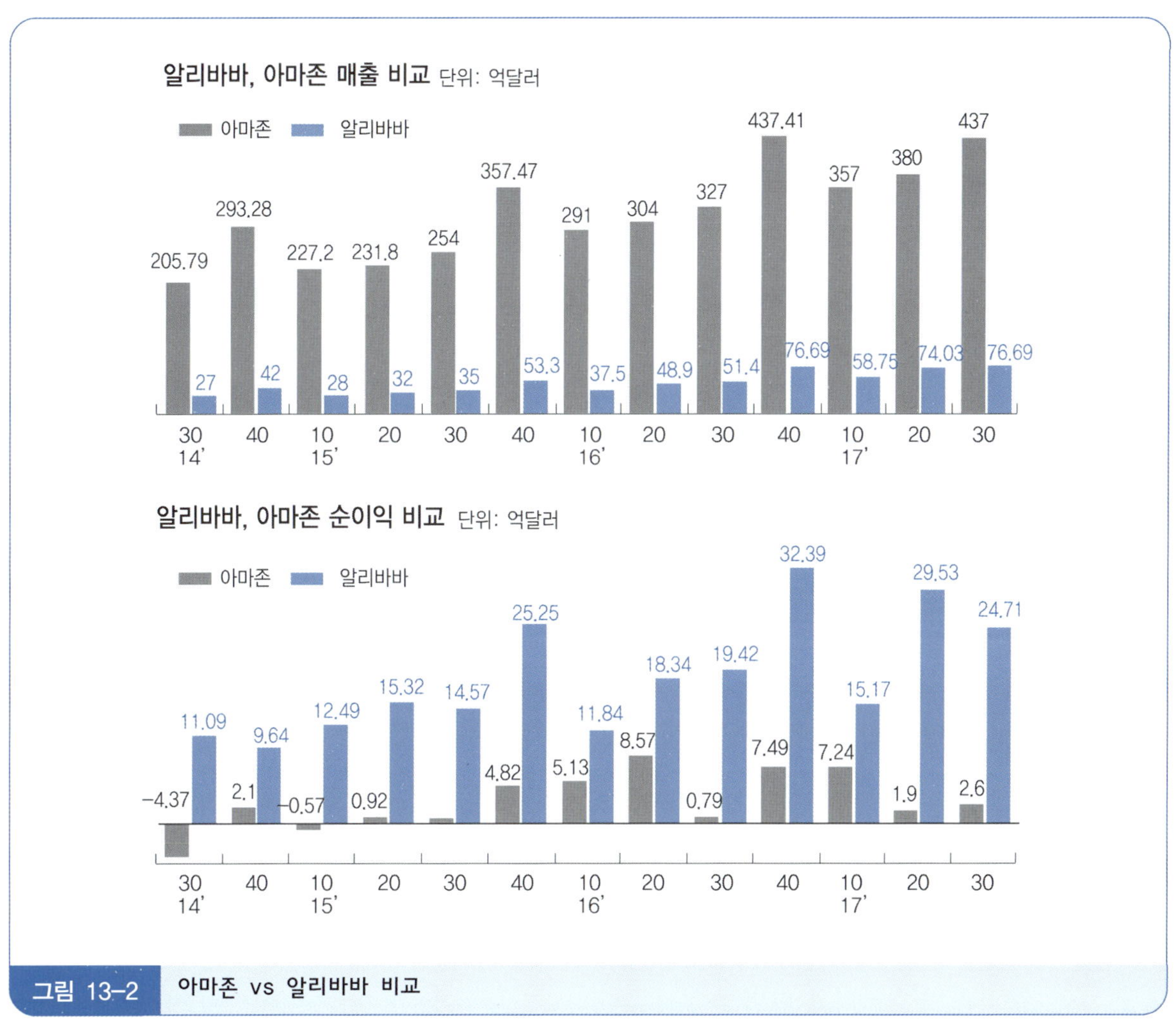

그림 13-2 아마존 vs 알리바바 비교

출처 : 각사 재무제표.

시간 배달가능한 스마트물류망을 확대하고 있다. 마윈은 5년 안에 중국내에서는 24시간 이내, 전 세계 어디든 72시간 이내에 배달할 수 있는 물류망을 실현하겠다며 호언장담한다.

돈의 흐름 이른바 금융에서는 알리바바가 아마존을 완전히 능가하고 있다. 아마존이 결제서비스인 아마존페이와 소규모 사업자를 대상으로 경영자금을 대출해 주는 아마존렌딩을 시행하고 있지만 알리바바는 이미 핀테크의 제왕이다. 전자상거래 사이트 사업 및 물류사업과 함께 삼위일체로 금융사업을 신장해왔으며 스마트폰 결제서비스 알리페이는 세계 최대 결제서비스로 성장했다.

3. 아마존(Amazon)의 미래

'아마존은 10년 후에 어떤 모습일까?' 베조스는 저렴한 가격, 빠른 배송, 상품의 다양성이라는 고객지향도 변함없다는 생각을 보이고 있다. 다만 고객지향을 지속해서 충족하기란 쉽지 않다. 앞으로 10년 후 고객의 요구수준은 더욱 높아져 있을 것이기 때문이다. 베조스는 고객지향을 실행하려면 면밀한 사업구조, 수익구조, 원가구조의 구축과 실행이 필수적이라고 강조한다.

다음 물음은 'AI는 어떤 영향을 끼칠까?'다. 베조스는 이 질문에서 AI와 기계학습(machine learning)의 황금기가 도래했다는 견해를 밝혔다. 과거 수십 년 동안 AI는 SF 소설속에서나 가능했던 일이었고 발전속도도 더뎠지만 이제는 완전히 최대한 활용해야 할 때가 도래했다고 주장했다. 아마존 에코, 아마존 알렉사 등 음성인식기기, AI탑재 드론배송을 가장 가까운 사례로 제시하며 그 중에서도 비즈니스 인프라부분에서 AI 활용이 이루어지고 있다는 사실이 중요하다는 인식을 보였다.

구체적으로는 상품검색, 상품추천, 재고관리 등 기본적인 부분에서 이미 AI가 활용되고 있는 한편, 아마존 에코, 아마존 알렉사 등 음성인식은 아직 시작단계에 불과해 앞으로 다양하게 펼쳐질 것이라고 말했다. 고객주의라는 관점에서 플랫폼, 생태계, 제휴마케팅과 같은 차세대형 비즈니스 모델을 선도해온 아마존이 다음 단계로서 대향 맞춤화를 실현하려고 한다.

아마존에는 이를 가능하게 하는 무기가 갖춰져 있다. 아마존은 세계 제일의 서점에서 에브리싱 스토어, 에브리싱 컴퍼니로 그리고 소매기업에서 물류기업, 테크놀로지 기업으로 변모를 이룩해왔다. 전자상거래 점포와 오프라인 점포에서 구매데이터, 음성 데이터, 이미지 데이터, 동영상시청 데이터, 개별 소비자의 위치정보 데이터 등 빅 데이터를 축적했다. 게다가 빅 데이터로부터는 개별 소비자의 요구사항을 추출해낸다. 앞으로 일반에 보급해 가겠다는 AI기술이 있다. 결국 Amazon의 미래가 세계 선진유통 산업의 미래라고 볼 수 있다.

제3절 옴니채널로 성공한 글로벌 소매기업

1. 글로벌 소매기업의 옴니채널운영

1) 아마존의 Dash와 Drone

최근 아마존은 대쉬(Dash)라는 바코드 스캔기기를 공개했다. 집에 있는 케첩이나 화장지 등 자주 쓰는 물건이 떨어질 때 대쉬를 이용해서 바코드를 찍거나 음성으로 제품명을 말하면 자동으로 아마존의 온라인 장바구니에 접수가 되도록 하는 것이 골자인 기기이다. 아마존 대쉬(Dash)의 비즈니스 모델은 '빅 데이터' 분석, '예상배송(Anticipatory Shipping)'이라는 두 가지 측면에서 경쟁력을 보인다. 아마존 대쉬는 고객의 과거 구매품목, 구매시기, 구매주기, 상품검색기록, 구매희망목록, 반품기록 등 빅 데이터의 분석을 통해 구입이 예상되는 품목을 자동적으로 선별해 장바구니에 담아주는 기능을 한다.

케첩, 커피, 과일, 생리대 등 우리가 가정생활에서 구매하는 물건들은 사용자가 특정 브랜드에 대한 선호가 확실하다는 점에서 이러한 빅 데이터 분석의 활용은 적절하다고 할 수 있다. 또한, 아마존은 빅 데이터를 통해 고객의 구매주기를 예측하고 미리미리 고객과 가까운 물류센터로 보낸다. 주문만 받으면 바로 물류센터에서 배송되어 상품배송기간을 줄일 수 있다.

또한 아마존은 배송시간을 줄여 오프라인과의 차이를 없애려는 노력도 이어지고 있다. 아마존은 주문 후 물건을 받을 때까지 소요되는 시간의 발생이라는 온라인쇼핑의 한계를 극복하기 위해 무인조종 비행체인 드론을 이용한 '아마존 프라임 에어'라는 프

그림 13-3 아마존 대쉬(Dash) 기기

그림 13-4 아마존 드론(Drone)

로젝트를 진행하고 있다. 이 프로젝트는 드론을 모바일로 조종해 고객에게 물건을 배송하는 서비스다. 미국은 넓기 때문에 대부분의 택배배송이 이틀 이상 걸리는 데 비해, 아마존 에어 프로젝트는 30분 이내 배송완료를 목표로 한다.

아마존의 대쉬와 드론은 온라인과 오프라인과의 경계를 없앤 O2O(Online to Offline)

로의 모범적인 예시라고 할 수 있다. 온라인의 한계로 지적되었던 배송시간을 혁신적으로 단축하면서, 오프라인과의 차이를 없앤 것이다. 이는 ICT를 이용해 온·오프라인을 연결한 마케팅의 한 예로 옴니채널로 한걸음 다가간 사례라고 할 수 있다.

2) IKEA

이케아는 증강현실(AR : augmented reality)기술을 통해 구매한 제품을 집에 배치하였을 때 어떤 모습이 될지 모바일 디바이스를 통해 확인할 수 있는 AR카탈로그 서비스를 제공하고 있다. 구매결정을 도와주기 위해 실제제품이 놓여 졌을 때의 모습을 보여주는 것이다.

그림 13-5 IKEA의 증강현실 기술

'증강현실'은 현실 세계에 3차원 가상물체를 겹쳐 보여주는 기술로서 이케아는 모바일 디바이스를 이용하여 자신이 원하는 가구를 집안에 배치해보거나 가구의 색상이나 종류도 변경해보는 등 사용자가 현실 공간상에서 컴퓨터가 재현해 내는 가상의 정보공간을 함께 체험할 수 있도록 하였다.

기업이 제품이미지나 정보만을 일방적으로 전달하는 것이 아니라, 모바일이라는 도구를 통해 고객 스스로 원하는 제품을 오프라인에서 간접적으로 경험하도록 한다는 점에서, 온·오프라인의 경계를 허물고 고객의 편의성을 높인 사례라고 볼 수 있다.

3) ZARA

자라(ZARA)는 소형매장을 대형매장으로 이동시켜 대형매장의 객단가를 인상하는 동시에 보다 편의성 높은 인터넷 쇼핑몰의 매출향상을 목표로 옴니채널 전략을 추진하고 있다.

자라는 소형매장을 폐쇄하면서 그 근처에 대형매장을 출점하는 전략을 전개해 소형점의 고객을 인터넷 쇼핑몰과 대형매장으로 유인하는 전략을 전개하고 있다. 소형매장을 폐쇄하여 일부러 대형매장까지 방문하기 힘들어 하는 고객들을 인터넷 쇼핑몰로 유인하고 있는 것이다. 다른 한편으로 대형매장은 자라의 쇼룸역할을 담당하여 다양한 상품구색과 색다른 브랜드경험을 전달하여 고객내점을 확대하고 매출증가를 시킨다. 이러한 전략을 추진함으로서 소형매장폐쇄와 대형매장의 출점을 동시에 진행해 점포당 매장면적을 늘리고 고정비 비율을 줄여 비용을 절감할 수 있다. 또한 대형매장을 늘려 객단가를 높여 점포당 매출을 확대하고 소형매장의 고객을 인터넷 쇼핑몰로 전환하여 인터넷 쇼핑몰의 매출도 증가시킨다는 것이다. 옴니채널 추진전략으로 2016년 자라의 매출을 사상최대인 233억 1000만유로로 순이익은 10%가 증가하였다.

ZARA 매장전경

2. 미래유통, 옴니채널확산

1) 리테일러들의 해외시장 진출기회확대

옴니채널의 등장은 리테일산업에 성장기회를 제공하였다. 최근 리테일산업은 ICT관련 다양한 기술과 서비스를 통해 더욱 효율적으로 발전되어가며, 소비자맞춤형 마케팅전략을 구사하거나 구매과정에서 발생하는 비효율성을 해소하고자 하였다.

옴니채널이 갖는 또 하나의 중요한 부가가치는 옴니채널이 리테일 사업자들에게는 해외시장에 진출할 수 있는 전략적 기회가 될 수 있다는 점이다. 페이팔 자료에 따르면 세계 6개 주요 국가(미국, 영국, 독일, 호주, 중국, 브라질)의 온라인 상거래 해외구매가 차지하는 비중은 2013년 기준 1,000억 달러(16%)이며, 2018년까지 3배 증가할 것으로 예측했다. 따라서 기업들은 옴니채널전략을 통해 해외고객과 직접 커뮤니케이션 할 수 있으며 그 결과를 토대로 현지 맞춤형 마케팅전략을 수립하는 것이 가능할 것으로 예상된다.

2) 오프라인 매장의 중요성 재조명

2000년 이후 온라인채널의 성장세로 오프라인 매장은 전시장(showroom) 성격으로 변모하고 있다. 그러나 최첨단 오프라인 매장이 고유의 장점과 디지털기술을 융합해 앞으로 5년 내 온라인채널을 능가할 것으로 전망되고 있다. 특히 전자제품이나 자동차처럼 고객의 직접 체험이 중요한 제품의 경우 오프라인 매장의 역할은 더욱 중요하며, 제품을 넘어 전체적인 브랜드 이미지 전달을 위해 복합문화공간으로 매장을 구성하는 사례가 증가하고 있다.

이러한 이유 때문에 온라인기업들의 오프라인 시장진출이 확산되고 있는 추세다. 최근 인텔, 구글, 이베이 등 온라인에서 시작한 기업들도 오프라인 매장을 열고 있으며, 하드웨어가 없는 기업들의 경우 제조사와 협업해 매장을 운영하는 경우도 있다. 온라인 사업자들은 오프라인 매장을 통해 고객들이 직접 서비스를 이용할 기회를 제공할 뿐만 아니라 기술에 익숙하지 않은 고객도 매장으로 유인해 잠재고객으로 확보하는 전략을 구사하며 옴니채널의 필요성이 더 커지고 있는 추세이다.

3) ICT 기술활용 극대화

옴니채널은 ICT 발전이 불러온 스마트시대의 새로운 유통패러다임인 만큼 그 실현 과정에서 ICT 기술을 적극 활용하고 있는 모습을 보인다. 특히 재고관리를 위한 RFID 활용, NFC나 비콘을 적극 활용한 'O2O'가 주목을 받고 있다.

옴니채널 환경에 접어들면서 사업자들은 온·오프라인 채널의 재고를 통합해 체계적인 관리를 하기 시작했다. 이때 필요한 기술이 RFID(radio frequency identification device, 전자식별태그)다.

RFID칩은 무선주파수를 통해 해당 아이템의 정보를 RFID 스캐너로 보내기 때문에 실시간으로 제품위치파악 및 관리가 가능하다. 제품마다 부착된 RFID 태그를 통해 특정 제품이 공급사슬의 어디쯤에 위치해있는지 추적가능하며, 리더기로 태그를 인식하면 자동으로 재고기록이 남는다. RFID를 이용하게 되면 재고의 정확도를 65~ 70%에서 99.5%까지 끌어 올릴 수 있다.

RFID를 기반으로 개발된 근거리통신 NFC(near field communication)나 블루투스를 이용한 근거리 통신기술인 비콘(Beacon)은 모바일결제나 타깃광고에 활용될 수 있어 앞으로 활용도가 매우 높을 것으로 기대되고 있다. 비콘은 골프공 크기만한 작은 송신기가 블루투스를 활용해 스마트폰 이용자의 위치를 파악하여 맞춤형 정보를 전달하는 기술이다.

가장 앞서고 있는 곳은 2014년 '아이비콘(iBeacon)'서비스를 선보인 애플이다. '아이비콘'은 아이폰이나 아이패드 등 애플의 모바일기기를 소지한 사람이 상점에 들어서면 물품정보나 할인쿠폰을 즉석에서 제공하는 서비스다. 애플은 메이저리그베이스볼(MLB)과 계약하고 야구경기표의 구매부터 편의시설안내, 경기정보, 기념품 할인쿠폰제공 등에 아이비콘을 활용하고 있다.

국내에서도 비콘 시스템 도입을 위한 움직임이 활발하다. 대표적인 곳은 SK텔레콤으로 현재 4종의 비콘 단말기를 내놨으며, 분당 서울대병원에 200여 개의 비콘을 설치해 병원정보와 경로 등을 서비스하고 있다. SK플래닛도 최근 오프라인 가맹점을 대상으로 OK캐쉬백, 스마트월렛 시럽, 기프티콘 등의 회원에게 매장정보나 할인쿠폰 등을 지급하는 서비스를 시작했다.

이처럼 비콘이 커머스 시장의 핵심으로 떠오른 이유는 기존 기술보다 활용범위가 넓고 효율성이 높기 때문이다. 위성을 활용한 GPS는 수십미터수준의 오차가 존재하지만 비콘의 오차범위는 5~10cm에 불과해 과거보다 훨씬 정교한 위치기반서비스를 제공할 수 있다. 또한 저전력 블루투스를 기반으로 해 배터리 소모량도 적다. 또 이용자가 직접 스마트폰을 접촉해야 하는 NFC와 달리, 비콘은 적용범위(최대 50m) 안에만 들어서면 자동적으로 쿠폰 및 할인정보가 전달돼 효율성이 높다.

4) 로지스틱과 공급체인(supply chain)에 대한 투자

리테일의 미래라 일컬어지는 '옴니채널 리테일링'에서의 성공은 고객에게 최상의 shopping experience를 가능하게 하는 고객중심의 운영(customer centric business operation)을 목표로, 이를 가능하게 하는 인프라를 누가 먼저 갖추는가에 따라 좌우될 것으로 생각된다. 따라서 옴니채널전략을 위한 성공요소를 정확하게 분석하고 이를 시행하기 위한 노력이 필요하다.

그러기 위해서는 옴니채널전략 운영을 위한 Logistics와 Supple Chain에 대한 투자가 필요하다. 전 채널에서의 재고의 투명성을 확보하고, 통합적으로 관리하며 어느 채널에서도 제품공급이 원활하도록 유기적인 Logistics와 Supple Chain 시스템을 도입함에 따라 매출을 증가시키고 효과적인 재고관리에 따라 기업의 이익을 증가시킬 수 있다.

5) Non-retail 업종에서도 옴니채널확산

옴니채널은 기업입장의 시각에서 채널운영을 위한 하나의 전략이라고 생각하는 것이 가장 기본적이다. 하지만 옴니채널은 금융, 통신과 같은 Non-retail 분야에서도 사용될 뿐만 아니라 국가의 행정시스템에서도 서비스향상과 국민만족이라는 측면에서 사용될 수 있다.

먼저 금융측면에서 보자면 은행은 ATM, PC, 태블릿, 스마트폰 등 비대면 채널과 영업점 등 대면채널 간 융합을 통해 스마트해진 소비자의 금융거래경험을 통합하고 개인화된 서비스를 제공할 수 있는 옴니채널단계로 이동하고 있다. 가령 하나은행과 외환은행은 2014년 2월부터 은행직원이 직접 고객을 찾아가 금융상담을 제공하는 태블릿 기반의 방문영업 시스템인 '태블릿 브랜치'를 시범운영하고 향후 전 계열사로 확대했다.

또한 국가의 행정시스템에서도 오프라인과 온라인 그리고 모바일을 넘나들며 국민중심 서비스를 추진해볼 수 있다. 예를 들어 현재 운전면허증 재발급을 하려면 운전면허 시험장에 방문해야 하는 현장 방문형 원스톱서비스를 제공하고 있다. 이를 옴니서비스로 개편하면 언제 어디서나 온라인 또는 모바일에서 신청서와 사진을 송부하고 결제할 수 있다. 운전면허시험장에서 신분만을 확인하고 미리 준비된 운전면허증을 교부받을 수도 있고 더 나아가 국민이 원하는 오프라인의 주민센터에서 전달받음으로써 국민의 시간을 획기적으로 절감해 줄 수 있다.

6) 전략적 시사점

미래 유통이라고 불리는 옴니채널현상은 이제 더 이상 미룰 수 없는 숙제이며 오프라인 소매유통업계의 성장위기를 극복할 수 있는 성장모멘텀이다. 그동안 온라인과 오프라인 시장은 구분되어 있다고 생각해왔고 오프라인 시장은 온라인시장에 일방적으로 밀리는 듯 보였다. 그러나 모바일환경의 급속한 확산은 온·오프라인의 질서를 완전히 재편시키며 오프라인의 반격을 가능케 했다. 특히 오프라인 시장은 온라인과의 경쟁이 아닌 상생을 선택했고 모바일을 매개로 고객에게 온·오프라인 유통채널을 결합하는 옴니채널 전략을 실행하게 된 것이다. 그러나 소매업태별로 옴니채널적용방법은 조금씩 차이를 보인다. 그러나 각 유통업태별 옴니채널적용 전략의 공통적인 목적은 같다. 소비자들의 니즈를 충족시켜주기 위해 '편의성을 극대화'해야 한다는 점이다.

21세기 소비자는 노력을 들이지 않아도 원하는 제품을 빠른 시간 내에 살 수 있기를 바란다. 즉 '제로 노력 상거래(zero effort commerce)'를 원하며 한 번의 클릭만으로 제품 선택부터 구매까지 이어지고 싶어 한다. 따라서 이러한 소비자 니즈를 반영하여 각 소매업태의 특성에 맞는 옴니채널해결방법을 강구하는 것이 필요한 실정이다.

아직 옴니채널 환경을 조성하기 위해 사전에 해결해야 할 과제도 많다. 더욱 손쉽게 온라인과 오프라인이 연계될 수 있도록 지불수단의 편의성도 확보돼야 하며 빅데이터를 기반으로 고객의 선호를 사전에 분석하고 서비스를 제공하는 등의 기술적 뒷받침도 필요하다. 또한 구매에서 배송가지 이르는 내부운영의 고도화도 필요하다. 이러한 운영적인 관점외에도 옴니채널을 받아들이는 소비자들의 인식 또한 개선되어야 한다. 특히 옴니채널에 이용되는 다양한 ICT 기술들에 대해 아직은 '심리적 거부감'이 있는 듯하다. 모바일 결제시장도 지금은 범용화됐지만 초기에는 상당한 거부감이 있었다. 옴니채널 확산을 위해서는 ICT기술을 이용하는 소비자들의 인식변화도 반드시 필요하다.

Spotlight "파괴자 아마존 맞서려면, 끝없이 투자해야", '아마존 리테일 리포트' 저자 나이츠

"아마존 한국진출 아시아시장 진출 염두한 것"
오프라인→온라인 전환 이미 진행… 코로나사태로 가속
아마존, 코로나 속 매출 30%대 성장… 비결은 '디지털 혁신'
온 · 오프라인 경계허물어져…모두 갖춘 기업이 살아남는다.

'아마존 리테일 리포트' 공동저자 미야 나이츠

"기술의 발전은 물리적 세계와 디지털세계의 경계를 허물고 있다. 차별화 되면서도 통합된 온 · 오프라인 상점을 모두 갖춘 기업이 살아남을 것이다."

영국 온라인 유통전문가인 나이츠는 옥스포드 대학교를 졸업하고 애널리스트, 저널리스트, 편집자로 20년 넘게 일했다. 현재 디지털 솔루션 컨설팅기업 '이글아이(Eagle Eye)'의 산업통찰부문 수장으로 재직 중이다.

나이츠는 특히 전 세계적인 유통거물로 성장한 미국 IT업체 '아마존'을 주목해왔다. 그는 '아마존 리테일 리포트 : 아마존은 어떻게 사람들의 쇼핑패턴을 변화시키는가?(2020)', '아마존 이노베이션(2019)'의 공동저자로, 전 세계 유통시장의 최강자인 아마존의 전략과 기술 등을 분석했다.

아마존은 코로나바이러스 감염증(코로나19) 사태에도 전례없는 성장을 달성했다. 지난해 3분기 매출은 961억 5,000만 달러(약 108조 8,400억 원)로 전년 동기대비 37% 증가했고, 4분기 매출은 전년 동기 대비 28~38% 성장한 1120억~1210억달러(약 126조 7,800억~136조 9,700억 원)로 예상된다. 코로나19 위기에도 아마존이 성장세를 유지한 비결은 무엇일까.

나이츠는 '아마존 리테일 리포트'에서 "우리는 유통산업을 완전히 바꿀 중요한 기술과 경제, 사회적 변화의 교착점에 서 있다"고 했다.

지난해 전 세계를 강타한 코로나19 대유행으로 유통산업은 또 한 차례 큰 변화의 시기를 맞았다. 그에게 이후 아마존과 유통산업의 미래에 대해 물었다. 다음은 나이츠와의 일문일답이다.

지난해 코로나19가 전 세계 유통산업에 영향을 미쳤다. 가장 큰 변화를 꼽는다면?

코로나19는 오프라인에서 온라인으로 전환을 가속화했고 이에 유통업계는 직격탄을 맞았다. 지난해 몇 달간 일부지역의 이커머스 시장은 거의 10년간에 맞먹는 성장세를 기록했다.

그러나 오프라인에서 온라인으로 전환하는 추세는 이미 상당기간 진행돼왔다. 코로나19가 가속화한 것은 기존 트렌드일 뿐이다. 성장이 끝난 리테일시장은 이미 포화상태이고, 소비자들의 구매습관에는 엄청난 변화가 있었다.

아마존이 코로나19 사태서도 성장한 비결은 무엇인가?

아마존의 성장을 이끈 기폭제는 '디지털기술'이다. 대다수 정부가 바이러스 확산에 대응하기 위해 불필요한 오프라인 유통업체를 폐쇄 조치했고, 이에 따라 디지털 기반의 유통업체들이 번창할 수 있었다. 반면, 오프라인 매장에만 의존했던 기업들은 생존을 위해 고군분투하고 있다.

아마존이 코로나19 사태에서 승자가 된 이유 중 한 가지는 급증하는 이커머스 수요를 충족할 만큼 지배적이고 믿을 수 있는 쇼핑툴을 이미 보유했기 때문이다. 오프라인 매장에 의존하지 않고도 고객이 구매한 제품을 빠르고 편리하게 전달할 수 있는 광범위한 유통네트워크를 갖추고 있었다.

이는 아마존이 자체정보기술(IT) 인프라, 공급망 네트워크 그리고 쇼핑몰구축 등에 많은 투자를 했기 때문에 가능했다. 아마존은 모바일과 스마트 음성 어시스턴트 장치 등 기술혁신을 계속하고 있고, 시장가치를 높이기 위해 창출된 수익을 다시 사업에 투입할 것이다. 아마존 무인배송 로봇 '스콧'. 아마존은 무인 매장, 무인물류, 무인배송 로봇개발에 집중개발하고 있다.

저서 '아마존 리테일'에서도 아마존의 경쟁력을 '기술'이라고 했다. 아마존은 지금의 성장세를 계속 유지할 수 있을까?

오프라인 유통업체는 판매, 구매, 유통 및 이행 프로세스를 자동화하는 기술없이 운영할 수 없다. 예를 들어 바코드와 결제단말기(POS)는 50년 넘게 사용돼왔다. 지난 25년 동안 소비자와 오프라인 유통업체는 같은 속도와 방식으로 디지털기술을 사용하고 수용해왔다. 그러나 어느 순간부터 소비자가 기술을 습득하는 속도에 뒤쳐졌다.

그때 아마존은 기술을 활용했다. 아마존은 이커머스 시장에서 가장 먼저 성공한 업체로서 오프라인 매장에 기술을 적용했다. 세계 최초로 무인자동화 매장 '아마존고'를 선보였고 카트 안에 담긴 내용물을 자동으로 계산해 주는 '아마존 대시 카트' 서비스도 도입했다.

아마존은 현 상태를 끊임없이 불만족스러워한다. 제프 베조스 아마존 창립자는 2016년 주주서한에서 "고객은 언제나 아름답고 경이롭게 불만에 차 있으며, 인지하지 못하고 있을지언정 더 나은 것을 원한다"며 "고객을 기쁘게 만들고픈 우리의 욕구가 그들을 대신해 발명하는 원동력이 될 것"이라고 했다.

아마존은 온라인과 오프라인 매장 모두에서 소비자의 쇼핑경험을 향상시키기 위해 기술개발에 주력하면서 계속 성장할 것이다. 혁신을 이어가며 다양한 분야를 파괴할 것이다. 계산이 사라지고 집안, 차안 배송이 부재중 배송의 대안이 되고, 옷을 살 때 사이즈나 반품문제도 대부분 사라질 것이다.

아마존의 지속적인 성장을 방해할 유일한 요인은 '소비자 반발'일 것이다. 우리가 '의식적 소비'와 지속가능성을 중시하기 시작할 때 아마존은 한계에 부딪힐 수 있다. 또 유럽이나 미국의 반독점조치 등으로 타격을 받을 수 있다.

이커머스 시장경쟁에서 어떤 기업이 살아남을까?

차별화되면서도 통합된 온・오프라인 상점을 모두 갖춘 기업이 살아남을 수 있을 것이다. 소비자는 쇼핑과정에서 더 많은 것을 통제하기를 원한다. 가령 온라인에서 먼저 검색을 하고, 오프라인 매장에서 제품을 확인한 다음 다시 온라인에서 구매하는 식이다. 또 소비자들은 반품과 같은 사후 서비스를 잘 갖춘 업체에서 쇼핑하기를 원한다.

기술의 발전은 물리적 세계와 디지털 세계의 경계를 허물고 있다. 이제 물리적 매장을 보유하지 못한 유통 기업은 매우 불리해질 것이다. 디지털로 출발한 이커머스 기업은 플래그십스토어(대표매장), 팝업스토어(임시매장), 숍인숍, 인수합병(M&A) 등을 통해 점점 더 물리적 영역으로 뛰어들 것이다. 또 온라인과 오프라인 매장을 연결할 수 있는 라이브 스트리밍이나 위시리스트, 모바일 앱, 증강현실 등 기능을 통해 경쟁력을 확보할 수 있을 것이다.

반면 오프라인 유통업체는 어려움이 계속될 것 같다

코로나19 시대의 승자들은 온・오프라인 매장 모두를 보유하고 있다. 소비자들은 두 가지 형태를 함께 활용해 쇼핑하는 것이 더 편리하다고 생각하기 때문이다. 실제로 10월 영국 온라인소매협회(IMRG)에 따르면 영국의 다채널 유통업체들(62.7%)은 온라인 업체들(19.6%)에 비해 높은 판매성장률을 기록했다.

따라서 오프라인 유통업체가 사라지는 일은 없을 것이다. 그러나 더 많은 디지털기능을 갖춘 기업이 살아남을 가능성이 높다.

미래의 오프라인 상점은 매매가 이뤄지는 곳에서 경험을 하는 곳으로 바뀔 것이다. 아마존은 구매하기는 좋지만 '쇼핑'을 하기에는 그다지 매력적이지 않다. 따라서 물리적 매장은 단순구매에서 먹고, 일하고, 놀고, 발견하고, 배우고, 빌릴 수 있는 공간으로 변모할 것이다.

최근 아마존은 한국기업 SK그룹이 운영하는 이커머스 '11번가'와 손잡고 한국시장에 진출했다. 아마존은 왜 한국을 선택했을까?

아마존은 몇 년 전 중국 시장진출을 시도했지만 실패했다. 지역별 소비자수요의 차이를 고려하지 않았기 때문이다. 이후 인도와 싱가포르와 같은 아시아태평양 지역의 다른 국가와 같은 신흥시장에서는 매우 다른 접근방식을 취하고 있다. 이는 한국에서도 마찬가지다.

아마존은 한국시장을 아시아 시장진출을 위한 발판으로 보고 있다. 한국고객이 원하는 적절한 서비스를 제공하면서 아시아 지역의 다른 국가에 진출하기 위한 방안을 조정해나갈 것이다.

제프 베이조스 아마존 최고경영자(CEO)와 최태원 SK그룹 회장

아마존은 '최고의 파괴자'다. 경쟁자들은 아마존의 진격에 위협을 느낀다. 그러나 고객은 분명 수혜자가 된다. 아마존이 혁신을 거듭하면서 고객의 기대치는 높아질 것이고 이는 경쟁업체들의 수준을 높여 궁극적으로 구매자들이 더 좋은 경험을 하도록 했다.

즉 아마존의 진출은 한국 이커머스 시장이 혼란한 시기임을 의미한다. 아마존은 큰 영향을 미칠 수 있다고 판단하는 시장에만 투자하기 때문이다. 그러므로 한국 유통업체들은 아마존이 고객에게 더 나은 것을 제공하기 전 투자를 강화하고 서비스를 개선해야 할 것이다.

10년 후 글로벌 이커머스 시장의 미래를 전망한다면?

지난해와 같은 기하급수적 성장이 계속될 것 같지는 않지만, 당분간 소비자들은 편의와 위생상의 이유로 위해 온라인쇼핑을 계속하게 될 것이다.

코로나19 사태이전에는 2030년까지 이커머스 시장규모가 전 세계 유통시장의 30%를 차지할 것으로 예측했다. 그러나 코로나19를 계기로 이커머스 시장이 급성장하면서 성장세가 더 높아질 것으로 보인다. 올해 최소 40%에 달할 것으로 예상한다.

출처 : 2021년 1월 10일, 조선비즈

참고문헌

민경휘. 유통신조류와 물류혁신, 산업연구원, 2000
서용구. 마켓4.0시대의 유통원론 개정판, 학현사, 2018
안광호 외. 유통원론 제4판, 학현사, 2019
안광호 외. 마케팅원론 제7판, 학현사, 2020
전타식. CRM 고객관계관리, 북넷, 2017
전타식. 창업경영Basic, 북넷, 2018
전타식. POSITIVE 경영학원론, 북넷, 2020
허양회 외. 프랜차이징, 대왕사, 2019

경향비즈, 2020년 12월 1일
경향비즈, 2020년 12월 28일
경향비즈, 2021년 1월 26일
경향비즈, 2021년 1월 28일
국민일보, 2021년 1월 31일
머니투데이, 2020년
비즈니스워치, 2018년 11월 20일
비즈니스워치, 2020년 12월 28일
비즈니스워치, 2020년 12월 30일
비즈니스워치, 2021년 1월 5일
비즈한국, 2020년 10월 14일
아이뉴스24, 2017년 7월 2일
이데일리, 2021년
이마케터, 2020년

조선비즈, 2018년 11월 8일
조선비즈, 2021년 1월 10일
조선비즈, 2021년 1월 17일
조선비즈, 2021년 1월 31일
조선비즈, 2021년 2월 1일
중앙일보, 2021년 1월 15일
한겨레신문, 2021년 1월 4일
한겨레신문, Economy Insight, 2020년 2월 1일
한겨레신문, Economy Insight, 2019년 3월 1일
한겨레신문, Economy Insight, 2020년 8월 1일
한겨레신문, Economy Insight, 2020년 9월 1일
한겨레신문, Economy Insight, 2020년 10월 1일
한경비즈니스, 2020년 7월 15일
한경비즈니스, 2021년 1월 24일
한경비즈니스, 2021년 1월 27일
한국경제, 2021년 1월 4일
한국일보, 2021년 1월 9일
CLO, 2017년 7월 15일
Direct Selling News, 2019년

전타식. 예비청년창업자의 감성지능이 창의성, 창업효능감, 창업성공 가능성에 미치는 영향, e-비즈니스연구, 2019
전타식 외. B2C시장에서 영업사원의 감성지능이 창의성, 서비스지향성, 고객충성도에 미치는 영향, e-비즈니스연구, 2018
전타식. 예비청년창업자의 감성지능이 창업효능감, 창업의도에 미치는 영향, 아태경상저널, 2018

A. Coughlan et al., Marketing Channels, 6th ed., Prentice-Hall, Englewood Cliffs: NJ, 2001.
Berman and Evans, Retail Management, 10th ed., Pearson, 2007.
B. Rosenbloom, Marketing Channels, 8th ed., South-Western, 2013.
D. L. Kurtz, Principles of Contemporary Marketing, 14th ed., South-Western, 2010.
Lewison, Dale M. Retailing, 6th ed., Prentice-Hall, 1997.
M. Etgar, "Channel Environment and Channel Leadership," Journal of Marketing Research, 1977
M. Levy and B. Weitz, Retailing Management, 5th ed., McGraw Hill, 2004.

P. Dunne et al., Retailing, South-Western, 2014.

R. A. Kerin et al., Marketing in Asia, McGraw Hill, 2009.

W. R. Davison et al., Retailing Management, 6th ed., Wiley, 1988.

방송미디어 통계정보시스템, 2016년

산업통상자원부, 2016

삼정KPMG 경제연구원, 2018

유통산업발전 기본계획연구, 산업통상자원부. 대한상공회의소, 2013

중소기업연구원, 2018

통계청 경제활동인구조사, 2018

통계청 도소매업조사, 2017

통계청, 2019

한국방송학회, 2014

한국은행, 2016

한국T커머스 협회, 2019

한국TV홈쇼핑협회, 2019

국문색인

ㄱ

영문색인

V

W

Z

저자소개

▪ 조삼현

현) 동의대학교 상경대학 유통물류학과 교수
동의대학교 유통물류연구소 소장
(사)신남북방해양경제연구소 소장

전) 한국철도공사 철도연구원 책임연구원
(재)부산발전연구원 전문위원
중국심천대학교 경제학원 교환교수
중국일기현통자동차유한공사 한국지사장

▪ 황선주

현) 부산외국어대학교 경영학과 초빙교수

논문: 포스트 코로나 시대를 대비한 항공 서비스품질 개발에 대한 탐색 및 사례연구 (무역경영연구, 2022년)외 다수

경력: 한국산업정보학회 이사, 한국인터넷전자상거래학회 상임이사
(주)유이디자인 경영자문이사, ㈜제이컴즈 자문위원

▪ 전타식

현) 한국농수산식품유통공사 aT농식품유통교육원 마케팅대학 교수
산업통상자원부 한국산업기술평가관리원 기술개발기획평가단 정위원
중소기업기술정보진흥원 중소기업 R&D평가위원

전) 장안대학교 지식융합경영학부 프랜차이즈경영학과 교수
IBK창공 및 스마트벤처캠퍼스 창업컨설팅 자문 멘토

관심분야: 감성지능/세일즈/고객관계관리/농산물 유통 및 마케팅/TV홈쇼핑 등
강의, 워크숍 및 컨설팅 문의: ibecomeceo@hanmail.net

유통론

2023년 2월 5일 1쇄 인쇄
2023년 2월 10일 1쇄 발행

저 자　조삼현 · 황선주 · 전타식
발행인　류재식 · 박용범
발행처　도서출판 북넷

서울시 용산구 효창원로 70길46(대신빌딩 2층)
등 록 2010년 6월 7일(제2010-000069호)
전 화 (02)395-2341
팩 스 (02)395-2303

정가 32,000원

ISBN 979-11-86947-67-8　　e-mail : book2341@naver.com